Steuerliche Verlustverrechnung nach EG-Recht

VÖLKERRECHT EUROPARECHT UND INTERNATIONALES WIRTSCHAFTSRECHT

Herausgegeben von Peter Hilpold und August Reinisch

Band 2

PETER LANG
Frankfurt am Main · Berlin · Bern · Bruxelles · New York · Oxford · Wien

Christian Wimpissinger

Steuerliche Verlustverrechnung nach EG-Recht

PETER LANG
Europäischer Verlag der Wissenschaften

Bibliografische Information der Deutschen Nationalbibliothek
Die Deutsche Nationalbibliothek verzeichnet diese Publikation in der Deutschen Nationalbibliografie; detaillierte bibliografische Daten sind im Internet über <http://www.d-nb.de> abrufbar.

Gedruckt mit Unterstützung des
Vereins der Freunde der Rechtswissenschaftlichen
Fakultät der Universität Wien.

ISSN 1862-457X
ISBN 3-631-55836-8

www.peterlang.de

Meiner Mutter

Vorwort

Grenzen können beides
Freiheiten schützen oder einschränken

Dieses Buch geht aus einer Dissertationsarbeit hervor, die zwischen München und Wien geschrieben wurde; und zwar tatsächlich nicht nur jeweils in München und in Wien, sondern auch während vieler Zugfahrten von hier nach dort und wieder zurück. Trotz mancher Schwierigkeiten beim Transport der Arbeitsunterlagen, regelmäßigen Stromproblemen im Zugabteil, auslaufenden Leuchtstiften im Gepäck, Hitze und Regen, war die fertige Arbeit alles andere als ein grenzüberschreitender Verlust. Dafür war freilich nicht allein die inspirierende Landschaft verantwortlich, die am Zugabteil vorbeizog, sondern jene Menschen, die diese Arbeit ermöglich haben, insbesondere mein Doktorvater Univ.-Prof. Dr. Michael Tanzer sowie der Zweitbegutachter Univ.-Prof. Dr. August Reinisch. Ihnen danke ich herzlich für alle Unterstützung, Michael Tanzer vor allem für die Ermutigung, beim Betreten völlig neuen Terrains nicht zurückzuschrecken, August Reinisch für den Ansporn, die Arbeit zu veröffentlichen. Michael Tanzer bin ich darüber hinaus deshalb zu besonderem Dank verpflichtet, weil er meine Begeisterung fürs Steuerrecht durch seine Einführungsvorlesung im Jahr 1998 überhaupt erst geweckt hat. Als Interessierter ging ich in die Vorlesung hinein, als Determinierter kam ich aus ihr heraus.

Der Inhalt der Arbeit ist anhand eines Beispiels einfach beschrieben: Ein Münchener Unternehmen hat zwei Niederlassungen, eine in Hamburg und eine in Innsbruck. Während im bayerischen Stammhaus ein Gewinn von € 10 Millionen erwirtschaftet wird, erleidet die Hamburger Niederlassung einen Verlust von € 2 Millionen und die Innsbrucker Niederlassung einen Verlust von € 7 Millionen. Nur der Hamburger Verlust kann in Deutschland steuerwirksam verrechnet werden, weshalb bei Annahme eines Steuersatzes von 40% in Deutschland € 3,2 Millionen an Steuern zu zahlen sind. Bezogen auf das Gesamtergebnis des Unternehmens von € 1 Million stellt das eine Besteuerung von 320% dar. Läge die Innsbrucker Betriebstätte in Garmisch-Partenkirchen (und würde sie dennoch Verluste von € 7 Millionen erleiden), würde nur eine Steuer von € 400.000 anfallen, da auch die € 7 Millionen Verlust als deutscher Verlust verrechenbar wären. Die Frage, ob es mit dem Binnenmarkt vereinbar ist, dass es derartig große Unterschiede für die Entscheidung gibt, Niederlassungen jenseits der Grenze zu errichten, braucht nicht beantwortet zu werden. Da der Bereich der direkten Steuern in die alleinige Souveränität der Mitgliedstaaten fällt, die Mitgliedstaaten aber zurückhaltend sind bei der Schaffung harmonisierter steuerlicher Regelungen, sind solche Beschränkungen des Binnenmarktes die Folge. Der EuGH hat einige Schwachstellen durch seine binnenmarktfreundliche Rechtsprechung beheben können. Im Folgenden soll diese Rechtsprechung vor allem bezogen auf die grenzüberschreitende Verlustverrechnung dargestellt werden.

An dieser Stelle nun noch eine politische Anmerkung gerichtet an all jene, die fiskalisch freundliche EuGH-Entscheidungen wie Marks & Spencer mit wohlwollendem Verständnis lesen, weil es die Mitgliedstaaten schließlich nicht absehen konnten, welche budgetären Folgen der Binnenmarkt für sie haben würde und das Ertragssteuerrecht eben doch eine Prärogative der Staaten geblieben sei, die man schützen müsse. Die Argumente sind nicht falsch, doch wurde der Binnenmarkt nuneinmal als Ziel der Gemeinschaft festgeschrieben. Würden Sie eine Volksabstimmung über die Einführung des Binnenmarktes abhalten und den Menschen auf der Straße obiges Beispiel geben, ist die Antwort des Leihen auf die Frage, welches Ergebnis sich nach Einführung des Binnenmarktes ergeben würde, absehbar: „40% Besteuerung, doch nicht 320%, darum geht's schließlich beim Binnenmarkt."

Nachdem der Appetit auf das Folgende nun hoffentlich angeregt ist, möchte ich, bevor es zum Inhalt der Arbeit geht, noch meinen Kollegen von Shearman & Sterling für wertvolle Diskussionen danken sowie für Anregungen, die tiefgehendere Analysen gefordert haben. Hier sind insbesondere Frau Dr. Astrid Krüger und Herr Dr. Thomas Fox hervorzuheben. Ausgeklammert wurden allerdings politische Debatten mit Herrn Fox über den Widerspruch zwischen hartnäckiger steuerlicher Souveränität der Mitgliedstaaten und einem Binnenmarkt, der von Steuerbarrieren frei ist; des Lesers Dank dafür ist mir sicher. Erwähnen möchte ich auch die besondere Unterstützung von Frau Oelfke, die Literaturfundstellen und Gerichtsentscheidungen tagesaktuell und auf allen zur Verfügung stehenden Übertragungsmöglichkeiten an die entlegendsten Aufenthaltsorte zwischen Wien und München geschickt hat. Vielen Dank!

Es ist mir auch ein Anliegen, all jenen Menschen Dank auszusprechen, die mich an den Punkt geführt haben, an dem ich mutig genug war, eine Dissertation überhaupt in Erwägung zu ziehen. Dazu gehören neben meinem Doktorvater vor allem Univ.-Prof. Dr. Wolfgang Gassner und Univ.-Prof. Dr. Michael Lang, an deren Steuerrechtsinstitut ich das Handwerkszeug für wissenschaftliches Arbeiten verfeinern konnte. Auch Dr. Gottfried Breuninger möchte ich hier erwähnen, bei dem ich mein steuerliches Problembewusstsein in der täglichen Praxis geschärft habe. Für die Vollendung der Fähigkeit, den gleichen Sachverhalt aus mehreren Perspektiven zu betrachten, aber noch vielmehr für seine Freundschaft, möchte ich mich bei Dr. Franz Philipp Sutter bedanken. Diskussionen mit ihm sind nicht wie gewöhnliche, sie bestärken einen nicht in der eigenen Position, sondern bringen Verständnis für die des anderen, vielleicht sogar den gänzlichen Meinungsumschwung.

Abschließend danke ich meiner Mutter und widme ihr dieses Buch, weil sie es ist, von der ich grenzenbrechendes, positives Denken von klein auf mitbekommen und übernommen habe. Schon wenn sich das Geräusch des Regens ändert, weiß sie Sonnenschein in unmittelbarer Nähe, ein Rückschlag wird immer nur als Anlass für eine Neuausrichtung gesehen, die einen am Ende weiter nach vorne bringt als man schon war.

Christian Wimpissinger

Wien, im Juli 2006

Inhaltsverzeichnis

Abkürzungsverzeichnis

aA	anderer Ansicht
Abs	Absatz
aF	alte Fassung
AG	Aktiengesellschaft
aM	anderer Meinung
AnwBl	Anwaltsblatt (österreichische Fachzeitschrift)
Art.	Artikel
BB	Betriebs-Berater (deutsche Fachzeitschrift)
BFH	(deutscher) Bundesfinanzgerichtshof
bspw.	beispielsweise
BStBl.	Bundessteuerblatt (Deutschland)
C-	Cour- (C-152/03, Cour-..., verwendet für die Aktenzeichen der EuGH-Fälle)
DB	Der Betrieb (deutsche Fachzeitschrift)
DBA	Doppelbesteuerungsabkommen
ders	derselbe
dEStG	deutsches Einkommensteuergesetz
dies	dieselbe
dKStG	deutsches Körperschaftsteuergesetz
DStR	Deutsches Steuerrecht (deutsche Fachzeitschrift)
DStZ	Deutsche Steuerzeitung (deutsche Fachzeitschrift)
EC	European Community (= EG)
EG	Europäische Gemeinschaft oder, nach Artikelangaben, ein Verweis auf den Europäischen Gemeinschafts-Vertrag in der Amsterdamer Fassung
EG-V	nach Artikelangaben Verweis auf Europäischen Gemeinschafts-Vertrag aF
ErgLfg	Ergänzungslieferung bei Loseblattsammlung
ET	European Taxation (Fachzeitschrift)
EU	Europäische Union
EuGH	Europäischer Gerichtshof
EuZW	Europäische Zeitschrift für Wirtschaftsrecht
EWG	nach Artikelangaben Verweis auf den Europäischen Wirtschaftsgemeinschafts-Vertrag aF
EWS	Europäische Wirtschafts- und Steuerrecht (deutsche Fachzeitschrift)

f (ff)	und folgende (und die folgenden)
FG	Finanzgericht
FJ	Finanzjournal (österreichische Fachzeitschrift)
Fn	Fußnote
FR	Finanzrundschau (deutsche Fachzeitschrift)
FS	Festschrift
GA	Generalanwalt/Generalanwältin des EuGH
ggf	gegebenenfalls
GmbHR	GmbH Rundschau (deutsche Fachzeitschrift)
GS	Gedenkschrift (= Festschrift post mortem)
hM	herrschende Meinung
Hrsg	Herausgeber
insb	insbesondere
iSd	im Sinne des/der
IStR	Internationales Steuerrecht (deutsche Fachzeitschrift)
iVm	in Verbindung mit
IWB	Internationale Wirtschaftsbriefe (deutsche Fachzeitschrift)
lit	Buchstabe (litera)
mwN	mit weiteren Nachweisen
nF	neue Fassung
Nr.	Nummer
No.	number
öEStG	österreichisches Einkommensteuergesetz
öVwGH	österreichischer Verwaltungsgerichtshof
OHG	Offene Handelsgesellschaft
ÖJT	Österreichischer Juristentag
öKStG	österreichisches Körperschaftsteuergesetz
ÖStZ	Österreichische Steuerzeitung (österreichische Fachzeitschrift)
RdW	Recht der Wirtschaft (österreichische Fachzeitschrift)
RFH	deutscher Reichsfinanzgerichtshof
RIW	Recht der Internationalen Wirtschaft (deutsche Fachzeitschrift)
Rn.	Randnummer
Rs	Rechtssache
RStBl.	deutsches Reichssteuerblatt
s.	siehe

SA	Sociétas Anonyma
Slg	Sammlung der Urteile des EuGH
s.o./s.u.	siehe oben/siehe unten
SWI	Steuer und Wirtschaft International (österreichische Fachzeitschrift)
TNI	Tax Notes International (US Fachzeitschrift)
ua	und andere
vgl	vergleiche
VwGH	österreichischer Verwaltungsgerichtshof
Z	Ziffer
zB	zum Beispiel

1. Abschnitt:
EG-Recht und Steuern

I. Einleitung

Der Bereich der direkten Besteuerung fällt nur insoweit in den Kompetenzbereich der Europäischen Gemeinschaft (im Folgenden die „Gemeinschaft"), als er von allgemeinen Harmonisierungsmaßnahmen erfasst wird. Das ergibt sich daraus, dass der EG-Vertrag nur für indirekte Steuern ausdrückliche Bestimmungen enthält, die diesbezüglich Gemeinschaftskompetenzen zur Regelung und Harmonisierung festlegen. Den Mitgliedstaaten steht es daher frei, den Rechtsbereich der direkten Besteuerung souverän zu regeln. Einschränkungen dafür ergeben sich nur aus dem Schutzbereich, den die Grundfreiheiten abstecken, weshalb die so genannte negative Integration für diesen Bereich von entscheidender Bedeutung ist und dem Europäischen Gerichtshof („EuGH") dabei besonderes Gewicht zukommt.

Im Folgenden soll die Kompetenzzuordnung für den Bereich der Besteuerung behandelt und der Integrationsrahmen für direkte Steuern in der Gemeinschaft kurz dargestellt werden.

II. Die EG-rechtliche Kompetenzzuordnung im Bereich der Steuern

1. Indirekte Steuern

Zölle sowie die Harmonisierung der indirekten Steuern fallen aufgrund ausdrücklicher Bestimmungen des EG-Vertrages grundsätzlich in den Kompetenzbereich der Europäischen Gemeinschaft. Für Zölle ergibt sich dies aus den Artikeln 23 bis 27 EG und für indirekte Steuern aus den Artikeln 90 bis 93 EG. Die beiden Regelungsbereiche stehen dabei nach EuGH-Rechtsprechung in einem Exklusivitätsverhältnis[1]. Artikel 26 EG sieht vor, dass der Rat die Zollsätze des Gemeinschaftsraumes mehrheitlich auf Vorschlag der Kommission festlegt, womit den Mitgliedstaaten insofern keine Kompetenz zusteht. Nach den Bestimmungen über den freien Warenverkehr sind außerdem sämtliche andere indirekte Steuern untersagt, die einen ähnlichen Effekt wie Zölle haben[2]. Artikel 93 EG weist der EG für Umsatzsteuer, Verbrauchsabgaben und sonstige indirekte Steuern ausdrücklich eine Kompetenz zu, allerdings nur soweit es eine Harmonisierung für Zwecke des Binnenmarktes erfordert. Es ist dies die einzige Harmonisierungszuständigkeit des EG-Vertrages, die Steuern ausdrücklich nennt. Sie beschränkt sich auf indi-

---

1 *Cordewener*, Europäische Grundfreiheiten und nationales Steuerrecht, Köln 2002, 5 mwN.

2 *Terra/Wattel*, European Tax Law, London 2001, 5 f mwN.

rekte Steuern und gilt nur in einem für den Binnenmarkt erforderlichen Ausmaß[3]. Der Begriff indirekte Steuern, wie ihn der EG-Vertrag verwendet, soll produktbezogene und somit unmittelbar preiswirksame Steuern erfassen[4]. Nach finanzwissenschaftlichem Verständnis handelt es sich dabei um Steuern, bei denen die Steuerbelastung vom Steuerzahler weitergewälzt werden kann, während bei den direkten Steuern im Gegensatz dazu Steuerzahler und Steuerträger identisch sind[5]. Diese Abgrenzung ist allerdings umstritten[6]. Eine Beschlussfassung in diesem Bereich bedarf der Einstimmigkeit im Rat. Basierend auf Artikel 93 EG wurden mehrere Richtlinien zur Mehrwertsbesteuerung erlassen, die ein weitgehend harmonisiertes Umsatzsteuersystem für die Mitgliedstaaten etabliert haben[7]. Auch die Harmonisierung von Tabak-, Alkohol- und Mineralölsteuern stützt sich auf Artikel 93 EG, ist aber weniger fortgeschritten als die Harmonisierung im Umsatzsteuerbereich[8].

2. Lenkungssteuern

Sonstige Bestimmungen des EG-Vertrages, die sich neben Artikel 23 ff und 90 ff EG auf Steuern beziehen, sind die Artikel 58, 163 Abs. 2, 175 Abs. 2 lit. a und 293 2. Spiegelstrich EG. Artikel 58 EG bezieht sich auf steuerliche Maßnahmen, die den Kapitalverkehr regeln dürfen, ohne die Kapitalverkehrsfreiheit zu verletzen[9]. Artikel 293 2. Spiegelstrich EG bezieht sich auf die Vermeidung der Doppelbesteuerung innerhalb der EU und wird sogleich im Zusammenhang mit den direkten Steuern behandelt. Die anderen beiden Bestimmungen beziehen sich auf politische Lenkungsziele, die nicht primär dem Steuerrecht zuzuordnen sind, sondern einem anderen Regelungsgebiet angehören.

Artikel 163 Abs. 2 EG sieht eine engere Zusammenarbeit innerhalb der Gemeinschaft für Zwecke der Forschung und technologischer Entwicklungen vor. Dafür ist auch die Beseitigung „dieser Zusammenarbeit entgegenstehenden rechtlichen und steuerlichen Hindernisse“ vorgesehen. Dahinter steht nicht mehr als ein Programmsatz ohne konkrete Ausgestaltungskonzepte[10]. Artikel 175 Abs. 2 lit. a EG

---

3 *Alber*, Gesellschafts- und Steuerrecht in der Rechtsprechung des Europäischen Gerichtshofs, in Lüdicke (Hrsg), Deutsches Steuerrecht im europäischen Rahmen, Köln 2004, 1 ff, 27.

4 *Voß*, in Grabitz/Hilf (Hrsg) Das Recht der Europäischen Union, Kommentar, ErgLfg Januar 2000, Art. 93 EGV Rn. 6; *Doralt/Ruppe*, Grundriss des Steuerrechts, 8. Auflage Wien 2003, 11.

5 *Doralt/Ruppe*, Grundriss des Steuerrechts, 11; *Tipke/Lang*, Steuerrecht, 18. Auflage, Köln 2005, 190 f.

6 *Doralt/Ruppe*, Grundriss des Steuerrechts, 11.

7 *Terra/Wattel*, European Tax Law, 115 ff.

8 *Terra/Wattel*, European Tax Law, 7.

9 Siehe eingehender dazu unten 2. Abschnitt II. 1. b) „Kapitalverkehrsfreiheit“.

10 *Terra/Wattel*, European Tax Law, 13.

ist konkreter als Artikel 163 Abs. 2 EG: Gemeinsam mit Artikel 174 Abs. 2 EG wird dem Rat durch Artikel 175 Abs. 2 lit. a EG basierend auf dem Einstimmigkeitsgrundsatz Gesetzgebungskompetenz für Steuervorschriften im Kontext des Umweltschutzes einräumt. Die steuerlichen Regelungen in diesem Kontext müssen das Verursacherprinzip berücksichtigen, das sich aus Artikel 174 Abs. 2 EG ableitet[11].

3. Direkte Steuern

a) Fiskalische Souveränität der Mitgliedstaaten im Bereich der direkten Steuern

Direkte Steuern sind von den Bestimmungen des EG-Vertrages nicht ausdrücklich erwähnt. Daher ist allgemein anerkannt, dass die Kompetenzzuordnung des EG-Vertrages die fiskalische Souveränität im Bereich der direkten Steuern den Mitgliedstaaten zuweist[12]. Es steht ihnen frei, welche Steuern sie erheben und ob überhaupt, wie sie die Bemessungsgrundlage und den Steuersatz festlegen und das Besteuerungsverfahren ordnen[13]. Im Allgemeinen werden unter direkten Steuern jene verstanden, bei denen nach der gesetzlichen Grundvorstellung eine Identität zwischen Steuerschuldner und Steuerträger besteht[14]. Wie bereits erwähnt, ist die Abgrenzung zwischen indirekten und direkten Steuern basierend darauf, ob der Steuerzahler auch Steuerträger ist oder die Steuerbelastung überwälzen kann, umstritten[15].

Neben diese Kompetenz der Mitgliedstaaten tritt allerdings die allgemeine nicht steuerspezifische Kompetenz der Gemeinschaft, die Ziele des EG-Vertrages umzusetzen. Dabei ist für den Bereich der direkten Steuern vor allem die Zielsetzung von Bedeutung, einen Binnenmarkt zu errichten (Artikel 3 Abs. 1 lit. c und g EG) und dafür nationale Rechtsvorschriften anzugleichen, soweit dies für den Bin-

---

11 *Terra/Wattel*, European Tax Law, 13.

12 *Eilers/Bahns/Sedlaczek*, in Groeben/Schwarze (Hrsg) Kommentar zum EU- und EG-Vertrag, 6. Auflage Baden-Baden 2003, Band II, Vorbem. Zu den Artikeln 90 bis 93 EG Rn. 2; *Alber*, Rechtsprechung des EuGH, in Lüdicke, Deutsches Steuerrecht im europäischen Rahmen, 26; *Schön*, Besteuerung im Binnenmarkt – die Rechtsprechung des EuGH zu den direkten Steuern, IStR 2004, 289 ff, 289; *Tumpel*, Harmonisierung der direkten Unternehmensbesteuerung in der EU, Wien 1994, 4; *S. Thiel*, Removal of income tax barriers to market integration in the European Union: litigation by the Community citizen instead of harmonization by the Community legislature? EC Tax Review 2003, 4 ff, 6.

13 *Schön*, Besteuerung im Binnenmarkt, IStR 2004, 289.

14 *Cordewener*, Europäische Grundfreiheiten und nationales Steuerrecht, Köln 2002, 8.

15 *Doralt/Ruppe*, Grundriss des Steuerrechts, 11.

nenmarkt notwendig ist (Artikel 3 Abs. 1 lit. h EG). Dabei wird nur die Harmonisierung durch Rechtsangleichung angeordnet, keine Vollharmonisierung[16].

Aus den allgemeinen Zielen des Artikels 3 EG wird allerdings abgeleitet, dass auch die Souveränität der Mitgliedstaaten im Bereich der direkten Steuern unter der Bedingung der Errichtung eines Binnenmarktes steht[17]. Dazu ist es notwendig, den Binnenmarkt näher zu definieren, wofür nur generelle Formeln eingesetzt werden können. Nach dem EG-Vertrag ist der Binnenmarkt ein Teilziel des Gemeinsamen Marktes[18]. Dieser Gemeinsame Markt soll gemäß Artikel 2 EG sowohl die Wirtschafts- und Währungsunion als auch den Binnenmarkt verwirklichen. Der Binnenmarkt ist als Markt ohne Binnengrenzen gekennzeichnet, in dem es keine Hindernisse für den freien Waren-, Personen-, Dienstleistungs- und Kapitalverkehr zwischen den Mitgliedstaaten gibt[19]. Den freien Wirtschaftsverkehr im Binnenmarkt sollen insbesondere die Grundfreiheiten ermöglichen[20]. Genau hier setzt der EuGH auch seinen Schutz des Binnenmarktes im Bereich der direkten Steuern an. Er prüft nationale Bestimmungen zu direkten Steuern dahin gehend, ob es sich um Diskriminierungen oder Beschränkungen handelt, die den Grundfreiheiten entgegenstehen. Ist dies der Fall, hat der jeweilige Mitgliedstaat seine Fiskalkompetenz überschritten und die betroffene Vorschrift ist gemeinschaftsrechtswidrig[21]. Die Gemeinschaftskompetenz zur Harmonisierung der Rechtsordnungen zum Zweck der Errichtung des Gemeinsamen Marktes im Wege der Rechtsangleichung, wie sie in Artikel 3 EG programmatisch angesprochen ist, wird in Artikel 94 EG konkretisiert[22] (siehe dazu sogleich unter der nächsten Unterüberschrift).

An dieser Stelle ist noch darauf hinzuweisen, dass Artikel 293 2. Spiegelstrich EG eine Handlungspflicht zur Beseitigung der Doppelbesteuerung innerhalb der EU vorsieht. Diese wird allerdings den Mitgliedstaaten auferlegt, womit nach hM

---

16 *Alber, Rechtsprechung des EuGH, in Lüdicke, Deutsches Steuerrecht im europäischen Rahmen,* 27.

17 *Schön*, Besteuerung im Binnenmarkt, IStR 2004, 289.

18 *Schön*, Der „Wettbewerb" der europäischen Steuerordnungen als Rechtsproblem, DStG 2000, 189 ff, 193.

19 *Schön*, Besteuerung im Binnenmarkt, IStR 2004, 290; *Lehner*, Das Territorialitätsprinzip im Lichte des Europarechts, in Gocke/Gosch/M. Lang (Hrsg) FS Wassermeyer, München 2005, 241 ff, 250.

20 *Rödder*, Deutsche Unternehmensbesteuerung im Visier des EuGH, in Gocke/Gosch/M. Lang (Hrsg) FS Wassermeyer, München 2005, 163 ff, 165.

21 Siehe dazu sogleich unten 1. Abschnitt III. 2. und 3.

22 *Randelzhofer/Forsthoff*, in Grabitz/Hilf (Hrsg) EU-Kommentar, ErgLfg 18, Mai 2001, vor Art. 39-55 EGV Rn. 212; *Alber*, Rechtsprechung des EuGH, in Lüdicke, Deutsches Steuerrecht im europäischen Rahmen, 28; *Fischer/Köck/Karollus*, Europa Recht, 4. Auflage Wien 2002, Rn 1532; *Terra/Wattel*, European Tax Law, 14 ff.

keine EG-Kompetenz begründet wird[23]. Teilweise wird die Verpflichtung, die sich aus Artikel 293 2. Spiegelstrich EG ergibt, auch nicht als unmittelbares Verbot der Doppelbesteuerung angesehen, sondern lediglich als Vertragszielbestimmung[24]. Der Rat geht entgegen der hM nicht davon aus, dass sich Artikel 293 2. Spiegelstrich EG lediglich an die Mitgliedstaaten richtet und erließ das Übereinkommen über die Beseitigung der Doppelbesteuerung im Falle von Gewinnberichtigungen zwischen verbundenen Unternehmen[25] auf der Grundlage von Artikel 293 EG[26]. Die Kommission wiederum misst Artikel 293 2. Spiegelstrich EG wenig Bedeutung zu und geht davon aus, dass sich eine Pflicht zur Beseitigung der Doppelbesteuerung innerhalb der Gemeinschaft bereits aus Artikel 94 EG ergibt, und daher eine EG-Kompetenz zumindest zur Rechtsangleichung (siehe sogleich unter der nächsten Unterüberschrift) diesbezüglich vorhanden wäre[27]. Im Übrigen wird die Handlungspflicht zur Beseitigung der Doppelbesteuerung, die sich aus Artikel 293 2. Spiegelstrich EG ergibt, als schwaches Instrument zur Vermeidung der Doppelbesteuerung angesehen[28].

b) Rechtsakte der Gemeinschaft im Bereich der direkten Steuern

Für gemeinschaftsrechtliche Akte im Bereich der direkten Steuern müssen aufgrund des Fehlens anderer Kompetenzzuordnungen an die Gemeinschaft die generellen Harmonisierungsbestimmungen des EG-Vertrages herangezogen werden. Hier ist Artikel 94 EG von Bedeutung[29]. Er sieht eine Richtlinienkompetenz des Rates „für die Angleichung derjenigen Rechts- und Verwaltungsvorschriften der Mitgliedstaaten [vor], die sich unmittelbar auf die Errichtung oder das Funktionie-

---

23 *Kreibohm*, Der Begriff der Steuer im Europäischen Gemeinschaftsrecht, Köln/Berlin/München 2004, 232; *Alber*, Rechtsprechung des EuGH, in Lüdicke, Deutsches Steuerrecht im europäischen Rahmen, 29; *Lehner*, Der Einfluss des Europarechts auf die Doppelbesteuerungsabkommen, IStR 2001, 329 ff, 329.

24 *Englisch*, Zur Dogmatik der Grundfreiheiten des EGV und ihren ertragsteuerlichen Implikationen, StuW 2003, 88 ff, 93.

25 Übereinkommen 90/463/EWG vom 23. 7. 1990, ABl L 225 vom 20. 8. 1990, 10 ff.

26 *Terra/Wattel*, European Tax Law, 13 und 406 f.

27 so auch *Randelzhofer/Forsthoff*, in Grabitz/Hilf (Hrsg) EU-Kommentar, vor Art. 39-55 EGV Rn. 212; *Terra/Wattel*, European Tax Law, 13; *Pistone*, The Impact of Community Law on Tax Treaties: Issues and Solutions, Den Haag/London/New York 2002, 165.

28 *Tumpel*, Harmonisierung der direkten Unternehmensbesteuerung in der EU, 9.

29 *Randelzhofer/Forsthoff*, in Grabitz/Hilf (Hrsg) EU-Kommentar, vor Art. 39-55 EGV Rn. 212; *Alber*, Rechtsprechung des EuGH, in Lüdicke, Deutsches Steuerrecht im europäischen Rahmen, 28; *Fischer/Köck/Karollus*, Europa Recht, 4. Auflage Wien 2002, Rn 1532; *Terra/Wattel*, European Tax Law, 14 ff.

ren des Gemeinsamen Marktes auswirken." Gestützt auf Artikel 94 EG wurden jene EG-Richtlinien erlassen, die die Ertragsbesteuerung betreffen[30].

Artikel 94 EG sieht lediglich eine Richtliniensetzungskompetenz vor. Gegenüber Verordnungen haben Richtlinien den Nachteil, dass sie in den Mitgliedstaaten grundsätzlich nicht direkt anwendbar sind und einen gewissen Umsetzungsrahmen einräumen. Daher ist keine vollkommene Harmonisierung gestützt auf Richtlinien möglich, was vor allem im Steuerbereich die Vorhersehbarkeit von unternehmerischen Maßnahmen und deren steuerlichen Folgen erschwert[31].

Artikel 93 EG ist eine Harmonisierungsvorschrift, die explizit indirekte Steuern anspricht, während sich 94 EG auf die Harmonisierung sämtlicher Rechts- und Verwaltungsvorschriften bezieht. Regelungen über direkte Steuern sind allerdings eine Teilmenge sämtlicher Rechts- und Verwaltungsvorschriften. Daher erscheint es nicht konsequent, für den Bereich der indirekten Steuern stets von einer EG-Kompetenz zu sprechen und für den Bereich der direkten Steuern eine solche abzulehnen. Soweit sich nämlich nach Artikel 94 EG eine Regelungsnotwendigkeit ergibt, besteht auch für diesen Bereich eine EG-Kompetenz.

c) Die Grundfreiheiten und direkte Steuern

Die Kompetenz der Mitgliedstaaten, direkte Steuern souverän zu regeln, ist durch den Schutzbereich der Grundfreiheiten des EG-Vertrages limitiert[32]. Die Erstreckung der Grundfreiheiten auf den Bereich der direkten Steuern entspricht deren querschnittsbezogenem Ansatz, wie ihn auch der EuGH anerkennt, wenn er feststellt, dass die Geltung des Gemeinschaftsrechts und damit der Grundfreiheiten nicht davon abhängt, auf welchem Gebiet des innerstaatlichen Rechts es seine Wirkung zeigt[33]. Die Grundfreiheiten sind die primärrechtliche Basis zur Umsetzung des Gemeinsamen Marktes und des Binnenmarktes (Artikeln 2 und 14 EG), die auch nationale Steuerrechtsregelungen einschränken können, soweit sie diesen Zielen entgegenstehen. (Siehe eingehender dazu 2. Abschnitt II. und III.)

Beinahe jeder Entscheidung des EuGH über eine Vertragsverletzung durch nationales Steuerrecht wird daher vorangestellt, dass die direkten Steuern zwar in die Zuständigkeit der Mitgliedstaaten fallen, dass diese jedoch unter Wahrung des

---

30 Fusionsrichtlinie vom 23. 7. 1990, 90/434/EWG, zuletzt geändert durch Richtlinie vom 22. 12. 2003, 2003/123/EG; Mutter-Tochter-Richtlinie vom 23. 7. 1990, 90/435/EWG, zuletzt geändert durch Richtlinie vom 22. 12. 2003, 2003/123/EG; Zinsbesteuerungsrichtlinie vom 3. 6. 2003, 2003/48/EG; Zins- und Lizensgebührenrichtlinie vom 3. 6. 2003, 2003/49/EG.

31 *Tumpel*, Harmonisierung der direkten Unternehmensbesteuerung in der EU, 6.

32 *Schön*, EuGH zu den direkten Steuern, IStR 2004, 289.

33 *Randelzhofer/Forsthoff*, in Grabitz/Hilf (Hrsg) EU-Kommentar, vor Art. 39-55 EGV Rn. 46 und 209.

Gemeinschaftsrechts auszuüben sind[34]. Gelegentlich prüft der EuGH Vorschriften über die direkten Steuern zwar auch, ohne die soeben angeführte Formulierung wiederzugeben[35], daraus kann aber nicht geschlossen werden, dass er damit ein anderes Verständnis über das Verhältnis der Grundfreiheiten zu steuerlichen Regelungen artikulieren möchte[36]. Genauer Hintergrund und Tragweite der limitierenden Zuständigkeitsfeststellung des EuGH sind nicht geklärt[37]. Im Speziellen darf die Feststellung des Gerichtshofes diesbezüglich nicht dahingehend missverstanden werden, dass die Gemeinschaft über gar keine entsprechende Rechtssetzungskompetenz im Bereich der direkten Steuern verfügt. Eine solche ergibt sich etwa aus dem soeben erwähnten Artikel 94 EG. Die naheliegendste Deutung der markanten Formulierung des EuGH ist es, sie als Signal zu verstehen. Der EuGH möchte zum Ausdruck bringen, dass er sich bei der Beurteilung steuerrechtlicher Fragen der Bedeutung dieser Materie für die Mitgliedstaaten und der Besonderheiten dieses Rechtsbereiches bewusst ist[38].

III. Gemeinschaftsrecht und wie es eine Integration im Bereich der direkten Steuern vorantreibt

1. Zwei Ausformungen der Integration

Integration ist ein allgemeiner Begriff, der im Zusammenhang mit der Europäischen Union oft verwendet wird, wenn es um das nähere Zusammenwachsen der politischen und rechtlichen Gefüge der Mitgliedstaaten geht. Diese Integration in Form des Zusammenwachsens kann sich im Bereich der direkten Steuern unterschiedlich ausdrücken: Einerseits können Regelungen erlassen werden, die direkt in den Mitgliedstaaten gelten, wie es etwa für eine einheitliche Unternehmensteu-

---

34 EuGH, Urteil vom 14. 2. 1995, C-279/93, *Finanzamt Köln-Altstadt v Roland Schumacker*, Slg 1995, I-225, Rn. 21; EuGH, Urteil vom 11. 8. 1995, C-80/94, *G. H. E. J. Wielockx v Inspecteur der Directe Belastingen*, Slg 1995, I-2493, Rn. 16; EuGH, Urteil vom 16. 7. 1998, C-264/96, *Imperial Chemical Industries plc (ICI)*, Slg 1998, I-04695, Rn. 19; EuGH, Urteil vom 29. 4. 1999, C-311/97, *Royal Bank of Scotland*, Slg 1999, I-2651, Rn. 19; EuGH, Urteil vom 6. 6. 2000, C-35/98, *Staatssecretaris van Financiën v Verkooijen*, Slg 2000, I-4071, Rn. 32; EuGH, Urteil vom 14. 12. 2000, C-141/99, *AMID v Belgischer Staat*, Slg 2000, I-11619, Rn. 19.

35 EuGH, Urteil vom 16. 5. 2000, C-87/99, *Patrick Zurstrassen v Administration des contributions directes*, Slg 2000, I-3337; EuGH, Urteil vom 18. 9. 2003, C-168/01, *Bosal Holding BV v Staatssecretaris van Financiën*, Slg 2003, I-9409; EuGH, Urteil vom 1. 7. 2004, C-169/03, *Florian W. Wallentin v Riksskatteverket*, www.curia.eu.int.

36 *Randelzhofer/Forsthoff*, in Grabitz/Hilf (Hrsg) EU-Kommentar, ErgLfg 18, Mai 2001, vor Art. 39-55 EGV Rn. 210.

37 *Randelzhofer/Forsthoff*, in Grabitz/Hilf (Hrsg) EU-Kommentar, vor Art. 39-55 EGV Rn. 210 f.

38 *Randelzhofer/Forsthoff*, in Grabitz/Hilf (Hrsg) EU-Kommentar, vor Art. 39-55 EGV Rn. 211.

er angestrebt oder zumindest diskutiert wird[39], wofür die Rechtsgrundlage allerdings fehlen würde. Anderseits kann eine Angleichung der Rechtordnungen im Wege der Implementierung von Richtlinien oder nicht rechtsverbindlicher Absprachen der Mitgliedstaaten – oder auch nur einiger Mitgliedstaaten – erfolgen. Während man im ersten Fall von einer Vollharmonisierung sprechen könnte, wird für den zweiten Fall der Rechtsangleichung oft das Schlagwort Harmonisierung verwendet. Beide Arten dieser Harmonisierungsbemühungen laufen im Wege der so genannten positiven Integration ab[40].

Im Gegensatz zur positiven steht die negative Integration. Diese wird durch die Zielvorgaben des EG-Vertrages bewirkt, insbesondere durch das Ziel der Errichtung des Gemeinsamen Marktes. Dort wo nationale Rechtsordnungen die Ziele des Vertrages gefährden, greift die negative Integration ein. Sie setzt ein Mindestmaß an Integration voraus. Dieses Mindestmaß setzt dort an, wo Mitgliedstaaten Maßnahmen ergreifen und Gesetze erlassen, die dem EG-Vertrag und seinen Vorgaben entgegengesetzt sind, etwa deshalb, weil sie die Grundfreiheiten, die den Gemeinsamen Markt schützen sollen, beeinträchtigen. Umgesetzt wird sie durch die Rechtsprechung des EuGH. Die Harmonisierung liegt dabei in den Grundsätzen, die der EuGH durch seine Rechtsprechung entwickelt. Die Mitgliedstaaten müssen diese Grundsätze in ihrem Steuerrecht umsetzen, damit ihre Besteuerungsregelungen dem Gemeinschaftsrecht nicht zuwiderlaufen. Der Integrationseffekt ist begrenzt, da er kein gemeinsames Konzept der Besteuerung vorgibt, sondern lediglich Maßstäbe festlegt, die anzeigen, welche Prinzipien einzuhalten sind, damit nationales Steuerrecht zu keiner Diskriminierung der Marktteilnehmer und zu keiner Beschränkung der Wirtschaftsvorgänge führt.

Es ist festzuhalten, dass die Begriffe positive und negative Integration unglücklich gewählt sind, da sie kein Gegensatzpaar darstellen. Das zeigt sich darin, dass Maßnahmen zur positiven Integration Gemeinschaftsrecht verletzen können und dann im Wege der negativen Integration oder durch einen neuen Ansatz der positiven Integration zu korrigieren sind. Wird etwa eine Richtlinie erlassen, welche eine diskriminierende Vorschrift enthält, die gegen eine Grundfreiheit verstößt, so wäre zwar eine Integration innerhalb der EU erreicht, da alle Mitgliedstaaten die gleiche Diskriminierung umsetzen würden. Der EuGH könnte diese Diskriminierung aber als gemeinschaftsrechtswidrig aburteilen, womit den Zielen des EG-Vertrages durch eine negative Integrationsmaßnahme geholfen sein würde.

---

39 Siehe dazu *Watrin/Sievert/Strohm*, Reform der Konzernbesteuerung in Deutschland und Europa, FR 2004, 1 ff; *Schön*, Die Zukunft der Organschaft in der Europäischen Gemeinschaft, in Herzig (Hrsg) Organschaft, Stuttgart 2003, 612 ff.

40 *Terra/Wattel*, European Tax Law, 3. Auflage Den Haag 2001, 22.

2. Rechtsnatur des Gemeinschaftsrechts

Die EG stellt ein besonderes Völkerrechtssubjekt dar. Sie ist eine supranationale Organisation, was bedeutet, dass sie eine eigene Rechtsordnung begründet, die durch ihre Organe ausgestaltet wird und die nicht nur die Mitgliedstaaten bindet, sondern – je nach Rechtsakt – auch unmittelbar in den Territorien der Mitgliedstaaten gelten kann[41]. Insbesondere kann die Gemeinschaft jedem Einzelnen Rechte und Pflichten auferlegen und so Hoheitsgewalt ähnlich einem Staat ausüben. Die besondere Rechtsnatur des Gemeinschaftsrechts wurde vom EuGH in den Rechtssachen Van Gend en Loos sowie Costa/ENEL beschrieben[42]. Darin hat der EuGH festgelegt, dass das Ziel des EWG-Vertrages die Schaffung eines Gemeinsamen Marktes ist, der den einzelnen Marktbürger unmittelbar betrifft[43]. Unmittelbar anwendbar sind dabei alle Bestimmungen des Primärrechts, die klar und präzise, ohne Ermessensspielraum und in ihrer Wirksamkeit von keiner Bedingung abhängig sind[44]. In der Rs Costa/ENEL wurde vom EuGH klargestellt, dass nationales Recht, das dem Gemeinschaftsrecht entgegensteht, zurücktreten muss; konkret bedeutet dies, dass gemeinschaftsrechtswidrige Normen nationalen Rechts als unanwendbar anzusehen sind[45]. Diese unmittelbare Wirkung von EG-Recht gilt ebenfalls für Verordnungen sowie für Richtlinien der Gemeinschaft[46]. Für Richtlinien ist Voraussetzung der unmittelbaren Wirkung, dass sie inhaltlich unbedingt und hinreichend bestimmt sind, und sie im betreffenden Mitgliedstaat nicht ordnungsgemäß oder nicht in der vorgegebenen Umsetzungsfrist implementiert wurden[47]. Die Prüfung, ob eine Richtlinie direkten Effekt hat, muss dabei für jede einzelne ihrer Bestimmungen gesondert vorgenommen werden[48]. Schließlich

---

41 *Zuleeg*, in Groeben/Schwarze (Hrsg) Kommentar zum EU- und EG-Vertrag, 6. Auflage Baden-Baden 2003, Band I, Artikel 1 EG Rn. 6 f.

42 EuGH, Urteil vom 16. 8. 1962, 26/62, *Van Gend en Loos v niederländische Finanzverwaltung*, Slg 1962, 3 ff, 24; EuGH, Urteil vom 15. 7. 1964, 6/64, *Costa/ENEL*, Slg 1964, 1251.

43 EuGH, *Van Gend en Loos*, Slg 1962; *Schmidt*, in Groeben/Schwarze (Hrsg) Kommentar zum EU- und EG-Vertrag, 6. Auflage Baden-Baden 2003, Band IV, Artikel 249 EG Rn. 8; *Tumpel*, Harmonisierung der direkten Unternehmensbesteuerung in der EU, 27.

44 Siehe zur Rechtsprechung zu einzelnen Vertragsbestimmungen in diesem Kontext: *Schmidt*, in Groeben/Schwarze (Hrsg) EU- und EG-Komm., Artikel 249 EG Rn. 8 ff; sowie *Craig/de Búrca*, EU Law, 3. Auflage Oxford 2003, 185 f.

45 EuGH, Urteil vom 15. 7. 1964, 6/64, *Costa/ENEL*, Slg 1964, 1251; *Zuleeg*, in Groeben/Schwarze (Hrsg) Artikel 1 EG Rn. 26; *Tumpel*, Harmonisierung der direkten Unternehmensbesteuerung in der EU, 28.

46 *Schmidt*, in Groeben/Schwarze (Hrsg) EU- und EG-Komm., Artikel 249 EG Rn. 28 ff (bzgl Verordnungen) und Rn. 36 ff (bzgl Richtlinien) jeweils mwN.

47 *Schmidt*, in Groeben/Schwarze (Hrsg) EU- und EG-Komm., Artikel 249 EG Rn. 42.

48 *Craig/de Búrca*, EU Law, 203 f; *Hirsch*, EuGH-Rechtsprechung, DStZ 1998, 490.

ist herauszustreichen, dass auch das sekundäre Gemeinschaftsrecht an die Vorgaben des Primärrechts gebunden ist[49].

3. Die Wirkung von EuGH-Urteilen

Im Bereich des Steuerrechts sind Vertragsverletzungs- und Vorabentscheidungsverfahren vor dem EuGH von besonderer Bedeutung[50]. Dabei sind Urteile in Vertragsverletzungsverfahren Feststellungsurteile[51]. Festgestellt wird, gegen welche Verpflichtungen des Gemeinschaftsrechts ein Mitgliedstaat verstoßen hat[52]. Die Gemeinschaftsrechtswidrigkeit ist erst behoben, wenn der Mitgliedstaat dem Urteil nachkommt, weshalb ein Vertragsverletzungsverfahren keine scharfe Waffe gegen Vertragsverletzungen darstellt[53]. Wird dem Urteil nicht nachgekommen, ist ein neuerliches Vertragsverletzungsverfahren einzuleiten, das dann auch zur Verhängung eines Zwangsgeldes führen kann (Artikel 228 Abs. 2 EG). Vertragsverletzungsverfahren werden zumeist von der Kommission eingeleitet, die nach Artikel 226 EG dazu befugt ist. Mitgliedstaaten besitzen zwar auch diese Befugnis (Artikel 227 EG), im Bereich der direkten Steuern ist sie bisher dennoch nie genutzt worden[54].

Urteile in Vorabentscheidungsverfahren entfalten grundsätzlich nur eine Wirkung *inter partes*, da sie nur für den Rechtstreit des vorlegenden Gerichts bindend sind[55]. Eine *erga omnes*-Wirkung ergibt sich allerdings dann, wenn eine Bestim-

---

49 *Schmidt*, in Groeben/Schwarze (Hrsg) EU- und EG-Komm., Artikel 249 EG Rn. 23; so auch *Schön/Schindler*, Seminar D: Zur Besteuerung der grenzüberschreitenden Sitzverlegung einer Europäischen Aktiengesellschaft, IStR 2004, 571 ff, 575.

50 *Alber*, Rechtsprechung des EuGH, in Lüdicke, Deutsches Steuerrecht im europäischen Rahmen, 6; zum Ablauf der jeweiligen Verfahren siehe eingehend: *Jann*, Das Vorabentscheidungsverfahren: Grundfragen, Verfahrensablauf und aktuelle Entwicklungen, in Holoubek/Lang (Hrsg) Das EuGH-Verfahren in Steuersachen, Wien 2000, 13 ff und *Dossi*, Das Vertragsverletzungsverfahren und seine Bedeutung im Abgabenrecht, in Holoubek/Lang (Hrsg) Das EuGH-Verfahren in Steuersachen, Wien 2000, 223 ff.

51 *Gaitanides*, in Groeben/Schwarze (Hrsg) Kommentar zum EUV und EGV, Artikel 226 EG Rn. 7.

52 *Gaitanides*, in Groeben/Schwarze (Hrsg) Kommentar zum EUV und EGV, Artikel 226 EG Rn. 7.

53 *Jann*, Das Vorabentscheidungsverfahren: Grundfragen, Verfahrensablauf und aktuelle Entwicklungen, in Holoubek/Lang (Hrsg) Das EuGH-Verfahren in Steuersachen, Wien 2000, 13 ff, 17.

54 *Dossi*, Vertragsverletzungsverfahren, in Holoubek/Lang (Hrsg) Das EuGH-Verfahren in Steuersachen, 225.

55 *Kadelbach*, Die Wirkung von im Vorabentscheidungsverfahren ergangenen Urteilen, in Holoubek/Lang (Hrsg) Das EuGH-Verfahren in Steuersachen, Wien 2000, 119 ff, 123; *Gaitanides*, in Groeben/Schwarze (Hrsg) Kommentar zum EUV und EGV, Artikel 234 EG Rn. 89.

mung für ungültig erklärt wird[56]. Außerdem tritt auch aufgrund der Stellung des EuGH als oberstes Gericht über Fragen des EG-Vertrages eine Präjudizwirkung ein, da erneut vorlegende Gerichte davon ausgehen können, dass der EuGH bei seiner Auslegung bleibt[57].

Für das Steuerrecht ist insbesondere die zeitliche Wirkung von EuGH-Urteilen von Bedeutung. Grundsätzlich gilt die Auslegung des EuGH zeitlich gesehen auch für Sachverhalte, die sich vor seinem Urteil ereignet haben[58]. Nationale Vorschriften, die gegen Gemeinschaftsrecht verstoßen, sind grundsätzlich seit ihrem Inkrafttreten gemeinschaftsrechtswidrig, weshalb sämtliche davon betroffene Sachverhalte neu zu beurteilen wären[59]. Der EuGH hat diese Rückwirkung allerdings entscheidend eingeschränkt: Sie soll dann nicht gelten, wenn die Rechtslage vor Erlass des Urteils zumindest unklar war und wenn schwerwiegende – vor allem finanzielle – Folgen für gutgläubig begründete Rechtsverhältnisse in der Vergangenheit zu befürchten sind[60]. Die Einschränkung einer möglichen Rückwir-

---

56 *Borchardt*, in Lenz (Hrsg) EG-Vertrag Kommentar, 2. Auflage Köln/München/Wien 1999, Art. 234 Rn. 53; *Gaitanides*, in Groeben/Schwarze (Hrsg), Kommentar zum EUV und EGV, Artikel 234 EG Rn. 90; *Alber*, Rechtsprechung des EuGH, in Lüdicke, Deutsches Steuerrecht im europäischen Rahmen, 11; *Fraberger*, Wirkung von EuGH-Urteilen und Rechtskraftdurchbrechung im Abgabenverfahren, in Holoubek/Lang (Hrsg) Das EuGH-Verfahren in Steuersachen, Wien 2000, 151 ff, 158 ff mwN; *Kadelbach*, Urteilswirkung im Vorabentscheidungsverfahren, in Holoubek/Lang (Hrsg) Das EuGH-Verfahren, 123 f; *Craig/de Búrca*, EU Law, 542.

57 *Alber*, Rechtsprechung des EuGH, in Lüdicke (Hrsg) Deutsches Steuerrecht im europäischen Rahmen, 11; *Gaitanides*, in Groeben/Schwarze (Hrsg) Kommentar zum EUV und EGV, Artikel 234 EG Rn. 90.

58 *Kadelbach*, Urteilswirkung im Vorabentscheidungsverfahren, in Holoubek/Lang (Hrsg) Das EuGH-Verfahren, 126; *Fraberger*, Wirkung von EuGH-Urteilen, in Holoubek/Lang (Hrsg) Das EuGH-Verfahren in Steuersachen, 154; *Tanzer*, Die Rückforderung gemeinschaftsrechtswidrig erhobener Abgaben, in Holoubek/Lang (Hrsg) Das EuGH-Verfahren in Steuersachen, Wien 2000, 207 ff, 209 f; *Craig/de Búrca*, EU Law, 543; *Gaitanides*, in Groeben/Schwarze (Hrsg) Kommentar zum EUV und EGV, Artikel 234 EG Rn. 94; *Lindmann/Hackemann*, Die Rückwirkung von EuGH-Urteilen unter besonderer Betrachtung des „Marks & Spencer"-Falls, IStR 2005, 786 ff, 787.

59 *Craig/de Búrca*, EU Law, 543; *Alber*, Rechtsprechung des EuGH, in Lüdicke (Hrsg) Deutsches Steuerrecht im europäischen Rahmen, 12.

60 *Gaitanides*, in Groeben/Schwarze (Hrsg) Kommentar zum EUV und EGV, Artikel 234 EG Rn. 94 ff mwN; *Borchardt*, in Lenz (Hrsg) EG-Vertrag Kommentar, Art. 234 Rn. 56 f; zur Thematik der Rückforderung gemeinschaftsrechtswidrig erhobener Abgaben vgl *Tanzer*, Die Rückforderung gemeinschaftsrechtswidrig erhobener Abgaben, in Holoubek/Lang (Hrsg) Das EuGH-Verfahren in Steuersachen, Wien 2000, 207 ff; sowie *Dossi*, Das Vertragsverletzungsverfahren, in Holoubek/Lang (Hrsg) Das EuGH-Verfahren in Steuersachen, 223 ff; *Lindmann/Hackemann*, Die Rückwirkung von EuGH-Urteilen, IStR 2005, 787 ff.

kung muss allerdings im jeweiligen EuGH-Urteil explizit vorgenommen werden[61].

Der EuGH ist ein wichtiger Hüter der Ziele der EG. Obwohl er nicht von sich aus tätig werden kann, ist er im Bereich der direkten Besteuerung bisher der entscheidende Motor einer Integration gewesen.

IV. Zusammenfassung

Während die Gesetzgebung zu indirekten Steuern innerhalb der EU maßgeblich von Seiten der Gemeinschaft geprägt wird, haben die Mitgliedstaaten im Bereich der direkten Steuern ihre Kompetenzen behalten und nur in wenigen Bereichen durch Richtlinienrecht Angleichungen zugelassen. Diese Kompetenzen wirken allerdings nur soweit, wie sie den Zielen und Vorgaben des EG-Vertrages nicht entgegenstehen. In diesem Sinne hat der EuGH in den letzten Jahren insofern eine Harmonisierung erreicht, als er Vorschriften über direkte Steuern als gemeinschaftsrechtswidrig ansah, die den Grundfreiheiten, auf denen der Binnenmarkt aufbaut, entgegenstehen. Die Harmonisierung liegt dabei vordringlich in der Festlegung von Grundsätzen, die der EuGH im Zuge dieser Rechtsprechung entwickelt hat. Jeder Mitgliedstaat ist bei der Gestaltung seines Steuerrechts an diese Grundsätze gebunden. Es handelt sich hierbei um keine Harmonisierung der Rechtssysteme an sich, aber um einen ersten Schritt.

---

61 *Fraberger*, Wirkung von EuGH-Urteilen, in Holoubek/Lang (Hrsg) Das EuGH-Verfahren in Steuersachen, 155 mwN; *Borchardt*, in Lenz (Hrsg) EG-Vertrag Kommentar, Art. 234 Rn. 57.

2. Abschnitt:

Prinzipien der EuGH Rechtsprechung sowie des Internationalen Steuerrechts, die für die grenzüberschreitende Verlustverrechnung von Bedeutung sind

I. Die Entwicklung von Grundsätzen in der Rechtsprechung des EuGH und ihre Relevanz für die grenzüberschreitende Verlustverrechnung

Nachdem im ersten Abschnitt das rechtliche Verhältnis von Steuerrecht und Gemeinschaftsrecht umrissen wurde, sollen nunmehr Grundsätze der EuGH-Rechtsprechung zu direkten Steuern behandelt werden, die im Lichte der grenzüberschreitenden Verlustverrechnung von Bedeutung sind. Diese Grundsätze werden – nach einer kurzen Darstellung der Grundfreiheiten (siehe 2. Abschnitt II.) – im Zuge der Behandlung der in den Grundfreiheiten enthaltenen Diskriminierungs- und Beschränkungsverbote analysiert (siehe 2. Abschnitt III. 3. bis 6.). Besonderes Augenmerk wird hier auf die Rechtfertigungsgründe nach dem Kohärenz- und Territorialitätsprinzip gelegt (siehe 2. Abschnitt IV. 1. und 2.), da diese im Mittelpunkt der Schlussanträge des Generalanwalts in der Rechtssache Marks & Spencer standen. Als Abrundung der Untersuchung von Grundsätzen der EuGH-Rechtsprechung zu direkten Steuern, die für die Fälle der grenzüberschreitenden Verlustverrechnung maßgeblich sind, soll auch die Diskussion und der Meinungsstand zu dieser Thematik im internationalen Steuerrecht aufgezeigt werden (siehe 2. Abschnitt VI.). Schließlich wird darauf eingegangen, inwiefern der EuGH in seiner Rechtsprechung zu direkten Steuern ein neuartiges Leistungsfähigkeitsprinzip entwickelt hat, das Konsequenzen für die Besteuerung innerhalb der EU hat, die den Prinzipien des internationalen Steuerrechts zuwiderlaufen (siehe 2. Abschnitt VII.).

II. Kurzdarstellung der relevanten Grundfreiheiten des EG-Vertrages

Die Grundfreiheiten sind die primärrechtliche Basis für die Umsetzung des Binnenmarktes, der ein Teilaspekt des Gemeinsamen Marktes ist[62]. Die Grundfreiheiten sollen den freien Wirtschaftsverkehr im Binnenmarkt ermöglichen. Im Unterschied zu staatlichen Grundrechten, die den einzelnen schützen, legen die Grundfreiheiten Freiheitsrechte fest, die die wirtschaftliche Freizügigkeit innerhalb eines Marktes schützen sollen[63]. Sie dienen dem Einzelnen insofern, als sie Schutz

---

62 Siehe eingehender zu diesen Begriffen und den Zielen des Binnenmarktes oben 1. Abschnitt II. 3. a).

63 *Randelzhofer/Forsthoff*, in Grabitz/Hilf (Hrsg) EU-Kommentar, vor Art. 39-55 EGV Rn. 3; *Frenz*, Handbuch Europarecht – Europäische Grundfreiheiten, Band 1, Springer Berlin-Heidelberg 2004, Rn. 346 ff.

vor staatlichen Eingriffen gewähren, wo grenzüberschreitende wirtschaftliche Betätigung innerhalb der Gemeinschaft beeinträchtigt ist. Obwohl also Zweck der Grundfreiheiten der Schutz eines freien Marktes ist, sind sie doch als Rechte der einzelnen Bürger ausgestaltet und weisen somit „humane Aspekte" der Freizügigkeit auf[64].

Der Schutzbereich der Grundfreiheiten bezieht sich auch auf den Bereich der direkten Steuern, was dem querschnittsbezogenen Ansatz der Grundfreiheiten entspricht, wie ihn auch der EuGH anerkennt, wenn er feststellt, dass die Geltung der Grundfreiheiten nicht davon abhängt, auf welchem Gebiet des innerstaatlichen Rechts sie zur Anwendung kommen[65].

Auf Grundlage der Grundfreiheiten hat der EuGH daher maßgebliche Grundsätze entwickelt, wie nationale Steuerrechtsbestimmungen zu gestalten sind, um gemeinschaftsrechtskonform zu sein[66]. Diese Grundsätze sind auch für die Thematik der grenzüberschreitenden Verlustverrechnung innerhalb der EU von Bedeutung. Dabei sind die Niederlassungsfreiheit sowie die Dienstleistungsfreiheit von besonderem Interesse. Aufgrund des Verhältnisses dieser beiden Grundfreiheiten zur Kapitalverkehrsfreiheit und wegen ihres eigenständigen Anwendungsbereichs für grenzüberschreitende Investitionen, mit denen negative Einkünfte verbunden sein können, ist auch diese zu behandeln. Wichtige Prinzipien zur Anwendung der Grundfreiheiten bei steuerlichen Zusammenhängen, die auch für die grenzüberschreitende Verrechnung positiver und negativer Einkünfte bedeutend sind, liefert schließlich auch die Arbeitnehmerfreizügigkeit. Sie ist insbesondere im ersten EuGH-Vorabentscheidungsverfahren zur Verwertung ausländischer negativer Einkünfte, im Verfahren zu Ritter-Coulais, von GA Léger herangezogen worden, um einen Gemeinschaftsrechtsverstoß zu prüfen[67].

Der Inhalt der Grundfreiheiten soll daher kurz dargestellt werden. Grundsätzlich wird vertreten, dass es nicht notwendig ist, zwischen den einzelnen Grundfreiheiten zu differenzieren, um eine Gemeinschaftsrechtswidrigkeit zu prüfen, da der EuGH den gleichen Prüfungsansatz und -maßstab ansetzt, um festzustellen, ob Beschränkungen und Diskriminierungen, die aus den Vorschriften über die direk-

---

64 *Wölker/Grill*, in Groeben/Schwarze (Hrsg) Kommentar zum EUV und EGV, Band I, 6. Auflage 2003, Vorbem. zu den Artikeln 39 bis 41 EG Rn. 6.

65 *Randelzhofer/Forsthoff*, in Grabitz/Hilf (Hrsg) EU-Kommentar, vor Art. 39-55 EGV Rn. 46 und 209; *Hirsch*, Wichtige Einflüsse der EuGH-Rechtsprechung auf das deutsche Steuerrecht, DStZ 1998, 489 ff, 491.

66 Näheres zur Bedeutung von EuGH-Urteilen oben 1. Abschnitt III. 1. „Zwei Ausformungen der Integration".

67 Generalanwalt Léger, Schlussanträge vom 1. 3. 2005, C-152/03, *Hans-Jürgen und Monique Ritter-Coulais gegen Finanzamt Germersheim*, www.curia.eu.int; siehe dazu unten 3. Abschnitt V. 2. „Ritter-Coulais".

ten Steuern erwachsen, die Grundfreiheiten verletzen[68]. Trotz dieser von der hM angenommenen fehlenden Differenzierung, ist es dennoch wichtig, den Anwendungsbereich und den Schutzzweck der einzelnen Grundfreiheiten näher zu beleuchten, da die Frage, ob überhaupt ein Konnex zum Gemeinschaftsrecht besteht und worin eine Diskriminierung oder Beschränkung bestehen kann, mit der Ausgestaltung der jeweiligen Grundfreiheit zusammenhängt. Zudem wird für die unterschiedlichen Grundfreiheiten die Anwendung der Beschränkungsverbote, insbesondere deren Reichweite, unterschiedlich beurteilt[69].

1. Die Niederlassungs- und Dienstleistungsfreiheit

Die Niederlassungsfreiheit verbietet die Beschränkung der freien Niederlassung von Staatsangehörigen eines Mitgliedstaates im Hoheitsgebiet eines anderen Mitgliedstaates sowie die Beschränkung der Gründung von Agenturen, Zweigniederlassungen oder Tochtergesellschaften durch Angehörige eines Mitgliedstaates, die im Hoheitsgebiet eines Mitgliedstaates ansässig sind (Artikel 43 Abs. 1 EG). Nach der Dienstleistungsfreiheit sind Beschränkungen des freien Dienstleistungsverkehrs innerhalb der Gemeinschaft für Angehörige der Mitgliedstaaten, die in einem anderen Staat, als dem des Leistungsempfänger, ansässig sind, verboten (Artikel 49 Abs. 1 EG). Die Dienstleistungsfreiheit weist Berührungspunkte zur Niederlassungsfreiheit auf; beide Grundfreiheiten erfassen Behinderungen, die der grenzüberschreitenden Ausübung von selbständigen Tätigkeiten entgegenstehen[70]. Der EG-Vertrag nimmt auf diese Gemeinsamkeiten Bezug, wenn er im Kapitel über die Dienstleistungsfreiheit explizit, etwa betreffend Ausnahmeregelungen und Rechtfertigungsgründen, auf die Bestimmungen über die Niederlassungsfreiheit verweist[71].

Der personelle Anwendungsbereich der Niederlassungsfreiheit erstreckt sich auf natürliche Personen und Gesellschaften, die Angehörige eines Mitgliedstaates sind. Inländer können sich nicht auf die Niederlassungsfreiheit berufen, wenn sie keinen grenzüberschreitenden Sachverhalt verwirklichen[72]. Träger der Dienstleistungsfreiheit ist nicht nur der Erbringer einer Dienstleistung, sondern auch der Empfänger einer Dienstleistung[73]. In diesem Zusammenhang wird auch von der

---

68 *Randelzhofer/Forsthoff*, in Grabitz/Hilf (Hrsg) EU-Kommentar, vor Art. 39-55 EGV EGV Rn. 208.

69 *Randelzhofer/Forsthoff*, in Grabitz/Hilf (Hrsg) EU-Kommentar, vor Art. 39-55 EGV Rn. 88.

70 *Randelzhofer/Forsthoff*, in Grabitz/Hilf (Hrsg) EU-Kommentar, Art. 49/50 EGV Rn. 3.

71 Artikel 55 EG.

72 *Randelzhofer/Forsthoff* in Grabitz/Hilf (Hrsg) EU-Kommentar, Art. 43 EGV Rn. 10; siehe zur Voraussetzung eines grenzüberschreitenden Elements unten 2. Abschnitt III. 2. b) „Grenzüberschreitendes Element".

73 *Troberg/Tiedje* in Groeben/Schwarze, Artikel 49 EG Rn. 58; *Randelzhofer/Forsthoff* in Grabitz/Hilf (Hrsg) EU-Kommentar, Art. 49/50 EGV Rn. 43.

passiven Dienstleistungsfreiheit gesprochen und der Charakter der Dienstleistungsfreiheit als produktbezogene Grundfreiheit begründet[74]. Bei der personenbezogenen Ausrichtung der Dienstleistungsfreiheit geht es darum, natürlichen Personen oder Unternehmen die Möglichkeit grenzüberschreitender Tätigkeiten einzuräumen. Bei der produktbezogenen Ausrichtung geht es darum, die Dienstleistung als solche vor Beschränkungen im Binnenmarkt zu schützen[75].

Der sachliche Anwendungsbereich der Niederlassungsfreiheit bezieht sich gemäß Artikel 43 Abs. 2 EG auf die „Aufnahme und Ausübung selbständiger Erwerbstätigkeit sowie die Gründung und Leitung von Unternehmen", was nicht als abschließende Definition zu verstehen ist[76]. Eine von der Niederlassungsfreiheit erfasste Erwerbstätigkeit, ist jede Tätigkeit, die zum Wirtschaftsleben zu rechnen ist. Als Wirtschaftsleben ist dabei der Begriff, wie er im Artikel 2 EG verwendet wird, maßgeblich[77]. Eine Konkretisierung diesbezüglich ergibt sich allein aus der Rechtsprechung des EuGH, wonach potentiell alle Lebensbereiche umfasst sein können, insbesondere auch der Bildungsbereich, der soziale Bereich und Sport[78]. Für eine Einordnung als Erwerbstätigkeit ist es nicht erforderlich, dass ein Erlös erzielt wird; die Deckung des Lebensunterhaltes reicht aus[79]. Mit den Worten des EuGH lässt sich für die Niederlassungsfreiheit sagen, dass sie die Möglichkeit schützen soll, „in stabiler und kontinuierlicher Weise am Wirtschaftsleben eines [...] Mitgliedstaats [...] teilzunehmen"[80]. Die sachliche Anwendungsvoraussetzung der Dienstleistungsfreiheit ist ein grenzüberschreitender Austausch von Dienstleistungen durch Personen, die Angehörige eines Mitgliedstaates sind[81]. Für die konkrete Anwendung der Dienstleistungsfreiheit allerdings ist die unterschiedliche Ansässigkeit des Dienstleistungserbringers und -empfängers von Bedeutung, da Gebietsfremde nicht *per se* geschützt werden sollen, sondern der grenzüber-

---

74 *Randelzhofer/Forsthoff*, in Grabitz/Hilf (Hrsg) EU-Kommentar, Art. 49/50 EGV Rn. 43.

75 *Troberg/Tiedje* in Groeben/Schwarze, Artikel 49 EG Rn. 23 ff und 27 ff.

76 *Scheuer*, in Lenz (Hrsg) EGV-Komm., Art. 43 Rn. 2; es wird auch davon gesprochen, dass es sich um keine Definition handelt: *Tiedje/Troberg*, in Groeben/Schwarze (Hrsg) EUV- und EGV-Komm., Art. 43 EG Rn. 1.

77 *Tiedje/Troberg*, in Groeben/Schwarze (Hrsg) Kommentar EUV und EGV, Artikel 43 EG Rn. 56.

78 *Randelzhofer/Forsthoff*, in Grabitz/Hilf (Hrsg) EU-Kommentar, Art. 43 EGV Rn. 16.

79 *Randelzhofer/Forsthoff*, in Grabitz/Hilf (Hrsg) EU-Kommentar, Art. 43 EGV Rn. 16.

80 EuGH, Urteil vom 30. 11. 1995, C-55/94, *Reinhard Gebhard gegen Consiglio dell'ordine degli avvocati e procuratori di Milano*, Slg 1995, I-4165, Rn. 25; Generalanwalt Poiares Maduro, Schlussanträge vom 7. 4. 2005, C-446/03, *Marks & Spencer plc gegen David Halsey (HM Inspector of Taxes)*, www.curia.eu.int, Rn. 81.

81 *Randelzhofer/Forsthoff*, in Grabitz/Hilf (Hrsg) EU-Kommentar, Art. 49/50 EGV Rn. 15; siehe dort auch eine Darstellung der möglichen Erweiterung des Anwendungsbereiches.

schreitende Dienstleistungsverkehr[82]. Das ist dann wichtig, wenn sich Staatsangehörige des gleichen Mitgliedstaates auf die Dienstleistungsfreiheit berufen wollen. Da das grenzüberschreitende Element nicht an die Staatsangehörigkeit, sondern an die Ansässigkeit von Dienstleister und Dienstleistungsempfänger anknüpft, könnte die Anwendung trotz gleicher Staatsangehörigkeit eröffnet sein[83]. Dienstleistungen, die vom Schutz der gemeinschaftsrechtlichen Dienstleistungsfreiheit erfasst sind, sind grenzüberschreitende Wirtschaftsvorgänge. Damit gilt nach dem EG-Vertrag ein anderer Begriff als der volkswirtschaftliche Dienstleistungsbegriff; dieser bezieht sich auf all jene Wirtschaftsleistungen, die nicht in der Herstellung von Rohstoffen oder von Waren bestehen[84]. Dabei geht es um die Einteilung in primären, sekundären und tertiären Wirtschaftssektor. Gemeinschaftsrechtlich sollen sämtliche Leistungen erfasst sein, die über die Grenze verwirklicht werden[85]. Aufgrund der ausdrücklichen Formulierung, dass Leistungen, die „in der Regel" entgeltlich erbracht werden, unter die Dienstleistungsfreiheit fallen sollen, schließt Unentgeltlichkeit eine Anwendung der Dienstleistungsfreiheit nicht von vornherein aus[86].

Sowohl die Niederlassungs- als auch die Dienstleistungsfreiheit enthalten nicht nur ein Diskriminierungsverbot, sondern auch ein Beschränkungsverbot[87]. Das Grundkonzept beider Grundfreiheiten ist zwar, die Inländergleichbehandlung zu gewährleisten[88], allerdings ist nach mittlerweile unbestrittener Ansicht in den Grundfreiheiten allgemein auch ein Beschränkungsverbot enthalten[89].

Exkurs. Missbräuchliche Ausübung der Niederlassungsfreiheit

In einer beim EuGH anhängigen Rechtssache wurde vom Generalanwalt eingehend geprüft, ob die Niederlassungsfreiheit missbräuchlich ausgenutzt werden

---

82 *Troberg/Tiedje* in Groeben/Schwarze, Artikel 49 EG Rn. 12 ff; *Randelzhofer/Forsthoff* in Grabitz/Hilf (Hrsg) EU-Kommentar, Art. 49/50 EGV Rn. 16.

83 *Randelzhofer/Forsthoff* in Grabitz/Hilf (Hrsg) EU-Kommentar, Art. 49/50 EGV Rn. 16

84 *Troberg/Tiedje* in Groeben/Schwarze (Hrsg) Vertrag über die Europäische Union und Vertrag zur Gründung der Europäischen Gemeinschaft, Kommentar, Nomos Baden-Baden 2003, 6. Auflage, Vorbem. zu den Artikeln 49 bis 55 EG Rn. 8.

85 *Randelzhofer/Forsthoff*, in Grabitz/Hilf (Hrsg) EU-Kommentar, Art. 49/50 EGV Rn. 6 und 23 f.

86 *Frenz*, Europäische Grundfreiheiten, Rn. 2461 ff.

87 *Frenz*, Europäische Grundfreiheiten, Rn. 105 und 428; *Randelzhofer/Forsthoff* in Grabitz/Hilf (Hrsg) EU-Kommentar, Art. 43 EGV Rn. 84 ff, Art. 49/50 EGV Rn. 54 und 89 f.

88 *Frenz*, Europäische Grundfreiheiten, Rn. 1889.

89 Siehe zur Thematik der Diskriminierungs- und Beschränkungsverbote eingehend unten 2. Abschnitt III. 3. – 6.

kann[90]. Dabei wurde von GA Léger festgestellt, dass die Gründung einer Tochtergesellschaft im EU-Ausland zur Erzielung eines niedrigeren Steuersatzes für sich genommen nicht als missbräuchliche Ausnutzung der Niederlassungsfreiheit angesehen werden kann[91]. Nach Léger geht es darum, dass wenn der mit der Niederlassung „verfolgte Zweck erfüllt ist, die Gründe, aus denen der betreffende Gemeinschaftsangehörige oder die betreffende Gesellschaft diese Freiheit hat in Anspruch nehmen wollen, nicht den durch den EG-Vertrag gewährten Schutz in Frage stellen können“[92]. Der Generalanwalt verweist in diesem Zusammenhang auf EuGH-Entscheidungen zum Gesellschaftsrecht, nach denen es als mit der Niederlassungsfreiheit vereinbar angesehen wurde, allein deshalb in einem gewissen Mitgliedstaat Tochtergesellschaften zu gründen, um in den Genuss eines Gesellschaftsrecht zu kommen, das möglichst liberal ist[93].

Der von der Niederlassungsfreiheit erfüllte Zweck ist erfüllt, und damit die Gründe, weshalb ein gewisser Mitgliedstaat für die Ausübung der Freiheit gewählt wurde, irrelevant, wenn drei Voraussetzungen erfüllt sind[94]: 1) die Tochtergesellschaft muss im Aufnahmestaat durch Personal und erforderliche Ausstattung real präsent sein, 2) die erbrachten Leistungen der Tochtergesellschaft müssen echt sein und das Personal die notwendige Kompetenz dafür aufweisen, und 3) durch die Tätigkeit der Tochtergesellschaft wird eine Wertschöpfung erzielt. Zusammengefasst kann daher davon ausgegangen werden, dass wenn eine Tätigkeit ausgeübt wird, die einen wirtschaftlichen Gehalt hat, die Niederlassungsfreiheit nicht missbräuchlich ausgenutzt wird, selbst wenn steuerliche Überlegungen hinter der Entscheidung, ins Ausland zu gehen, standen.

2. Kapitalverkehrsfreiheit

Seit der Umsetzung des Vertrages von Maastricht werden der Kapital- und Zahlungsverkehr in einem Kapitel zusammengefasst und gemeinsam geregelt (Artikel 56 ff EG). Die Kapitalverkehrsfreiheit verbietet sämtliche Beschränkungen des Kapitalverkehrs, nicht, so wie bis 1. Jänner 1994, nur solche Beschränkungen, die

---

90 Generalanwalt Léger, Schlussanträge vom 2. 5. 2006, C-196/04, *Cadbury Schwepps plc, Cadbury Schwepps Overseas Ltd gegen Commissioners of Inland Revenue*, www.curia.eu.int.

91 GA Léger 2. 5. 2006, C-196/04, *Cadbury Schwepps*, Rn. 40.

92 GA Léger 2. 5. 2006, C-196/04, *Cadbury Schwepps*, Rn. 43.

93 GA Léger 2. 5. 2006, C-196/04, *Cadbury Schwepps*, Rn. 44 ff und 47 mit Verweis auf EuGH, Urteil vom 9. 3. 1999, C-212/97, *Centros*, www.curia.eu.int und ders, Urteil vom 30. 9. 2003, C-167/01, *Inspire Art*, www.curia.eu.int.

94 GA Léger 2. 5. 2006, C-196/04, *Cadbury Schwepps*, Rn. 50 und 111 ff; vgl *Ehrlermann/Kowallik*, What Does Cadbury Schwepps Mean for German CFC Rules? TNI vom 22. 5. 2006, 671 ff, 672; *Schindler*, What Cadbury Schwepps Reveals About Legal Presumptions and Economic Substance, TNI vom 19. 6. 2006, 1014 f, 1015.

für das Funktionieren des Gemeinsamen Marktes hinderlich waren[95]. Somit handelt es sich um eine unbedingte Liberalisierungspflicht, die von der Kapitalverkehrsfreiheit statuiert wird.

Das Besondere an der Kapitalverkehrsfreiheit ist ihre räumliche Reichweite: Sie gilt nicht nur innerhalb der EU, sondern auch im Verhältnis von Mitgliedstaaten zu Drittstaaten[96]. Entscheidend ist in jedem Fall das grenzüberschreitende Element, also entweder zwischen den Mitgliedstaaten untereinander oder zwischen Drittstaat und Mitgliedstaat. Eine ausdrückliche Definition des Kapitalverkehrs findet sich im EG-Vertrag nicht. Die kapitalverkehrsbezogenen Richtlinien allerdings führen im Anhang beispielhaft Kapitalverkehrsvorgänge nach Fallgruppen geordnet auf, wo insbesondere Investitions- und Kapitalmarktgeschäfte genannt sind[97]. Grundsätzlich wird von einem weiten Verständnis des Kapitalverkehrs ausgegangen, das sowohl die Kapitalanlage als auch den Kapitalverkehr umfasst[98]. Von Schön wurde im Widerspruch dazu für die Anwendung der Kapitalverkehrsfreiheit im Bereich der direkten Steuern der Gedanke vorgebracht, dass sie lediglich den Kapital*transfer*, nicht auch die Kapital*verwendung* schütze, was von GA Kokott allerdings in ihren Schlussanträgen zur Rs Manninen nicht so gesehen wurde, worin ihr der EuGH folgte[99].

Der personelle Anwendungsbereich der Kapitalverkehrsfreiheit wird im EG-Vertrag nicht angesprochen, verboten sind lediglich Beschränkungen des Verkehrs an sich. Daher können sich alle Teilnehmer am Kapitalverkehr auf deren Schutz berufen, natürliche wie juristische Personen, jeweils unabhängig von ihrer Staatsangehörigkeit und Ansässigkeit[100]. Es genügt eine Diskriminierung oder Beschränkung hinsichtlich des Wohnorts oder des Kapitalanlageorts, wobei lediglich eine Ansässigkeit eines derer am Kapitalverkehr Beteiligten innerhalb der Gemeinschaft gegeben sein muss[101]. Wie bei der Dienstleistungsfreiheit enthält die Kapitalverkehrsfreiheit ebenfalls einen passiven Schutzbereich: Sie umfasst

---

95 *Ress/Ukrow* in Grabitz/Hilf (Hrsg) ErgLfg 2002, Artikel 56 EGV Rn. 12; *Tumpel*, Harmonisierung der direkten Unternehmensbesteuerung in der EU, 24.

96 Artikel 56 Abs. 1 am Ende EG.

97 Anhang I der Richtlinie 88/361/EWG des Rates zur Durchführung von Artikel 67 EWG vom 24. 6. 1988, ABl. L 178, 5.

98 *Frenz*, Europäische Grundfreiheiten, Rn. 2735.

99 *Schön*, Kapitalverkehr mit Drittstaaten, in Gocke/Gosch/M. Lang (Hrsg) FS Wassermeyer, 508 ff; Generalanwältin Kokott, Schlussanträge vom 18. 3. 2004, C-319/02, *Petri Mikael Manninen*, www.curia.eu.int, Rn. 28 f; EuGH, Urteil vom 7. 9. 2004, C-319/02, *Petri Mikael Manninen*, www.curia.eu.int, Rn. 21 f.

100 *Frenz*, Europäische Grundfreiheiten, Rn. 2743.

101 *Schön*, Europäische Kapitalverkehrsfreiheit und nationales Steuerrecht, in Schön (Hrsg) GS Knobbe-Keuk, Köln 1997, 743 ff, 758; Jacobs (Hrsg) Internationale Unternehmensbesteuerung, 5. Auflage München 2002, 201.

nicht nur den Schutz des Inhabers und Anbieters von Kapital, sondern auch den des Empfängers oder Nachfragers von Kapital[102]. In der Regel ist dieser aktive und passive Schutzbereich allerdings gegenseitig bedingt.

Von besonderer Bedeutung bei der Kapitalverkehrsfreiheit ist die ausdrücklich zugelassene unterschiedliche Behandlung von Steuerpflichtigen mit unterschiedlichen Wohnorten oder Kapitalanlageorten gemäß Artikel 58 Abs. 1 lit. a EG. Diese Ausnahme gilt allerdings – infolge eines Schlussprotokolls zum Maastrichter Vertrag – nur für Steuervorschriften, die 1993 bereits in Kraft waren[103]. Eine weitere zulässige Einschränkung wird von Artikel 58 Abs. 1 lit. b EG vorgesehen. Danach ist die Kapitalverkehrsfreiheit durch unerlässliche Maßnahmen einschränkbar, die zur Verhinderung von Zuwiderhandlungen gegen nationale Rechts- und Verwaltungsvorschriften dienen, insbesondere in den Bereichen Steuerrecht und Aufsicht über Finanzinstitute. Die Maßnahmen müssen erforderlich sein, um das angestrebte Ziel zu erreichen und dürfen nicht durch weniger einschränkende Maßnahmen erreichbar sein. Außerdem müssen die Maßnahmen verhältnismäßig sein, was sich daraus ableitet, dass sie unerlässlich sein müssen[104]. Zudem verlangt der EuGH, wie etwa in der Rs Manninen bestätigt, dass aufgrund des unterschiedlichen Wohn- oder Kapitalanlageorts eine unterschiedliche Situation gegeben ist, die eine Einschränkung gestützt auf Artikel 58 Abs. 1 lit. a EG notwendig macht[105]. Liegen demnach keine unterschiedlichen Situationen vor, obwohl Wohn- oder Kapitalanlageort unterschiedlich sind, darf keine Einschränkung nach Artikel 58 Abs. 1 lit. a EG vorgenommen werden. Ganz allgemein wird aus der EuGH-Rechtsprechung geschlossen, dass die Unterscheidung, die sich auf Artikel 58 Abs. 1 lit. a EG stützen soll, nicht willkürlich ist und nicht auf eine verschleierte Beschränkung des Kapitalverkehrs hinausläuft[106]. Die Bestimmung des Artikels 58 Abs. 1 lit. a EG wird daher auch als überflüssig angesehen, da diskriminierende Vorschriften, die sich auf sie stützen, den gleichen Anforderungen wie den generellen Rechtfertigungsgründen entsprechen müssen[107]. Damit stimmt der EuGH überein: In seinem Urteil zu Verkooijen hat er die Einschränkungen der Kapitalverkehrsfreiheit, wie Artikel 58 Abs. 1 EG sie zu-

102 Jacobs (Hrsg) Internationale Unternehmensbesteuerung, 201.

103 *Weber*, in Lenz (Hrsg) EG-Vertrag Kommentar, Art. 58 EG Rn. 4.

104 *Weber*, in Lenz (Hrsg) EG-Vertrag Kommentar, Art. 58 EG Rn. 6.

105 EuGH, Urteil vom 7. 9. 2004, C-319/02, *Petri Mikael Manninen*, www.curia.eu.int, Rn. 32; ders, Urteil vom 15. 7. 2004, C-315/02, *Anneliese Lenz gegen Finanzlandesdirektion für Tirol*, www.curia.eu.int, Rn. 33.

106 *Herzig*, Körperschaftsteuersystem und Europäischer Binnenmarkt, in Schön (Hrsg) GS Knobbe-Keuk, Köln 1997, 627 ff, 638.

107 *Terra/Wattel*, EC Tax Law, 20.

lässt, lediglich als Ausformulierung der von ihm entwickelten ungeschriebenen Rechtfertigungsgründe angesehen[108].

3. Arbeitnehmerfreizügigkeit

Die Vorschrift über die Arbeitnehmerfreizügigkeit verbietet in ihrem Wortlaut nicht in negativer Formulierung Beschränkungen, sondern schreibt positiv die Gewährleistung der Freizügigkeit der Arbeitnehmer vor (Artikel 39 Abs. 1 EG). Der räumliche Anwendungsbereich der Arbeitnehmerfreizügigkeit setzt einen engen Bezug zum Gemeinschaftsgebiet voraus. Die fragliche Tätigkeit kann allerdings auch außerhalb des Gemeinschaftsgebietes ausgeübt werden[109]. Für den sachlichen Anwendungsbereich stellt sich die Schwierigkeit, dass der Begriff des Arbeitnehmers nicht definiert ist. Es handelt sich allerdings um einen weit auszulegenden Begriff, mit dem zumindest die Merkmale Weisungsgebundenheit und Leistungserbringung verbunden sein müssen[110]. Der persönliche Anwendungsbereich bezieht sich nur auf Gemeinschaftsangehörige[111]. Auch die Arbeitnehmerfreizügigkeit enthält nicht nur ein Diskriminierungs-, sondern auch ein Behinderungsverbot, das vor allem Wegzugsfälle betrifft[112].

4. Das Verhältnis der relevanten Grundfreiheiten zueinander

Zwischen den beiden Grundfreiheiten Niederlassungs- und Kapitalverkehrsfreiheit besteht ein enger Zusammenhang, was sich auch aus den gegenseitigen Vorbehalten in den Artikeln 43 Abs. 2 und 58 Abs. 2 EG zeigt. Daraus wird sowohl ein absoluter Vorrang, sprich Exklusivität, als auch das genaue Gegenteil, nämlich ein jeweils paralleler Anwendungsbereich der beiden Grundfreiheiten abgeleitet[113]. Der EuGH geht von einer parallelen Anwendung aus[114]. Insbesondere deshalb, weil beide Grundfreiheiten eine inhaltlich andere Dimension haben, ist von einer kumulativen Anwendung auszugehen[115]. Im Fall Bachmann hatte der

---

108 EuGH, Urteil vom 6. 6. 2000, C-35/98, *Verkooijen*, Slg 2000, I-4071, Rn. 43.

109 *Randelzhofer/Forsthoff*, in Grabitz/Hilf (Hrsg) EU-Kommentar, Artikel 39 EGV Rn. 7; *Scheuer*, in Lenz (Hrsg) EG-Vertrag Kommentar, Art. 39 Rn. 2.

110 *Randelzhofer/Forsthoff*, in Grabitz/Hilf (Hrsg) EU-Kommentar, Artikel 39 EGV Rn. 11 ff und 14 ff.

111 Artikel 39 Abs. 2 EG.

112 *Scheuer*, in Lenz (Hrsg) EGV-Kommentar, Art. 39 Rn. 35 ff.

113 *Schön*, Europäische Kapitalverkehrsfreiheit und nationales Steuerrecht, in Schön (Hrsg) GS Knobbe-Keuk, Köln 1997, 743 ff, 749; *Frenz*, Europäische Grundfreiheiten, 1858 ff und Rn. 2758 f; *Randelzhofer/Forsthoff*, in Grabitz/Hilf (Hrsg) EU-Kommentar, Art. 43 EGV Rn. 114 f.

114 *Ress/Ukrow*, in Grabitz/Hilf (Hrsg) EU-Kommentar, ErgLfg 2002, Artikel 56 EGV Rn. 28.

115 *Schön*, Europäische Kapitalverkehrsfreiheit und nationales Steuerrecht, in Schön (Hrsg) GS Knobbe-Keuk, 749 f; Jacobs (Hrsg) Internationale Unternehmensbesteuerung, 203.

EuGH den mittlerweile veralteten Standpunkt eingenommen, dass Beschränkungen von der Kapitalverkehrsfreiheit nicht erfasst werden, wenn sie mittelbar Beschränkungen anderer Grundfreiheiten betreffen und dass außerdem die Kapitalverkehrsfreiheit allein den Kapitaltransfervorgang schütze[116]. Danach würde die Kapitalverkehrsfreiheit keine Kapital*anlagen* betreffen, sondern nur den Kapital*verkehr*[117]. Spätere Rechtsprechung folgte diesem Ansatz allerdings nicht, sondern ging von einer parallelen Anwendung beider Grundfreiheiten aus[118]. Schön scheint die Rechtsprechung vom EuGH in Bachmann insoweit wieder zu beleben, als er hinterfragt, ob der Schutzbereich der Kapitalverkehrsfreiheit im Kontext zu direkten Steuern nicht nur auf den Kapitaltransfer gerichtet ist[119].

Auch für die Anwendung der Kapitalverkehrsfreiheit und Dienstleistungsfreiheit gilt ein Parallelitätsverhältnis[120]. Im Speziellen spricht gegen eine Exklusivität einer der Grundfreiheiten vor der anderen die Bestimmung des Artikels 51 Abs. 2 EG, wonach „die Liberalisierung der mit dem Kapitalverkehr verbundenen Dienstleistungen der Banken und Versicherungen im Einklang mit der Liberalisierung des Kapitalverkehrs durchgeführt [wird]". Würde Exklusivität herrschen, bräuchte man keinen Einklang[121]. Grundsätzlich ist es auch genau in diesem Bereich der Finanzdienstleistungen, wo eine Überschneidung vorliegt. Ganz allgemein sind für die Abgrenzung der Dienstleistungsfreiheit von anderen Grundfreiheiten drei Merkmale zu beachten: (1) fehlende Verkörperung des Produktes in Abgrenzung zur Warenverkehrsfreiheit, (2) wirtschaftliche Selbständigkeit der Tätigkeit in Abgrenzung zur Arbeitnehmerfreizügigkeit und (3) fehlende Integration ins nationale Wirtschaftsleben in Abgrenzung zur Niederlassungsfreiheit[122]. Während die Kapitalverkehrsfreiheit neben der Niederlassungs- und Dienstleistungsfreiheit anwendbar sein kann, schließen sich die beiden letzteren aufgrund ihres Tatbestandes in ihrem Anwendungsbereich voneinander aus: Kennzeichen des Anwendungsbereichs der Niederlassungsfreiheit ist die Eingliederung in die nationale Volkswirtschaft, worin die entscheidende Abgrenzung zur Dienstleistungsfreiheit zu sehen ist. Sich niederzulassen bedeutet gerade, sich in eine andere

---

116 *Ress/Ukrow*, in Grabitz/Hilf (Hrsg) EU-Kommentar, Artikel 56 EGV Rn. 28; mit Verweis auf EuGH, Urteil vom 28. 1. 1992, C-204/90, *Hanns-Martin Bachmann gegen Belgischen Staat*, Slg 1992, I-249, Rn. 34.

117 *Ress/Ukrow*, in Grabitz/Hilf (Hrsg) EU-Kommentar, Artikel 56 EGV Rn. 28; siehe dazu auch schon oben unter 2. Abschnitt II.3. „Kapitalverkehrsfreiheit", insb *Schön*, Kapitalverkehr mit Drittstaaten, in Gocke/Gosch/M. Lang (Hrsg) FS Wassermeyer, 508 ff.

118 *Frenz*, Europäische Grundfreiheiten, Rn. 2765.

119 *Schön*, Europäische Kapitalverkehrsfreiheit, in Schön (Hrsg) GS Knobbe-Keuk, 508 ff.

120 *Schön*, Europäische Kapitalverkehrsfreiheit, in Schön (Hrsg) GS Knobbe-Keuk, 753; *Ress/Ukrow*, in Grabitz/Hilf (Hrsg) EU-Kommentar, Artikel 56 EGV Rn. 23.

121 *Ress/Ukrow*, in Grabitz/Hilf (Hrsg) EU-Kommentar, Artikel 56 EGV Rn. 23.

122 *Frenz*, Europäische Grundfreiheiten, Rn. 2443.

Volkswirtschaft zu integrieren[123]. Die Niederlassungsfreiheit schützt die Möglichkeit, sich in kontinuierlicher Weise am Wirtschaftsleben eines anderen Mitgliedstaates zu beteiligen, während die Dienstleistungsfreiheit ihrem Träger nicht das Recht gibt, sich dauerhaft in eine andere Volkswirtschaft zu integrieren[124]. Die Übergänge können hier allerdings fließend sein, was Artikel 50 Abs. 2 EG berücksichtigt, der auch einem Dienstleister eine vorübergehende Leistungserbringung im Empfängerstaat gestattet[125].

Zur Arbeitnehmerfreizügigkeit ist die Dienstleistungsfreiheit dadurch abzugrenzen, dass sie sich auf selbständige Leistungen bezieht[126], wobei auch hier Abgrenzungsprobleme aufkommen können, wenn ein Dienstleister von seinem Auftraggeber in wirtschaftlicher oder persönlicher Abhängigkeit steht. Abgrenzungsprobleme zwischen der Arbeitnehmerfreizügigkeit und anderen Grundfreiheiten spielen eine geringe Rolle, vor allem weil der Tatbestand von sich heraus klare Merkmale vorgibt, die sich nicht mit Merkmalen der anderen Grundfreiheiten überschneiden[127]. Eine Abgrenzung der Anwendungsbereiche kann dennoch schwer fallen, wenn unklar ist, worauf sich eine benachteiligende Regelung bezieht. So ist es etwa in der Rs Ritter-Coulais geschehen, in der der BFH eine Verletzung der Niederlassungsfreiheit annahm, während der Generalanwalt eine Verletzung der Arbeitnehmerfreizügigkeit prüfte[128].

III. Konkrete Anwendung der Grundfreiheiten bei direkten Steuern

Erst im Jahr 1986 entschied der EuGH in avoir fiscal[129] den ersten Fall, der die Anwendung der Grundfreiheiten im Zusammenhang mit direkten Steuern berührte. Im Allgemeinen dienen die Grundfreiheiten dem Schutz des Binnenmarktes innerhalb der EU. Dieser Schutz bezieht sich auch auf nationale Vorschriften zu direkten Steuern[130]. Seit dem Urteil in der Rechtssache avoir fiscal gab es viele

---

123 GA Léger, *Gebhard*, Rn. 19.

124 *Randelzhofer/Forsthoff*, in Grabitz/Hilf (Hrsg) EU-Kommentar, Art. 43 EGV Rn. 24.

125 *Schön*, Freie Wahl zwischen Zweigniederlassung und Tochtergesellschaft – ein Grundsatz des Europäischen Unternehmensrechts, EWS 2000, 281 ff, 283.

126 *Randelzhofer/Forsthoff*, in Grabitz/Hilf (Hrsg) EU-Kommentar, Art. 49/50 EGV Rn. 30.

127 *Frenz*, Europäische Grundfreiheiten, Rn. 1142 ff.

128 BFH, Vorlagebeschluss vom 13. 11. 2002 I R 13/02, BStBl. II 2003, 795 ff, III.2.a; Generalanwalt Léger, Schlussanträge vom 1. 3. 2005, C-152/03, *Hans-Jürgen und Monique Ritter-Coulais gegen Finanzamt Germersheim*, www.curia.eu.int, Rn. 79 ff; Siehe dazu unten 3. Abschnitt V. 3. „Ritter-Coulais“.

129 EuGH, Urteil vom 28. 1. 1986, C-270/83, *avoir fiscal/Kommission gegen Frankreich*, Slg 1986, 273.

130 *Randelzhofer/Forsthoff*, in Grabitz/Hilf (Hrsg) EU-Kommentar, vor Art. 39-55 EGV Rn. 209; *Hirsch*, Wichtige Einflüsse der EuGH-Rechtsprechung auf das deutsche Steuerrecht, DStZ 1998, 489 ff, 491.

Entscheidungen des EuGH zum Bereich der direkten Steuern, die zeigen, wie der EuGH diesen Schutz des freien Marktes gewährleistet. Daraus lassen sich allgemeine Grundsätze ableiten, die im Folgenden dargestellt werden. Jene Grundsätze, die für die grenzüberschreitende Berücksichtigung negativer Einkünfte von Bedeutung sind, werden dabei tiefgehender behandelt. Die Prüfung einer Grundfreiheitsverletzung wird unter III. 1. bis 13. erörtert, die möglichen Rechtfertigungen einer solchen Verletzung unter IV.

1. Prüfungsschema einer Verletzung der Grundfreiheiten durch direkte Steuern

Die Frage, ob eine Verletzung der Grundfreiheiten durch nationale Vorschriften über direkte Steuern gegeben ist, prüft der EuGH unter dem gleichen Prüfungsansatz und -maßstab, egal welche Grundfreiheit betroffen ist[131]. Die Prüfung selbst ist in mehreren Schritten durchzuführen[132]:

- In einem ersten Schritt ist zu klären, ob die betreffende Bestimmung in den Anwendungsbereich des Gemeinschaftsrechts fällt. Dafür muss sie sich grundsätzlich auf einen Sachverhalt beziehen, der ein grenzüberschreitendes Element in sich birgt. In den meisten Fällen wird aufgrund der spezifischen Grundfreiheit auch ein wirtschaftlicher Kontext erforderlich sein.

- In einem zweiten Schritt ist zu eruieren, welche Grundfreiheit oder welche Grundfreiheiten betroffen sein könnten. Dieser zweite Schritt ist schwer vom ersten zu trennen, da sich die Anwendung des Gemeinschaftsrechts stets daraus ergibt, dass eine der Grundfreiheiten betroffen ist. Obwohl dieser Schritt zumeist gesondert genannt wird[133], erscheint es daher sinnvoll, beide Schritte in Einem vorzunehmen.

- In weiterer Folge ist zu prüfen, ob die jeweilige Grundfreiheit verletzt ist, entweder aufgrund einer Diskriminierung oder einer Beschränkung, die im Zusammenhang mit dem grenzüberschreitenden Element steht.

- Falls eine Diskriminierung oder Beschränkung vorliegt, ist schließlich zu untersuchen, ob sie sich rechtfertigen lässt, entweder durch ausdrücklich im Vertrag vorgesehene Rechtfertigungsgründe oder durch so genannte

---

131 *Randelzhofer/Forsthoff*, in Grabitz/Hilf (Hrsg) EU-Kommentar, vor Art. 39-55 EGV Rn. 208.

132 *Cordewener/Dahlberg/Pistone/Reimer/Romano*, The Tax Treatment of Foreign Losses: Ritter, M & S, and the Way Ahead, European Taxation 2004, 218 ff (Part Two), 218 f.

133 *Cordewener/Dahlberg/Pistone/Reimer/Romano*, Foreign Losses, European Taxation 2004, 218.

ungeschriebene, vom EuGH entwickelte Rechtfertigungsgründe. Die Prüfung der Rechtfertigung einer Maßnahme, die eine Grundfreiheit behindert, wird am Maßstab des Verhältnismäßigkeitsgrundsatzes vorgenommen: Die Maßnahme muss einem legitimen Zweck (dem Rechtfertigungsgrund) dienen und zu dessen Erreichung geeignet, erforderlich und angemessen sein[134].

2. Allgemeine Voraussetzungen zur Anwendbarkeit

Die Frage, ob die Grundfreiheiten auf einen steuerlichen Sachverhalt anwendbar sind, verlangt nach (1) einem Träger der Grundfreiheiten, (2) einer zumeist wirtschaftlichen Tätigkeit, die von den betreffenden steuerlichen Vorschriften erfasst wird, und nach (3) einem grenzüberschreitenden Element.

a) Träger der Grundfreiheiten und wirtschaftlicher Anknüpfungspunkt

Träger der Grundfreiheiten sind natürliche und juristische Personen, im zweiten Fall meist Gesellschaften. Für Zwecke der Arbeitnehmerfreizügigkeit, der Niederlassungsfreiheit und der Dienstleistungsfreiheit muss es sich dabei um Angehörige eines der Mitgliedstaaten handeln[135]. Wer Träger der Kapitalverkehrsfreiheit ist, wird im EG-Vertrag nicht angesprochen. Verboten sind lediglich Beschränkungen des Verkehrs an sich, weshalb sich alle Teilnehmer am Kapitalverkehr auf deren Schutz berufen können, natürliche wie juristische Personen, jeweils unabhängig von ihrer Staatsangehörigkeit und Ansässigkeit[136].

Zur Anwendung der Grundfreiheiten muss eine der geschützten Tätigkeiten vorliegen, die sich meist auf eine Teilnahme am allgemeinen Wirtschaftsleben beziehen. Während Unentgeltlichkeit einer wirtschaftlichen Leistung die Teilnahme am allgemeinen Wirtschaftsleben nicht notwendigerweise ausschließt[137], sind rein

---

[134] *Randelzhofer/Forsthoff*, in Grabitz/Hilf (Hrsg) EU-Kommentar, vor Art. 39-55 EGV Rn. 157; *Frenz*, Europäische Grundfreiheiten, Rn. 53 und 523 ff.

[135] *Randelzhofer/Forsthoff*, in Grabitz/Hilf (Hrsg) EU-Kommentar, vor Art. 39-55 EGV Rn. 9; bezüglich der Dienstleistungsfreiheit und der dort vorgesehenen Möglichkeit, den Begünstigtenkreis zu erweitern siehe: *Randelzhofer/Forsthoff*, in Grabitz/Hilf (Hrsg) EU-Kommentar, Art. 49/50 EGV Rn. 15; *Frenz*, Europäische Grundfreiheiten, Rn. 2579; *S. Thiel*, Removal of income tax barriers to market integration in the European Union: litigation by the Community citizen instead of harmonization by the Community legislature? EC Tax Review 2003, 4 ff, 8.

[136] *Frenz*, Europäische Grundfreiheiten, Rn. 2743; siehe eingehender zum personellen Anwendungsbereich der Grundfreiheiten oben 2. Abschnitt II. 1. „Kurzdarstellung der relevanten Grundfreiheiten des EG-Vertrages“.

[137] *Frenz*, Europäische Grundfreiheiten, Rn. 2461 ff.

private Tätigkeiten nicht vom Schutzbereich der Grundfreiheiten erfasst[138]. Die Frage, ob eine Tätigkeit wirtschaftlich motiviert ist, hängt eng mit der Frage zusammen, ob ein grenzüberschreitendes Element erfüllt ist. Denn meist liegt irgendeine wirtschaftliche Tätigkeit vor, offen ist allerdings, ob die Grenze zum Zwecke dieser Tätigkeit oder aber aus privaten Gründen überschritten wurde. Dies wird unter der nächsten Unterüberschrift ausführlich behandelt.

b) Grenzüberschreitendes Element

Im Allgemeinen sind die Grundfreiheiten wie das gesamte Gemeinschaftsrecht nur auf zwischenstaatliche Sachverhalte anwendbar[139]. Dies ergibt sich auch aus den konkreten Formulierungen der Grundfreiheitsbestimmungen, wo es etwa heißt, dass Beschränkungen der Niederlassung „im Hoheitsgebiet eines anderen Mitgliedstaates" verboten sind oder dass Beschränkungen des Dienstleistungsverkehrs für solche Angehörige unzulässig sind, die „in einem anderen Staat" ansässig sind. Vom EuGH werden in diesem Zusammenhang zwei Fallgruppen von der Anwendung des Gemeinschaftsrechts ausgenommen, rein innerstaatliche und solche, die allein einen Kontext zu Drittstaaten involvieren[140], wobei hier für die Anwendung der Kapitalverkehrsfreiheit eine Ausnahme besteht. Für Steuerrechtsfälle ist bisher nur die rein innerstaatliche Anknüpfung problematisiert worden[141].

aa. Alte Rechtsprechung des EuGH zum grenzüberschreitenden Element. Drei EuGH-Fälle waren für die Frage, ob ein grenzüberschreitender Sachverhalt erfüllt ist, von besonderer Bedeutung: Werner, Asscher und Gilly[142]. In der Rechtsache Werner war ein deutscher Staatsangehöriger als Zahnarzt selbständig in Deutschland tätig, wo er auch seine Berufszulassung erworben hatte. Die Einkünfte von Dr. Werner stammten ausschließlich aus dieser Tätigkeit. Er wohnte seit 1961 in den Niederlanden und war daher in Deutschland nur beschränkt steuerpflichtig. Dennoch beantragte Dr. Werner im Jahr 1982 für seine deutsche Besteuerung die Vorteile des Ehegatten-Splittings, die grundsätzlich nur unbeschränkt Steuerpflichtigen zugute kamen. Der EuGH betrachtete Dr. Werner für die Prüfung, ob ein Verstoß gegen die Niederlassungsfreiheit gegeben war, als deutschen Staats-

---

138 *Frenz*, Europäische Grundfreiheiten, Rn. 2461 ff (Unentgeltlichkeit), Rn. 1906 (rein private Tätigkeit).

139 *Frenz*, Europäische Grundfreiheiten, Rn. 455; *S. Thiel*, litigation instead of harmonization? EC Tax Review 2003, 4 ff, 7 f.

140 *S. Thiel*, litigation instead of harmonization? EC Tax Review 2003, 7.

141 *S. Thiel*, litigation instead of harmonization? EC Tax Review 2003, 7.

142 EuGH, Urteil vom 26. 1. 1993, C-112/91, *H. Werner v Finanzamt Aachen-Innenstadt*, Slg 1993, I-429; ders, Urteil vom 27. 6. 1996, C-107/94, *P. H. Asscher v Staatssecretaris van Financiën*, Slg 1996, I-3089; ders, Urteil vom 12. 5. 1998, C-336/96, *Eheleute R. Gilly v Dir. des services fiscaux du Bas-Rhin*, Slg 1998, I-2793.

angehörigen[143]. Damit setzte er sich in Widerspruch zum vorlegenden Gericht, dem Finanzgericht Köln, das davon ausging, dass Herr Werner aufgrund seines Wohnortes Gebietsfremder war und als solcher gegenüber Gebietsansässigen steuerlich benachteiligt wurde[144]. Für den EuGH bestand in der Rs Werner lediglich ein privates grenzüberschreitendes Element, dass nämlich der betroffene Steuerpflichtige seinen privaten Wohnort in den Niederlanden gewählt hatte[145]. Dabei übersah der EuGH, dass Dr. Werner bereits vor der Aufnahme seiner selbständigen Tätigkeit in Deutschland lange Jahre in den Niederlanden ansässig war[146]. Gestützt auf seine Annahmen, kam der EuGH zu dem Schluss, dass es nicht gegen die Niederlassungsfreiheit verstößt, wenn ein Mitgliedstaat eigene Staatsangehörige deshalb schlechter besteuert, weil diese ihren Wohnsitz im Ausland wählen[147]. Der EuGH ging also von einer berechtigten Inländerdiskriminierung aus, einer so genannten umgekehrten Diskriminierung – *reverse discrimination*[148].

Die Entscheidung im Fall Werner wurde als am Fall „vorbeijudizieren" angesehen. Inhaltlich wurde zu Recht darauf hingewiesen, dass sich auch eigene Staatsangehörige bei grenzüberschreitenden Niederlassungsakten auf Gemeinschaftsrecht berufen können[149]. Dabei sollte es nicht auf den Zeitpunkt einer privaten Wohnsitzänderung ankommen, sondern allein darauf, ob ein grenzüberschreitendes Element erfüllt ist, weil eine wirtschaftliche Tätigkeit ausgeübt wird. Ob ein deutscher oder niederländischer Staatsangehöriger dafür von seinem Wohnsitz in den Niederlanden nach Deutschland geht, muss irrelevant sein. Für Zwecke der

---

143 EuGH, *Werner*, Rn. 10.

144 FG Köln, Vorlagebeschluss vom 10. 1. 1991, 5 K 314/84, EFG 1991, 406.

145 EuGH, *Werner*, Rn. 16; zu einer Kritik an Werner siehe *Knobbe-Keuk*, Das Urteil des EuGH im Falle Werner zur Besteuerung der Grenzgänger – ärgerlich, aber nicht das letzte Wort, DStR 1993, 425 ff, 425 ff; *Thömmes*, Tatbestandsmäßigkeit und Rechtfertigung steuerlicher Diskriminierungen nach EG-Recht, in Schön (Hrsg) GS Knobbe-Keuk, Köln 1997, 795 ff, 808 f; *Schön*, Die beschränkte Steuerpflicht zwischen europäischem Gemeinschaftsrecht und deutschem Verfassungsrecht, IStR 1995, 119 ff, 119 ff; *Toifl*, Die EU-Grundfreiheiten und die Diskriminierungsverbote der Doppelbesteuerungsabkommen, in Gassner/Lang/Lechner (Hrsg) Doppelbesteuerung und EU-Recht, Wien 1996, 139 ff, 149 f.

146 *Knobbe-Keuk*, EuGH im Falle Werner, DStR 1993, 427; *Thömmes*, Diskriminierungen nach EG-Recht, in Schön (Hrsg) GS Knobbe-Keuk, 808 f.

147 EuGH, *Werner*, Rn. 17.

148 Vgl zu diesem Themenbereich: *Schön*, Der „Wettbewerb" der europäischen Steuerordnungen als Rechtsproblem, DStG 2000, 189 ff, 212 f; *Frenz*, Handbuch Europarecht – Europäische Grundfreiheiten, Band 1, Springer Berlin-Heidelberg 2004, Rn. 2144; *Randelzhofer/Forsthoff*, in Grabitz/Hilf (Hrsg) EU-Kommentar, vor Art. 39-55 EGV Rn. 45.

149 *Knobbe-Keuk*, EuGH im Falle Werner, DStR 1993, 426; *Thömmes*, Diskriminierungen nach EG-Recht, in Schön (Hrsg) GS Knobbe-Keuk, 808 f.

Niederlassungsfreiheit hätte Dr. Werner genau wie ein Niederländer behandelt werden müssen[150].

In der Rechtsache Asscher ging es um einen Staatsangehörigen der Niederlande, der dort arbeitete, aber in Belgien wohnte und sowohl dort als auch in den Niederlanden wirtschaftlich aktiv war und in beiden Ländern Einkünfte erzielte. Er beantragte statt des niederländischen Quellensteuerabzuges in Höhe von 25%, der in den Niederlanden allgemein für beschränkt Steuerpflichtige galt, eine Besteuerung zu einem niedrigeren, für unbeschränkt Steuerpflichtige geltenden Satz. Während der EuGH auch in dieser Sachverhaltskonstellation zu dem Ergebnis kam, dass Herr Asscher ein Staatsangehöriger jenes Staates war, der die in Frage stehende Steuervorschrift erlassen hatte, von den Niederlanden nämlich, nahm er dennoch einen Anwendungsbereich des Gemeinschaftsrechts an. Er begründete dies damit, dass Herr Asscher auch eine wirtschaftliche Tätigkeit in Belgien ausübte, also nicht nur dort wohnte und wertete dies als entscheidendes Sachverhaltselement, das Gemeinschaftsrecht zur Anwendung kommen ließ[151]. Bezogen auf die niederländische Tätigkeit wäre allerdings lediglich eine private Wohnsitzverlagerung anzunehmen gewesen, wenn man der EuGH-Entscheidung in Werner gefolgt wäre. Somit stellte in Asscher eine zweite wirtschaftliche Tätigkeit im Wohnsitzstaat das private Element der Wohnortwahl in den Hintergrund, obgleich beide Tätigkeiten, die im Wohnsitzstaat Belgien und die im Quellenstaat Niederlande, nicht miteinander verbunden waren.

In der Rechtsache Gilly ging es um die Besteuerung einer Steuerpflichtigen, die sowohl deutsche als auch französische Staatsangehörige war, in Frankreich lebte und ausschließlich in Deutschland als öffentlich Angestellte arbeitete. Streitig war in Gilly wie hoch der französische Anrechnungsbetrag für die deutschen Steuern sein muss, konkret, ob die tatsächlich angefallenen deutschen Steuern angerechnet werden müssen oder die Anrechnung mit dem französischen Anrechnungshöchstbetrag limitiert sein darf[152]. Die französische Regierung nahm den Standpunkt ein, dass der Sachverhalt, den Frau Gilly verwirklicht hatte, nicht in den Anwendungsbereich des Gemeinschaftsrechts fallen würde, da sie ihre Rechte aus der Arbeitnehmerfreizügigkeit nicht in Frankreich, sondern in Deutschland ausübte. Der EuGH hingegen kam zu dem Schluss, dass Frau Gilly aufgrund ihrer Ansässigkeit in Frankreich grenzüberschreitend tätig wurde, als sie ihren Arbeitsplatz in Deutschland wählte[153]. Der einzige Unterschied zum Fall Werner also, die dop-

---

150 *Knobbe-Keuk*, EuGH im Falle Werner, DStR 1993, 427; *Häußler*, Eigenheimzulage auch für im EU-Ausland belegene Häuser und Wohnungen? FR 2005, 872 ff, 874; *Dahlberg*, Direct Taxation in Relation to the Freedom of Establishment and the Free Movement of Capital, Den Haag 2005, 93.

151 EuGH 27. 6. 1996, C-107/94, *Asscher*, Rn. 33 f.

152 EuGH 12. 5. 1998, C-336/96, *Gilly*, Rn. 13.

153 EuGH 12. 5. 1998, C-336/96, *Gilly*, Rn. 20 f.

pelte Staatsangehörigkeit von Frau Gilly sowohl im Wohnsitzstaat als auch im Tätigkeitsstaat, war ausschlaggebend dafür, einmal den Anwendungsbereich des Gemeinschaftsrechts als eröffnet anzusehen und einmal nicht.

bb. Aktuelle Rechtsprechung des EuGH zum grenzüberschreitenden Element und die jüngste Aussage dazu durch einen Generalanwalt. Ausgangspunkt für die Bestimmung eines grenzüberschreitenden Elements in den genannten EuGH-Entscheidungen ist einerseits die „Staatsangehörigkeit" und anderseits die Frage, ob die Grenze aus privaten oder aus wirtschaftlichen Gründen überschritten wurde. Beide Merkmale haben in Weiterentwicklung zu Schumacker eine andere Bedeutung in der Rechtsprechung des EuGH erhalten. So hat er in seiner Entscheidung zu Schumacker erstmals entschieden, dass die Vorschriften über die Gleichbehandlung auch für den Steuerbereich nicht allein offensichtliche Diskriminierungen aufgrund der Staatsangehörigkeit, sondern auch alle versteckten Formen der Diskriminierung aufgrund anderer Unterscheidungsmerkmale, die zu dem gleichen Ergebnis führen, verboten sind[154]. Bezieht sich demnach ein Unterscheidungsmerkmal auf den Wohnsitz, indem es Gebietsansässigen Steuervorteile gewährt, die Gebietsfremden nicht offen stehen, ist eine verdeckte Diskriminierung nahe liegend, da sich eine solche Differenzierung hauptsächlich zum Nachteil der Angehörigen anderer Mitgliedstaaten auswirken wird[155]. Diese verdeckte – oder auch indirekte – Diskriminierung hat in einer Reihe von Fällen, in denen Gebietsfremden Steuervorteile nicht eingeräumt wurden, die Gebietsansässigen zugute kamen, zur Feststellung einer Vertragsverletzung geführt[156].

Der EuGH geht davon aus, dass eine einseitige Steuerbegünstigung von Gebietsansässigen gegenüber Gebietsfremden zu einer indirekten Diskriminierung aufgrund der Staatsangehörigkeit führen kann. Die Diskriminierung würde allerdings nicht wegfallen, wenn im tatsächlichen Fall der Gebietsfremde eine inländische Staatsangehörigkeit hat. Für das Vorliegen einer Diskriminierung ist nämlich grundsätzlich keine konkrete, sondern eine abstrakte Prüfung ausreichend[157]. Bereits die Möglichkeit, dass eine nach Gebietszugehörigkeit benachteiligende Regelung auch andere Staatsangehörige treffen könnte, müsste ausreichen, um eine Gemeinschaftsrechtswidrigkeit zu begründen; selbst dann, wenn tatsächlich eige-

---

154 EuGH, Urteil vom 14. 2. 1995, C-279/93, *Schumacker*, Slg 1995, I-225, Rn. 26; dort mit Verweis auf EuGH, Urteil vom 12. 2. 1974, 152/73, *Sotgiu*, Slg 1974, 153, Rn. 111; vgl außerdem: EuGH, Urteil vom 12. 6. 2003, C-234/01, *Gerritse*, Slg 2003, I-5933, Rn. 28.

155 EuGH 14. 2. 1995, C-279/93, *Schumacker*, Rn. 28.

156 EuGH, Urteil vom 16. 5. 2000, C-87/99, *Zurstrassen*, Slg 2000, I-3337; EuGH, Urteil vom 14. 9. 1999, C-391/97, *Gschwind*, Slg 1999, I-5451; EuGH, Urteil vom 12. 5. 1998, C-336/96, *Gilly*, Slg 1998, I-2793; EuGH, Urteil vom 27. 6. 1996, C-107/94, *Asscher*, Slg 1996, I-3089.

157 Siehe eingehender dazu unten 2. Abschnitt III. 8. „Abstrakte versus tatsächliche Vertragsverletzung".

ne Staatsangehörige benachteiligt werden. Abschließend lässt sich demnach aus der EuGH-Rechtsprechung festhalten, dass das grenzüberschreitende Element erfüllt ist, wenn der betroffene Steuerpflichtige Gebietsfremder ist, egal welche Staatsangehörigkeit er oder sie hat.

Zum Vorliegen des grenzüberschreitenden Elements auch in einem Fall, in dem private Gründe ausschlaggebend sind für die Grenzüberschreitung, hat sich der EuGH nunmehr in der Rs Ritter-Coulais geäußert[158]. Er kommt dort zu dem Schluss, dass Personen, die in einem anderen Mitgliedstaat arbeiten als dem, in dem sich ihr Wohnsitz befindet, vom Geltungsbereich der Arbeitnehmerfreizügigkeit erfasst sind[159]. Im betreffenden Fall handelte es sich um ein Ehepaar, das seinen privaten Wohnsitz in Frankreich wählte, während beide, Frau und Herr Ritter-Coulais, deutsche Staatbürger waren (Frau Ritter-Coulais zusätzlich auch französische Staatsbürgerin). Beide waren in Deutschland unbeschränkt steuerpflichtig und wollten in Deutschland Steuerbegünstigungen für ihr französisches privates Wohnhaus geltend machen. Die Annahme eines grenzüberschreitenden Elements in diesem Fall durch den EuGH ist eine Verwerfung der Schlussfolgerungen in der Rs Werner[160], die private Gründe für die Grenzüberschreitung als nicht ausreichend angesehen hatten.

Generalanwalt Geelhoed geht allerdings noch einen Schritt weiter: Er nimmt ein grenzüberschreitendes Element schon dann als gegeben an, wenn Zweifel darüber bestehen, ob es sich um einen rein innerstaatlichen Sachverhalt handelt[161]. Nach Ansicht des Generalanwalts sollte der Begriff des internen Sachverhaltes nämlich „nur in völlig offensichtlichen Fällen verwendet werden"[162]. Im zugrunde liegenden Fall war fraglich, ob es gemeinschaftsrechtswidrig ist, wenn ein deutscher unbeschränkt Steuerpflichtiger Unterhaltszahlungen an die von ihm geschiedene, in Österreich lebende Frau nicht von der Steuer abziehen kann, obwohl es grundsätzlich möglich wäre, würde die Frau in Deutschland leben. Das grenzüberschreitende Element ist hier die private Wohnsitzentscheidung der geschiedenen Eheleute. Allein die Auswirkungen dieser Entscheidung „auf Herrn Schempps

---

158 EuGH, Urteil vom 21. 2. 2006, C-152/03, *Hans-Jürgen und Monique Ritter-Coulais gegen Finanzamt Germersheim*, www.curia.eu.int, Rn. 32; siehe eingehend zu diesem Fall 3. Abschnitt V. 2. „Ritter-Coulais".

159 EuGH 21. 2. 2006, C-152/03, *Ritter-Coulais*, Rn. 32.

160 *Lieber*, Berücksichtigung von Verlusten aus VuV von in einem anderen Mitgliedstaat belegenem unbeweglichem Vermögen, jurisPR-SteuerR 18/2006; *Thömmes*, Anmerkungen zum EuGH-Urteil in der Rs Ritter-Coulais, IWB Nr. 5 vom 8. 3. 2006, 220 ff, 221.

161 Generalanwalt Geelhoed, Schlussanträge vom 27. 1. 2005, C-403/03, *Schempp*, www.curia.eu.int, Rn. 15; siehe dazu auch *M. Lang*, Das EuGH-Urteil in der Rechtssache Schempp – Wächst der steuerpolitische Spielraum der Mitgliedstaaten? SWI 2005, 411 ff, 412.

162 GA Geelhoed 27. 1. 2005, C-403/03, *Schempp*, Rn. 15.

steuerliche Lage“ reicht für den Generalanwalt aus, ein grenzüberschreitendes Element anzunehmen[163]. Der EuGH hat sich dem Generalanwalt angeschlossen, wenngleich er nicht ausdrücklich auf dessen Begründung Bezug nimmt. Vielmehr hebt der EuGH hervor, dass die Annahme eines grenzüberschreitenden Elements deshalb angenommen werden müsse, weil andernfalls die Ehefrau daran gehindert wäre, sich im Gebiet eines anderen Mitgliedstaats frei zu bewegen und aufzuhalten, wie es ihr aufgrund der Unionsbürgerschaft nicht verwehr werden dürfe[164]. Nach dieser fragwürdigen Begründung kommt der EuGH zum Ergebnis – und näher sich damit der Zweifelstheorie von GA Geelhoed an –, dass „die Ausübung eines durch die Gemeinschaftsrechtsordnung gewährten Rechtes durch die frühere Ehefrau des Klägers des Ausgangsverfahrens Auswirkungen auf dessen Anspruch auf steuerlichen Abzug in dem Mitgliedstaat hatte, in dem er selbst wohnt [...]“ und daher „[...] der in Frage stehende Sachverhalt nicht als rein interner Sachverhalt ohne Bezug zum Gemeinschaftsrecht angesehen werden“[165]. Interessant ist dabei, dass die Ausübung eines Rechts, das vom EG-Vertrag einer gewissen Person eingeräumt wurde, Auswirkungen auf die steuerliche Situation einer anderen Person haben konnte.

3. Diskriminierungs- und Beschränkungsverbote bei direkten Steuern

Ganz allgemein gilt, dass die speziellen Diskriminierungsverbote der jeweiligen Grundfreiheiten eine Konkretisierung des allgemeinen Diskriminierungsverbotes des Artikels 12 EG darstellt, sie also *lex specialis* im Verhältnis dazu sind[166]. Dabei wird der Maßstab, an dem eine Verletzung des allgemeinen Diskriminierungsverbotes des Artikel 12 EG oder einer der Spezialvorschriften zu messen ist, als der gleiche angesehen[167]. Im Zusammenhang der Grundfreiheiten gelten allerdings nicht nur Diskriminierungsverbote, sondern auch Beschränkungsverbote. Die Arbeitnehmerfreizügigkeit sowie die Niederlassungs- und Dienstleistungsfreiheit sind ursprünglich als Diskriminierungsverbote konzipiert[168]. Sie verbieten sowohl offene als auch verdeckte Diskriminierungen. Daraus wurde insbesondere

---

163 GA Geelhoed 27. 1. 2005, C-403/03, *Schempp*, Rn. 15; so auch *Häußler*, Eigenheimzulage auch für im EU-Ausland belegene Häuser und Wohnungen? FR 2005, 872 ff, 874.

164 EuGH, Urteil vom 12. 7. 2005, C-403/03, *Schempp gegen Finanzamt München V*, www.curia.eu.int, Rn. 23.

165 EuGH 12. 7. 2005, C-403/03, *Schempp*, Rn. 25.

166 *Frenz*, Europäische Grundfreiheiten, Rn. 107 f; *Thömmes*, Diskriminierungen nach EG-Recht, in Schön (Hrsg) GS Knobbe-Keuk, 800; vgl auch EuGH, Urteil vom 8. 3. 2001, C-397/98 und C-410/98 (verbunden), *Metallgesellschaft Ltd und andere, Hoechst AG und Hoechst (UK) Ltd*, Slg 2001, I-1727, Rn. 40.

167 *Cordewener*, Europäische Grundfreiheiten und nationales Steuerrecht, Köln 2002, 356 ff.

168 *Frenz*, Europäische Grundfreiheiten, Rn. 105 und 428; *Randelzhofer/Forsthoff* in Grabitz/Hilf (Hrsg) EU-Kommentar, Art. 39 EGV Rn. 166, Art. 43 EGV Rn. 84 ff, Art. 49/50 EGV Rn. 89 f.

das Verständnis abgeleitet, dass die Grundfreiheiten die Inländergleichbehandlung bezwecken würden[169], weshalb es früher umstritten war, ob die Grundfreiheiten auch Beschränkungsverbote enthalten[170], was der EuGH und die hM mittlerweile bei allen Grundfreiheiten annehmen[171]. Entwickelt wurde diese Auslegung der Grundfreiheiten in EuGH-Urteilen zu Fällen, in denen die Anerkennung ausländischer Berufsqualifikationen und die Niederlassung von Anwälten und Ärzten im Ausland in Frage standen[172]. Dabei wurden für die Niederlassungsfreiheit zwei Prinzipien entwickelt, die Freiheit des Marktzuganges und die Marktgleichheit. Während die Freiheit des Marktzuganges mittels Beschränkungsverboten durchgesetzt wird, sichert das Diskriminierungsverbot die Marktgleichheit[173]. Freiheit

---

169 *Bröhmer*, in Calliess/Ruffert (Hrsg) Kommentar zu EU-Vertrag und EG-Vertrag, 2. Auflage Neuwied 2002, Art. 43 EG Rn. 22; *U. Everling*, Das Niederlassungsrecht in der EG als Beschränkungsverbot – Tragweite und Grenzen, in Schön (Hrsg) GS für Brigitte Knobbe-Keuk, 1997, 607 ff, 611; *Troberg*, in: Groeben/Thiesing/Ehlermann (Hrsg) Kommentar zum EU-/EG-Vertrag, 5. Auflage Baden-Baden 1997, Art. 52 Rn. 46; *U. Everling*, Das Niederlassungsrecht in der EG als Beschränkungsverbot – Tragweite und Grenzen, in Schön (Hrsg) GS Knobbe-Keuk, Köln 1997, 607 ff, 608 f; *Roth*, Die Niederlassungsfreiheit zwischen Beschränkungs- und Diskriminierungsverbot, in Schön (Hrsg) GS Knobbe-Keuk, Köln 1997, 729 ff, 730.

170 *Englisch*, Zur Dogmatik der Grundfreiheiten des EGV und ihren ertragsteuerlichen Implikationen, StuW 2003, 88 ff, 88 f; *Toifl*, Die EU-Grundfreiheiten und die Diskriminierungsverbote der Doppelbesteuerungsabkommen, in Gassner/Lang/Lechner (Hrsg) Doppelbesteuerung und EU-Recht, Wien 1996, 139 ff, 161 f; *Randelzhofer/Forsthoff* in Grabitz/Hilf (Hrsg) EU-Kommentar, vor Art. 39-55 EGV Rn. 83 ff; *Bröhmer*, in Calliess/Ruffert, Art. 43 EG Rn. 22.

171 Vgl grundlegend dazu *Knobbe-Keuk*, Niederlassungsfreiheit: Diskriminierungs- oder Beschränkungsverbot? DB 1990, 2573 ff; *dies*, Die Einwirkung der Freizügigkeit und der Niederlassungsfreiheit auf die beschränkte Steuerpflicht, EuZW 1991, 649 ff, 651; vgl zur Entwicklung der EuGH-Rspr dahingehend ausführlich: *Bröhmer*, in Calliess/Ruffert, Art. 43 EG Rn. 23 ff; vgl außerdem *Herzig*, Körperschaftsteuersystem und Europäischer Binnenmarkt, in Schön (Hrsg) GS Knobbe-Keuk, Köln 1997, 627 ff, 632 insb. Fn. 26; *Schön*, Der „Wettbewerb" der europäischen Steuerordnungen als Rechtsproblem, DStG 2000, 189 ff, 208; *Frenz*, Europäische Grundfreiheiten, Rn. 428; *Terra/Wattel*, European Tax Law, 3. Auflage Den Haag 2001, Rn. 33; *Lyal*, Non-discrimination and direct tax in Community law, EC Tax Review 2003, 68 ff, 71; *Tumpel*, Europarechtliche Besteuerungsmaßstäbe für die grenzüberschreitende Organisation und Finanzierung von Unternehmen, DStJG 2000, 321 ff, 324; *Vanistendael*, The compatibility of the basic economic freedoms with the sovereign national tax systems of the Member States, EC Tax Review 2003, 136 ff, 137 ff; Jacobs (Hrsg) Internationale Unternehmensbesteuerung, 5. Auflage München 2002, 197.

172 *Roth*, Die Niederlassungsfreiheit zwischen Beschränkungs- und Diskriminierungsverbot, in Schön (Hrsg) GS Knobbe-Keuk, 731 f mit Verweis auf die Fälle Kraus und Klopp.

173 *Roth*, Die Niederlassungsfreiheit zwischen Beschränkungs- und Diskriminierungsverbot, in Schön (Hrsg) GS Knobbe-Keuk, 737; *Vanistendael*, A comparative and economic approach to equality in European Taxation, in Gocke/Gosch/M. Lang (Hrsg) FS Wassermeyer, München 2005, 523ff, 534 ff (Marktzugang) und 536 ff (Marktgleichheit); *Vanistendael*, The compatibility of the basic economic freedoms with the sovereign national tax systems of the Member States, EC Tax Review 2003, 136 ff, 141 f.

des Marktzugangs bedeutet, keine Beschränkungen zuzulassen, die sich aus der Grenzüberschreitung an sich ergeben; Marktgleichheit soll gewährleisten, dass innerhalb eines Marktes keine Unterschiede infolge einer Nichtansässigkeit erwachsen.

Die Verankerung der Beschränkungsverbote in den Grundfreiheiten wird seit dem Urteil des EuGH in der Rechtssache Gebhard als ständige Rechtsprechung angesehen[174]. Aus diesem Urteil wird auch die so genannte Gebhard-Formel abgeleitet, nach der, um eine Vertragsverletzung zu vermeiden:

> „nationale Maßnahmen, die die Ausübung der durch den Vertrag garantierten grundlegenden Freiheiten behindern oder weniger attraktiv machen können, vier Voraussetzungen erfüllen müssen: Sie müssen in nichtdiskriminierender Weise angewandt werden, sie müssen aus zwingenden Gründen des Allgemeininteresses gerechtfertigt sein, sie müssen geeignet: sein, die Verwirklichung des mit ihnen verfolgten Zieles zu gewährleisten, und sie dürfen nicht über das hinausgehen, was zur Erreichung dieses Zieles erforderlich: ist"[175].

Für die Frage, ob eines der Verbote verletzt ist, wird im Zusammenhang mit den Diskriminierungsverboten von einer gleichheitsrechtlichen Prüfung gesprochen und bei den Beschränkungsverboten von einer freiheitsrechtlichen Prüfung[176]. Dabei ist allerdings zu bemerken, dass auch die Prüfung, ob ein unzulässiges Beschränkungsverbot vorliegt, auf eine Gleichheitsprüfung hinauslaufen kann. Beim Diskriminierungsverbot setzt der Vergleich am ursprünglichen Konzept der Inländergleichbehandlung an[177]. Bei einem Beschränkungsverbot wird die Gleichbehandlung von grenzüberschreitenden und nicht-grenzüberschreitenden Situatio-

---

174 EuGH, Urteil vom 30. 11. 1995, C-55/94, *Gebhard*, Slg 1995, I-4165; Verweise darauf siehe etwa in: EuGH, Urteil vom 30. 9. 2003, C-167/01, *Inspire Art Ltd*, www.curia.eu.int, Rn. 133; Generalanwalt Alber, Schlussanträge vom 24. 9. 2002, C-168/01, *Bosal Holding B.V.*, www.curia.eu.int, Rn. 37; Generalanwältin Kokott, Schlussanträge vom 18. 3. 2004, C-319/02, *Manninen*, www.curia.eu.int, Rn. 28; Generalanwalt Poiares Maduro, Schlussanträge vom 7. 4. 2005, C-446/03, *Marks & Spencer plc v D. Halsey*, www.curia.eu.int, Rn. 26; *Bröhmer*, in Calliess/Ruffert, Art. 43 EG Rn. 27; *Tumpel*, Europarechtliche Besteuerungsmaßstäbe, DStJG 2000, 324 f.

175 EuGH 30. 11. 1995, C-55/94, *Gebhard*, Rn. 37; siehe darauf Bezug nehmend insb EuGH, Urteil vom 30. 9. 2003, C-167/01, *Inspire Art*, www.curia.eu.int, Rn. 133; Generalanwalt Alber, Schlussanträge vom 24. 9. 2002, C-168/01, *Bosal Holding B.V.*, www.curia.eu.int, Rn. 37; Generalanwältin Kokott, Schlussanträge vom 18. 3. 2004, C-319/02, *Manninen*, www.curia.eu.int, Rn. 28; Generalanwalt Poiares Maduro, Schlussanträge vom 7. 4. 2005, C-446/03, *Marks & Spencer*, www.curia.eu.int, Rn. 26.

176 *Haarmann*, Grenzüberschreitende Gruppenbesteuerung und Verlustnutzung in der EU, in Lüdicke (Hrsg), Deutsches Steuerrecht im europäischen Rahmen, Köln 2004, 169 ff, 171.

177 *Frenz*, Europäische Grundfreiheiten, Rn. 144.

nen geprüft, womit ebenfalls eine Gleichheitsprüfung maßgeblich ist[178]. Insofern ist es irreführend, ausschließlich von einem nicht-diskriminierenden Beschränkungsverbot zu sprechen, was nur in gewissen Fällen sachgemäß ist[179].

Darüber hinaus wird oft von einer nicht-diskriminierenden Benachteiligung gesprochen, wenn durchaus eine Diskriminierung erfüllt ist: In der Rs Futura Participations etwa lag eine Beschränkung vor, die nach einem Teil der Lehre in nicht-diskriminierender Art die Niederlassungsfreiheit verletzte[180]. In diesem Fall wurden einer Zweigniederlassung für Zwecke der Verlustnutzung die gleichen Buchführungspflichten auferlegt wie inländischen Steuerpflichtigen[181]. Diese unterschiedslose Verpflichtung stellte eine Verletzung der Niederlassungsfreiheit dar, da sie es weniger attraktiv machte, sich außerhalb des Ansässigkeitsstaates niederzulassen[182]. Im Lichte der gleichheitsrechtlichen Formel des EuGH, wonach gleiche Sachverhalte gleich und ungleiche unterschiedlich zu behandeln sind[183], könnte man allerdings auch bei Futura Participations von einer gleichheitsrechtlichen Prüfung sprechen. Dort wurden nämlich unterschiedliche Situationen gleich behandelt, wodurch die besondere Lage von Gebietsfremden missachtet wurde[184]. Schließlich ist eine Zweigniederlassung, deren Stammhaus ohnehin schon Bücher führt, nicht in einer vergleichbaren Situation mit einem inländischen Steuerpflichtigen, für den von vornherein keine Bücher geführt werden[185]. Insofern könnte auch im Kontext eines Beschränkungsverbotes, das sich an den Niederlassungsstaat richtet, von einer Diskriminierungsprüfung gesprochen werden[186]. Aus der Rs Futura Participations ist zu folgern, dass Beschränkungsverbote als Diskrimi-

---

178 GA Alber 24. 9. 2002, C-168/01, *Bosal*, Rn. 42; GA Poiares Maduro, *Marks & Spencer*, Rn. 53.

179 *Frenz*, Europäische Grundfreiheiten, Rn. 445.

180 *Scheuer*, in Lenz (Hrsg) EGV-Kommentar, Art. 43 Rn. 9.

181 EuGH, Urteil vom 15. 5. 1997, C-250/95, *Futura Participations SA und Singer gegen administration des contributions*, Slg 1997, I-2471; siehe dazu auch unten 3. Abschnitt II. 1. "Futura Participations".

182 EuGH, *Futura Participations*, Rn. 24 ff.

183 Siehe sogleich unten bei 2. Abschnitt III. 4.; EuGH, Urteil vom 14. 2. 1995, C-279/93, *Schumacker*, Slg 1995, I-225, Rn. 30; siehe dazu auch *Terra/Wattel*, European Tax Law, 3. Auflage Den Haag 2001, 43 f.

184 Siehe dazu unten 2. Abschnitt III. 5. b) „Diskriminierungsprüfung auch bei Beschränkungsverboten" sowie ebenfalls unten 3. Abschnitt II. 1. „Futura Participations und Singer"; vgl außerdem dazu schon *Knobbe-Keuk*, Niederlassungsfreiheit: Diskriminierungs- oder Beschränkungsverbot? DB 1990, 2573 ff, 2575; *Roth*, Niederlassungsfreiheit zwischen Beschränkungs- und Diskriminierungsverbot, in Schön (Hrsg) GS Knobbe-Keuk, Köln 1997, 729 ff, 732.

185 *Randelzhofer/Forsthoff* in Grabitz/Hilf (Hrsg) EU-Kommentar, vor Art. 39-55 EGV Rn. 220 und 227.

186 Siehe eingehender unten 2. Abschnitt III. 5. b) „Diskriminierungsprüfung auch bei Beschränkungsverboten".

nierungen zu beurteilen sind, bei denen der Gleichheitsmaßstab aus EU-, nicht aus nationalstaatlicher Perspektive anzusetzen ist. Aus Sicht des Zweigniederlassungsstaates wurden alle Steuerpflichtigen, gebietsfremde und gebietsansässige, gleich behandelt; sie mussten beide Bücher führen, um Verlustvorträge geltend zu machen. Aus EU-Sicht allerdings ergab sich für Gebietsfremde eine Verpflichtung, zweifach Bücher zu führen, im Herkunftsstaat und im Zielstaat. Die Doppelverpflichtung war eine diskriminierende Schlechterstellung gegenüber der Einfachverpflichtung[187].

4. Diskriminierungsverbote

a) Offene und verdeckte Diskriminierungen

Von einer offenen Diskriminierung spricht man dann, wenn eine Ungleichbehandlung explizit an die Staatsangehörigkeit anknüpft[188]. Während bei einer offenen von einer formalen Diskriminierung gesprochen werden kann, liegt bei einer versteckten eine rein materielle vor. Sie knüpft an scheinbar neutrale Kriterien an, die nur im Ergebnis eine Diskriminierung nach der Staatsangehörigkeit darstellen. Eine versteckte Diskriminierung kann etwa eine Regelung vorsehen, die keine Ungleichbehandlung von in- und ausländischen Staatsangehörigen vorsieht, tatsächlich aber auf eine solche hinausläuft, indem etwa Sprachkenntnisse, Wohnzeiten oder inländische Qualifikationen gefordert werden[189]. Für das Steuerrecht von besonderer Bedeutung ist dabei die Anknüpfung einer Regelung an den Wohnsitz oder den Sitz einer Gesellschaft[190], da im Steuerrecht die Zuordnung von Steuerpflichtigen zu einem Staat generell nicht nach der Staatsangehörigkeit, sondern nach der Ansässigkeit vorgenommen wird. Steuerliche Unterscheidungen zwischen Ansässigen und Nichtansässigen sind daher von entscheidender Bedeutung im Zusammenhang der Grundfreiheiten, da es sich materielle um Unterscheidungen zwischen steuerlichen Staatsangehörigen handelt.

b) Prüfungsformel und Feststellung einer Diskriminierung

Die Prüfung, ob eine Diskriminierung vorliegt nimmt der EuGH in zwei Schritten vor: In einem ersten Schritt ist für die fragliche Situation eine Vergleichssituation zu eruieren, wobei entscheidend ist, dass die jeweiligen Situationen in Bezug auf die in Frage stehende Regelungen vergleichbar sind. In einem zweiten Schritt

---

187 Siehe dazu ausführlicher unten 2. Abschnitt III. 5. b) „Diskriminierungsprüfung auch bei den Beschränkungsverboten“.

188 EuGH, *Keck*, Rn. 16; EuGH, *Alpine Investments*, Rn. 37.

189 *Frenz*, Europäische Grundfreiheiten, Rn. 445.

190 So schon EuGH, Urteil vom 28. 1. 1986, C-270/83, *avoir fiscal/Kommission gegen Frankreich*, Slg 1986, 273, Rn. 18; EuGH 14. 2. 1995, C-279/93, *Schumacker*, Rn. 28.

wird dann geprüft, ob die Vergleichssituationen ungleich behandelt werden[191]. Dieses Prüfungskonzept ist für den Bereich der direkten Steuern bereits in der Rs avoir fiscal entwickelt worden, wurde aber insbesondere in der Urteilsbegründung zu Schumacker vom EuGH verfeinert[192]. Dort hielt er fest, dass eine Ungleichbehandlung für sich allein noch keine verbotene Diskriminierung darstellen muss. Eine Diskriminierung liegt nur dann vor, wenn – wie es auch für die innerstaatliche Gleichheitsprüfung maßgeblich ist – gleichartige Situationen unterschiedlich und unterschiedliche Situationen gleich behandelt werden[193]. Mit den Worten des EuGH lässt sich dies so zusammenfassen, dass

> „eine Diskriminierung nur darin bestehen kann, daß unterschiedliche Vorschriften auf vergleichbare Situationen angewandt werden oder daß dieselbe Vorschrift auf unterschiedliche Situationen angewandt wird"[194].

In seiner Entscheidungsbegründung zu Schumacker stellte der EuGH die Anwendung dieser Formel deutlich dar. Die betroffene Regelung sah eine Ungleichbehandlung von Gebietsansässigen und Gebietsfremden vor, die insbesondere darauf beruhte, dass familiäre und persönliche Besonderheiten des Steuerpflichtigen dort berücksichtigt werde sollten, wo dessen Lebensmittelpunkt liegt[195]. Die daraus resultierende Schlechterstellung Gebietsfremder beurteilte der EuGH als grundsätzlich mit dem Gemeinschaftsrecht vereinbar, da sich Gebietsfremde und Gebietsansässige im Allgemeinen nicht in vergleichbaren Situationen befinden[196]. Die Situationen sind bezogen auf die Berücksichtigung persönlicher Verhältnisse eines Steuerpflichtigen deshalb im Allgemeinen nicht vergleichbar,

> „[33][...] da der Schwerpunkt seiner Einkünfte in der Regel im Wohnsitzstaat liegt. Im Übrigen verfügt im Allgemeinen dieser Staat über alle erforderlichen Informationen, um die Gesamtsteuerkraft des Steuerpflichtigen unter Berücksichtigung seiner persönlichen Lage und seines Familienstands zu beurteilen. [34]Versagt ein Mitgliedstaat Gebietsfremden bestimmte Steuervergünstigungen, die er Gebietsansässigen gewährt, so ist dies folglich in der Regel nicht

---

191 *Randelzhofer/Forsthoff*, in Grabitz/Hilf (Hrsg) EU-Kommentar, vor Art. 39-55 EGV Rn. 225 ff; *Cordewener*, Europäische Grundfreiheiten und nationales Steuerrecht, Köln 2002, 824.

192 EuGH 28. 1. 1986, C-270/83, *avoir fiscal*, Rn. 20; vor dem EuGH in Schumacker so schon *Knobbe-Keuk*, Restrictions on the Fundamental Freedoms Enshrined in the EC Treaty by Discriminatory Provisions – Ban and Justification, EC Tax Review 1994, 74 ff, 77.

193 EuGH 14. 2. 1995, C-279/93, *Schumacker*, Rn. 30; EuGH 11. 8. 1995, C-80/94, *Wielockx*, Rn. 17, EuGH, *Asscher*, Rn. 40; so auch schon in EuGH 28. 1. 1986, C-270/83, *avoir fiscal*, Rn. 20; vgl dazu *Thömmes*, Rechtfertigung von Diskriminierungen, in GS Knobbe-Keuk, 806.

194 EuGH 14. 2. 1995, C-279/93, *Schumacker*, Rn. 30.

195 EuGH 14. 2. 1995, C-279/93, *Schumacker*, Rn. 32.

196 EuGH 14. 2. 1995, C-279/93, *Schumacker*, Rn. 33.

diskriminierend, da sich diese beiden Gruppen von Steuerpflichtigen nicht in einer vergleichbaren Lage befinden."[197].

Gebietsfremde und Gebietsansässige sind allerdings nach ständiger EuGH-Rechtsprechung beginnend mit dem Schumacker-Urteil dann in einer vergleichbaren Situation, wenn

> „[36][...] der Gebietsfremde wie im Ausgangsverfahren in seinem Wohnsitzstaat keine nennenswerten Einkünfte hat und sein zu versteuerndes Einkommen im wesentlichen aus einer Tätigkeit bezieht, die er im Beschäftigungsstaat ausübt, so daß der Wohnsitzstaat nicht in der Lage ist, ihm die Vergünstigungen zu gewähren, die sich aus der Berücksichtigung seiner persönlichen Lage und seines Familienstands ergeben. [37]Zwischen der Situation eines solchen Gebietsfremden und der eines Gebietsansässigen, der eine vergleichbare nichtselbständige Beschäftigung ausübt, besteht jedoch kein objektiver Unterschied, der eine Ungleichbehandlung hinsichtlich der Berücksichtigung der persönlichen Lage und des Familienstands des Steuerpflichtigen bei der Besteuerung rechtfertigen könnte"[198].

Der EuGH respektierte demnach das grundlegende Prinzip des internationalen Steuerrechts, wonach grundsätzlich der Ansässigkeitsstaat persönliche Steuervorteile zu gewähren hat. In diesem Zusammenhang ging der EuGH darauf ein, dass die persönliche Steuerkraft des betroffenen Steuerpflichtigen von Bedeutung ist, womit er begann, ein europäisches Leistungsfähigkeitsprinzip zu entwickeln[199]. Für seine gemeinschaftsrechtliche Prüfung kam der EuGH zu dem Ergebnis, dass aufgrund wirtschaftlicher Aspekte, nämlich dem Ausmaß der Einkünfte im Quellenstaat, diesen Staat die steuerliche Verantwortung, persönliche Verhältnisse zu berücksichtigen, treffen kann. Wird der wesentliche Teil der Einkünfte eines Steuerpflichtigen nicht im Ansässigkeitsstaat erzielt, sondern im Quellenstaat, ist dieser dazu verpflichtet, die persönliche und familiäre Situation des Steuerpflichtigen zu berücksichtigen. Der wirtschaftliche Lebensmittelpunkt ist demnach für das Gemeinschaftsrecht ausschlaggebend. Das ist auch in Hinblick auf den Zweck des EG-Vertrages verständlich, da dieser vordringlich eine Wirtschaftsgemeinschaft errichten soll.

---

[197] EuGH 14. 2. 1995, C-279/93, *Schumacker*, Rn. 33 und 34; zur Entstehung dieser Formulierung, die über die Kommission, deren Prozessbevollmächtigte Knobbe-Keuk war, in die Entscheidung miteinfloss, siehe Näheres bei *Thömmes*, Tatbestandsmäßigkeit und Rechtfertigung steuerlicher Diskriminierungen nach EG-Recht, in Schön (Hrsg) GS Knobbe-Keuk, Köln 1997, 795 ff, 809 f.

[198] EuGH 14. 2. 1995, C-279/93, *Schumacker*, Rn. 36 und 37; dieser Rechtsprechung folgend zB: EuGH 11. 8. 1995, C-80/94, *Wielockx*, Rn. 18 f; ders 27. 6. 1996, C-107/94, *Asscher*, Rn. 41.

[199] Siehe dazu ausführlich unten 2. Abschnitt VII. „Entwicklung eines europäischen Leistungsfähigkeitsprinzips im Steuerrecht".

Abschließend sei in diesem Zusammenhang noch erwähnt, dass die Vergleichbarkeit von gebietsansässigen und gebietsfremden juristischen Personen vom EuGH oft im Rahmen der Rechtfertigung vorgenommen wird[200]. In der Gegenrichtung allerdings hat der EuGH in seiner Entscheidung der Rs Schempp im Rahmen der Vergleichbarkeitsprüfung den Kohärenzgedanken miteinfließen lassen, der erst auf Ebene der Rechtfertigung einer Ungleichbehandlung zweier vergleichbarer Sachverhalte ansetzen sollte[201].

c) Vergleichsgruppenbildung

Im Allgemeinen konzentriert sich der EuGH bei der Prüfung, ob eine Diskriminierung vorliegt, auf eine fokussierte Vergleichsprüfung. Er zieht nicht die Gesamtsituation unterschiedlicher Gruppen als Vergleich heran, sondern hebt *einen* konkreten Aspekt einer Situation hervor und prüft, ob in einer vergleichbaren Situation dieser Aspekt anders behandelt wird[202]. Diese Art des fokussierten Vergleichstests nimmt zwei Ausformungen an:

- Bereits dann, wenn ein Vergleichspaar in einem *einzigen* Aspekt ungleich behandelt wird, ist die Möglichkeit einer Diskriminierung erfüllt. Es ist nicht entscheidend, ob andere Begebenheiten des Falles diese Diskriminierung in nur einem Aspekt wieder aufheben könnten. Der Grundsatz, dass bereits eine abstrakte Diskriminierung ausreicht, um eine Gemeinschaftsrechtswidrigkeit zu begründen, steht damit in Zusammenhang[203]: Selbst eine geringfügige Benachteiligung in einem einzelnen Aspekt, die im konkreten Fall mitunter zu gar keiner Schlechterstellung geführt hat, aber *hätte können*, ist ausschlaggebend. Dies ist zwar nicht die Grundaussage der abstrakten Diskriminierungsprüfung, aber ein Teilaspekt von ihr. Auch der Grundsatz, dass ein Vorteilsausgleich keine Rechtfertigung für eine Diskriminierung darstellen kann, spricht für den Vergleich einzelner Aspekte, um eine Benachteiligung zu eruieren[204]. Die Benachteiligung in einem

---

[200] *Randelzhofer/Forsthoff*, in Grabitz/Hilf (Hrsg) EU-Kommentar, vor Art. 39-55 EGV Rn. 227 mit Verweis auf EuGH, Urteil vom 16. 7. 1998, C-264/96, *Imperial Chemical Industries plc (ICI)*, Slg 1998, I-4695, Rn. 25 ff; EuGH, Urteil vom 21. 9. 1999, *Saint-Gobain*, Slg 1999, I-6161, Rn. 45 ff; anders EuGH, Urteil vom 29. 4. 1999, C-311/97, *Royal Bank of Scotland*, Slg 1999, I-2651, Rn. 26 ff.

[201] EuGH, Urteil vom 12. 7. 2005, C-403/03, *Schempp gegen Finanzamt München V*, www.curia.eu.int, Rn. 39; siehe dazu ausführlich *M. Lang*, Das EuGH-Urteil in der Rechtssache Schempp – Wächst der steuerpolitische Spielraum der Mitgliedstaaten? SWI 2005, 411 ff, 413 f.

[202] *S. Thiel*, litigation instead of harmonization? EC Tax Review 2003, 11 f.

[203] Siehe dazu unten 2. Abschnitt III. 8. „Abstrakte versus tatsächliche Vertragsverletzung“.

[204] Siehe dazu unten 2. Abschnitt IV. 5. „Abgelehnte Rechtfertigungsgründe“; vgl auch *S. Thiel*, litigation instead of harmonization? EC Tax Review 2003, 12.

Aspekt kann nicht durch einen Vorteil in einem anderen Aspekt aufgewogen werden.

- Des Weiteren können generell unterschiedliche Situationen in gewissen Aspekten vergleichbar sein, da sie in einem Teilbereich – etwa aufgrund besonderer rechtlicher Bestimmungen – sehr wohl vergleichbar sind. Dieser Aspekt des fokussierten Vergleichstests setzt bei der Vergleichspaar*bildung* an. Zwei Situationen, die *generell* nicht vergleichbar sind, können *in Bezug auf einen bestimmten* Aspekt vergleichbar sein und daher insoweit ein Vergleichspaar abgeben.

Vor allem der zweite Aspekt der Vergleichsgruppenbildung wurde in der jüngeren Literatur viel diskutiert[205]. Ansatzpunkt dafür war die Frage, ob Vergleichssituationen nach rechtlichen oder faktischen Gesichtspunkten zu bilden sind. Grundsätzlich ist davon auszugehen, dass sich die zu vergleichenden Situationen stets aus faktischen und rechtlichen Elementen zusammensetzen, weshalb beides in die Vergleichbarkeitsprüfung miteinzubeziehen ist. *Faktisch vergleichbare* Situationen können aufgrund *rechtlicher Regelungen* unterschiedlich zu behandeln sein und umgekehrt können *faktisch unterschiedliche* Situationen aufgrund *rechtlicher Bestimmungen* in *gewissen Aspekten* vergleichbar sein. Das ist etwa der Fall bei der steuerlichen Behandlung in- und ausländischer Staatsangehöriger: Faktisch sind sie in unterschiedlichen Situationen, in Bezug auf gewisse Einkünfte könnten sie aber aufgrund rechtlicher Bestimmungen vergleichbar sein. Anders wiederum könnten faktisch gleiche Situationen, wie der Betrieb eines Unternehmens, aufgrund rechtlicher Bestimmungen nicht vergleichbar sein, da sie in unterschiedlichen Rechtsformen agieren[206].

Bei der konkreten Vergleichbarkeitsprüfung ist entscheidend, worauf sich die Vergleichbarkeit beziehen soll, was im Folgenden näher behandelt werden soll:

aa. Wirtschaftlich in vergleichbarer Situation

In Schumacker kam der EuGH zu dem Ergebnis, dass grundsätzlich unterschiedliche Situationen – die eines Gebietsansässigen und die eines Gebietsfremden – vergleichbar waren. Grund dafür war, dass die Vergleichssituationen zwar einen wesentlichen Unterschied hatten, den unterschiedlichen Wohnort der Steuerpflichtigen, sich die Steuerpflichtigen des Vergleichspaares allerdings in einer

---

205 Siehe dazu unten 3. Abschnitt VII. 3. „Marks & Spencer"; vgl außerdem dazu *Gutmann*, The Marks & Spencer case: proposals for an alternative way of reasoning, EC Tax Review 2003, 154 ff, 155; *M. Lang*, Marks and Spencer – more questions than answers: an analysis of the Opinion delivered by Advocate General Maduro, EC Tax Review 2005, 95 ff, 95 f.

206 Siehe eingehender dazu unten 3. Abschnitt VIII. 2. b) „Vergleichspaarbildung".

wirtschaftlich vergleichbaren Lage befanden[207]. Schon in dieser Vergleichspaarbildung zeigt sich, dass der EuGH an den *Zweck* der betroffenen Vorschriften anknüpft, um die Vergleichbarkeit zweier Situationen festzustellen. In Schumacker lag der Zweck, Steuervorteile, die persönliche und familiäre Verhältnisse berücksichtigen, nur unbeschränkt Steuerpflichtigen zu gewähren, nach Ansicht des EuGH nicht darin, dass beschränkt Steuerpflichtige außerhalb des betreffenden Mitgliedstaates ansässig waren. Dahinter stand vielmehr das Konzept, dass persönliche Steuervorteile dort gewährt werden sollten, wo der wesentliche Teil des Einkommens erwirtschaftet wurde. Eine Unterscheidung nach der Ansässigkeit war in Schumacker verfehlt, da, entgegen der generellen Situation eines Gebietsfremden, der wesentliche Teil seines Einkommens im Quellenstaat erzielt wurde. Es war daher für die Vergleichbarbildung in der Rs Schumacker darauf abzustellen, wo der wesentliche Teil des Einkommens erzielt wurde[208]. In diesem Zusammenhang kann wiederum davon gesprochen werden, dass der EuGH den Vergleich nur in Bezug auf einen gewissen Vergleichsfaktor anstellt[209], der betreffend persönlichen Steuervorteilen eben der Ort ist, an dem der wesentliche Teil der erzielten Einkünfte wurden, nicht der Ort, an dem der betreffende Steuerpflichtige ansässig war.

Im Steuerrecht spielt diese wirtschaftliche Vergleichbarkeit eine wesentliche Rolle, da die Berücksichtigung von subjektiven und objektiven Steuervorteilen grundsätzlich nicht an die wirtschaftliche Situation anknüpfen, sondern an Grundsätze, die aus dem internationalen Steuerrecht stammen und oft auf territoriale Abgrenzungen sowie auf Regelungen, die vordringlich der Verwaltungsvereinfachung dienen, abstellen.

Deutlich kamen die Grundsätze zur wirtschaftlichen Vergleichbarkeit in den Fällen Gerritse und Wallentin zum Ausdruck: In Gerritse mussten objektive Steuervorteile, solche also, die mit den Einkünften, nicht mit der Person, zusammenhängen, im Quellenstaat gewährt werden. Hier sah der EuGH eine wirtschaftliche Vergleichbarkeit der Einkünfte als gegeben an, die ein beschränkt oder ein unbeschränkt Steuerpflichtiger erzielen, weshalb Vorteile, die mit diesen Einkünften verbunden waren, gleichermaßen eingeräumt werden mussten[210]. In Wallentin wiederum war eine wirtschaftliche Vergleichbarkeit bezüglich der Gewährung subjektiver Steuervorteile an Gebietsfremde und -ansässige gegeben, selbst dann,

---

207 EuGH 14. 2. 1995, C-279/93, *Schumacker*, Rn. 36.

208 EuGH 14. 2. 1995, C-279/93, *Schumacker*, Rn. 37 f.

209 *S. Thiel*, Removal of income tax barriers to market integration in the European Union: litigation by the Community citizen instead of harmonization by the Community legislature? EC Tax Review 2003, 4 ff, 11.

210 EuGH, Urteil vom 12. 6. 2003, C-234/01, *Gerritse*, Slg 2003, I-5933, Rn. 27 f; vgl auch *Burgstaller/W. Loukota*, Der Steuerabzug beschränkt Steuerpflichtiger – Welche Konsequenz hat der EuGH-Fall Gerritse? SWI 2003, 244 ff, 246.

wenn der Gebietsfremde Einkünfte auch im Herkunftsstaat erzielt. Hier begründete der EuGH die Vergleichbarkeit damit, dass im Herkunftsstaat keine steuerpflichtigen Einkünfte vorlagen und daher dort keine steuerlichen Vorteile gewährt werden konnten[211].

Im Lichte der wirtschaftlichen Vergleichbarkeit hat der EuGH Vergleichspaare gebildet, die den Grundsätzen des internationalen Steuerrechts nicht entsprechen. Der Ausgangspunkt dafür war jeweils, dass grenzüberschreitende Sachverhalte dann mit rein innerstaatlichen vergleichbar sind, wenn eine steuerliche Regelung auf Merkmale abstellt, die nicht mit dem grenzüberschreitenden Element im Zusammenhang stehen.

bb. Horizontale Vergleichsgruppen (Rechtsformneutralität)

Die Frage der horizontalen Vergleichsgruppenbildung stellte sich bereits im ersten Fall, den der EuGH zu direkten Steuern entscheiden musste: In avoir fiscal ging es um eine Regelung des französischen Steuerrechts, nach der französische Kapitalgesellschaften eine Steuergutschrift im Zuge der Körperschaftsbesteuerung für Ausschüttungen ihrer französischen Tochterkapitalgesellschaften erhielten, während eine deutsche Muttergesellschaft nicht in diesen Genuss kam, obwohl sie die Beteiligung an der französischen Kapitalgesellschaft über eine französische Zweigniederlassung hielt[212]. Der EuGH kam zu dem Schluss, dass die Niederlassungsfreiheit ausländischer Muttergesellschaften durch diese Regelung verletzt war und stützte dies auf zwei Feststellungen[213]:

- Einerseits wurde es als Einschränkung der Niederlassungsfreiheit angesehen, dass ausländische Gesellschaften nicht frei waren in ihrer Wahl, sich in Form von Zweigniederlassungen oder in Form von Tochtergesellschaften niederzulassen.

- Anderseits wurde es als Verstoß gegen die Niederlassungsfreiheit angesehen, dass die betreffende Ungleichbehandlung auf den Sitz der Muttergesellschaft abstellte.

Die erste Begründung stellt auf einen so genannten horizontalen Vergleich ab, die zweite auf einen vertikalen. Beim horizontalen Vergleich werden Rechtsformen

---

211 EuGH, Urteil vom 1. 7. 2004, C-169/03, *Wallentin*, www.curia.eu.int, Rn. 18 f. Beachte, dass der EuGH von seiner Wallentin-Rechtsprechung in seinem Urteil zur Sache D abwich und vergleiche dazu die Ausführungen unten im 2. Abschnitt VII. „Entwicklung eines europäischen Leistungsfähigkeitsprinzips im Steuerrecht".

212 EuGH, Urteil vom 28. 1. 1986, C-270/83, *avoir fiscal/Kommission gegen Frankreich*, Slg 1986, 273.

213 EuGH 28. 1. 1986, C-270/83, *avoir fiscal*, Rn. 18 Satz 1 und Satz 3.

verglichen, konkret also die Behandlung einer Gesellschaft gegenüber der einer Zweigniederlassung, beim vertikalen Vergleich werden In- und Ausländer miteinander verglichen.

In mehreren Fällen hat der EuGH diese Rechtsprechung fortgesetzt, so auch in Saint-Gobain[214]. In diesem Fall ging es darum, dass das deutsche Steuerrecht bestimmte Steuervergünstigungen bezüglich der Besteuerung von Dividenden deutscher Gesellschaften nur inländischen Gesellschaften gewährte, nicht auch ausländischen. In seiner Entscheidung über diese Regelungen hat der EuGH ausdrücklich festgehalten, dass

> „[die] unterschiedliche Behandlung der Zweigniederlassungen ausländischer Gesellschaften und der inländischen Gesellschaften *sowie* die Einschränkung der freien Wahl der Form des Zweigbetriebs [...] als ein *einheitlicher Verstoß* gegen die Artikel 52 und 58 EG-Vertrag anzusehen [sind]“[215] (Hervorhebungen durch den Verfasser).

Die Frage der freien Rechtsformwahl ist somit allein eine Frage der Vergleichspaarbildung: Stellt man darauf ab, dass es eine freie Rechtsformwahl geben muss, ist das Vergleichspaar inländische Gesellschaft und inländische Zweigniederlassung entscheidend. Stellt man hingegen auf die Steuerpflichtigen ab, ist das Vergleichspaar ansässiger und nichtansässiger Steuerpflichtiger maßgeblich. Einmal steht das Objekt im Vordergrund – die Form der Niederlassung –, das andere Mal das Subjekt – die Steuerpflichtigen[216]. Weshalb allerdings für das Vorliegen einer Verletzung der Niederlassungsfreiheit beide Vergleichstests durchzuführen sind, der, der auf das Objekt abstellt und der, der auf das Subjekt abstellt, erscheint nicht konsequent[217]. Die Benachteiligung in einem der Vergleichsfälle müsste ausreichen, um eine Gemeinschaftsrechtswidrigkeit anzunehmen.

In einer anderen Spielart wurde die Frage, ob die Niederlassungsfreiheit eine freie Rechtsformwahl garantiert, im Zusammenhang mit dem Fall Marks & Spencer aufgeworfen[218]. Die Thematik der Rechtsformwahl kam in dieser Rechtssache

---

214 *Schön*, Freie Wahl zwischen Zweigniederlassung und Tochtergesellschaft – ein Grundsatz des Europäischen Unternehmensrechts, EWS 2000, 281 ff, 281 f mit Verweis auf EuGH, Urteil vom 13. 7. 1993, C-330/91, *The Queen/Inland Revenue Commissioners, ex parte Commerzbank*, Slg 1993, I-4017; dens., Urteil vom 15. 5. 1997, C-250/95, *Futura Participations*, Slg 1997, I-2471; dens., Urteil vom 29. 4. 1999, C-311/97, *Royal Bank of Scotland*, Slg 1999, I-2651; und dens., Urteil vom 21. 9. 1999, *Saint-Gobain*, Slg 1999, I-6161.

215 EuGH, *Saint-Gobain*, Rn. 44.

216 *Schön*, Freie Wahl zwischen Zweigniederlassung und Tochtergesellschaft, EWS 2000, 284.

217 *Englisch*, Zur Dogmatik der Grundfreiheiten des EGV und ihren ertragsteuerlichen Implikationen, StuW 2003, 88 ff, 94.

218 Siehe ausführlich dazu unten 3. Abschnitt VII. 3. „Marks & Spencer“.

deshalb auf, weil eine Verlustverrechnungsmöglichkeit, die im grenzüberschreitenden Konzern rechtlich nicht möglich war, sehr wohl bestanden hätte, wären anstatt Tochterkonzerngesellschaften Zweigniederlassungen im Ausland begründet worden. GA Poiares Maduro kam in seinen Schlussanträgen zu Marks & Spencer zum Ergebnis, dass keine horizontale Vergleichspaarbildung zwischen Zweigniederlassungen und Tochtergesellschaften vorzunehmen war[219]. Er begründete dies damit, dass zwischen Tochtergesellschaften und Zweigniederlassungen grundsätzlich keine steuerliche Vergleichbarkeit möglich war[220]. Die unterschiedliche steuerliche Behandlung beider Formen der Begründung eines Zweigbetriebes knüpfte – wie der Generalanwalt herausstrich – nicht an den grenzüberschreitenden Aspekt an, sondern war im britischen Steuerrecht so vorgesehen; das ergäbe sich insbesondere daraus, dass die Regelungen des britischen group relief nur eine Verlustzurechnung vorsehen, nicht eine Zurechnung von Gewinnen *und* Verlusten, wie das bei einer Betriebstätte der Fall ist[221]. Aufgrund der unterschiedlichen Behandlung von ausländischen Tochtergesellschaften und Betriebstätten im Ausland fehlte es nach Ansicht des Generalanwalts an der grenzüberschreitenden Dimension der Benachteiligung[222]. Dieser Hinweis überzeugt allerdings nicht, um davon auszugehen, dass die Niederlassungsfreiheit die freie Rechtsformwahl im Sachverhalt zu Marks & Spencer nicht ermöglichen sollte. Im rein nationalen Kontext könnte durch die Benachteiligung von Tochtergesellschaften gegenüber Zweigniederlassungen eine Inländerdiskriminierung begründet sein, die gemeinschaftsrechtlich zulässig ist und erst im grenzüberschreitenden Kontext eine Gemeinschaftsrechtswidrigkeit begründet[223]. Hier wäre eine eingehendere Prüfung durch den Generalanwalt wünschenswert gewesen[224]. Der EuGH, von dem eine Klärung zu erwarten gewesen wäre, hat sich zu diesem Thema nicht geäußert. Allerdings ist die steuerliche Ungleichbehandlung von Zweigniederlassungen und Tochtergesellschaften nach den gleichheitsrechtlichen

---

219 GA Poiares Maduro, Schlussanträge vom 7. 4. 2005, C-446/03, *Marks & Spencer*, www.curia.eu.int, Rn. 42 ff; zustimmend *J. Hey*, Die EuGH-Entscheidung in der Rechtssache Marks & Spencer und die Zukunft der deutschen Organschaft – Haben die Mitgliedstaaten den EuGH domestiziert? GmbHR 2006, 113 ff, 118; *M. Lang*, Gemeinschaftsrechtliche Verpflichtung zur Rechtsformneutralität im Steuerrecht? IStR 2006, 397 ff, 397.

220 GA Poiares Maduro 7. 4. 2005, C-446/03, *Marks & Spencer*, Rn. 48.

221 *M. Lang*, Marks & Spencer – Eine erste Analyse des EuGH-Urteils, SWI 2006, 3 ff, 4 f mit Verweis auf GA P. Maduro, *Marks & Spencer*, Rn. 17.

222 GA P. Maduro, *Marks & Spencer*, Rn. 48; so auch *Herzig/Englisch/Wagner*, Steuerliche Berücksichtigung von Verlusten ausländischer Konzerntöchter – Überlegungen nach den Schlussanträgen in der Rechtssache Marks & Spencer, Der Konzern 2005, 298 ff, 304; *Cordewener/Dahlberg/Pistone/Reimer/Romano*, The Tax Treatment of Foreign Losses: Ritter, M & S, and the Way Ahead, European Taxation 2004, 218 ff (Part Two), 231.

223 Vgl zu diesem Themenbereich: *Frenz*, Europäische Grundfreiheiten, Rn. 2144; *Randelzhofer/Forsthoff* in Grabitz/Hilf (Hrsg) EU-Kommentar, vor Art. 39-55 EGV Rn. 45.

224 *M. Lang*, Marks & Spencer und die Auswirkungen auf das Steuerrecht der Mitgliedstaaten, SWI 2005, 255 ff, 258.

Maßstäben der Mitgliedstaaten für den innerstaatlichen Kontext zulässig, weshalb dies auch für die gemeinschaftsrechtliche Ebene zu erwarten wäre. Wäre dem so, würde das bedeuten, dass die Niederlassungsfreiheit kein Recht auf freie Rechtsformwahl in sich birgt. Die EuGH-Rechtsprechung zu dieser Thematik, nach der ein einheitlicher Verstoß vorliegt, wenn die horizontale und vertikale Vergleichbarkeit missachtet wird, müsste sich von ihrer Zweigleisigkeit verabschieden und den Verstoß gegen die Niederlassungsfreiheit allein auf die Ansässigkeit – also auf das vertikale Vergleichspaar – beschränken. Im Ergebnis würde nur dann eine Verletzung der Niederlassungsfreiheit bei unterschiedlicher Behandlung von Zweigniederlassung und Gesellschaft vorliegen, wenn sich dahinter eine Benachteiligung aufgrund der Staatsangehörigkeit verbirgt[225].

Die Feststellung, dass die Niederlassungsfreiheit generell keine Rechtsformwahl garantiert, darf nicht damit vermengt werden, dass eine Diskriminierung auch dann vorliegen kann, wenn zwar unterschiedliche Rechtsformen betroffen sind, diese aber in einem bestimmten Aspekt vergleichbar sind. Diese Problematik wurde ebenfalls im Zusammenhang mit dem Fall Marks & Spencer eingehend diskutiert[226] und führt zu einem weitern Kritikpunkt an den Schlussanträgen des Generalanwalts: Während der Generalanwalt in seinen Schlussanträgen zu Marks & Spencer die Vergleichbarkeit von Betriebstätten und Tochtergesellschaft mit der Begründung ablehnte, dass sie auch im rein innerstaatlichen Kontext unterschiedlich behandelt waren[227], wurde von Stimmen in der Literatur gefordert, dass eine *punktuelle Vergleichbarkeit* bezogen auf die Verrechnung von Verlusten sehr wohl vorliegen könnte[228]. Bezogen auf den Aspekt der Verlustverrechnung wären Betriebstätten und Tochtergesellschaften nämlich gerade aufgrund der britischen *group relief*-Bestimmungen in einer vergleichbaren Situation. Bei dieser Thema-

---

225 *Herzig/Englisch/Wagner*, Berücksichtigung von Verlusten ausländischer Konzerntöchter, Der Konzern 2005, 304; GA Poiares Maduro, *Marks & Spencer*, Rn. 47; so auch unlängst Generalanwalt Léger, Schlussanträge vom 14. 4. 2005, C-253/03, *CLT-UFA SA gegen Finanzamt Köln-West*, www.curia.eu.int, Rn. 75 ff.

226 Special Commissioners Jones/Gammie, Urteil vom 25./26. 11. und 17. 12. 2002, *Marks & Spencer*, Butterworths Direct Online Service, Rn. 13 und 29 ff; *Hinnekens*, The Marks and Spencer Case: UK Special Commissioners Find UK Group Relief Rules Compatible with Freedom of Establishment, ET 2003, 175 ff, 176 bis 178; *Gutmann*, The Marks & Spencer case: proposals for an alternative way of reasoning, EC Tax Review 2003, 154 ff; *M. Lang*, Marks and Spencer – more questions than answers: an analysis of the Opinion delivered by Advocate General Maduro, EC Tax Review 2005, 95 ff; *Herzig/Englisch/Wagner*, Steuerliche Berücksichtigung von Verlusten ausländischer Konzerntöchter – Überlegungen nach den Schlussanträgen in der Rechtssache Marks & Spencer, Der Konzern 2005, 298 ff, 304; siehe eingehender dazu auch oben 2. Abschnitt III. 4. c) „Vergleichsgruppenbildung“ und unten 3. Abschnitt VIII. 2. b) „Vergleichspaarbildung“.

227 GA Poiares Maduro, *Marks & Spencer*, Rn. 42.

228 *Gutmann*, The Marks & Spencer case, EC Tax Review 2003, 156; *M. Lang*, Marks and Spencer, EC Tax Review 2005, 96.

tik geht es allerdings nicht um die freie Rechtsformwahl, sondern darum, dass bei der Vergleichspaarbildung für die Feststellung einer Diskriminierung nicht auf die Gesamtsituation zweier Begebenheiten abzustellen ist, sondern Vergleichspaare immer nur fokussiert für einen bestimmten Aspekt zu bilden sind[229]. Während Betriebstätten und Tochtergesellschaften in ihrer Gesamtsituation aufgrund rechtlicher Bestimmungen nicht vergleichbar sind, können sie bezogen auf gewisse Aspekte – wie etwa die Möglichkeit der Verlustverrechnung entweder mit ihrem Stammhaus oder mit ihrer Muttergesellschaft – ein Vergleichspaar bilden.

Es lässt sich daher zusammenfassen, dass horizontale Vergleichspaarbildungen nicht ausgeschlossen sind, da auch unterschiedliche Rechtsformen in gewissen Punkten vergleichbar sein können und eine unterschiedliche Behandlung bezüglich der vergleichbaren Aspekte unzulässig sein kann. Während die Niederlassungsfreiheit grundsätzlich keine freie Rechtsformwahl einräumt, sind Vorschriften, die eine Benachteiligung Gebietsfremder als eine Benachteiligung von Rechtsformen vorsehen, als Verstoß gegen die Niederlassungsfreiheit zu bewerten.

cc. Vertikale Vergleichsgruppen

Bei den vertikalen Vergleichsgruppen steht der grenzüberschreitende Vergleich im Mittelpunkt. Einerseits kann hier die Ansässigkeit von Steuerpflichtigen, sprich die Besteuerung Gebietsansässiger und Gebietsfremder, verglichen werden oder der Ort der Tätigkeit, also etwa die Begründung einer Niederlassung entweder im In- oder Ausland. Für die erste Vergleichsgruppenbildung sind Fälle wie Schumacker, Wielockx, Gerritse oder Wallentin beispielhaft zu nennen, für die zweite Fälle wie AMID, Verkooijen, ICI, Bosal, de Groot oder Lenz. Der EuGH prüft für diese Vergleichspaare stets, ob eine Vergleichbarkeit vorliegt, die er auf bestimmte Aspekte bezieht und grundsätzlich nach wirtschaftlichen Gegebenheiten eruiert (vgl. dazu oben unter *aa.*). Bei Fällen wie Schumacker wird dabei im Allgemeinen eine Vergleichbarkeit von Gebietsfremden und Gebietsansässigen vorgenommen, da zu prüfen ist, ob eine steuerliche Schlechterbehandlung der Gebietsfremden in Frage steht. Konkret geht es darum, ob trotz grundsätzlich unterschiedlicher Situation von Gebietsfremden, in gewissen Punkten doch eine Vergleichbarkeit besteht, in Schumacker etwa deshalb, da der Gebietsfremde wirtschaftlich in der gleichen Situation ist wie Gebietsansässige. Bei Fällen wie AMID ist der vertikale Vergleich nicht auf Personen bezogen, sondern auf Tätigkeiten, entweder Investitions- oder Geschäftstätigkeiten. Der Vergleich wird dann zwischen reinen Inlandstätigkeiten und Auslandstätigkeiten vorgenommen.

---

229 Siehe dazu schon oben im ersten Absatz zu c) „Vergleichsgruppenbildung"; *S. Thiel*, litigation instead of harmonization? EC Tax Review 2003, 11 f.

dd. Besondere Vergleichskonstellationen

In der Rs CLT-UFA wurde als Vergleichspaar zwei unterschiedliche grenzüberschreitende Situationen miteinander verglichen. Im zugrunde liegenden Fall ging es darum, dass ausländische Gesellschaften in einer unterschiedlichen Situation waren, je nach dem, ob sie in Deutschland eine Betriebstätte oder eine Tochtergesellschaft errichteten. Die Betriebstätte unterlag in Deutschland einer Besteuerung mit 42%, die Tochtergesellschaft konnte den Steuersatz auf 30% reduzieren (in gewissen Fällen auf 33,5%).

Zunächst hat GA Léger in seinen Schlussanträgen zu CLT-UFA festgehalten, dass die betreffende Benachteiligung für gebietsfremde Gesellschaften allein gilt und schon deshalb eine Verletzung der Niederlassungsfreiheit angenommen werden sollte und erwähnt zugleich, dass dadurch die Wahl der Rechtsform eingeschränkt wäre[230]. In weiterer Folge hat der Generalanwalt aber bei der Vergleichspaarbildung nicht mehr nur Gebietsansässige mit Gebietsfremden verglichen, sondern nicht-ansässige Gesellschaften, die eine Zweigniederlassung im Zielstaat gründen, und nicht-ansässige Gesellschaften, die eine Tochtergesellschaft im Zielstaat errichten[231]. Daraus ist zu schließen, dass weniger die Rechtsformwahl oder die Ansässigkeit zentraler Aspekt der Vergleichspaarbildung war, sondern die unterschiedliche Behandlung von grenzüberschreitenden Rechtsbeziehungen, einmal zu einer Tochtergesellschaft und einmal zur eigenen Betriebstätte.

Auch in Cadbury Schwepps hat GA Léger als Vergleichspaar unterschiedliche grenzüberschreitende Situationen gebildet, einmal die Gründung einer Tochtergesellschaft in einem Mitgliedstaat, der einen Steuersatz hat, der nicht zur Anwendung der CFC-Bestimmungen im Staat der Muttergesellschaft führt, und im Vergleich dazu die Gründung einer Tochtergesellschaft in einem Mitgliedstaat, der einen so niedrigen Steuersatz hat, dass die CFC-Bestimmungen zur Anwendung gekommen sind[232].

Damit setzt sich der Generalanwalt in Widerspruch zum EuGH-Urteil in der Sache D, in dem der Gerichtshof entschieden hat, dass der Vergleich zweier unterschiedlicher grenzüberschreitender Situationen nicht sachgemäß ist[233]. Im

---

230 Generalanwalt Léger, Schlussanträge vom 14. 4. 2005, C-253/03, *CLT-UFA SA gegen Finanzamt Köln-West*, www.curia.eu.int, Rn. 60 f.

231 *Lang*, Gemeinschaftsrechtliche Verpflichtung zur Rechtsformneutralität im Steuerrecht? IStR 2006, 397 ff, 398 mit Verweis auf GA Léger 14. 4. 2005, C-253/03, *CLT-UFA*, Rn. 62.

232 Generalanwalt Léger, Schlussanträge vom 2. 5. 2006, C-196/04, *Cadbury Schweppes plc, Cadbury Schweppes Overseas Ltd gegen Commissioners of Inland Revenue*, www.curia.eu.int, Rn. 77 f.

233 EuGH, Urteil vom 5. 7. 2005, C-376/03, *D. gegen Inspecteur van de Belastingdienst/Particulieren/Ondernemingen buitendland te Heeren*, www.curia.eu.int, Rn. 59 ff; vgl

zugrunde liegenden Fall ging es darum, dass ein deutscher Staatangehöriger bestimmte vermögensteuerliche Vorteile in den Niederlanden nicht in Anspruch nehmen konnte, während sie einem belgischem Staatsangehörigen sehr wohl zugestanden wären. Der betreffende Vorteil ergab sich aus dem Doppelbesteuerungsabkommen zwischen den Niederlanden und Belgien, weshalb der EuGH zu dem Schluss gekommen ist, dass keine vergleichbare Situation vorgelegen ist[234]. Begründet wurde dies vom EuGH damit, dass der Vorteil als „integralen Bestandteil des Abkommens [anzusehen ist] und zu seiner allgemeinen Ausgewogenheit [beiträgt]“[235]. Der Gerichtshof kommt demnach zu dem Schluss, dass die Vergleichbarkeit zu verneinen ist, da der Vorteil aus einem Abkommen stammt, in dessen Gesamtzusammenhang er zu sehen wäre. Das Abstellen auf die Ausgewogenheit des Abkommens überzeugt nicht. Wäre es nämlich allein die Ausgewogenheit dann hätte der EuGH zu einem anderen Ergebnis kommen müssen, falls das Doppelbesteuerungsabkommen zwischen den Niederlanden und Belgien in seiner Gesamtheit belgische Steuerpflichtige gegenüber Steuerpflichtigen anderer Mitgliedstaaten bevorrechtet. Es wäre diesfalls nämlich nicht die Ausgewogenheit des Abkommens, sondern das Abkommen für sich genommen, dass die Benachteiligung anderer Staatsangehöriger zur Folge gehabt hätte.

Zudem ist an der Begründung des EuGH zu kritisieren, dass er die Vergleichbarkeit allein aufgrund unterschiedlicher rechtlicher Rahmenbedingungen abgelehnt hat, obwohl wirtschaftlich durchaus vergleichbare Situationen gegeben waren[236]. Diese Wertung des Gerichtshof wird nicht näher begründet und steht im Widerspruch zu seiner Entscheidung in Schumacker, in der wirtschaftlich gleichwertige Situationen trotz unterschiedlicher rechtlicher Rahmenbedingungen durchaus vergleichbar waren[237].

5. Beschränkungsverbote

a) Beschränkungsverbote auch im Bereich der direkten Steuern?

Nach veralteter Ansicht gelten die Grundfreiheiten im Bereich der direkten Steuern nicht als Beschränkungsverbote, was damit begründet wurde, dass der Träger

---

auch *M. Lang*, Gemeinschaftsrechtliche Verpflichtung zur Rechtsformneutralität im Steuerrecht? IStR 2006, 397 ff, 399.

234 EuGH 5. 7. 2005, C-376/03, *D.*, Rn 61.

235 EuGH 5. 7. 2005, C-376/03, *D.*, Rn 62.

236 Vgl zur Frage der rechtlichen und tatsächlichen Vergleichbarkeit auch *M. Lang*, Das EuGH-Urteil in der Rechtssache D. – Gerät der Motor der Steuerharmonisierung ins Stottern? SWI 2005, 365 ff, 370.

237 EuGH, Urteil vom 14. 2. 1995, C-279/93, *Finanzamt Köln-Altstadt gegen Roland Schumacker*, Slg 1995, I-225, Rn. 36 f; siehe ausführlich zur Argumentation des EuGH in Schumacker oben 2. Abschnitt III. 4 b) „Prüfungsformel und Feststellung einer Diskriminierung“.

einer Grundfreiheit das Bestehen einer bestimmten Steuer oder deren Höhe schlechthin als Beschränkung seiner Freiheit anfechten könnte[238]. Als Grundlage für diese Ansicht wird insbesondere die EuGH-Entscheidung in Gilly herangezogen, jener Fall, in dem eine Steuerpflichtige, die sowohl französische als auch deutsche Staatsangehörige war und in Frankreich wohnte, die in Deutschland entrichtete Steuer in voller Höhe in Frankreich anrechnen wollte, obgleich der Anrechnungshöchstbetrag dies nicht zugelassen hätte[239]. Der Grund weshalb gerade Gilly als Entscheidung genannt wird, liegt vermutlich darin, dass der deutsche Steuersatz nicht als Beschränkung im Allgemeinen angesehen wurde. Das lag allerdings darin begründet, dass Unterschiede in den Steuersätzen der Mitgliedstaaten vom EuGH in Gilly als nicht diskriminierend angesehen wurden[240]; eine Aussage dahingehend, dass Beschränkungen im Bereich der direkten Steuern generell keine Gemeinschaftsrechtswidrigkeit begründen können, machte der EuGH allerdings nicht.

Nach heute hM und ständiger Rechtsprechung des EuGH enthalten die Grundfreiheiten auch für den Bereich der direkten Steuern Beschränkungsverbote und nicht allein Diskriminierungsverbote[241]. Die Beschränkungsverbote sind dabei vordringlich in jenen Fällen einschlägig, in denen der Herkunftsstaat eine Besteuerung auferlegt, die grenzüberschreitendes wirtschaftliches Tätigwerden beein-

---

238 *Randelzhofer/Forsthoff* in Grabitz/Hilf (Hrsg) vor Art. 39-55 EGV Rn. 216; *Troberg*, in: Groeben/Thiesing/Ehlermann (Hrsg) Kommentar zum EU-/EG-Vertrag, 5. Auflage Baden-Baden 1997, Art. 52 Rn. 47; *Roth*, Die Niederlassungsfreiheit zwischen Beschränkungs- und Diskriminierungsverbot, in Schön (Hrsg) GS Knobbe-Keuk, Köln 1997, 729 ff, 737; so auch noch *Hahn*, Grenzüberschreitende Berücksichtigung von Betriebsstättenverlusten? IStR 2002, 681 ff, 687; aA schon 1998: *Hirsch*, Wichtige Einflüsse der EuGH-Rechtsprechung auf das deutsche Steuerrecht, DStZ 1998, 489 ff, 492; siehe zu dieser Diskussion auch *Toifl*, Die EU-Grundfreiheiten und die Diskriminierungsverbote der Doppelbesteuerungsabkommen, in Gassner/Lang/Lechner (Hrsg) Doppelbesteuerung und EU-Recht, Wien 1996, 139 ff, 161.

239 *Randelzhofer/Forsthoff* in Grabitz/Hilf (Hrsg) vor Art. 39-55 EGV Rn. 216 mit Verweis auf EuGH, Urteil vom 12. 5. 1998, C-336/96, *Eheleute Robert Gilly gegen Directeur des services fiscaux du Bas-Rhin*, Slg 1998, I-2793; siehe auch unten 2. Abschnitt V. 3. „Methodenartikel und Grundfreiheiten".

240 EuGH 12. 5. 1998, C-336/96, *Gilly*, Rn. 47.

241 Vgl grundlegend dazu *Knobbe-Keuk*, Niederlassungsfreiheit: Diskriminierungs- oder Beschränkungsverbot? DB 1990, 2573 ff; vgl außerdem *Herzig*, Körperschaftsteuersystem und Europäischer Binnenmarkt, in Schön (Hrsg) GS Knobbe-Keuk, Köln 1997, 627 ff, 632 insb. Fn. 26; *Schön*, Der „Wettbewerb" der europäischen Steuerordnungen als Rechtsproblem, DStG 2000, 189 ff, 208; *Frenz*, Europäische Grundfreiheiten, Rn. 428; *Terra/Wattel*, European Tax Law, 3. Auflage Den Haag 2001, Rn. 33; *Lyal*, Non-discrimination and direct tax in Community law, EC Tax Review 2003, 68 ff, 71; *Vanistendael*, The compatibility of the basic economic freedoms with the sovereign national tax systems of the Member States, EC Tax Review 2003, 136 ff, 137 ff; Jacobs (Hrsg) Internationale Unternehmensbesteuerung, 5. Auflage München 2002, 197; vgl zur Entwicklung der EuGH-Rspr dahingehend ausführlich: *Bröhmer*, in Calliess/Ruffert, Art. 43 EG Rn. 23 ff.

trächtigt. Hierdurch sind jene Fälle betroffen, in denen aus dem Ansässigkeitsstaat heraus eine Tätigkeit im EU-Ausland einer einschränkenden Besteuerung unterworfen wird, etwa Auswanderungsfälle[242] oder Fälle, in denen Auslandsinvestitionen zu einer Schlechterstellung im Inland führen[243]. Die Beschränkungsverbote richten sich aber auch gegen Besteuerungsvorschriften im Quellenstaat, wie der EuGH in Futura Participations entschieden hat[244]. Hier wurde die Gleichbehandlung von inländischen Steuerpflichtigen und von Zweigniederlassungen ausländischer Unternehmen als eine Behinderung der Niederlassungsfreiheit angesehen. Nach der Gebhard-Formel liegt eine Beschränkung dann vor, wenn eine Maßnahme die Ausübung der Niederlassungsfreiheit weniger attraktiv macht[245]. Eine solche Maßnahme stellt nur dann keine Vertragsverletzung dar, wenn sie in nichtdiskriminierender Weise angewandt wird, sie aus zwingenden Gründen des Allgemeininteresses gerechtfertigt ist, sie geeignet: ist, die Verwirklichung des mit ihr verfolgten Zieles zu gewährleisten, und sie nicht über das hinausgeht, was zur Erreichung dieses Zieles erforderlich: ist[246].

Grundsätzlich bewirkt eine unzulässige Beschränkungsmaßnahme, dass ein Verbleiben im Heimatmarkt gefördert und somit das Ziel der Grundfreiheiten vereitelt ist, frei in der Entscheidung zu sein, grenzüberschreitend tätig zu werden[247].

b) Diskriminierungsprüfung auch bei den Beschränkungsverboten

Nach dieser Konzeption richten sich die Diskriminierungsverbote der Grundfreiheiten grundsätzlich gegen die Ungleichbehandlung im Zielstaat, dort wo eine Tätigkeit von einem Gebietsfremden ausgeübt wird, während sich die Beschränkungsverbote dagegen wenden, die Ausübung einer grenzüberschreitenden Tätig-

242 EuGH, Urteil vom 11. 3. 2004, C-9/02, *Lasteyrie du Saillant*, www.curia.eu.int.

243 EuGH 14. 12. 2000, C-141/99, *AMID*, Rn. 27; EuGH 18. 9. 2003, C-168/01, *Bosal*; Rn. 14; in dieser Form wurde ein Beschränkungsverbot ausnahmsweise auch schon von der veralteten Auffassung angenommen: *Randelzhofer/Forsthoff* in Grabitz/Hilf (Hrsg) vor Art. 39-55 EGV Rn. 216.

244 Siehe dazu oben 2. Abschnitt III. 3. „Diskriminierungs- und Beschränkungverbote bei direkten Steuern".

245 EuGH 30. 11. 1995, C-55/94, *Gebhard*, Rn. 37 siehe dazu 2. Abschnitt III. 3.; außerdem *E. Lechner*, Die Auswirkungen des EU-Rechts auf die Befreiung von Verlusten nach den Doppelbesteuerungsabkommen, in Gassner/Lang/Lechner (Hrsg) Doppelbesteuerung und EU-Recht, Wien 1996, 85 ff, 94.

246 EuGH 30. 11. 1995, C-55/94, *Gebhard*, Rn. 37.

247 *Bröhmer*, in Calliess/Ruffert (Hrsg) Kommentar zu EU-Vertrag und EG-Vertrag, 2. Auflage Neuwied 2002, Art. 43 EG Rn. 27; *Dautzenberg*, Das EG-rechtliche Gleichbehandlungsgebot für Betriebsstätten und Tochterkapitalgesellschaften, EWS 2001, 270 ff, 271; *Knobbe-Keuk*, Niederlassungsfreiheit: Diskriminierungs- oder Beschränkungsverbot? DB 1990, 2573 ff, 2575; *S. Thiel*, Removal of income tax barriers to market integration in the European Union: litigation by the Community citizen instead of harmonization by the Community legislature? EC Tax Review 2003, 4 ff, 13.

keit nicht weniger attraktiv zu machen als eine nicht-grenzüberschreitende Tätigkeit. Nach der Art, wie eine unzulässige Beschränkung festzustellen ist, ergibt sich allerdings auch für die Beschränkungsverbote eine Diskriminierungsprüfung. Es wird nämlich vom EuGH genau wie bei der Prüfung, ob ein Diskriminierungsverbot verletzt ist, ein Vergleichspaar gebildet und eine Ungleichbehandlung geprüft[248]. Schon aus der Gebhard-Formel lässt sich ableiten, dass sich auch Beschränkungsverbote gegen Ungleichbehandlungen richten. Dort heißt es schließlich, dass nationale Vorschriften grundsätzlich eine Vertragsverletzung darstellen, wenn sie „[...] die Ausübung der durch den Vertrag garantierten grundlegenden Freiheiten behindern oder *weniger* attraktiv machen können [...]“[249] (Hervorhebung durch den Verfasser). Im Komparativ „weniger attraktiv“ zeigt sich, dass die beschränkende Maßnahme im Vergleich zu einer anderen Situation eine Schlechterstellung bringt. Daher ist der veralteten Ansicht, wonach es im Bereich der direkten Besteuerung keine Beschränkungsverbote gibt, teilweise – von der Methode her betrachtet – zuzustimmen. Es wird lediglich eine Beschränkung im Vergleich zu anderen Situationen geprüft, was technisch gesehen die Prüfung einer Diskriminierung ist[250].

Dieser Widerspruch zeigt sich sehr deutlich in den Schlussanträgen des GA Alber zu Bosal, wenn er zu der Problematik einer Unterscheidung von Diskriminierungs- und Beschränkungsverboten Stellung bezieht[251]. Er stellt nämlich fest, dass die Niederlassungsfreiheit einer

> „[37][...] nationalen Regelung [entgegensteht], die zwar *ohne Diskriminierung aus Gründen der Staatsangehörigkeit* anwendbar ist, die aber geeignet ist, die Ausübung der durch den EG-Vertrag garantierten grundlegenden Freiheiten durch die Gemeinschaftsangehörigen einschließlich der Staatsangehörigen des Mitgliedstaats, der die Regelung erlassen hat, zu unterbinden, zu behindern oder weniger attraktiv zu machen. [38]Unter dieses Beschränkungsverbot fällt auch *jede Ungleichbehandlung* durch nationale Vorschriften, da sie geeignet ist, die Ausübung einer Grundfreiheit für denjenigen, der dadurch schlechter

---

248 EuGH 14. 12. 2000, C-141/99, *AMID*, Rn. 27; EuGH 18. 9. 2003, C-168/01, *Bosal*, Rn. 22 und 27; so auch *Lyal*, Non-discrimination and direct tax in Community law, EC Tax Review 2003, 68 ff, 74; aA, dass nämlich die Prüfung einer Beschränkung keine Gleichheitsprüfung sei *Vanistendael*, The compatibility of the basic economic freedoms with the sovereign national tax systems of the Member States, EC Tax Review 2003, 136 ff, 137 ff.

249 EuGH, Urteil vom 30. 11. 1995, C-55/94, *Gebhard*, Slg 1995, I-4165, Rn. 37.

250 *Herzig/Wagner*, Zur Zukunft der Organschaft im EG-Binnenmarkt, DB 2005, 1 ff, 2; *M. Lang*, Kapitalverkehrsfreiheit und Doppelbesteuerungsabkommen, in Lechner/Staringer/Tumpel (Hrsg) Kapitalverkehrsfreiheit und Steuerrecht, Wien 2000, 181 ff, 189.

251 Generalanwalt *Alber*, Schlussanträge vom 24. 9. 2002, C-168/01, *Bosal*, Rn. 37 ff; siehe eingehender zu dieser Rs unten 3. Abschnitt IV. 1. „Bosal“.

gestellt wird, weniger attraktiv zu machen."[252] (Hervorhebungen durch den Verfasser).

Der Generalanwalt beurteilte demnach eine Ungleichbehandlung, die auf die Staatbürgerschaft abstellt, als Diskriminierung, jede andere Ungleichbehandlung als Beschränkung. In weiterer Folge fand GA Alber daher auch im Zuge seiner Prüfung, ob die Niederlassungsfreiheit durch eine *Beschränkung* verletzt war, ein *Vergleichspaar*, das in einer vergleichbaren Situation ungleich behandelt wurde. Er nahm eine Diskriminierungsprüfung vor, indem er prüfte, ob Muttergesellschaften mit Tochtergesellschaften im EU-Ausland gegenüber solchen Muttergesellschaften mit Tochtergesellschaften im Inland schlechter behandelt wurden[253].

Somit ist die Schlussfolgerung zulässig, dass sowohl Diskriminierungsverbote als auch Beschränkungsverbote eine Gleichheitsprüfung voraussetzen, um festzustellen, ob eine der Grundfreiheiten verletzt ist.

6. Das Verhältnis der Diskriminierungs- und Beschränkungsverbote und Auswirkungen auf das Prüfungskonzept

Wie soeben dargestellt, sind die Diskriminierungsverbote der Grundfreiheiten grundsätzlich als Schutz der Marktgleichheit und die Beschränkungsverbote als Schutz des freien Marktzuganges konzipiert. Bei beiden Verboten wird allerdings eine gleichheitsrechtliche Prüfung durchgeführt, um festzustellen, ob eine Verletzung einer Grundfreiheit vorliegt. Der wesentliche Unterschied beider Verbote ergäbe sich erst auf der zweiten Ebene der Prüfung einer Gemeinschaftsrechtswidrigkeit, jener der Rechtfertigungsprüfung. Während der Verstoß gegen ein Diskriminierungsverbot grundsätzlich nur aufgrund eines ausdrücklich im EG-Vertrag erwähnten Grundes gerechtfertigt werden kann, ist der Verstoß gegen ein Beschränkungsverbot nach dem ungeschriebenen *rule of reason*-Test zu rechtfertigen, den der EuGH entwickelt hat[254]. Die ungeschriebene Rechtfertigung nach dem *rule of reason*-Test stammt aus Cassis de Dijon und wurde – was für das Steuerrecht von besonderer Bedeutung ist –, unter anderem, in Bachmann, Futura Participations und Gebhard weiterentwickelt[255]. Aus der Rechtsprechung des EuGH zu direkten Steuern geht hervor, dass der Gerichtshof selbst für diesen

---

252 GA Alber 24. 9. 2002, C-168/01, *Bosal*, Rn. 37 und 38.

253 GA Alber 24. 9. 2002, C-168/01, *Bosal*, Rn. 43 f.

254 *Vanistendael*, A comparative and economic approach to equality in European Taxation, in Gocke/Gosch/M. Lang (Hrsg) FS Wassermeyer, München 2005, 523 ff, 531; *Terra/Wattel*, European Tax Law, 43; *Frenz*, Europäische Grundfreiheiten, Rn. 464 ff.

255 *Terra/Wattel*, European Tax Law, 32 f; EuGH, Urteil vom 20. 2. 1979, 120/78, *Rewe-Zentral – Cassis de Dijon*, Slg 1979, 649; EuGH, Urteil vom 30. 11. 1995, C-55/94, *Gebhard*, Slg 1995, I-4165; EuGH, Urteil vom 15. 5. 1997, C-250/95, *Futura Participations*, Slg 1997, I-2471.

Rechtsbereich nicht klar zwischen einer Rechtfertigung nach den ausdrücklich bei den Grundfreiheiten erwähnten Rechtfertigungsgründen und jenen der ungeschriebenen Rechtfertigungsgründe unterscheidet[256]. Die Vermengung der beiden Rechtfertigungsgründe zeigt sich etwa in Bachmann, wo der EuGH die Wahrung der steuerlichen Kohärenz als Rechtfertigung prüfte[257], also eine ungeschriebene Rechtfertigung heranzog, obwohl der Verstoß gegen ein Diskriminierungsverbot in Frage stand[258]. Das Gleiche gilt für die Entscheidung in Wallentin, in der der EuGH eine Rechtfertigung nach der steuerlichen Kohärenz prüfte, obwohl eine Diskriminierung gegenüber Inländern zu prüfen war[259]. Auch in ICI nahm der EuGH sowohl auf geschriebene als auch ungeschriebene Rechtfertigungsgründe Bezug, obwohl er ein Beschränkungsverbot auf seine Zulässigkeit prüfte[260]. Im Übrigen ist es umstritten, ob die ungeschriebenen Rechtfertigungsgründe nicht generell auch auf die Diskriminierungsverbote anzuwenden sind[261]. Daraus und aus der dargestellten Analyse ist zu folgern, dass eine Unterscheidung von Diskriminierungs- und Beschränkungsverboten nicht notwendig ist.

Zu den beiden Verboten, die sich aus den Grundfreiheiten ergeben, hat der EuGH einen zusammenfassenden Stehsatz entwickelt, der die Grundaussage sowohl der Diskriminierungs- als auch der Beschränkungsverbote wiedergibt:

> „Nach ständiger Rechtsprechung [sollen] sämtliche Vertragsbestimmungen über die Freizügigkeit den Gemeinschaftsangehörigen die Ausübung jeder Art von Berufstätigkeit im gesamten Gebiet der Gemeinschaft erleichtern und stehen Maßnahmen entgegen, die die Gemeinschaftsangehörigen benachteiligen könnten, wenn sie im Gebiet eines anderen Mitgliedstaats eine wirtschaftliche Tätigkeit ausüben wollen“[262].

Diese Grundaussage des EuGH fast den Inhalt der Grundfreiheiten abschließend zusammen und legt klar den Zweck der Europäischen Gemeinschaft dar.

---

256 *Englisch*, Zur Dogmatik der Grundfreiheiten des EGV und ihren ertragsteuerlichen Implikationen, StuW 2003, 88 ff, 90; *Terra/Wattel*, European Tax Law, 43.

257 EuGH, Urteil vom 28. 1. 1992, C-204/90, *Hanns-Martin Bachmann gegen Belgischen Staat*, Slg 1992, I-249, Rn. 21.

258 *Terra/Wattel*, European Tax Law, 43.

259 EuGH, Urteil vom 1. 7. 2004, C-169/03, *Florian W. Wallentin gegen Riksskatteverket*, Rn. 22.

260 EuGH, Urteil vom 16. 7. 1998, C-264/96, *Imperial Chemical Industries plc (ICI)*, Slg 1998, I-4695, Rn. 28.

261 *Frenz*, Europäische Grundfreiheiten, Rn. 478.

262 EuGH, Urteil vom 12. 12. 2002, C-385/00, *de Groot*, Rn. 77 mvwN. Anm.: Für die Niederlassungs- sowie die Kapitalverkehrsfreiheit ist Berufstätigkeit entsprechend anders zu lesen.

7. Fehlende Steuerrechtsharmonisierung keine Verletzung der Grundfreiheiten?

In mehreren Fällen hatte der EuGH zu beantworten, ob eine fehlende Harmonisierung der Steuerrechtsordnungen der Mitgliedstaaten zu einer Vertragsverletzung führen kann. Ganz allgemein geht aus der Rechtsprechung des EuGH hervor, dass die Grundfreiheiten auch dann zur Anwendung kommen, wenn die betreffende Diskriminierung oder Beschränkung ihre Grundlage in der fehlenden Harmonisierung der nationalen Steuerrechtsordnungen hat[263]. Es gibt demnach keinen Harmonisierungsvorbehalt. Es hängt allerdings von der Art der fehlenden Harmonisierung ab, ob sich aus ihr eine Vertragsverletzung ergibt oder nicht. Bestimmte Harmonisierungsdefizite führen lediglich zu einer Schlechterstellung von Steuerpflichtigen eines Mitgliedstaates, aber zu keiner gemeinschaftsrechtlich unzulässigen Diskriminierung. Andere Harmonisierungsdefizite wiederum berühren genau den Schutzbereich der Grundfreiheiten und führen daher zu einer Vertragsverletzung. Anhand zweier EuGH-Entscheidungen kann diese unterschiedliche Wirkung dargestellt werden.

aa. Fehlende Harmonisierung kein Grund einer Gemeinschaftsrechtswidrigkeit. In Gilly wollte die betroffene in Frankreich wohnhafte Steuerpflichtige ihre in Deutschland entrichtete Steuer trotz Überschreitens des französischen Anrechnungshöchstbetrages in voller Höhe in Frankreich anrechnen lassen. Ihr Ausgangpunkt war es, im Falle einer Anrechnung nur bis zum Anrechnungshöchstbetrag gegenüber französischen Steuerpflichtigen schlechter gestellt zu sein, da sie diesfalls der höheren deutschen Besteuerung ausgesetzt gewesen wäre[264]. Der EuGH allerdings kam zu dem Schluss, dass die Steuerpflichtige im Hinblick auf ihre deutsche Besteuerungssituation nicht mit französischen Steuerpflichtigen zu vergleichen war, sondern mit unbeschränkt Steuerpflichtigen in Deutschland[265]. Die Benachteiligung von Frau Gilly gegenüber französischen Steuerpflichtigen war eine Benachteiligung, die so für alle in Deutschland unbeschränkt Steuerpflichtigen galt, da sie auf das Steuerniveau in Deutschland zurückzuführen war. Die fehlende Harmonisierung der Steuersätze innerhalb der EU wurde vom EuGH aber nicht als Diskriminierung im Sinne der Arbeitnehmerfreizügigkeit angesehen[266].

---

[263] *Schön*, Besteuerung im Binnenmarkt – die Rechtsprechung des EuGH zu den direkten Steuern, IStR 2004, 289 ff, 289; *Herzig/Englisch/Wagner*, Steuerliche Berücksichtigung von Verlusten ausländischer Konzerntöchter – Überlegungen nach den Schlussanträgen in der Rechtssache Marks & Spencer, Der Konzern 2005, 298 ff, 303.

[264] EuGH, Urteil vom 12. 5. 1998, C-336/96, *Eheleute Robert Gilly gegen Directeur des services fiscaux du Bas-Rhin*, Slg 1998, I-2793, Rn. 44.

[265] EuGH, 12. 5. 1998, C-336/96, *Gilly*, Rn. 49.

[266] EuGH, 12. 5. 1998, C-336/96, *Gilly*, Rn. 47.

Diese Schlussfolgerung des EuGH hängt allein mit der für Frau Gilly ausgewählten Vergleichsgruppe zusammen: Es sind dies nämlich unbeschränkt Steuerpflichtige in Deutschland, und nicht Steuerpflichtige in Frankreich gewesen.

bb. Fehlende Harmonisierung als Grund einer Gemeinschaftsrechtswidrigkeit. In de Groot[267] wurde eine andere Art der fehlenden Harmonisierung sehr wohl als Verletzung einer Grundfreiheit angesehen. Der betroffene Steuerpflichtige, Herr de Groot, war in den Niederlanden ansässig, bezog allerdings 1994, außer in den Niederlanden selbst, in drei weiteren Mitgliedstaaten Einkünfte aus nichtselbständiger Arbeit. Hätte er sämtliche seiner Einkünfte in den Niederlanden bezogen, anstatt zusätzlich im EU-Ausland, wären Freibeträge für Unterhaltszahlungen, die Herr de Groot in den Niederlanden entrichtete, höher ausgefallen. Darin sah Herr de Groot eine Verletzung seiner Arbeitnehmerfreizügigkeit. Seine persönlichen Verhältnisse wurden infolge seiner Auslandstätigkeiten in den Niederlanden in geringerem Ausmaß berücksichtigt als in dem Fall, in dem er ausschließlich in seinem Wohnsitzstaat tätig geworden wäre[268]. Der EuGH lehnte die von unterschiedlichen Regierungen vorgebrachten Argumente, dass der Wohnsitzstaat die persönlichen und familiären Verhältnisse nur soweit berücksichtigen müsse, wie inländische steuerpflichtige Einkünfte vorhanden wären[269], entschieden ab. Er gestand zwar ein, dass es die Folge fehlender Harmonisierung der nationalen Steuerrechtssysteme innerhalb der EU war, weswegen allein der Wohnsitzstaat steuerliche Vorteile betreffend die persönliche Situation eines Steuerpflichtigen zu gewähren hätte; dennoch liege eine klare Beschränkung der Arbeitnehmerfreizügigkeit vor, wenn die Steuervorteile nicht im vollen Umfang vom Ansässigkeitsstaat gewährt werden müssten[270].

Entscheidungsrelevant war wieder die Wahl der Vergleichsgruppe für den betroffenen Steuerpflichtigen: Herr de Groot wurde mit in den Niederlanden ansässigen Steuerpflichtigen verglichen, die sämtliche Einkünfte aus den Niederlanden bezogen. Diesen gegenüber war er schlechter gestellt.

cc. Schlussfolgerungen. Letztlich geht es bei der Frage, ob eine fehlende Harmonisierung der Steuerrechtsordnungen der Mitgliedstaaten zu einer Vertragsverletzung führt, um die Wahl der Vergleichsgruppe. Dabei zeigt sich, dass der EuGH bei Fragen der Einräumung von Steuervorteilen stets grenzüberschreitende Vergleichsgruppen bildet, wohingegen dann, wenn Steuersätze in Frage stehen, Ver-

---

267 EuGH, Urteil vom 12. 12. 2002, C-385/00, *de Groot*, www.curia.eu.int; siehe zu de Groot auch 2. Abschnitt IV. 2. und 3. „Die Wahrung der Kohärenz eines Besteuerungssystems als Rechtfertigung" und „Territorialitätsprinzip" sowie 2. Abschnitt VII. 2. b) „de Groot".

268 EuGH 12. 12. 2002, C-385/00, *de Groot*, Rn. 48 ff.

269 EuGH 12. 12. 2002, C-385/00, *de Groot*, Rn. 55 (Niederlande), 64 (Belgien) und 66 (Deutschland).

270 EuGH 12. 12. 2002, C-385/00, *de Groot*, Rn. 86 f und 93.

gleichsgruppen innerhalb einer Rechtsordnung gebildet werden. Damit ist gemeint, dass im ersten Fall die Situation eines Steuerpflichtigen in einem Sachverhalt, der sich *in zwei* (oder mehreren) Mitgliedstaaten verwirklicht, mit der Situation anderer Steuerpflichtiger in Sachverhalten, die sich in *nur einem* Mitgliedstaat verwirklichen, verglichen wird[271]. Hier geht es grundsätzlich darum, ob **Inlandstätigkeiten besser gestellt sind als Auslandstätigkeiten**. Im zweiten Fall hingegen werden Vergleichssituationen *allein innerhalb eines* Mitgliedstaates gebildet, und einmal die Situation von Gebiets*ansässigen* und dann jene von Gebiets*fremden*, beide in einem Mitgliedstaat, verglichen[272]. Hier geht es also darum, ob ein Mitgliedstaat **Steuerpflichtige unterschiedlicher Herkunft schlechter** behandelt, ihnen etwa unterschiedlich hohe Steuersätze auferlegt.

Im zweiten Fall, jenem, in dem unterschiedliche Steuersätze in Frage stehen, ist dann eine Gemeinschaftsrechtswidrigkeit anzunehmen, wenn Gebietsfremde höheren Steuersätzen unterliegen als Gebietsansässige, obwohl sie bezogen auf die in Frage stehenden Einkünfte in einer vergleichbaren Situation sind[273]. Gelten allerdings die allgemeinen Steuersätze für Gebietsansässige auch für Gebietsfremde, wie für Frau Gilly etwa, dann liegt keine Vertragsverletzung vor. Dies war allerdings nur der Fall, weil der EuGH als Vergleichsgruppe für Frau Gilly deutsche unbeschränkt Steuerpflichtige heranzog, anstatt französische.

Für den Themenbereich Steuersätze lässt sich somit aus den EuGH-Entscheidungen zu Gilly, Asscher und Gerritse ableiten, dass die *unterschiedlichen Steuerniveaus der Mitgliedstaaten* keine Diskriminierung darstellen, während die *unterschiedliche Höhe von Steuersätzen innerhalb eines Mitgliedstaates* für Gebietsfremde und Gebietsansässige grundsätzlich diskriminierend ist[274]. Aus dieser Betrachtung, dass unterschiedliche Steuerniveaus der Mitgliedstaaten keine Gemeinschaftsrechtswidrigkeit zur Folge haben, unterschiedliche Steuersätze innerhalb eines Mitgliedstaates allerdings schon, lässt sich für Harmonisierungsdefizite eine allgemeine Schlussfolgerung ableiten: Während die **grenzüberschreitende Belastungsgleichheit** innerhalb der EU **nicht** vom Gemeinschaftsrecht **geschützt** ist, wird die **Belastungsgleichheit innerhalb** eines Mitgliedstaates

---

271 EuGH, Urteil vom 18. 9. 2003, C-168/01, *Bosal Holding BV*, Slg 2003, I-9409; EuGH, Urteil vom 1. 7. 2004, C-169/03, *Wallentin*, www.curia.eu.int.

272 EuGH, Urteil vom 27. 6. 1996, C-107/94, *Asscher*, Slg 1996, I-3089; EuGH, Urteil vom 12. 6. 2003, C-234/01, *Gerritse*, Slg 2003, I-5933; siehe zu Asscher auch oben 2. Abschnitt III. 2. c).

273 EuGH 27. 6. 1996, C-107/94, *Asscher*, Rn. 35 ff insb 43 und 48; EuGH 12. 6. 2003, C-234/01, *Gerritse*, Rn. 43 ff insb 47 und 54.

274 EuGH 12. 5. 1998, C-336/96, *Gilly*, Rn. 34 (zum unterschiedlichen Steuerniveau); EuGH 12. 6. 2003, C-234/01, *Gerritse*, Rn. 47 (zu unterschiedlichen Steuersätzen innerhalb eines Mitgliedstaates).

grundsätzlich geschützt[275]. Bewirken die generellen Regelungen zweier Mitgliedstaaten eine Benachteiligung, liegt im Allgemeinen kein gemeinschaftsrechtswidriges Harmonisierungsdefizit vor; bewirkt aber nur ein Mitgliedstaat die Benachteiligung, etwa durch Nichteinräumung gewisser Steuerbegünstigungen oder die Anwendung unterschiedlicher Steuersätze innerhalb seines Gebietes, so liegt meist ein diskriminierendes Harmonisierungsdefizit vor[276].

dd. Fehlende Harmonisierung als Rechtfertigungsgrund. Abschließend sei erwähnt, dass die fehlende Harmonisierung der Steuerrechtsordnungen von Regierungen immer wieder als Rechtfertigungsgrund diskriminierender Vorschriften angeführt wurde, vom EuGH aber stets abgelehnt worden ist[277]. Auch GA Léger prüfte in der Rs Ritter-Coulais die fehlende Harmonisierung der Steuerrechtsordnungen als Rechtfertigungsgrund, lehnte diesen aber ab[278].

8. Abstrakte versus tatsächliche Vertragsverletzung

a) Die abstrakte Vertragsverletzung

Nationale Vorschriften sind bereits dann gemeinschaftsrechtswidrig, wenn die Möglichkeit einer Diskriminierung besteht, sie braucht nicht tatsächlich nachgewiesen sein[279]. In der Rs AMID wurde dieses Abstraktionsprinzip ebenfalls konkret angesprochen. Der EuGH entschied, dass die bloße Gefahr einer benachteiligenden Wirkung infolge der fraglichen belgischen Steuerregelungen zu einer Verletzung der Niederlassungsfreiheit führt[280].

Entgegen seiner eigenen Rechtsprechung verlangte der EuGH im Fall Gerritse zur Feststellung, ob die Dienstleistungsfreiheit beeinträchtigt war, den Nachweis, dass

---

275 *Tumpel*, Europarechtliche Besteuerungsmaßstäbe für die grenzüberschreitende Organisation und Finanzierung von Unternehmen, DStJG 2000, 321 ff, 323.

276 *Kessler/Schmitt/Janson*, Nochmals: Berücksichtigungsverbot abkommensrechtlich befreiter Betriebsstättenverluste? IStR 2003, 307 ff, 308.

277 *Randelzhofer/Forsthoff* in Grabitz/Hilf (Hrsg) vor Art. 39-55 EGV Rn. 249 mit Verweis auf EuGH, Urteil vom 28. 1. 1986, C-270/83, *avoir fiscal*, Slg 1986, 273, Rn. 23 f; EuGH, Urteil vom 28. 1. 1992, C-204/90, *Bachmann*, Slg 1992, I-249, Rn. 10 f; vgl außerdem *Knobbe-Keuk*, Restrictions on the Fundamental Freedoms Enshrined in the EC Treaty by Discriminatory Provisions – Ban and Justification, EC Tax Review 1994, 74 ff, 79.

278 GA Léger, Schlussanträge vom 1. 3. 2005, C-152/03, *Ritter-Coulais*, www.curia.eu.int, Rn. 105 ff.

279 *Scheuer*, in Lenz (Hrsg) EGV-Kommentar, Art. 39 Rn. 33 mit Verweis auf EuGH, Urteil vom 23. 5. 1996, C-237/94, *John O'Flynn gegen Adjudication Officer*, Slg 1996, I-2617, Rn. 21; ders, Urteil vom 12. 9. 1996, C-278/94, *Kommission/Belgien*, Slg 1996, I-4307, Rn. 20; *S. Thiel*, litigation instead of harmonization, EC Tax Review 2003, 13.

280 EuGH, Urteil vom 14. 12. 2000, C-141/99, *AMID*, Slg 2000, I-11619, Rn. 23 ff.

eine tatsächliche Benachteiligung eingetroffen ist[281]. In Gerritse ging es, unter anderem, um die Frage, ob ein einheitlich festgesetzter Abzugssteuersatz für beschränkt Steuerpflichtige im Vergleich zum progressiven Steuersatz für unbeschränkt Steuerpflichtige eine unzulässige Diskriminierung darstellen würde. Nach einer vorgegebenen Formel wurde dem vorlegenden nationalen Gericht vom EuGH der Auftrag erteilt, zu prüfen, ob im konkreten Fall von Herrn Gerritse der anwendbare Steuersatz höher lag als jener für Gebietsansässige; nur dann würde eine Gemeinschaftsrechtswidrigkeit bestehen[282]. Diese Entscheidung kann allerdings als Ausreißerjudikat betrachtet werden, da sie im Urteil zu Wallentin bereits wieder verworfen wurde[283]. Die Rs Wallentin ist insofern ähnlich zu Gerritse, als die Besteuerung im Quellenstaat geprüft wurde und die Berücksichtigung von Freibeträgen verlangt wurde, was ebenfalls Auswirkungen auf die Steuerquote hatte. Der EuGH entschied, dass die alleinige *Möglichkeit* einer Benachteiligung des Steuerpflichtigen bereits zu einer Verletzung der Arbeitnehmerfreizügigkeit führte[284]. Daraus ist zu schließen, dass für das Vorliegen einer Verletzung der Grundfreiheiten die bloße Möglichkeit einer Benachteiligung ausreicht.

b) Verletzung der Grundfreiheiten trotz Vorteilsausgleich

Im Zusammenhang mit der abstrakten Möglichkeit einer Vertragsverletzung steht auch die Ablehnung eines Ausgleichs von Vor- und Nachteilen, die sich aus einem bestimmten Besteuerungskonzept ergeben[285]. Denn selbst dann, wenn der Vorteil den betreffenden Nachteil in den meisten Fällen ausgleichen würde, bestünde doch die Möglichkeit – selbst wenn diese beinahe abstrakt, also kaum besteht –, dass ein Fall benachteiligt wird.

Für den Bereich der Verlustverrechnung über die Grenze ist die Überlegung, ob ein möglicher Vorteilsausgleich eine Einschränkung der Grundfreiheiten deshalb verhindern kann, weil keine Diskriminierung vorliegt, von besonderer Bedeutung. Schließlich könnte argumentiert werden, dass ausländische Verluste einer Betriebstätte oder Tochterkonzerngesellschaft dann nicht zu berücksichtigen wären, wenn Gewinne der betreffenden Betriebstätte oder Gesellschaft nicht besteuert

---

281 EuGH, Urteil vom 12. 6. 2003, C-234/01, *Gerritse*, Slg 2003, I-5933, Rn. 54.

282 EuGH 12. 6. 2003, C-234/01, *Gerritse*, Rn. 54.

283 EuGH, Urteil vom 1. 7. 2004, C-169/03, *Wallentin*, www.curia.eu.int.

284 EuGH 1. 7. 2004, C-169/03, *Wallentin*, Rn. 17.

285 Siehe dazu unten 2. Abschnitt IV. 6. „Vorteilsausgleich"; insb *Thömmes*, Tatbestandsmäßigkeit und Rechtfertigung steuerlicher Diskriminierungen nach EG-Recht, in Schön (Hrsg) GS Knobbe-Keuk, Köln 1997, 795 ff, 819 Fn. 93; EuGH 12. 12. 2002, C-385/00, *de Groot*, Rn. 97; ders, 6. 6. 2000, C-35/98, *Verkooijen*, Rn. 61; ders, *ICI*, Rn. 28; ders 27. 6. 1996, C-107/94, *Asscher*, Rn. 51 ff; ders 28. 1. 1986, C-270/83, avoir fiscal, Rn. 17.

werden dürften[286]. Das Argument wäre, dass die grenzüberschreitende Situation nicht mit dem Inlandsfall vergleichbar ist, weil die Möglichkeit eines Vorteilsausgleichs besteht. Nachdem ein Vorteilsausgleich eine Benachteiligung allerdings nicht verringert, da es um die mögliche Benachteiligung, nicht um die tatsächliche geht, ist dieses Argument nicht stichhaltig[287].

c) Mögliche Übervorteilung kann Benachteiligung nicht vermeiden

Schließlich kann auch die mögliche Übervorteilung nicht die Einschränkung einer Grundfreiheit vermeiden. So war in der Rs de Groot etwa ein Steuervorteil auch dann einzuräumen, wenn er aufgrund anderer steuerlicher Vorschriften möglicherweise zu einer Übervorteilung des grenzüberschreitenden Sachverhalts geführt hätte[288]. Auch hier steht der Gedanke im Vordergrund, dass die Übervorteilung eben nicht notwendigerweise eintritt; tut sie es nicht, liegt eine Benachteiligung vor. Diese abstrakte Möglichkeit reicht aus, um eine Verletzung der Grundfreiheiten anzunehmen.

IV. Rechtfertigung einer Verletzung der Grundfreiheiten im Kontext direkter Steuern

Steht fest, dass eine Diskriminierung oder eine Beschränkung vorliegt, könnte diese gerechtfertigt sein. Maßstab der Rechtfertigungsprüfung ist der Verhältnismäßigkeitsgrundsatz: Die betreffende Einschränkung einer Grundfreiheit muss einen legitimen Zweck verfolgen und zu dessen Erreichung geeignet, erforderlich sowie angemessen sein[289]. Der relevante Zweck ist der in Betracht kommende Rechtfertigungsgrund, wobei zwischen den so genannten geschriebenen oder ungeschriebenen Rechtfertigungsgründen unterschieden wird. Die Geschriebenen sind jene, die ausdrücklich bei den jeweiligen Grundfreiheiten im Vertrag angeführt sind, die Ungeschriebenen ergeben sich aus dem vom EuGH entwickelten *rule of reason*-Test[290]. Teilweise wird noch vertreten, dass die geschriebenen Rechtfertigungsgründe für Diskriminierungen anzuwenden sind, die ungeschrie-

---

286 *M. Lang*, Marks & Spencer – Eine erste Analyse des EuGH-Urteils, SWI 2006, 3 ff, 6 mit Verweis auf EuGH, Urteil vom 28. 1. 1986, C-270/83, *avoir fiscal/Kommission gegen Frankreich*, Slg 1986, 273, Rn. 21.

287 *M. Lang*, Marks & Spencer – Eine erste Analyse, SWI 2006, 6.

288 EuGH, Urteil vom 12. 12. 2002, C-385/00, *F.W.L. de Groot gegen Staatssecretaris von Financiën*, www.curia.eu.int, Rn. 97.

289 *Randelzhofer/Forsthoff*, in Grabitz/Hilf (Hrsg) EU-Kommentar, ErgLfg 18, Mai 2001, vor Art. 39-55 EGV Rn. 157 ff; *Frenz*, Handbuch Europarecht – Europäische Grundfreiheiten, Band 1, Berlin-Heidelberg 2004, Rn. 523.

290 Siehe dazu schon oben 2. Abschnitt III. 3. und 6.

benen hingegen für unzulässige Beschränkungen einschlägig sind[291]. Der EuGH selbst macht für den Bereich der direkten Steuern keine klare Unterscheidung zwischen der Anwendung ungeschriebener und geschriebener Rechtfertigungsgründe[292]. So prüft er etwa beide Arten von Rechtfertigungsgründen in einem Fall[293] oder prüft eine ungeschriebene Rechtfertigung, nachdem er eine Diskriminierung festgestellt hat[294]. Einerseits wird sogar vertreten, dass die geschriebenen Rechtfertigungsgründe bei steuerlichen Diskriminierungen gänzlich an Bedeutung verloren haben[295] und anderseits behauptet, dass die ungeschriebenen Rechtfertigungsgründe möglicherweise auch auf die Diskriminierungsverbote anzuwenden sind[296].

Daraus und aus der EuGH-Rechtsprechung zu Rechtfertigungen im Bereich direkter Steuern ergibt sich, dass vor allem die ungeschriebenen Rechtfertigungsgründe von Bedeutung sind[297], von denen die wichtigsten in diesem Abschnitt, nach einer kurzen Darstellung des Verhältnismäßigkeitsgrundsatz, dargestellt werden sollen.

Davor aber sind zwei Aspekte herauszuheben:

- Einerseits spielen neben den Rechtfertigungsgründen auch allgemeine Argumente stets eine gewichtige Rolle bei der Prüfung, ob eine unzulässige Diskriminierung oder Beschränkung vorliegt oder eine Rechtfertigung möglich ist[298]. Hier sei vor allem auf Punkte wie die fehlende Harmonisierung der Steuerrechtsordnungen, wirtschaftliche Aspekte oder die Art des Zusammenwirkens von DBA verwiesen.

- Anderseits ist zu erwähnen, dass die Rechtsprechung des EuGH gezeigt hat, dass eine diskriminierende Steuervorschrift kaum gerechtfertigt werden kann. Der entscheidende Prüfungsschritt einer Grundfreiheitsverletzung in diesem Rechtsbereich ist daher die Feststellung einer Diskriminie-

---

291 *Terra/Wattel*, European Tax Law, 43; diesbezüglich hinterfragend, wenn auch nicht unschlüssig *Frenz*, Europäische Grundfreiheiten, Rn. 478.

292 *Terra/Wattel*, European Tax Law, 43.

293 EuGH, Urteil vom 16. 7. 1998, C-264/96, *Imperial Chemical Industries plc (ICI) gegen Kenneth Hall Colmer (Her Majesty's Inspector of Taxes)*, Slg 1998, I-4695, Rn. 28.

294 EuGH, Urteil vom 28. 1. 1992, C-204/90, *Hanns-Martin Bachmann gegen Belgischen Staat*, Slg 1992, I-249, Rn. 21; EuGH, Urteil vom 1. 7. 2004, C-169/03, *Florian W. Wallentin gegen Riksskatteverket*, Rn. 22.

295 *Randelzhofer/Forsthoff* in Grabitz/Hilf (Hrsg) EU-Kommentar, vor Art. 39-55 EGV Rn. 231.

296 *Frenz*, Europäische Grundfreiheiten, Rn. 478; siehe dazu schon oben 2. Abschnitt III. 6. „Das Verhältnis der Diskriminierungs- und Beschränkungsverbote und Auswirkungen auf das Prüfungskonzept".

297 *Randelzhofer/Forsthoff* in Grabitz/Hilf (Hrsg) EU-Kommentar, vor Art. 39-55 EGV Rn. 231.

298 *Randelzhofer/Forsthoff* in Grabitz/Hilf (Hrsg) EU-Kommentar, vor Art. 39-55 EGV Rn. 232.

rung oder Beschränkung, nicht jener der Rechtfertigung. Genau diese Tendenz der schwindenden Bedeutung von Rechtfertigungsgründen wird allerdings in jüngsten Schlussanträgen von den Generalanwälten(innen) des EuGH angegriffen, vor allem auch in Fällen, die die Verlustverrechung betreffen[299]. In Marks & Spencer schließlich war die Rechtfertigungsprüfung, insbesondere der Verhältnismäßigkeitsgrundsatz, von maßgeblicher Bedeutung[300].

1. Der Verhältnismäßigkeitsgrundsatz

Der Verhältnismäßigkeitsgrundsatz: gibt das Schema der Rechtfertigungsprüfung vor: Liegt eine Einschränkung einer Grundfreiheit vor, muss sie (1) einem legitimen Zweck dienen und zu dessen Erreichung (2) geeignet, (3) erforderlich sowie (4) angemessen sein[301]. Als legitimer Zweck, auch Rechtfertigungsgrund, sind für den Bereich der direkten Steuern insbesondere, die Wahrung der steuerlichen Kohärenz, der Territorialitätsgrundsatz oder die Wirksamkeit der Steueraufsicht hervorzuheben[302]. Kritisiert wird in diesem Zusammenhang, dass die Rechtsprechung des EuGH stark auf den Einzelfall abstellt, um zu beurteilen, ob eine bestimmte Zielerreichung als Rechtfertigungsgrund anzuerkennen ist, was die Vorhersehbarkeit von Entscheidungen erschwert[303].

Ist ein Rechtfertigungsgrund vom EuGH anerkannt, muss die betreffende einschränkende Maßnahme zur Zweckerreichung geeignet, erforderlich sowie angemessen sein. Für die Geeignetheit: ist ausreichend, wenn das angestrebte Ziel überhaupt gefördert wird; es kann auch bessere Möglichkeiten geben und daher die gewählte Maßnahme nicht optimal sein[304]. Anders formuliert, darf die betreffende Maßnahme nicht vollkommen untauglich sein, um der Zweckerreichung zu dienen[305].

---

299 GA Kokott, Schlussanträge vom 18. 3. 2004, C-319/02, *Manninen*, www.curia.eu.int, Rn. 50 ff; GA Poiares Maduro, Schlussanträge vom 7. 4. 2005, C-446/03, *Marks & Spencer*, www.curia.eu.int, Rn. 65 ff.

300 Siehe unten 3. Abschnitt VII. 3. „Marks & Spencer".

301 *Randelzhofer/Forsthoff*, in Grabitz/Hilf (Hrsg) EU-Kommentar, ErgLfg 18, Mai 2001, vor Art. 39-55 EGV Rn. 157 ff; *Frenz*, Handbuch Europarecht – Europäische Grundfreiheiten, Band 1, Berlin-Heidelberg 2004, Rn. 523.

302 *Randelzhofer/Forsthoff*, in Grabitz/Hilf (Hrsg) EU-Kommentar, vor Art. 39-55 EGV Rn. 161; siehe Näheres dazu im Folgenden 2. Abschnitt IV. 2. bis 6.

303 *Randelzhofer/Forsthoff*, in Grabitz/Hilf (Hrsg) EU-Kommentar, vor Art. 39-55 EGV Rn. 168.

304 *Frenz*, Europäische Grundfreiheiten, Rn. 528.

305 *Müller-Graf*, in Groeben/Schwarze (Hrsg) Kommentar zum EU- und EG-Vertrag, 6. Auflage Baden-Baden 2003, Art. 30 Rn. 132.

In weiterer Folge ist zu prüfen, ob die Maßnahme nur so weit einschränkt wie es für das angestrebte Ziel erforderlich: ist. Es darf kein milderes Mittel zur Verfügung stehen, das den angestrebten Erfolg mit weniger starken Beeinträchtigungen genauso effektiv erreichen könnte[306]. Bei seiner Rechtsprechung bezogen auf allgemeine Verletzungen von Grundfreiheiten, übt der EuGH bei der Frage der Erforderlichkeit eine sehr intensive, strenge Prüfung aus, weshalb an diesem Punkt die meisten nationalen Maßnahmen scheitern[307]. Für den Bereich des direkten Steuerrechts allerdings, zeigt die EuGH-Entscheidung zu Marks & Spencer, dass die Erforderlichkeit auch eine untergeordnete Rolle spielen kann, da trotz milderer Mittel eine einschränkende Maßnahme vom Gerichtshof als erforderlich und damit gerechtfertigt anerkannt wurde[308].

Der letzte Bestandteil des Verhältnismäßigkeitsgrundsatzes ist die Angemessenheitsprüfung, nach der eine Güterabwägung zwischen den in Frage stehenden Belangen vorzunehmen ist, nämlich zwischen den nationalen Beweggründen für die Umsetzung des Rechtfertigungsgrundes auf der einen Seite und dem Interesse an der Verwirklichung der Grundfreiheiten auf der anderen Seite[309]. Nur wenn die Vorteile, die sich aus der Erreichung des angestrebten legitimen Zieles ergeben, die Beeinträchtigung der jeweiligen Grundfreiheit überwiegen, ist die betreffende Maßnahme angemessen[310]. In der Rechtsprechung des EuGH spielt die Angemessenheitsprüfung eine untergeordnete, mitunter „so gut wie keine", Rolle, da sie zumeist mit der Erforderlichkeitsprüfung vermengt wird und keinen eigenen Prüfungspunkt bildet[311].

Abschließend lässt sich festhalten, dass für die Erfüllung der Verhältnismäßigkeitsprüfung die Geeignetheit und Erforderlichkeit einer einschränkenden Maßnahme besonders wichtig sind.

---

306 *Frenz*, Europäische Grundfreiheiten, Rn. 529.

307 *Frenz*, Europäische Grundfreiheiten, Rn. 532 mwN.

308 EuGH, Urteil vom 13. 12. 2005, C-446/03, *Marks & Spencer plc gegen David Halsey (HM Inspector of Taxes)*, www.curia.eu.int, Rn. 51 und 55; vgl zur Kritik daran insb *J. Hey*, Die EuGH-Entscheidung in der Rechtssache Marks & Spencer und die Zukunft der deutschen Organschaft – Haben die Mitgliedstaaten den EuGH domestiziert? GmbHR 2006, 113 ff, 116; *Herzig/Wagner*, EuGH-Urteil Marks & Spencer – Grenzüberschreitende Verlustverrechnung in der Gruppe, Der Konzern 2006, 176 ff, 179; siehe eingehender unten 3. Abschnitt VIII. 7. „Kritik an der Verhältnismäßigkeitsprüfung des EuGH in Marks & Spencer".

309 *Frenz*, Europäische Grundfreiheiten, Rn. 533.

310 *Frenz*, Europäische Grundfreiheiten, Rn. 533.

311 *Frenz*, Europäische Grundfreiheiten, Rn. 534 („so gut wie keine Rolle"); *Streinz*, Europarecht, 7. Auflage, Heidelberg 2005, Rn. 833 („zu einer Angemessenheitsprüfung kommt es regelmäßig nicht").

2. Die Wahrung der Kohärenz eines Besteuerungssystems als Rechtfertigung

Das Kohärenzprinzip wurde vom EuGH in seiner Urteilsbegründung zum Fall Bachmann und dem Parallelfall Kommission gegen Belgien als Rechtfertigungsgrund entwickelt und bisher ausschließlich dort als solcher anerkannt[312]. In Bachmann stand die steuerliche Abzugsfähigkeit von Versicherungsbeiträgen in Belgien auf dem Prüfstand, die an ausländische Versicherungsgesellschaften gezahlt wurden. Die Abzugsfähigkeit von Versicherungsbeiträgen wurde nämlich nur bei Zahlung an eine inländische Versicherungsgesellschaft gewährt, nicht bei Zahlung an eine ausländische. Daher konnte der in Belgien tätige deutsche Staatsangehörige, Herr Bachmann, Versicherungsbeiträge, die er an eine deutsche Versicherungsgesellschaft zahlte, in Belgien nicht steuerlich abziehen. Der EuGH betrachtete die Nichtabzugsfähigkeit von Versicherungsbeiträgen, die an ausländische Versicherungen gezahlt wurden, als eine Verletzung der Arbeitnehmerfreizügigkeit, da sie sich insbesondere nachteilig für ausländische Staatsangehörige auswirkte, die in Belgien Arbeit aufnehmen wollten, und daher die Nichtabzugsfähigkeit eine Diskriminierung darstellte[313]. Allerdings akzeptierte der EuGH die Wahrung der Kohärenz des belgischen Steuerrechtssystems als Rechtfertigung dieser Diskriminierung[314]. Diese Art der Rechtfertigung stützte sich auf den Zusammenhang steuerlicher Vor- und Nachteile. Bei Gewährung der Abzugsfähigkeit von Versicherungsbeiträgen an inländische Versicherungsgesellschaften standen sich gegenwärtiger Steuerausfall – infolge der Abzugsfähigkeit – und zukünftiges Steuersubstrat – aufgrund des Besteuerungsrechts Belgiens – gegenüber. Aus der Unmöglichkeit, spätere Versicherungsleistungen in Belgien zu besteuern, wurde gerechtfertigt, dass gegenwärtig gezahlte Versicherungsbeiträge nicht abzugsfähig sein sollten. Konkret kam der EuGH zu dem Schluss, dass

> „innerhalb einer solchen Steuerregelung der Einnahmeverlust, der sich aus dem Abzug der Beträge zur Lebensversicherung vom Gesamtbetrag der steuerpflichtigen Einkünfte ergibt, durch die Besteuerung der von den Versicherern zu zahlenden Pensionen, Renten und Kapitalabfindungen ausgeglichen [wird]“[315].

Den Ausgleich von Vor- und Nachteil, den der EuGH ansprach, stellt sich aus Perspektive des Steuerpflichtigen als Ausgleich zwischen gegenwärtigem Steuer-

---

312 EuGH, Urteil vom 28. 1. 1992, C-204/90, *Bachmann*, Slg 1992, I-249; und Urteil vom 28. 1. 1992, C-300/90, *Kommission der Europäischen Gemeinschaften gegen Belgien*, Slg 1992, I-305.

313 EuGH 28. 1. 1992, C-204/90, *Bachmann*, Rn. 9.

314 EuGH 28. 1. 1992, C-204/90, *Bachmann*, Rn. 22.

315 EuGH 28. 1. 1992, C-204/90, *Bachmann*, Rn. 22.

vorteil und späterem Steuernachteil dar. Dass gerade dieser Ausgleich eine steuerliche Diskriminierung rechtfertigen konnte, wurde unter zwei Gesichtspunkten kritisiert, die der EuGH in späteren Entscheidungen selbst aufgegriffen hat:

- Einerseits verkannte der EuGH, dass der Ausgleich nur aus belgischer Perspektive stattfand und aufgrund der geltenden DBA-Regelungen nicht so eintrat, wie es nach seiner eigenen Argumentation schlüssig wäre, wonach nämlich die Zahlung an eine belgische Versicherungsgesellschaft die spätere Besteuerung in Belgien sichern würde, was nicht der Fall war; schließlich war es allein ausschlaggebend, wo der Steuerpflichtige im Zeitpunkt der Versicherungs*leistung* wohnen würde, die darüber entschied, welcher Staat ein Besteuerungsrecht hat[316].

- Anderseits ergibt sich aufgrund des zeitlichen Abstandes zwischen dem vom EuGH angesprochenen Ausgleich des steuerlichen Vor- und Nachteils ein Liquiditätsmanko, das der Rechtfertigung entgegenstehen hätte sollen, da es selbst wiederum eine wirtschaftliche Benachteiligung bewirkt[317].

a) Doppelbesteuerungsabkommen und Kohärenz

Anstatt die Zuweisung der Besteuerungsrechte von Versicherungsleistungen konkret zu untersuchen, maß der EuGH allein dem Umstand Bedeutung bei, dass die Versicherungsbeiträge an ausländische Gesellschaften gezahlt wurden. Daher verkannte er, dass die Zuweisung des Besteuerungsrechts von Versicherungsleistungen nicht davon abhängig war, an welche Versicherungsgesellschaft die Versicherungsprämie gezahlt worden war, sondern davon, wo der Empfänger der Leistung im Zeitpunkt des Leistungsbezuges seinen Wohnsitz hat[318]. Nach dem zwischen Deutschland und Belgien abgeschlossenen DBA hatte der Wohnsitzstaat das Besteuerungsrecht für die betreffenden Versicherungsleistungen. Somit wäre es durchaus denkbar, dass der vom EuGH als entscheidend angesehene Ausgleich von Vor- und Nachteil bei Herrn Bachmann nie eingetreten wäre. Schließlich konnte er im Zeitpunkt der Prämienzahlung in Belgien keinen Abzug geltend machen und wäre später bei Auszahlung der Versicherungsleistung voll besteuert worden, wenn er wieder in Deutschland seinen Wohnsitz gehabt hätte. Dazu

---

316 *Knobbe-Keuk*, Restrictions on the Fundamental Freedoms Enshrined in the EC Treaty by Discriminatory Provisions – Ban and Justification, EC Tax Review 1994, 74 ff, 75 f und 80 f; *Thömmes*, Rechtfertigung von Diskriminierungen, in GS Knobbe-Keuk, 827.

317 Siehe dazu unten 2. Abschnitt IV. 2. b) „Liquiditätsaspekt und Kohärenz"; insb EuGH, Urteil vom 8. 3. 2001, C-397/98 und C-410/98 (verbunden), *Metallgesellschaft und andere*, Slg 2001, I-1727, Rn. 30 und 54; EuGH, Urteil vom 21. 11. 2002, C-436/00, *X und Y gegen Riksskatteverk*, www.curia.eu.int, Rn. 38 f; *M. Lang*, Marks & Spencer und die Auswirkungen auf das Steuerrecht der Mitgliedstaaten, SWI 2005, 255 ff, 256 mwN.

318 *Thömmes*, Rechtfertigung von Diskriminierungen, in GS Knobbe-Keuk, 828.

kommt noch ein weiterer Aspekt: Selbst wenn Herr Bachmann seine Versicherungsbeiträge an eine belgische Gesellschaft gezahlt hätte – und damit in den Genuss der Abzugsfähigkeit gekommen wäre –, wäre Belgien kein Besteuerungsrecht zugestanden, wenn er später, im Zeitpunkt des Leistungsbezuges, seinen Wohnsitz in Deutschland gehabt hätte[319]. Das Gleiche hätte im Übrigen für belgische Staatsbürger gegolten, die Versicherungsbeiträge an eine belgische Versicherungsgesellschaft leisten, später aber ihren Wohnsitz nach Deutschland verlegen.

Auf diese Unschlüssigkeit in der Entscheidungsfindung des EuGH hat bereits Knobbe-Keuk hingewiesen und kam generell zu dem Ergebnis, dass sich ein Staat, der Doppelbesteuerungsabkommen abgeschlossen hat, nicht auf die Kohärenz seiner nationalen Steuerregelungen berufen kann, um eine Diskriminierung, wie sie im vom Fall Bachmann vorlag, zu rechtfertigen[320]. Der Verlust des Besteuerungsrechts, aus dem sich die betreffende Nichtabzugsfähigkeit rechtfertigen sollte, steht nämlich in keinem Zusammenhang mit der Ansässigkeit der jeweiligen Versicherungsgesellschaft. Knobbe-Keuk ging sogar einen Schritt weiter und kritisierte den vom EuGH geforderten Zusammenhang von Abzugsfähigkeit und Besteuerungsrecht damit, dass nach diesem Konzept Zinszahlungen, die im Inland an einen ausländischen Gläubiger gezahlt würden, nicht abzugsfähig sein dürften; schließlich bestünde für Zinszahlungen nach vielen DBA kein Besteuerungsrecht im Staat des Schuldners[321].

Bereits in Wielockx dürfte der EuGH seine eigene Argumentation zur Kohärenz aus Bachmann verworfen haben[322]. In dem Fall ging es um den belgischen Staatsangehörigen Wielockx, der im entscheidungserheblichen Zeitraum einer freiberuflichen Tätigkeit in den Niederlanden nachging, während er seinen Wohnsitz in Belgien beließ. Wielockx war in den Niederlanden, wo er nahezu sein gesamtes Einkommen erwirtschaftete, nur beschränkt steuerpflichtig, was der Grund dafür war, weshalb er Zuführungen zu seiner Altersrücklage nicht, wie es unbeschränkt Steuerpflichtigen möglich war, steuerlich abziehen konnte[323]. Die niederländische Regierung berief sich für eine Rechtfertigung der steuerlichen Benachteiligung beschränkt Steuerpflichtiger konsequent auf die Notwendigkeit der steuerlichen Kohärenz, wie sie in Bachmann vom Gerichtshof anerkannt wurde. Sie hob dafür

---

319 *Thömmes*, Rechtfertigung von Diskriminierungen, in GS Knobbe-Keuk, 828.

320 *Knobbe-Keuk*, Restrictions on the Fundamental Freedoms, EC Tax Review 1994, 80 f; so auch *Thömmes*, Rechtfertigung von Diskriminierungen, in GS Knobbe-Keuk, 830 f; *Englisch*, Zur Dogmatik der Grundfreiheiten des EGV und ihren ertragsteuerlichen Implikationen, StuW 2003, 88 ff, 95 f.

321 *Knobbe-Keuk*, Restrictions on the Fundamental Freedoms, EC Tax Review 1994, 80.

322 EuGH, Urteil vom 11. 8. 1995, C-80/94, *Wielockx*, Slg 1995, I-2493; *Thömmes*, Rechtfertigung von Diskriminierungen, in GS Knobbe-Keuk, 829; *Randelzhofer/Forsthoff* in Grabitz/Hilf (Hrsg) vor Art. 39-55 EGV Rn. 237.

323 EuGH 11. 8. 1995, C-80/94, *Wielockx*, Rn. 4 ff.

insbesondere die Wechselbeziehung zwischen den von der steuerlichen Bemessungsgrundlage abgezogenen Beträgen für die Altersrücklage und den steuerpflichtigen Leistungen bei späterer Auszahlung hervor. Genau diese Wechselbeziehung wurde vom EuGH in Wielockx allerdings nicht als Rechtfertigung anerkannt, da die Besteuerung von Rentenzahlungen gerade nicht darauf abstellte, ob die dafür geleisteten Aufwendungen steuerlich abzugsfähig waren, sondern allein darauf, wo die Bezugsperson im Zeitpunkt der Leistung ihren Wohnsitz hatte[324]. Der EuGH kam in Wielockx zu dem Ergebnis, dass

> „[die] steuerliche Kohärenz [...] nicht auf der Ebene der Einzelperson, durch eine strenge Wechselbeziehung zwischen der Abzugsfähigkeit der Beiträge und der Besteuerung der Renten, hergestellt [wird], sondern sie auf eine andere Ebene, nämlich die der Gegenseitigkeit der in den Vertragsstaaten anwendbaren Vorschriften verlagert [wird]“[325].

Aus dieser Feststellung lassen sich zwei Folgerungen ableiten: Einerseits ist für die Frage, ob die Nichtabzugsfähigkeit von Versicherungsbeiträgen diskriminierend ist, nicht entscheidend, wo die Versicherungsgesellschaft ansässig ist. Anderseits ist für die Prüfung der steuerlichen Kohärenz eines Staates, der Doppelbesteuerungsabkommen mit anderen abgeschlossen hat (wie es zwischen den EU-Mitgliedstaaten stets der Fall ist), nicht dessen Steuersystem für sich allein betrachtet maßgebend, sondern dessen Steuersystem im Zusammenspiel mit den jeweiligen DBA-Regelungen[326].

Dass sich eine diskriminierende Steuervorschrift nicht aufgrund der Anwendbarkeit von Doppelbesteuerungsabkommen oder aufgrund von Prinzipien des internationalen Steuerrechts rechtfertigen lassen kann, war – wie in Wielockx – auch in der Rs de Groot entscheidungserheblich. In de Groot wurden gewisse persönliche Steuervorteile aufgrund der ausländischen Einkünfte eines Steuerpflichtigen in einem niedrigeren Maße gewährt, als sie zugestanden wären, hätte der Steuerpflichtige sämtliche Einkünfte in den Niederlanden erwirtschaftet. Die Niederlande beriefen sich darauf, dass sie steuerliche Vorteile nur für Einkünfte einräumen müssten, die auch einer Besteuerung unterlegen waren, und dass sich dies aus den abgeschlossenen Doppelbesteuerungsabkommen ergebe[327]. Der EuGH stellte fest, dass sich derartige Einschränkungen zwar aus Doppelbesteuerungsabkommen er-

---

324 EuGH 11. 8. 1995, C-80/94, *Wielockx*, Rn. 23 f.

325 EuGH 11. 8. 1995, C-80/94, *Wielockx*, Rn. 24.

326 So schon *Knobbe-Keuk*, Restrictions on the Fundamental Freedoms, EC Tax Review 1994, 80 f; vgl auch *Thömmes*, Rechtfertigung von Diskriminierungen, in GS Knobbe-Keuk, 830 f; aA *Englisch*, Fiscal Cohesion in the Taxation of Cross-Border Dividends, ET 2004, 355 ff, 357.

327 EuGH, Urteil vom 12. 12. 2002, C-385/00, *de Groot*, www.curia.eu.int, Rn. 98; siehe zu de Groot auch 2. Abschnitt III. 7., IV. 3. und 4., sowie VII. 1. b).

geben könnten, diese daher allerdings nicht sogleich im Einklang mit EG-Recht stehen[328]. Trotz der Nichtbesteuerung gewisser Einkünfte mussten die Niederlande daher persönliche Steuervorteile genauso gewähren, als wären sämtliche ausländische Einkünfte von Herrn de Groot inländische Einkünfte gewesen. Hier ist die Parallele zu Wielockx gezogen worden. Die Nichtabzugsfähigkeit der Altersrückstellungen war diskriminierend und nicht zu rechtfertigen, obwohl möglicherweise aufgrund von Doppelbesteuerungsabkommen kein Besteuerungsrecht für spätere Renten bestand. In de Groot war das fehlende Besteuerungsrecht für ausländische Einkünfte ebenfalls kein Rechtfertigungsgrund, diese Einkünfte für die Berechnung persönlicher Steuervorteile auszuklammern. Beide Ergebnisse sind darauf zurückzuführen, dass die Kohärenz eines Steuersystems von einem Staat, der Doppelbesteuerungsabkommen abgeschlossen hat, nicht bei dessen Grenzen endet.

b) Liquiditätsaspekt und Kohärenz

Die vom EuGH in Bachmann als gerechtfertigt angesehene Diskriminierung führt jedenfalls zu einem Liquiditätsnachteil, der sich aus dem zeitlichen Abstand zwischen dem als kohärent betrachteten Ausgleich von steuerlichen Vor- und Nachteilen ergibt. In späterer Rechtsprechung sah der EuGH einen solchen Liquiditätsnachteil als diskriminierend an[329]. So war für den Gerichtshof die Verpflichtung einer Tochtergesellschaft, Steuervorauszahlungen allein deshalb leisten zu müssen, weil die Muttergesellschaft im Ausland, anstatt im Inland ansässig war, nicht gemeinschaftsrechtskonform[330]. Auch aufgrund dieses zeitlichen Aspekts ist daher anzunehmen, dass der EuGH das Kohärenzprinzip nicht noch einmal in gleicher Art wie in Bachmann als Rechtfertigung heranziehen würde[331].

c) Geltendes Verständnis des Kohärenzprinzips

Trotz der aufgezeigten Defizite, die eine Rechtfertigung nach dem Kohärenzprinzip, wie es in Bachmann zur Anwendung kam, in sich birgt, verweist der EuGH

---

328 EuGH 12. 12. 2002, C-385/00, *de Groot*, Rn. 99.

329 EuGH, Urteil vom 8. 3. 2001, C-397/98 und C-410/98 (verbunden), *Metallgesellschaft und andere*, Slg 2001, I-1727, Rn. 30 und 54, siehe eingehender zu diesem Fällen unten 3. Abschnitt VII. 2. „Metallgesellschaft und Hoechst"; EuGH, Urteil vom 21. 11. 2002, C-436/00, *X und Y gegen Riksskatteverk*, www.curia.eu.int, Rn. 38 f; im Zusammenhang mit Individualbesteuerung, konkret der Wegzugsbesteuerung, siehe dazu EuGH, Urteil vom 11. 3. 2004, C-9/02, *Hughes de Lasteyrie du Saillant*, www.curia.eu.int, Rn. 46.

330 EuGH 8. 3. 2001, C-397/98 und C-410/98, *Metallgesellschaft und Hoechst*, Rn. 30 und 54; siehe eingehender zu den Fällen Metallgesellschaft und Hoechst unten 3. Abschnitt VII. 2. „Metallgesellschaft und Hoechst".

331 *M. Lang*, Marks & Spencer und die Auswirkungen auf das Steuerrecht der Mitgliedstaaten, SWI 2005, 255 ff, 256 mwN; *Alber*, Gesellschaft- und Steuerrecht in der Rechtsprechung des EuGH, 47 f.

dennoch regelmäßig auf dieses Urteil. Er verweist nicht nur darauf, sondern hat im Zuge dessen auch einen stehenden Rechtssatz entwickelt, mit dem er die Rechtfertigung zur Wahrung der Kohärenz eines Steuerrechtssystems stets ablehnen kann. Der Inhalt dieses Rechtssatzes ist es, dass eine steuerliche Diskriminierung dann gerechtfertigt werden kann, wenn sie eine Benachteiligung bewirkt, die bei ein und demselben Steuerpflichtigen, in der gleichen Steuerart und in einem zusammenhängenden Sachverhalt mit einem Vorteil ausgeglichen wird[332]. In diesem Kontext wird auch vom „unmittelbaren Zusammenhang" oder sogar von der „Bachmann-Verknüpfung" gesprochen[333].

Das Erfordernis eines unmittelbaren Zusammenhangs führte insbesondere dazu, dass steuerliche Vor- und Nachteile, die sich bei zwei unterschiedlichen Steuerrechtssubjekten auswirken, wie dies regelmäßig bei Kapitalgesellschaften der Fall ist, zu keiner Rechtfertigung führen konnten[334]. Auch der Ausgleich selbst wird vom EuGH restriktiv ausgelegt. Der Ausgleich eines steuerlichen Nachteils mit einem bloß anderweitigen Steuervorteil etwa wurde nicht als rechtfertigungswürdig akzeptiert[335].

d) Die Suche nach einem neuen Ansatz

Der engen Auslegung des Kohärenzprinzips als Rechtfertigungsgrund einer Diskriminierung durch den EuGH wurden in zwei Schlussanträgen neue Ansätze gegenübergestellt, vor allem auch im Fall Marks & Spencer, der die Verrechnung ausländischer Verluste im Konzern betrifft.

Der neue Ansatz findet sich in den Schlussanträgen der Generalanwältin Kokott zu Manninen[336]. Dabei ging es um die finnische Regelung, nach der Steuern einer Kapitalgesellschaft auf Ebene der Anteilseigner angerechnet werden, allerdings nur, wenn es sich um inländische Kapitalgesellschaften handelt. Dass es sich da-

---

332 EuGH 12. 6. 2003, C-234/01, *Gerritse*, Rn. 31; ders 18. 9. 2003, C-168/01, *Bosal*, Rn. 29; ders 21. 11. 2002, C-436/00, *X und Y*, Rn. 52; ders, Urteil vom 13. 4. 2000, C-251/98, *Baars*, Slg 2000, I-2787, Rn. 40; ders, Urteil vom 28. 10. 1999, C-55/98, *Skatteministeriet v Bent Vestergaard*, Slg 1999, I-7641, Rn. 24; vgl auch Terra/Wattel, European Tax Law, 71; *Cordewener/Dahlberg/Pistone/Reimer/Romano*, Foreign Losses, ET 2004, 221.

333 *Thömmes*, Tatbestandsmäßigkeit und Rechtfertigung steuerlicher Diskriminierungen nach EG-Recht, in Schön (Hrsg) GS Knobbe-Keuk, Köln 1997, 795 ff, 831 mit Verweis auf EuGH, Urteil vom 14. 11. 1995, C-484/93, *Peter Svensson und Lena Gustavsson gegen Luxemburg*, www.curia.eu.int; vgl auch *Kofler*, Einige Überlegungen zur steuerlichen Kohärenz nach dem Urteil des EuGH in der Rs Manninen, ÖStZ 2005, 26 ff, 27

334 EuGH 18. 9. 2003, C-168/01, *Bosal*, Rn. 30 f; ders 8. 3. 2001, C-397/98 und C-410/98, *Metallgesellschaft und Hoechst*, Rn. 54.

335 *Kofler*, Kohärenz nach Manninen, ÖStZ 2005, 27 mwN.

336 GA Kokott, Schlussanträge vom 18. 3. 2004, C-319/02, *Petri Mikael Manninen*, www.curia.eu.int.

bei um eine Einschränkung der Kapitalverkehrsfreiheit handelt, da Investitionen in ausländische Kapitalgesellschaften weniger attraktiv gemacht werden, ergab sich für die Generalanwältin und für den EuGH ohne Umschweife[337]. GA Kokott allerdings suchte einen Ansatz dafür, eine derartige Beschränkung als Notwendigkeit zur Wahrung der Kohärenz des finnischen Steuersystems zu rechtfertigen[338]. Dabei hinterfragte die Generalanwältin, ob die Voraussetzungen des unmittelbaren Zusammenhangs, nach denen ein Ausgleich von Vor- und Nachteilen bei ein und demselben Steuerpflichtigen in Bezug auf die gleiche Steuerart eintreten muss, zwingend und kumulativ vorliegen müssen. Ihrer Ansicht nach könnten diese Voraussetzungen lediglich als starke Indizien für das Vorliegen eines unmittelbaren Zusammenhangs angesehen werden, sie müssten aber nicht notwendigerweise kumulativ erfüllt sein, um einen solchen zu bejahen[339]. In weiterer Folge entwickelt sie einen neuartigen Kohärenz-Zusammenhang, dem andere Voraussetzungen zugrunde liegen. Ausnahmsweise könnte ihrer Ansicht nach

> „auch dann ein die steuerliche Kohärenz begründender Zusammenhang vorliegen [...], wenn eine Belastung bei einem Steuerpflichtigen durch eine Entlastung bei einem anderen Steuerpflichtigen ausgeglichen wird. Voraussetzung dafür ist, [1] dass die Besteuerung sich, wenn schon nicht auf denselben Steuerpflichtigen, so doch aber auf dieselben Einnahmen oder denselben wirtschaftlichen Vorgang bezieht und [2] dass durch die rechtliche Ausgestaltung des Systems gewährleistet ist, dass der Vorteil dem einen Steuerpflichtigen nur dann zugute kommt, wenn der Nachteil bei dem anderen Steuerpflichtigen auch tatsächlich und in demselben Umfang eintritt“[340] (Nummerierung der Erfordernisse durch den Verfasser eingefügt).

Bei dieser Art der Rechtfertigung durch die Notwendigkeit, die steuerliche Kohärenz zu wahren, können also die Steuersubjekte für den Ausgleich von steuerlichen Vor- und Nachteilen verschieden sein, wenn dieselben Einnahmen oder derselbe wirtschaftliche Vorgang betroffen ist und sich der Vorteilsausgleich bei den verschiedenen Steuersubjekten im selben Umfang niederschlägt[341]. Diese Kriterien sollten ebenso wie der bisher vom EuGH geforderte Bachmann-

---

337 GA Kokott 18. 3. 2004, C-319/02, *Manninen*, Rn. 29; EuGH, Urteil vom 7. 9. 2004, C-319/02, *Petri Mikael Manninen*, www.curia.eu.int, Rn. 22 f.

338 GA Kokott 18. 3. 2004, C-319/02, *Manninen*, Rn. 49 ff.

339 GA Kokott 18. 3. 2004, C-319/02, *Manninen*, Rn. 55 f.

340 GA Kokott 18. 3. 2004, C-319/02, *Manninen*, Rn. 61.

341 *Herzig/Wagner*, EuGH-Urteil „Marks & Spencer“ – Begrenzter Zwang zur Öffnung nationaler Gruppenbesteuerungssysteme für grenzüberschreitende Sachverhalte, DStR 2006, 1 ff, 3; *Schnitger/Papantonopoulos*, Deutsche Vorabentscheidungsersuchen zu direkten Steuern des Jahres 2004, BB 2005, 407 ff, 407 mwN.

Zusammenhang eine uferlose Rechtfertigung durch den Grundsatz der Kohärenz vermeiden[342].

Nach dieser enormen Weiterentwicklung des Kohärenzprinzips kommt die Generalanwältin in weiterer Folge – geradezu überraschend – zu dem Ergebnis, dass die Ungleichbehandlung von Investitionen in- oder ausländischen Gesellschaften, wie sie das finnische Steuerrecht vorsah, nicht nach dem von ihr neu entwickeltem Kohärenzprinzip gerechtfertigt werden kann. Zwei Punkte waren dafür ausschlaggebend:

- Einerseits wäre der Zweck der Steuergutschrift auf Ebene eines Anteilseigners für von einer ausschüttenden Kapitalgesellschaft gezahlten Körperschaftsteuer die Vermeidung einer Doppelbelastung. Diese bestünde aber auch im Verhältnis zu ausländischen Gesellschaften, weshalb auch hier eine Steuergutschrift nötig wäre, um dem Gesetzeszweck zu entsprechen[343]. Daraus ist herauszulesen, dass GA Kokott davon ausgeht, dass – wie auch schon vom EuGH in Wielockx gefordert – die steuerliche Kohärenz sowohl im nationalen als auch im grenzüberschreitenden Zusammenhang einheitlich zu betrachten ist[344].

- Anderseits lehnte die Generalanwältin eine Rechtfertigung nach dem Kohärenzprinzip infolge fehlender Verhältnismäßigkeit ab: Selbst bei Vorliegen zweier unterschiedlicher Situationen darf eine benachteiligende unterschiedliche Behandlung nur soweit gehen, wie sich die Situationen voneinander unterscheiden[345].

Der EuGH dürfte die Fortentwicklung des Kohärenzprinzips, wie GA Kokott sie dargestellt hat, nicht übernommen haben. In seinem Urteil in der Rs Manninen wiederholte er jedenfalls die Notwendigkeit der Bachmann-Verknüpfung, derzufolge ein steuerlicher Vorteilsausgleich bei ein und demselben Steuerpflichtigen zu erfolgen hat[346]. Der EuGH geht im Weiteren dennoch detailliert darauf ein, weshalb in der Rs Bachmann die Kohärenz als Rechtfertigung zugelassen wurde und dies in Manninen nicht möglich war. Er wies darauf hin, dass in beiden Fällen Regelungen in Frage standen, die eine Doppelbesteuerung vermeiden sollten. In Bachmann war es deshalb gerechtfertigt, einen Steuerabzug für Versicherungsleistungen an eine belgische Versicherungsgesellschaft zu gewähren, für Leistungen an eine ausländische Versicherungsgesellschaft aber nicht, da nur durch den

---

342 GA Kokott 18. 3. 2004, C-319/02, *Manninen*, Rn. 62.

343 GA Kokott 18. 3. 2004, C-319/02, *Manninen*, Rn. 67.

344 *Schnitger*, Anmerkungen zu den Schlussanträgen der GA Kokott vom 18. 3. 2004, Manninen, C-319/02, IStR 2004, 320 f, 320.

345 GA Kokott 18. 3. 2004, C-319/02, *Manninen*, Rn. 69.

346 EuGH, *Manninen*, Rn. 42.

entsprechenden Abzug für Versicherungsbeiträge an inländische Versicherer eine Doppelbesteuerung in Belgien vermieden werden konnte[347]. In Manninen aber ist die Vermeidung einer Doppelbesteuerung gerade nur dann erreicht – und damit die Kohärenz des finnischen Steuerrechts gewahrt –, wenn auch für ausländische Dividenden die von Herrn Manninen geforderte Steuergutschrift eingeräumt wird[348]. Damit nimmt der EuGH die Argumentation der Generalanwältin auf, die sie dazu bewogen hatte, eine Rechtfertigung nach dem Kohärenzprinzip abzulehnen. Entscheidend ist der Zweck der betreffenden Vorschrift und ob die in Frage stehende Benachteiligung diesem Zweck gerecht wird[349]. Die Zweckerfüllung, die Vermeidung der wirtschaftlichen Doppelbesteuerung, ist dabei nicht allein aus finnischer Perspektive anzustreben, sondern aus EU-Perspektive. Die Doppelbesteuerung muss daher nicht allein auf nationaler Ebene, sondern auf Gemeinschaftsebene vermieden werden, um dem Gemeinschaftsrecht zu entsprechen.

Auch GA Poiares Maduro stellte in seinen Schlussanträgen zu Marks & Spencer den Zweck einer benachteiligenden Steuervorschrift in den Mittelpunkt seiner Rechtfertigungsprüfung nach dem Kohärenzprinzip. Er führte in seinen Schlussanträgen zu Marks & Spencer aus, dass aufgrund der engen Kriterien, die für die Bachmann-Verknüpfung erforderlich sind,

> „der den Mitgliedstaaten gewährte Spielraum für die Rechtfertigung ihrer Steuerregelungen außerordentlich gering ist. Daher erscheint es mir erforderlich, die Kriterien, wie dies Generalanwältin Kokott empfohlen hat, flexibler zu gestalten. Ich schlage zu diesem Zweck vor, auf das Kriterium der Zielsetzung der in Rede stehenden Regelung zurückzugreifen. Die Kohärenz ist zunächst in Anbetracht der Zielsetzung und der Systematik der in Rede stehenden Steuerregelung zu beurteilen“[350].

Hier wird ein vollkommen neuer Ansatz gewählt: Aufbauend auf das weitere Verständnis des unmittelbaren Zusammenhangs, wie es GA Kokott in den Schlussanträgen zu Manninen entwickeln wollte, möchte GA Poiares Maduro hauptsächlich auf die Zielsetzung einer diskriminierenden Regelung abstellen, um diese möglicherweise nach dem Kohärenzprinzip zu rechtfertigen. Im konkreten Fall ging es nach Ansicht des Generalanwalts um die Wahrung der steuerlichen Neutralität innerhalb eines Konzerns trotz Begründung unterschiedlicher Steuersubjekte. Die Neutralität sollte durch die Verlustverrechung zwischen den Steuersubjekten des

---

[347] Zur Sinnwidrigkeit dieser These siehe oben 2. Abschnitt IV. 2. a) „Doppelbesteuerungsabkommen und Kohärenz“.

[348] EuGH, *Manninen*, Rn. 44 bis 46.

[349] GA Kokott 18. 3. 2004, C-319/02, *Manninen*, Rn. 67.

[350] Generalanwalt Poiares Maduro, Schlussanträge vom 7. 4. 2005, C-446/03, *Marks & Spencer*, Rn. 71; siehe detailierter unten 3. Abschnitt VII. 3. „Marks & Spencer“.

Konzerns ermöglicht werden[351]. In weiterer Folge kam der Generalanwalt zu dem Ergebnis, dass über das Ziel hinausgeschossen werden würde, wenn Verluste zweimal verrechnet werden könnten, weshalb nur solche ausländische Verluste berücksichtigt werden müssten, die im Ausland nicht verwertbar sind[352].

Nach diesem Verständnis kann eine benachteiligende Steuervorschrift durch das Kohärenzprinzip letztlich soweit gerechtfertigt werden, als die Benachteiligung dem Zweck der Steuervorschrift dient.

e) Neubestimmung des Kohährenzprinzips auf Ebene der Diskriminierungsprüfung

Im Zuge der Vergleichspaarbildung, also auf Tatbestandsebene, hat der EuGH in jüngster Rechtsprechung einen Weg gefunden, den Gedanken des Kohärenzprinzips gelten zu lassen, um eine gemeinschaftsrechtswidrige Diskriminierung abzulehnen[353]. Im Fall Schempp, in dem es um die Abzugsfähigkeit von Unterhaltszahlungen eines deutschen Steuerpflichtigen an seine geschiedene Frau, die in Österreich lebte, ging, ist dies eingetreten. Im Ergebnis wurde die Abzugsfähigkeit der Unterhaltszahlungen in Deutschland nicht gewährt, da die ehemalige Frau nicht in Deutschland ansässig war. Eine Vergleichbarkeit hätte zwischen geschiedenen Ehepaaren angenommen werden können, von denen einerseits beide in Deutschland und andererseits der Mann in Deutschland und die Frau in Österreich ansässig sind. Anstatt eine solche Vergleichbarkeit zu bejahen, eine generelle Diskriminierung im Falle der Ungleichbehandlung anzunehmen und anschließend auf Ebene der Rechtfertigungsprüfung eine Kohärenz der Steuerrechtsordnungen zu beleuchten, ging der EuGH einen anderen Weg: Er schloss die Vergleichbarkeit mit Argumenten des Kohärenzgedankens aus[354]. Eine Vergleichbarkeit bestand nach EuGH deshalb nicht, weil die steuerlichen Konsequenzen von Unterhaltsleistungen auf Ebene des Empfängers in den jeweiligen Mitgliedstaaten unterschiedlich wären[355].

Aufgrund des Kohärenzgedankens schloss der EuGH die Vergleichbarkeit aus und musste sich so dem Thema nicht auf Ebene der Rechtfertigung stellen. Allerdings widerspricht er dadurch gefestigter Rechtsprechung, denn die rechtliche Ungleichbehandlung zweier wirtschaftlich vergleichbarer Situationen müsste nach

---

351 GA Maduro, *Marks & Spencer*, Rn. 72.

352 GA Maduro, *Marks & Spencer*, Rn. 76.

353 *M. Lang*, Das EuGH-Urteil in der Rechtssache Schempp – Wächst der steuerpolitische Spielraum der Mitgliedstaaten? SWI 2005, 411 ff, 414 f.

354 EuGH, Urteil vom 12. 7. 2005, C-403/03, *Schempp gegen Finanzamt München V*, www.curia.eu.int, Rn. 39.

355 EuGH, 12. 7. 2005, C-403/03, *Schempp*, Rn. 39; *M. Lang*, Das EuGH-Urteil in der Rechtssache Schempp, SWI 2005, 414.

der Schumacker-Rechtsprechung als Diskriminierung angesehen werden. Zudem läuft die Begründung für die fehlende Vergleichbarkeit seinen eigenen Grundsätzen entgegen, wenn er zu dem Ergebnis kommt, dass die für eine Diskriminierung erforderliche vergleichbare Lage nicht gegeben ist, weil die Unterhaltszahlungen im Mitgliedstaat des Empfängers nicht steuerpflichtig sind, während sie im Staat des Unterhaltsleistenden der Steuerpflicht unterliegen[356]. In der Rs Eurowings hatte der EuGH die Verknüpfung zwischen der Abzugsfähigkeit einer Zahlung beim Zahler und der Steuerpflicht beim ausländischen Empfänger noch klar für Zwecke der Vergleichbarkeit zurückgewiesen[357].

f) Schlussfolgerungen zum Kohärenzprinzip

Schon bald nach dem Bachmann-Urteil wurde der Rechtfertigungsgrund der Kohärenz als eine Leerformel angesehen[358]. Dies wurde damit begründet, dass der als kohärent angesehene Ausgleich von steuerlichen Vor- und Nachteilen nicht so eintreten hätte können, wie der EuGH es annahm. Der Gerichtshof ging davon aus, dass sich der Ausgleich daran orientiert, ob der Versicherungsbeitrag an eine inländische oder eine ausländische Versicherungsgesellschaft geleistet wird, obwohl es der Wohnsitz des Versicherten war, der als ausschlaggebend angesehen hätte werden müssen[359]. In einer etwas milderen Kritik wurde versucht, das Kohärenzprinzip als Rechtfertigungsgrund dahingehend zu verstehen, dass es vermeiden solle, aus *free movers free riders* zu machen[360]. Dafür sei eine Balance zwischen den steuerlichen Folgen rein nationaler und grenzüberschreitender Sachverhalte entscheidend; insbesondere die Übervorteilung grenzüberschreitender Sachverhalte sollte durch den Rechtfertigungsgrund der Kohärenz vermieden werden[361]. Die neuen Ansätze von Kokott und Maduro, das Kohärenzprinzip weiter auszulegen und damit als Rechtfertigung zuzulassen, machen deutlich, dass es als wünschenswert empfunden wird, die Schlüssigkeit der nationalen Rechtsordnungen nicht durch eine allzu freiheitsfreundliche Rechtsprechung des EuGH aufzulösen. Diese Ausweitung des Kohärenzprinzips könnte allerdings eine empfindliche Einschränkung der Grundfreiheiten darstellen. Letztlich ist es nicht die

---

356 EuGH, Urteil vom 12. 7. 2005, C-403/03, *Schempp gegen Finanzamt München V*, www.curia.eu.int, Rn. 35.

357 *Saß*, Nochmals: Zur Berücksichtigung von Verlusten ausländischer Tochtergesellschaften in der EU, DB 2006, 123 ff, 124 mit Verweis auf EuGH, Urteil vom 26. 10. 1999, C-55/98, *Eurowings*, EuGHE 1999, 7449.

358 *Thömmes*, Rechtfertigung von Diskriminierungen, in GS Knobbe-Keuk, 831 f.

359 *Knobbe-Keuk*, EC Tax Review 1994, 80 f; *Thömmes*, Rechtfertigung von Diskriminierungen, in GS Knobbe-Keuk, 832.

360 *Cordewener/Dahlberg/Pistone/Reimer/Romano*, The Tax Treatment of Foreign Losses: Ritter, M & S, and the Way Ahead, European Taxation 2004, 218 ff (Part Two) 221.

361 *Cordewener/Dahlberg/Pistone/Reimer/Romano*, Foreign Losses, European Taxation 2004, 221.

Schlüssigkeit und Abgeschlossenheit der nationalen Rechtsordnungen, die den Grundfreiheiten ein Anliegen sind, sondern die Möglichkeit, über die Grenzen der Mitgliedstaaten hinweg wirtschaftlich tätig zu werden und das, ohne Benachteiligungen und Beschränkungen ausgesetzt zu sein.

Mit Spannung ist abzuwarten, ob das neue Konzept des EuGH zur Anwendung des Kohärenzgedankens auf Ebene der Diskriminierungsprüfung, wie er es in der Rs Schempp entwickelt hat, zu einer neuen Rechtsprechnungslinie führt. Aufgrund der klaren Widersprüche zu gefestigter Rechtsprechung wie Schumacker oder Eurowings sprechen gute Argumente dagegen.

3. Territorialitätsprinzip

Zwischen der Rechtfertigung einer Diskriminierung nach dem Kohärenzprinzip und einer nach dem Territorialitätsprinzip bestehen Parallelen und Überschneidungen. Teilweise wird das Territorialitätsprinzip auch als Variante des Kohärenzprinzips angesehen[362], oder gar als ein Teilaspekt davon[363]. Beide Rechtfertigungsgründe knüpfen an einen Ausgleich von steuerlichen Vor- und Nachteilen an. Eine steuerliche Benachteiligung – zumeist in Form einer Vorteilsverwehrung – wird damit gerechtfertigt, dass sie im Zusammenhang mit einer fehlenden Besteuerungsmöglichkeit steht. Der wesentliche Unterschied zwischen den beiden Rechtfertigungsgründen lag ursprünglich darin, dass das Kohärenzprinzip auf einen *individuellen* Vorteilsausgleich abstellte: Der als kohärent angesehene Ausgleich muss sich bei *einem* Steuerpflichtigen, bezogen auf die gleiche Steuerart, in einen Sachzusammenhang verwirklichen. Das Territorialitätsprinzip hingegen bezog sich ursprünglich auf den *abstrakten* Vorteilsausgleich, der sich aus der Nichtbesteuerung aufgrund der Territorialzuweisung von Besteuerungsrechten ergibt[364]. Davon ist der EuGH in seiner Entscheidung zu Bosal allerdings abgekommen und betrachtet nun auch das Territorialitätsprinzip als einen Rechtfertigungsgrund, der nur auf einen Ausgleich von steuerlichen Vor- und Nachteilen bei *ein und demselben* Steuerpflichtigen abzielen kann[365].

---

[362] *Cordewener*, Europäische Grundfreiheiten und nationales Steuerrecht, Köln 2002, 631; in den Schlussanträgen des GA Léger zu Ritter-Coulais wird etwa das Territorialitätsprinzip geprüft, aber als Kohärenzprinzip bezeichnet. Siehe Generalanwalt Léger, Schlussanträge vom 1. 3. 2005, C-152/03, *Hans-Jürgen und Monique Ritter-Coulais gegen Finanzamt Germersheim*, www.curia.eu.int, Rn. 104.

[363] Generalanwalt Alber, Schlussanträge vom 24. 9. 2002, C-168/01, *Bosal Holding B.V. gegen Staatssecretaris van Financiën*, www.curia.eu.int, Rn. 66.

[364] *Lyons*, Tax in a Single Market – Bosal and Marks and Spencer plc, British Tax Review 2003, 443 ff, 443.

[365] EuGH, Urteil vom 18. 9. 2003, C-168/01, *Bosal Holding BV gegen Staatssecretaris van Financiën*, Slg 2003, I-9409, Rn. 38.

Das Territorialitätsprinzip zog der EuGH bisher in nur einem Fall heran, um eine Vertragsverletzung als nicht gegeben anzusehen, in Futura Participations[366]. In diesem Urteil wurde es beachtlicherweise nicht als Rechtfertigungsgrund angeführt, sondern als Begründung dafür, dass von vornherein keine Diskriminierung vorlag[367]. Seither wurde das Territorialitätsprinzip regelmäßig mit Verweis auf Futura Participations als Rechtfertigungsgrund von den Regierungen der Mitgliedstaaten vorgebracht, vom EuGH allerdings nie akzeptiert[368].

a) Das Territorialitätsprinzip im Internationalen Steuerrecht

Wofür das Territorialitätsprinzip im Steuerrecht steht, ist nicht restlos geklärt[369]. Im Völkerrecht bezeichnet das Territorialitätsprinzip die aus dem Hoheitsgebiet des Staates folgende Befugnis zum Erlass, zur Anwendung und zur Durchsetzung von Normen auf seinem Staatsgebiet[370]. Daraus leitet sich einerseits die *formelle Territorialität* ab, nach der Hoheitsakte auf fremden Staatsgebiet völkerrechtlich im Allgemeinen untersagt sind und anderseits die *materielle Territorialität*, nach der nationale Vorschriften grenzüberschreitende Sachverhalte regeln dürfen, wenn ein abgeschwächter Territorialbezug besteht, insbesondere zu den eigenen Staatsangehörigen[371]. Im internationalen Steuerrecht leiten sich daraus das Quellenprinzip und das Welteinkommensprinzip ab. Dabei wird das Quellen-[372] oder auch Territorialitätsprinzip

- einmal dazu gebraucht, den Grundsatz der Einschränkung von Besteuerungsrechten eines Staates auf Sachverhalte, die sich auf seinem Territorium verwirklichen, zu umschreiben. Dieses Verständnis enthält nicht nur eine Einschränkung, sondern auch eine Berechtigung. Sachverhalte, die sich außerhalb des Territoriums verwirklichen, können danach steuerlich

---

366 EuGH, Urteil vom 15. 5. 1997, C-250/95, *Futura Participations SA und Singer gegen administration des contributions*, Slg 1997, I-2471, Rn. 20 bis 22; siehe eingehender zu diesem Fall unten 3. Abschnitt II. 1. „Futura Participations und Singer".

367 EuGH, *Futura Participations*, Rn. 22.

368 Vgl beispielsweise EuGH 12. 12. 2002, C-385/00, *de Groot*, Rn. 98; ders 18. 9. 2003, C-168/01, *Bosal*, Rn. 38 f.

369 *Cordewener/Dahlberg/Pistone/Reimer/Romano*, The Tax Treatment of Foreign Losses: Ritter, M & S, and the Way Ahead, European Taxation 2004, 218 ff (Part Two) 220.

370 *Lehner*, Das Territorialitätsprinzip im Lichte des Europarechts, in Gocke/Gosch/M. Lang (Hrsg) FS Wassermeyer, München 2005, 241 ff, 241.

371 *Lehner*, Das Territorialitätsprinzip im Lichte des Europarechts, in Gocke/Gosch/M. Lang, 244 f.

372 Der Begriff Quellenprinzip (*source principle*) ist präziser als Territorialitätsprinzip, da auch das Welteinkommensprinzip territoriale Anknüpfungspunkte hat. Siehe dazu *J. Hey*, Die beschränkte Steuerpflicht im Licht von Territorialitätsprinzip, Isolationstheorie und Objektsteuercharakter, in Gassner/Lang/Lechner/Schuch/Star-inger (Hrsg) Die beschränkte Steuerpflicht im Einkommen- und Körperschaftsteuerrecht, Wien 2005, 15 ff, 17 Fn. 3.

unbeachtet bleiben: Entscheidet sich ein Staat dazu, ausländische positive Einkünfte nicht zu besteuern, so muss er im Gegenzug ausländische Verluste nicht berücksichtigen[373].

- Zum Zweiten wird der Begriff Territorialitätsprinzip auch als Gegensatzpaar zum Welteinkommensprinzip verwendet. Dabei soll der objektsteuerliche Charakter unterstrichen werden, der aus dem Territorialitätsprinzip hervorgeht, während das Welteinkommensprinzip einen subjektsteuerlichen[374] Charakter verwirklicht. Einmal stehen Einkünfte und ihre Verbindung zu einem Territorium im Mittelpunkt, das andere Mal die Person mit ihren weltweiten Einkünften. Bei dieser Art der Abgrenzung des Begriffs geht es zumeist um Fragen der Berücksichtigung steuerlicher Vorteile durch einen Staat, die sich entweder auf die Person beziehen oder aber auf die Einkünfte, also entweder einen subjektiven oder einen objektiven Vorteil gewähren.

- Unabhängig von diesen beiden Begriffsverständnissen umschreibt das Territorialitätsprinzip auch die grundsätzliche Anknüpfung von steuerlichen Tatbeständen an ein Territorium. Das kann sowohl im Kontext der Welteinkommensbesteuerung als auch der Quellenbesteuerung gelten[375]. Die Befreiung positiver und ggf auch negativer Einkünfte von der Besteuerung im Ansässigkeitsstaat kann demnach auf das Territorialitätsprinzip zurückgeführt werden.

Abschließend sei erwähnt, dass in der Art, wie das Territorialitätsprinzip bezogen auf unterschiedliche Einkünftekategorien ausgeformt ist, verschiedene Grundsätze des internationalen Steuerrechts zum Tragen kommen können, wie das Belegenheitsprinzip, Arbeitsortprinzip, Kassenstaatprinzip und andere[376].

---

373 *Cordewener/Dahlberg/Pistone/Reimer/Romano*, Foreign Losses, 220; *Schön*, Besteuerung im Binnenmarkt – die Rechtsprechung des EuGH zu den direkten Steuern, IStR 2004, 289 ff, 294.

374 Die Begriffe „objektsteuerlich“ und „subjektsteuerlich“ sollen hier die Unterscheidung in einkünfte- oder personenbezogenes Besteuerungskonzept zum Ausdruck bringen, wobei unterstrichen sei, dass diese Unterscheidung bei keinem der beiden Konzepte streng durchgehalten wird.

375 *Schön*, Unternehmensbesteuerung und Europäisches Gemeinschaftsrecht, StbJb 2003/2004, 27 ff, 42; *Lehner*, Das Territorialitätsprinzip im Lichte des Europarechts, in Gocke/Gosch/M. Lang (Hrsg) FS Wassermeyer, München 2005, 241 ff, 248.

376 Siehe ausführlich dazu *J. Hey*, Territorialitätsprinzip, Isolationstheorie und Objektsteuercharakter, in Gassner/Lang/Lechner/Schuch/Staringer, 24 ff.

b) Das Territorialitätsprinzip in der EuGH-Rechtsprechung

Im Kontext der Rechtfertigung einer Grundfreiheitsverletzung durch das Territorialitätsprinzip knüpft der EuGH an die Begriffsmerkmale des Territorialitätsprinzips aus dem internationalen Steuerrecht an. Grundsätzlich dürfte das Verständnis einer Rechtfertigung durch das Territorialitätsprinzip – wie auch bei einer Rechtfertigung durch das Kohärenzprinzip – davon ausgehen, dass die Konsistenz und Symmetrie einer Steuerrechtsordnung eine Benachteiligung grenzüberschreitender Sachverhalte gegenüber rein innerstaatlichen rechtfertigen kann[377]. Dabei steht die auf das Territorialitätsprinzip gestützte Berechtigung im Vordergrund: Ein Staat, der nur gewisse Einkünfte besteuert, soll auch nur gewisse steuerliche Vorteile einräumen müssen (siehe zuvor bei a) erster Spiegelstrich).

So musste Luxemburg als Betriebstättenstaat im Fall Futura Participations etwa nur jene Gewinne und Verluste einer Zweigniederlassung steuerlich berücksichtigen, die aus luxemburgischen Tätigkeiten stammten. Hier kam das Territorialitätsprinzip mit seinem objektsteuerlichen Charakter voll zur Geltung, da nicht die gesamte steuerliche Situation des betreffenden Steuerpflichtigen ausschlaggebend war, sondern allein jene Einkünfte, die einen Bezug zu Luxemburg hatten. Welche Gründe den EuGH allerdings im Konkreten dazu bewegten, den nach den luxemburgischen Steuerregelungen verlangten Konnex von Gewinnen und Verlusten als nach dem Territorialitätsprinzip gerechtfertigt anzusehen, bleibt offen. Er führte lediglich aus, dass die in Frage stehende Regelung, die einen Zusammenhang zwischen Gewinnen und Verlusten, die verrechnet werden sollten, verlangt, „dem steuerlichen Territorialitätsprinzip entspricht, [und daher] weder eine offene noch eine verdeckte Diskriminierung, wie sie der EG-Vertrag verbietet, [enthält]“[378].

aa. Anerkennung des Territorialitätsprinzips bei nur ein und demselben Steuerpflichtigen

Erst in Folgerechtsprechung des EuGH, in Schlussanträgen der Generalanwälte und durch die Literatur wurde der kryptischen Aussage des EuGH zum Territorialitätsprinzip ein tieferer Bedeutungsinhalt zugeschrieben. So geht etwa GA Poiares Maduro davon aus, dass der Territorialitätsgrundsatz notwendig wäre, um eine Kollision steuerlicher Zuständigkeiten zwischen den Mitgliedstaaten zu vermeiden; es sei notwendig, um Besteuerungsrechte zu koordinieren[379]. GA Alber hob in seinen Schlussanträgen zu Bosal hervor, dass das Territorialitätsprinzip nur bei

---

377 *Cordewener/Dahlberg/Pistone/Reimer/Romano*, Foreign Losses, 220; *Kofler*, Kohärenz nach Manninen, ÖStZ 2005, 30.

378 EuGH, *Futura Participation*, Rn. 21 f.

379 GA Maduro, *Marks & Spencer*, Rn. 61.

der steuerlichen Behandlung eines einzelnen Steuerpflichtigen als Rechtfertigung herangezogen werden könne, nicht auch dann, wenn sich eine Diskriminierung daraus ergibt, dass unterschiedliche Steuersubjekte betroffen sind[380]. Der EuGH folgte dieser Argumentation[381], was von Schnitger als streng formale Betrachtungsweise angesehen wurde[382].

Durch die Entscheidung in Bosal kam allerdings zum Ausdruck, dass der EuGH das Territorialitätsprinzip – genau wie auch das Kohärenzprinzip – als Rechtfertigung nur dann anerkennen würde, wenn die betreffende benachteiligende Vorschrift sich auf Anknüpfungspunkte bei nur ein und demselben Steuersubjekt bezieht.

bb. Versagung einer Rechtfertigung nach dem Territorialitätsprinzip im Ansässigkeitsstaat

Ein weiterer Aspekt, der sich nach Futura Participations bezüglich des Territorialitätsprinzips herauskristallisiert hat, ist die Versagung einer Rechtfertigung gestützt auf dieses Prinzip durch den Herkunfts- oder besser Ansässigkeitsstaat. In Bosal war die Tatsache, dass zwei unterschiedliche Steuerpflichtige betroffen waren, ausschlaggebend, die Rechtfertigung nach dem Territorialitätsprinzip zu versagen[383]. In de Groot war es die Tatsache, dass der Ansässigkeitsstaat steuerliche Einschränkungen vornahm, die gerechtfertigt werden sollte. Der EuGH versagte dem Ansässigkeitsstaat in diesem Fall ausdrücklich, sich auf das Territorialitätsprinzip zu berufen, wenn es um die Versagung persönlicher Steuervorteile ging[384]. Begründet wurde dies damit, dass der Ansässigkeitsstaat am besten in der Lage wäre, die persönliche und familiäre Situation eines Steuerpflichtigen zu berücksichtigen[385]. Weshalb gerade der Ansässigkeitsstaat dazu am besten in der Lage ist, wurde kritisiert[386], der EuGH ging schlichtweg davon aus, weil dort im Allgemeinen der wesentliche Teil des Einkommens erwirtschaftet wird[387]. Im Übri-

---

380 GA Alber, Schlussanträge vom 24. 9. 2002, C-168/01, *Bosal Holding B.V.*, www.curia.eu.int, Rn. 67.

381 EuGH, Urteil vom 18. 9. 2003, C-168/01, *Bosal Holding BV gegen Staatssecretaris van Financiën*, Slg 2003, I-9409, Rn. 38 f.

382 *Schnitger*, Teilweise Aufgabe des Territorialitätsprinzips als europarechtlicher Rechtfertigungsgrund? IStR 2003, 1149 ff, 1150.

383 EuGH 18. 9. 2003, C-168/01, *Bosal*, Rn. 38 f.

384 EuGH, Urteil vom 12. 12. 2002, C-385/00, *de Groot*, Rn. 98; siehe zu de Groot auch 2. Abschnitt III. 7., IV. 2. und VII.1. b).

385 EuGH 12. 12. 2002, C-385/00, *de Groot*, Rn. 98.

386 *M. Lang*, Ist die Schumacker-Rechtsprechung am Ende? RIW 2005, 336 ff, 338 und 340; *Wimpissinger*, Does Denying Tax Benefits to Foreign-Source Income Violate EC-Law? TNI vom 28. 11. 2002, 809 ff, 812 f.

387 EuGH 12. 12. 2002, C-385/00, *de Groot*, Rn. 98.

gen strich der Gerichtshof hervor, dass die betroffenen Staaten frei wären, eine abweichende Regelung für die Berücksichtigung steuerlicher Vorteile vorzusehen[388].

Was für eine proportionale Berücksichtigung persönlicher Verhältnisse sprechen würde und gegen die Einzelverantwortung des Ansässigkeitsstaates (oder des Staates, in dem der wesentliche Teil der Einkünfte erzielt wird), ist die Aussage in Zurstrassen, wonach Luxemburg als Ansässigkeitsstaat persönliche Verhältnisse zu berücksichtigen hatte, nachdem Herr Zurstrassen nicht nur dort wohnte, sondern es außerdem der einzige Staat war, der dazu in der Lage war und zwar deshalb, weil dort *nahezu das gesamte* Einkommen des Ehepaares Zurstrassen anfiel[389]. Im Umkehrschluss kann gefolgert werden, dass dann, wenn nicht nahezu das gesamte Einkommen in einem Staat anfällt, sondern es gleichmäßig auf mehrere Staaten aufgeteilt ist, sämtliche Staaten die Berücksichtigung persönlicher Verhältnisse vornehmen sollten. Es ist wohl ein zu starkes Abstellen auf das Territorialitätsprinzip wie es im internationalen Steuerrecht anerkannt ist, das den EuGH bisher davon abgehalten hat, es in dieser Konsequenz auszulegen, losgelöst vom Welteinkommensprinzip als Gegenstück zum Territorialitätsgrundsatz. Einem „puren" Territorialitätsverständnis würde die proportionale Aufteilung viel eher entsprechen und zu weniger Verzerrung innerhalb der EU führen. Für den EuGH ist allerdings entscheidend, dass ein Staat, der nach dem Welteinkommensprinzip besteuert, ausländische und inländische Einkünfte objektiv gleichartig behandeln muss, weshalb sich dieser Staat nicht auf das Territorialitätsprinzip berufen kann[390]. Davon ging auch der Generalanwalt in den Schlussanträgen zu Marks & Spencer aus, wenn er feststellt, dass

> „das Vereinigte Königreich nicht die Ansicht vertreten [kann], dass die Gewährung einer steuerlichen Vergünstigung vom Vorliegen einer entsprechenden Besteuerungsbefugnis und der Möglichkeit, daraus einen Vorteil zu ziehen, abhänge"[391].

Danach kann der Ansässigkeitsstaat eine steuerliche Vergünstigung nicht deshalb verweigern, weil sie mit einer exterritorialen Tätigkeit zusammenhängt, was mit der EuGH Rechtsprechung aus de Groot übereinstimmt. Auch Generalanwalt Léger kam in seinen Schlussanträgen zu Ritter-Coulais zu dem Ergebnis, dass

---

388 EuGH 12. 12. 2002, C-385/00, *de Groot*, Rn. 99.

389 EuGH, Urteil vom 16. 5. 2000, C-87/99, *Zurstrassen*, Slg 2000, I-3337, Rn. 23.

390 *Schneunemann*, Europaweite Verlustberücksichtigung im Konzern: Steine statt Brot durch die Schlussanträge des Generalanwalts Maduro vom 7. 4. 2005 im Fall Marks & Spencer? IStR 2005, 303 ff, 306.

391 GA Maduro, *Marks & Spencer*, Rn. 63.

sich jener Staat, in dem der wesentliche Teil der Einkünfte eines Steuerpflichtigen erzielt wird, nicht auf das Territorialitätsprinzip berufen kann[392].

cc. Territorialitätsprinzip im Quellenstaat

Nachdem der EuGH seine Feststellungen in Futura Participations nie zurückgenommen hat, ist davon auszugehen, dass sich der Quellenstaat gestützt auf das Territorialitätsprinzip immer noch auf eine Rechtfertigung gewisser Benachteiligungen berufen kann. Dies würde auch im Einklang mit völkerrechtlichen Grundsätzen stehen, nach denen der Quellenstaat etwa ausländische Verluste nicht berücksichtigen muss, da er auch positive ausländische Einkünfte von der Besteuerung ausnimmt[393]. Anders könnte es sich allerdings dann verhalten, wenn der Quellenstaat jener Staat ist, in dem der wesentliche Teil der Einkünfte des betreffenden Steuerpflichtigen erzielt wird, er also zum „Schumacker-" oder besser noch zum „Wallentin-Staat" wird. Nachdem der EuGH in der Rs Wallentin zu dem Ergebnis kam, dass jener Staat, in dem der wesentliche Teil der steuerpflichtigen Einkünfte anfällt, die gesamte steuerliche Situation eines Gebietsfremden zu berücksichtigen hat, könnte dies umgelegt auf Verluste bedeuten, dass ein Quellenstaat, in dem Gewinne anfallen, diese nicht voll besteuern darf, wenn im Stammhausstaat Verluste entstanden sind. (Siehe eingehender dazu unten 2. Abschnitt VII. „Entwicklung eines europäischen Leistungsfähigkeitsprinzips".)

dd. Entwickelt der EuGH mit Marks & Spencer einen neuen Ansatz zur Rechtfertigung nach dem Territorialitätsprinzip?

In seiner Entscheidung zu Marks & Spencer hat der EuGH, wie schon zuvor in Bosal oder de Groot, klargestellt, dass die territoriale Beschränkung von Besteuerungsrechten der Mitgliedstaaten nicht geeignet ist, Benachteiligungen grenzüberschreitender Sachverhalte zu rechtfertigen[394]. Ausdrücklich streicht der EuGH heraus, dass

---

392 Generalanwalt Léger, Schlussanträge vom 1. 3. 2005, C-152/03, *Ritter-Coulais*, www.curia.eu.int, Rn. 104.

393 *Schön*, Besteuerung im Binnenmarkt – die Rechtsprechung des EuGH zu den direkten Steuern, IStR 2004, 289 ff, 292; so auch *ders*, Unternehmensbesteuerung und Europäisches Gemeinschaftsrecht, StbJb 2003/2004, 27 ff, 57; vgl weiters *Hahn*, Gemeinschaftsrecht und Recht der direkten Steuern, DStZ 2005, 507 ff, 512 f; *Schneunemann*, Europaweite Verlustberücksichtigung im Konzern, IStR 2005, 306; in diesem Sinne auch Generalanwältin Kokott, Schlussanträge vom 18. 3. 2004, C-319/02, *Manninen*, www.curia.eu.int, Rn. 42.

394 EuGH, Urteil vom 13. 12. 2005, C-446/03, *Marks & Spencer plc gegen David Halsey (HM Inspector of Taxes)*, www.curia.eu.int, Rn. 39 f; vgl auch *Eicker/Röhrbein*, Marks & Spencer: Die Entscheidung des EuGH und ihre Konsequenzen, Stbg 2006, 117 ff, 118; *Linn/Reichl/Wittkowski*, Grenzüberschreitende Verlustverrechnung: Möglichkeiten und Grenzen, BB 2006, 630 ff, 632; *Scheunemann*, Kein Ausschluss des Konzernabzugs für Verlust gebietsfremder Tochtergesellschaften, wenn diese im Staat des Sitzes der Tochtergesell-

„[der] Umstand allein, dass [ein] Mitgliedstaat den Gewinn gebietsfremder Tochtergesellschaften einer in seinem Gebiet ansässigen Muttergesellschaft nicht besteuert, rechtfertigt jedoch noch keine Beschränkung des Konzernabzugs auf Verluste der gebietsansässigen Tochtergesellschaft"[395].

Gestützt auf die Notwendigkeit, die „Ausgewogenheit der Aufteilung der *Besteuerungsbefugnisse*, zwischen den Mitgliedstaaten" zu schützen, prüft der EuGH in weiterer Folge dennoch, ob eine Beschränkung der Niederlassungsfreiheit gerechtfertigt sein könnte[396]. Daraus wurde die Schlussfolgerung gezogen, dass eine Rechtfertigung basierend auf dem Territorialitätsprinzip nach EuGH dann möglich sei, wenn die Gleichstellung des Auslandssachverhalts mit dem Inlandssachverhalt zu einer Verschiebung der Besteuerungsrechte führt[397]. Teilweise wurde auch vertreten, dass der EuGH eine Rechtfertigung nach dem Territorialitätsprinzip gänzlich akzeptieren und damit seine frühere Rechtsprechung, insbesondere zu Bosal und Manninen, verwerfen würde[398]. Dem ist teilweise zuzustimmen, denn bei der Wahrung der „Ausgewogenheit von Besteuerungsbefugnissen" geht es vor allem um territoriale Abgrenzungen. Die weitere Rechtfertigungsprüfung des EuGH in Marks & Spencer bezieht sich allerdings auf eng begrenzte Bereiche, nämlich die Eindämmung einer Steuerfluchtgefahr, die Vermeidung einer doppelten Verlustnutzung und den Schutz von Steuersatzgefällen[399].

Schließlich wurde sogar die Ansicht vertreten, der EuGH habe einen vollkommen neuen Rechtfertigungsgrund geschaffen, nämlich die *Wahrung der Ausgewogenheit der Aufteilung der Besteuerungsbefugnisse*[400].

Die explizite Bestätigung des EuGH in der Rs Marks & Spencer, dass das Territorialitätsprinzip grenzüberschreitende Benachteiligungen nicht rechtfertigen kön-

---

schaften nachweislich nicht berücksichtige werden, RIW 2006, 79 ff, 80; *Sedemund/Sterner*, Welche Folgen hat das Urteil „Marks & Spencer" für das deutsche internationale Steuerrecht? DStZ 2006, 29 ff, 31; *Wernsmann/Nippert*, Gemeinschaftsrechtliche Vorgaben für die grenzüberschreitende Verlustberücksichtigung im Konzern, FR 2006, 153 ff, 156.

395 EuGH 13. 12. 2005, C-446/03, *Marks & Spencer*, Rn. 40.

396 EuGH 13. 12. 2005, C-446/03, *Marks & Spencer*, Rn. 46.

397 *J. Hey*, Die EuGH-Entscheidung in der Rechtssache Marks & Spencer und die Zukunft der deutschen Organschaft – Haben die Mitgliedstaaten den EuGH domestiziert? GmbHR 2006, 113 ff, 120.

398 *Kußmaul/Tcherveniachki*, Die Rechtssache Marks & Spencer Trendwende in der europäischen Rechtsprechung – Anmerkung zum EuGH-Urteil vom 13.12.2005 Rs. C-446/03, StuB 2006, 189 ff, 189 f.

399 EuGH 13. 12. 2005, C-446/03, *Marks & Spencer*, Rn. 45 ff.

400 *Eicker/Röhrbein*, Marks & Spencer, Stbg 2006, 118; *Wernsmann/Nippert*, Gemeinschaftsrechtliche Vorgaben für die grenzüberschreitende Verlustberücksichtigung im Konzern, FR 2006, 157.

ne[401], und die im Anschluss daraufhin vorgenommene Prüfung dahingehend, dass gewisse Rechtfertigungsgründe greifen können, um die Ausgewogenheit der Aufteilung von Besteuerungsbefugnissen, der zu sichern, stehen in einem Gegensatz zueinander, der folgendermaßen aufgelöst werden könnte: Generell kann das Territorialitätsprinzip Einschränkungen der Grundfreiheiten durch den Ansässigkeitsstaat nicht rechtfertigen. Bestimmte Rechtfertigungsgründe allerdings können einschlägig sein, um gewisse Beschränkungen, die sich aus der territorialen Abgrenzung von Besteuerungsbefugnissen ergeben, zu rechtfertigen. Auf den Punkt gebracht, kann das Territorialitätsprinzip in Vernetzung mit anderen Rechtfertigungsgründen Bedeutung erlangen. Denn die Besteuerungsbefugnisse der Mitgliedstaaten sind zum überwiegenden Teil durch territoriale Merkmale von einander abgegrenzt. Soll die Ausgewogenheit der Abgrenzung gewahrt werden, dann unter dem Aspekt des Territorialitätsprinzips.

Unscharf betrachtet könnte man in diesem Kontext von einer Aufweichung des Territorialitätsprinzips sprechen; bei genauerer Analyse handelt es sich jedoch um ein Zusammenspiel bestimmter Rechtfertigungsgründe mit dem Territorialitätsprinzip. Obwohl das Territorialitätsprinzip in Marks & Spencer vom EuGH trotz ähnlicher Sachlage zur Rs Bosal nicht mit der dortigen Klarheit als Rechtfertigungsgrund abgelehnt wurde, geht aus der Urteilsbegründung des EuGH dennoch hervor, dass das Territorialitätsprinzip allein kein Rechtfertigungsgrund einer Beschränkung der Niederlassungsfreiheit, die vom Ansässigkeitsstaat ausgeht, ist[402].

c) Schlussfolgerungen zum Territorialitätsgrundsatz

Das Territorialitätsprinzip wurde bisher nur einmal vom EuGH dafür eingesetzt, um eine Diskriminierung zu verneinen, nämlich in der Rs Futura Participations, und dort nicht einmal als Rechtfertigungsgrund. In der weiteren Diskussion dazu und aus der Folgerechtsprechung des Gerichtshofes ergibt sich aber, dass das Territorialitätsprinzip als Rechtfertigungsgrund einer unzulässigen Beschränkung oder Diskriminierung nicht vom Ansässigkeitsstaat eingesetzt werden kann. Auch der Quellenstaat kann sich nicht darauf berufen, wenn er der Staat ist, in dem der wesentliche Teil der steuerpflichtigen Einkünfte erzielt wird. Konsequent wäre es,

---

401 EuGH, Urteil vom 13. 12. 2005, C-446/03, *Marks & Spencer plc gegen David Halsey (HM Inspector of Taxes)*, www.curia.eu.int, Rn. 39 f; vgl insb *Eicker/Röhrbein*, Marks & Spencer, Stbg 2006, 118; *Linn/Reichl/Wittkowski*, Grenzüberschreitende Verlustverrechnung, BB 2006, 632; *Scheunemann*, Konzernabzug für Verlust gebietsfremder Tochtergesellschaften, RIW 2006, 80; *Sedemund/Sterner*, Welche Folgen hat das Urteil Marks & Spencer, DStZ 2006, 31; *Wernsmann/Nippert*, Gemeinschaftsrechtliche Vorgaben für die grenzüberschreitende Verlustberücksichtigung im Konzern, FR 2006, 156.

402 *Isenbaert/Valjemark*, M&S judgment: the ECJ caught between a rock and a hard place, EC Tax Review 2006, 10 ff, 13; *Herzig/Wagner*, EuGH-Urteil „Marks & Spencer" – Begrenzter Zwang zur Öffnung nationaler Gruppenbesteuerungssysteme für grenzüberschreitende Sachverhalte, DStR 2006, 1 ff, 6.

wenn dieser Grundsatz auch dann gilt, wenn im Quellenstaat Gewinne und im Stammhausstaat Verluste erzielt werden.

Unter den Schlagwörtern Ausgewogenheit der Aufteilung der Besteuerungsbefugnisse zwischen den Mitgliedstaaten hat der EuGH in Marks & Spencer eine neue Art der Rechtfertigung mit Bezugnahme zu territorialen Kriterien geschaffen. Dabei dürfte es sich um ein Zusammenspiel des Territorialitätsprinzips mit gewissen Rechtfertigungsgründen handeln.

4. Wirksame Steueraufsicht

Eine wirksame Steueraufsicht und Steuerkontrolle ist in der Rechtsprechung des EuGH als zwingender Grund des Allgemeininteresses schon seit langem als Rechtfertigungsgrund einer Grundfreiheitsbeschränkung etabliert[403]. Der EuGH anerkennt das Bedürfnis nach wirksamer steuerlicher Kontrolle, da es ein Gebot der Steuergerechtigkeit und somit Ausfluss des auch im Gemeinschaftsrecht verankerten Gleichheitsgrundsatzes ist[404]. Auch in Futura Participations hat der EuGH herausgestrichen, dass eine wirksame Steueraufsicht als Rechtfertigung einer Beschränkung möglich ist[405]. Allerdings hat der EuGH diesen Rechtfertigungsgrund eingeengt, indem er der Amtshilferichtlinie wesentliche Bedeutung im Bereich der grenzüberschreitenden Steueraufsicht beimisst[406]. Danach kommt die Rechtfertigung aufgrund einer wirksamen Steueraufsicht lediglich bei Erfüllung zweier Voraussetzungen in Betracht:

- Die von der Amtshilferichtlinie vorgesehen Mittel sind nicht ausreichend, um die nationale Aufsicht zu ermöglichen, und

- die nationale Kontrolle stellt keine Anforderungen, die über das Erforderliche hinausgehen[407].

---

403 *Thömmes*, Missbrauch und Missbrauchsverhütung aus EG-rechtlicher Sicht, in Gocke/Gosch/M. Lang (Hrsg) FS Wassermeyer, München 2005, 207 ff, 215 f; *Cordewener/Dahlberg/Pistone/Reimer/Romano*, The Tax Treatment of Foreign Losses: Ritter, M & S, and the Way Ahead, European Taxation 2004, 218 ff (Part Two) 222; *Alber*, Gesellschaft- und Steuerrecht in der Rechtsprechung des EuGH, 45; *Randelzhofer/Forsthoff*, in Grabitz/Hilf (Hrsg) Das Recht der Europäischen Union, Kommentar, Loseblattsammlung, ErgLfg Mai 2001, vor Art. 39-55 EGV Rn. 240 mit Verweis auf EuGH, Urteil vom 20. 2. 1979, 120/78, *Rewe-Zentral – Cassis de Dijon*, Slg 1979, 649, Rn. 8.

404 *Thömmes*, Missbrauch und Missbrauchsverhütung, in Gocke/Gosch/M. Lang (Hrsg) FS Wassermeyer, 216.

405 EuGH, *Futura Participations*, Rn. 31.

406 EuGH, *Futura Participations*, Rn. 41 mit Verweis auf die Amtshilferichtlinie, EG-Richtlinie vom 19. 12. 1977, 77/788/EWG.

407 *Randelzhofer/Forsthoff* in Grabitz/Hilf (Hrsg) EU-Kommentar, vor Art. 39-55 EGV Rn. 240.

Zumeist sieht der EuGH bereits die erste Voraussetzung als nicht erfüllt an[408], weshalb die Prüfung der zweiten Voraussetzung bisher lediglich erwähnt worden ist, aber nie entscheidungserheblich wurde.

5. Steuerumgehung

Während die Verhinderung einer Steuerumgehung als Rechtfertigungsgrund in avoir fiscal vom EuGH zurückgewiesen wurde, setzte er sich in der Rs ICI dennoch mit dieser Art der Rechtfertigung eingehend auseinander[409]. Dabei kam er zu dem Schluss, dass benachteiligende Steuerbestimmungen, die allgemeine Sachverhalte erfassen, wie etwa eine grenzüberschreitende Konzernstruktur, nicht unter dem Gesichtspunkt der Steuerumgehung gerechtfertigt werden können; lediglich Vorschriften, die rein künstliche Konstruktionen betreffen, die der Umgehung des Steuerrechts dienen, könnten unter dem Aspekt der Verhinderung von Steuerumgehungen gerechtfertigt sein[410]. Diese Rechtsprechung wird von GA Léger in seinen Schlussanträgen zu Cadbury Schwepps detailliert dargestellt und als gefestigt bestätigt[411]. Der Generalanwalt unterstreicht dabei auch, dass aus der erklärten Absicht, eine Minderung der Steuerlast im vergleich zu jener im Herkunftsland zu erreichen, keine künstliche Konstruktion zur Steuerumgehung abgeleitet werden kann[412]. Ist eine steuerlich optimierte Struktur darauf ausgelegt, die Niederlassungsfreiheit konkret zu nutzen, ist für sich genommen nicht von einer Steuerumgehung auszugehen[413]. Nach diesem Stand wäre dem Rechtfertigungsgrund Vermeidung der Steuerumgehung ein sehr enger Anwendungsbereich und wenig praktische Bedeutung beizumessen, da er immer nur greifen könnte, wenn eine Steuervorschrift künstlich konstruierte Fallgestaltungen vermeiden soll, die nicht unter Ausnutzung einer der Grundfreiheiten gewählt wurde[414].

---

408 *Randelzhofer/Forsthoff* in Grabitz/Hilf (Hrsg) EU-Kommentar, vor Art. 39-55 EGV Rn. 240 mwN.

409 EuGH, Urteil vom 28. 1. 1986, C-270/83, *avoir fiscal*, Slg 1986, 273, Rn. 25; EuGH, Urteil vom 16. 7. 1998, C-264/96, *Imperial Chemical Industries plc (ICI)*, Slg 1998, I-04695, Rn. 26; vgl auch *Cordewener/Dahlberg/Pistone/Reimer/Romano*, The Tax Treatment of Foreign Losses: Ritter, M & S, and the Way Ahead, European Taxation 2004, 218 ff (Part Two), 222; *Alber*, Gesellschaft- und Steuerrecht in der Rechtsprechung des EuGH, 45; *Lyal*, Non-discrimination and direct tax in Community law, EC Tax Review 2003, 68 ff, 70 f.

410 EuGH 16. 7. 1998, C-264/96, *ICI*, Rn. 26.

411 Generalanwalt Léger, Schlussanträge vom 2. 5. 2006, C-196/04, *Cadbury Schwepps plc, Cadbury Schwepps Overseas Ltd gegen Commissioners of Inland Revenue*, www.curia.eu.int, Rn. 86 ff.

412 GA Léger 2. 5. 2006, C-196/04, *Cadbury Schwepps*, Rn. 115.

413 GA Léger 2. 5. 2006, C-196/04, *Cadbury Schwepps*, Rn. 51 ff.

414 *Randelzhofer/Forsthoff* in Grabitz/Hilf (Hrsg) EU-Kommentar, vor Art. 39-55 EGV Rn. 241; GA Léger 2. 5. 2006, C-196/04, *Cadbury Schwepps*, Rn. 92 und 115 f.

In seiner Urteilsbegründung zu Marks & Spencer hat der EuGH allerdings den Rechtfertigungsgrund der Vermeidung einer Steuerfluchtgefahr angeführt[415], wobei unklar ist, ob es dabei um einen *neuen Rechtfertigungsgrund* geht oder ob es sich um eine *andere Bezeichnung* für die Vermeidung der Gefahr einer Steuerumgehung handelt[416]. Wenn letzteres der Fall ist, würde dem Rechtfertigungsgrund nunmehr ein breiteres Anwendungsfeld zukommen als bisher[417]. Gegen die bloß andere Bezeichnung des Rechtfertigungsgrundes „Vermeidung der Steuerumgehung" würde sprechen, dass es im Fall Marks & Spencer um die Einräumung von Vergünstigungen im Rahmen der Konzernbesteuerung geht, nicht um das Ausnützen rein künstlicher Fallgestaltungen; es ging um steuerliche Vorteile, die mit allgemein anerkannten Gesellschaftsstrukturen verbunden sind. Außerdem führt der EuGH in einem Satz Steuerumgehungsmaßnahmen und Bestimmungen zur Vermeidung der Steuerflucht getrennt voneinander an[418]. Allerdings dürfte für solche Regelungen doch derselbe Maßstab gelten, da der EuGH auf seine Entscheidung in der Rs ICI verweist[419]. Das spricht dafür, dass es sich um den gleichen Rechtfertigungsgrund handeln soll. Unabhängig davon, ob neuer Rechtfertigungsgrund oder andere Bezeichnung wird die Vermeidung der Steuerfluchtgefahr unter dem Aspekt der „Bewahrung der Ausgewogenheit der Aufteilung der Besteuerungsbefugnisse zwischen den Mitgliedstaaten" nicht nur dann als Rechtfertigungsgrund akzeptiert, wenn es um die Vermeidung rein künstlicher Konstruktionen geht[420]. Allerdings ist er nur zusammengenommen mit anderen Rechtfertigungsgründen anwendbar[421].

---

415 EuGH, Urteil vom 13. 12. 2005, C-446/03, *Marks & Spencer plc gegen David Halsey (HM Inspector of Taxes)*, www.curia.eu.int, Rn. 49.

416 *J. Hey*, Die EuGH-Entscheidung in der Rechtssache Marks & Spencer und die Zukunft der deutschen Organschaft – Haben die Mitgliedstaaten den EuGH domestiziert? GmbHR 2006, 113 ff, 120.

417 GA Léger 2. 5. 2006, C-196/04, *Cadbury Schwepps*, Rn. 93.

418 EuGH 13. 12. 2005, C-446/03, *Marks & Spencer*, Rn. 57.

419 EuGH 13. 12. 2005, C-446/03, *Marks & Spencer*, Rn. 57.

420 Siehe dazu unten 2. Abschnitt IV. 3. b) dd. „Entwickelt der EuGH mit Marks & Spencer einen neuen Ansatz zur Rechtfertigung nach dem Territorialitätsprinzip?"; GA Léger 2. 5. 2006, C-196/04, *Cadbury Schwepps*, Rn. 97.

421 EuGH 13. 12. 2005, C-446/03, *Marks & Spencer*, Rn. 51; vgl dazu *Eicker/Röhrbein*, Marks & Spencer: Die Entscheidung des EuGH und ihre Konsequenzen, Stbg 2006, 117 ff, 119; *I-senbaert/Valjemark*, M&S judgment: the ECJ caught between a rock and a hard place, EC Tax Review 2006, 10 ff, 11 und 13; *Sutter*, Pauschales Verbot grenzüberschreitenden Verlustabzugs – Verstoß gegen Niederlassungsfreiheit – Anmerkung, EuZW 2006, 87 f, 88.

6. Abgelehnte Rechtfertigungsgründe

Gewisse Rechtfertigungsgründe wurden vom EuGH abgelehnt, wobei einer der am häufigsten abgelehnten Gründe die Vermeidung von Einnahmeausfällen ist[422]. Auch Vorschriften, die der Vermeidung von Steuervorteilen dienen, die sich aus der zufälligen Unterschiedlichkeit der Steuersysteme der Mitgliedstaaten ergeben, können nicht gerechtfertigt werden[423]. Insbesondere kann eine benachteiligende Vorschrift nicht durch möglicherweise bestehende Steuervorteile aufgewogen und dadurch gerechtfertigt werden[424]. Das Ziel die Steuererhebung zu vereinfachen, kann ebenfalls eine Diskriminierung nicht rechtfertigen[425]. Genauso wenig wurden die mögliche Störung der durch ein DBA vorgenommenen Steuerverteilung sowie die mangelnde Gegenseitigkeit von Steuerrechtsordnungen vom EuGH als Rechtfertigungsgründe akzeptiert[426].

Das für Überraschung sorgende Urteil des EuGH in der Rs Marks & Spencer hat auch im Bezug auf bisher abgelehnte Rechtfertigungsgründe neue Akzente gesetzt. So führt der EuGH zwar im Zusammenhang mit der grenzüberschreitenden Verlustnutzung innerhalb der Konzerngruppe aus, dass „der Rückgang von Steuereinnahmen nicht als zwingender Grund des Allgemeininteresses betrachtet werden kann, der zur Rechtfertigung einer grundsätzlich gegen eine Grundfreiheit verstoßende Maßnahme angeführt werden kann“[427]. Im Lichte der „Ausgewogenheit der Aufteilung der Besteuerungsbefugnisse der Mitgliedstaaten“ sieht es der EuGH allerdings als legitim an, dass es zur Wahrung dieser Befugnisse

---

422 *Randelzhofer/Forsthoff* in Grabitz/Hilf (Hrsg) EU-Kommentar, vor Art. 39-55 EGV Rn. 247; *Thömmes*, GS Knobbe-Keuk, 824 ff; *Englisch*, Zur Dogmatik der Grundfreiheiten des EGV und ihren ertragsteuerlichen Implikationen, StuW 2003, 88 ff, 95; vgl außerdem EuGH, Urteil vom 16. 7. 1998, C-264/96, *Imperial Chemical Industries plc (ICI)*, Slg 1998, I-4695, Rn. 28; ders, Urteil vom 6. 6. 2000, C-35/98, Verkooijen, Slg 2000, I-4071, Rn. 59; ders, Urteil vom 12. 12. 2002, C-385/00, *F.W.L. de Groot*, www.curia.eu.int, Rn. 103; vgl zur jüngsten Rspr diesbezüglich EuGH, EuGH, Urteil vom 13. 12. 2005, C-446/03, *Marks & Spencer plc gegen David Halsey (HM Inspector of Taxes)*, www.curia.eu.int, Rn. 44.

423 *Randelzhofer/Forsthoff* in Grabitz/Hilf (Hrsg) EU-Kommentar, vor Art. 39-55 EGV Rn. 245 mwN; *Alber*, Gesellschaft- und Steuerrecht in der Rechtsprechung des EuGH, 44 f.

424 *Thömmes*, Rechtfertigung von Diskriminierungen, GS Knobbe-Keuk, 819 Fn. 93; EuGH 12. 12. 2002, C-385/00, *de Groot*, Rn. 97; ders 6. 6. 2000, C-35/98, *Verkooijen*, Rn. 61; ders 16. 7. 1998, C-264/96, *ICI*, Rn. 28; ders 27. 6. 1996, C-107/94, *Asscher*, Rn. 51 ff; ders 28. 1. 1986, C-270/83, *avoir fiscal*, Rn. 17.

425 EuGH 16. 5. 2000, C-87/99, *Zurstrassen*, Rn. 24 f; ders 14. 2. 1995, C-279/93, *Schumacker*, Rn. 43 ff.

426 *Tumpel*, Europarechtliche Besteuerungsmaßstäbe für die grenzüberschreitende Organisation und Finanzierung von Unternehmen, DStJG 2000, 321 ff, 352 mwN.

427 EuGH, Urteil vom 13. 12. 2005, C-446/03, *Marks & Spencer plc gegen David Halsey (HM Inspector of Taxes)*, www.curia.eu.int, Rn. 44.

„erforderlich sein [kann], auf die wirtschaftliche Tätigkeit der in einem dieser Staaten niedergelassenen Gesellschaften sowohl in Bezug auf Gewinne als auch auf Verluste nur dessen Steuerrecht anzuwenden“[428].

Obgleich diese Aussage des EuGH vage ist, scheint sich daraus ableiten zu lassen, dass der Rückgang von Steuereinnahmen dann als Rechtfertigungsgrund angebracht ist, wenn sich der Rückgang aus der Berücksichtung wirtschaftlicher Tätigkeit ergäbe, die der Besteuerungsbefugnis eines anderen Mitgliedstaates unterstehen. Allerdings stellt der EuGH diese Möglichkeit einer Rechtfertigung in seinen weiteren Begründungen zum Urteil in Marks & Spencer unter den Vorbehalt der Verhältnismäßigkeit. Danach kann es durchaus gemeinschaftsrechtlich geboten sein, wirtschaftliche Tätigkeiten, die mehreren Besteuerungshoheiten unterstehen, zu berücksichtigen, selbst wenn sich daraus ein Rückgang der Steuereinnahmen ergibt[429].

7. Vorteilsausgleich

Schließlich kann auch der mögliche Ausgleich eines Nachteils mit einem Vorteil nicht als Rechtfertigung einer Verletzung der Grundfreiheiten herangezogen werden. Dieser Aspekt wird allerdings im Allgemeinen auf Ebene der Prüfung, ob überhaupt eine Verletzung von Grundfreiheiten vorliegt, nicht auf Ebene der Rechtfertigungsprüfung, vorgenommen, konkret im Zusammenhang mit der abstrakten Möglichkeit einer Diskriminierung oder Beschränkung[430].

Das Argument des Vorteilsausgleichs soll an dieser Stelle deshalb erwähnt werden, da der EuGH nicht immer zwischen Tatbestandsebene und Rechtfertigung unterscheidet und gerade in der Rs Marks & Spencer den Vorteilsausgleich im Rahmen der Rechtfertigungsprüfung erwähnt, unter Hinweis auf das Territorialitätsprinzip als Rechtfertigung ablehnt[431]. In weiterer Folge jedoch zieht der EuGH in seiner Urteilsbegründung zu Marks & Spencer sehr wohl den Vorteilsausgleich für Zwecke der Rechtfertigungsprüfung in Betracht. Er geht nämlich davon aus, dass Verluste deshalb nicht uneingeschränkt innerhalb eines Konzerns über die Grenze verrechnet werden müssen, weil dies auch für Gewinne nicht gilt[432]. Diese Sichtweise widerspricht früheren Entscheidungen des EuGH, etwa in den Rs de

---

428 EuGH 13. 12. 2005, C-446/03, *Marks & Spencer*, Rn. 45.

429 EuGH 13. 12. 2005, C-446/03, *Marks & Spencer*, Rn. 51; ausführlich dazu unten im 3. Abschnitt VII. 3. „Marks & Spencer“ und VIII. „Meinungsstand zur grenzüberschreitenden Verlustverrechnung im Konzern innerhalb der EU“.

430 Siehe oben 2. Abschnitt III. 8. „Abstrakte versus tatsächliche Vertragsverletzung“; EuGH, Urteil vom 28. 1. 1986, C-270/83, *avoir fiscal/Kommission gegen Frankreich*, Slg 1986, 273, Rn. 21.

431 EuGH 13. 12. 2005, C-446/03, *Marks & Spencer*, Rn. 39 f.

432 EuGH 13. 12. 2005, C-446/03, *Marks & Spencer*, Rn. 43 und 46 ff.

Groot und Bosal: Dort musste der Ansässigkeitsstaat Steuervorteile auch dann gewähren, wenn sein Besteuerungsrecht hinsichtlich des betroffenen Steuerpflichtigen eingeschränkt war[433]. Bereits in avoir fiscal stand der Gedanke, dass ein Vorteilsausgleich eine Gemeinschaftsrechtswidrigkeit nicht verhindern konnte im Vordergrund[434].

Wie soeben erwähnt steht in direktem Zusammenhang mit der Thematik eines Vorteilsausgleichs auch die Frage, ob eine abstrakte Verletzungsmöglichkeit einer Grundfreiheit oder eine tatsächliche vorliegen muss, um von einem Verstoß gegen Gemeinschaftsrecht sprechen zu können. Gefestigte Rechtsprechung des EuGH lässt die abstrakte Verletzung ausreichen[435]. Würde man nun aber einen Vorteilsausgleich zulassen, wären die Grundsätze dieser Rechtsprechung missachtet, da der Vorteilsausgleich zwar konkret eintreten könnte, bei Nichteintritt aber dennoch eine Schlechterstellung gegeben wäre. Für die Frage der Verlustverrechnung allerdings erscheint diese Diskussion deshalb hinlänglich, da jede Alternative zur sofortigen Verlustverrechnung einen Liquiditätsnachteil bringt, der jedenfalls eine Benachteiligung gegenüber der sofortigen Verlustverrechnung zur Folge hat.

Im Zusammenhang mit dem Vorteilsausgleich ist auch die Übervorteilung zu erwähnen. Auch sie kann keine Rechtfertigung für eine Benachteiligung liefern oder die Benachteiligung von vornherein als nicht existent erscheinen lassen[436]. Dies ist insbesondere im Kontext der doppelten Verlustnutzung maßgeblich[437].

---

433 EuGH, Urteil vom 12. 12. 2002, C-385/00, *de Groot*, www.curia.eu.int, Rn. 98 f; ders, Urteil vom 18. 9. 2003, C-168/01, *Bosal Holding BV gegen Staatssecretaris van Financiën*, Slg 2003, I-9409, Rn. 31 f.

434 *M. Lang*, Marks & Spencer – Eine erste Analyse des EuGH-Urteils, SWI 2006, 3 ff, 6 mit Verweis auf EuGH, Urteil vom 28. 1. 1986, C-270/83, *avoir fiscal/Kommission gegen Frankreich*, Slg 1986, 273, Rn. 21.

435 Siehe dazu oben 2. Abschnitt III. 8. „Abstrakte versus tatsächliche Vertragsverletzung"; vgl insb EuGH, Urteil vom 14. 12. 2000, C-141/99, *AMID*, Slg 2000, I-11619, Rn. 23 ff; *Thömmes*, Tatbestandsmäßigkeit und Rechtfertigung steuerlicher Diskriminierungen nach EG-Recht, in Schön (Hrsg) GS Knobbe-Keuk, Köln 1997, 795 ff, 819 Fn. 93; EuGH 12. 12. 2002, C-385/00, *de Groot*, Rn. 97; ders, 6. 6. 2000, C-35/98, *Verkooijen*, Rn. 61; ders, *ICI*, Rn. 28; ders 27. 6. 1996, C-107/94, *Asscher*, Rn. 51 ff; ders 28. 1. 1986, C-270/83, avoir fiscal, Rn. 17.

436 Siehe dazu oben 2. Abschnitt III. 8. „c) Mögliche Übervorteilung kann Benachteiligung nicht vermeiden"; EuGH, Urteil vom 12. 12. 2002, C-385/00, *F.W.L. de Groot gegen Staatssecretaris von Financiën*, www.curia.eu.int, Rn. 97.

437 Siehe unten 3. Abschnitt VIII. 4. c) „bb. Die konkreten Rechtfertigungsgründe im Einzelnen".

V. Die Grundfreiheiten im Lichte des Internationalen Steuerrechts

Auch die in Doppelbesteuerungsabkommen geschlossenen Regelungen unterliegen dem Anwendungsbereich der Grundfreiheiten[438]. Das folgt schon daraus, dass DBA-Bestimmungen nach Ratifizierung Bestandteil nationalen Rechts werden und als solche durch die Grundfreiheiten sanktioniert werden können. Artikel 293 2. Spiegelstrich EG[439] hat darauf keine Auswirkung, da er lediglich eine Handlungspflicht der Mitgliedstaaten zur Beseitigung der Doppelbesteuerung festlegt, nicht aber über die inhaltliche Ausgestaltung dieser Pflicht Stellung nimmt[440]. Die Art, wie die Doppelbesteuerung vermieden wird, darf die Grundfreiheiten nicht einschränken, da weder nationales Recht noch Verträge, die Mitgliedstaaten abschließen, gegen Gemeinschaftsrecht verstoßen dürfen[441]. Dass auch DBA-Regelungen an den Grundfreiheiten zu messen sind, hat der EuGH bereits in avoir fiscal festgestellt, mit der klaren Aussage, dass

> „die Rechte, die sich für die Begünstigten aus Artikel 52 EWG-Vertrag [jetzt Artikel 43 EG] ergeben, unbedingt, und ein Mitgliedstaat ihre Beachtung nicht vom Inhalt eines mit einem anderen Mitgliedstaat geschlossenen Abkommens abhängig machen darf"[442].

Der konkrete Einfluss von DBA auf die Prüfung, ob eine Vertragsverletzung erfüllt ist, gestaltet sich allerdings unterschiedlich.

1. Diskriminierungsverbote der Grundfreiheiten und DBA-Recht

Unter dem Gesichtspunkt der Inländergleichbehandlung hatte ein in den Grundfreiheiten enthaltenes Diskriminierungsverbot keine besondere Bedeutung für

---

438 *Schuch*, Verluste im Recht der Doppelbesteuerungsabkommen, Wien 1998, 177 f; *S. Thiel*, Removal of income tax barriers to market integration in the European Union: litigation by the Community citizen instead of harmonization by the Community legislature? EC Tax Review 2003, 4 ff, 15; *Pistone*, The Impact of Community Law on Tax Treaties: Issues and Solutions, Den Haag/London/New York 2002, 165; *Randelzhofer/Forsthoff*, in Grabitz/Hilf (Hrsg) EU-Kommentar, vor Art. 39-55 EGV Rn. 256 mit Verweis auf GA Mischo, Schlussanträge vom 2. 3. 1999, C-307/97, Saint-Gobain, Slg 1999, I-6161, Rn. 77; *Haarmann*, Grenzüberschreitende Gruppenbesteuerung und Verlustnutzung in der EU, in Lüdicke (Hrsg), Deutsches Steuerrecht im europäischen Rahmen, Köln 2004, 169 ff, 179.

439 Siehe diesbezüglich oben 1. Abschnitt II. 2. und 3.

440 EuGH, Urteil vom 12. 5. 1998, C-336/96, *Eheleute Robert Gilly gegen Directeur des services fiscaux du Bas-Rhin*, Slg 1998, I-2793, Rn. 23.

441 *Kessler*, Ausländische Betriebstättenverluste, in Verluste im nationalen und internationalen Steuerrecht, Lehner (Hrsg), München 2004, 83 ff, 104 f.

442 EuGH, Urteil vom 28. 1. 1986, C-270/83, *avoir fiscal/Kommission gegen Frankreich*, Slg 1986, 273, Rn. 33 f.

DBA-Regelungen[443]. In Saint-Gobain war es entscheidend, da es um die Frage der Betriebstättendiskriminierung ging und darum, ob eine Betriebstätte abkommensberechtigt sein kann[444]. In anderen EuGH-Entscheidungen stellte sich nicht die Frage nach den Auswirkungen des Diskriminierungsverbotes der Grundfreiheiten auf das Abkommensrecht, sondern umgekehrt die Frage danach, inwiefern sich das Abkommensrecht auf Diskriminierungen auswirkt[445].

Grundsätzlich zeigte sich die Problematik von DBA-Regelungen und ihren Auswirkungen auf die Grundfreiheiten erstmals in Bachmann und Wielockx, beides Fälle, in denen es ausschlaggebend war – oder es ausschlaggebend hätte sein sollen –, wie sich DBA-Regelungen auf Diskriminierungen auswirken[446]. In Bachmann wurde das Kohärenzprinzip als Rechtfertigung einer diskriminierenden Regelung akzeptiert, weil DBA-Grundsätze vom EuGH falsch angewendet wurden[447]. Die Kohärenz wurde vom EuGH in Bachmann als Rechtfertigung anerkannt, da der steuerliche Nachteil einer Nichtabzugsfähigkeit dadurch als ausgeglichen angesehen wurde, dass später kein Besteuerungsrecht des die Abzugsfähigkeit nicht gewährenden Staates bestehen würde. Der Grund dafür weshalb kein Besteuerungsrecht bestand, war allerdings nicht – wie vom EuGH angenommen – , dass die betroffenen Aufwendungen an eine ausländische Gesellschaft gezahlt wurden, sondern dass der Steuerpflichtige seinen Wohnsitz möglicherweise verlegen würde und dadurch aufgrund von DBA-Regelungen ein anderer Staat das Besteuerungsrecht für Versicherungsleistungen gehabt hätte. Nach den einschlägigen DBA-Regelungen gab es demnach den vom EuGH als Rechtfertigung einer Benachteiligung angesehenen Ausgleich nicht.

In Wielockx, einem Fall, in dem ähnliche Aspekte wie in Bachmann ausschlaggebend waren, wurde das Kohärenzprinzip nicht als Rechtfertigung anerkannt. Grund dafür war, dass sich ein Staat, der ein DBA abgeschlossen hat, nicht auf die Kohärenz seiner rein nationalen Steuerregelungen berufen konnte, sondern nur auf eine Kohärenz, die auch die Bestimmungen des jeweiligen DBA berücksich-

---

443 *Lehner*, Der Einfluss des Europarechts auf die Doppelbesteuerungsabkommen, IStR 2001, 329 ff, 332.

444 *Lehner*, Europarecht und DBA, IStR 2001, 332; und dann EuGH, Urteil vom 21. 9. 1999, *Compagnie de Saint-Gobain, Zweigniederlassung Deutschland gegen Finanzamt Aachen-Innenstadt*, Slg 1999, I-6161.

445 *Lehner*, Europarecht und DBA, IStR 2001, 332.

446 Siehe zu diesen Fällen 2. Abschnitt IV. 2. a) „Doppelbesteuerungsabkommen und Kohärenz"; EuGH, Urteil vom 28. 1. 1992, C-204/90, *Bachmann*, Slg 1992, I-249; EuGH, Urteil vom 11. 8. 1995, C-80/94, *Wielockx*, Slg 1995, I-2493.

447 *Knobbe-Keuk*, Restrictions on the Fundamental Freedoms Enshrined in the EC Treaty by Discriminatory Provisions – Ban and Justification, EC Tax Review 1994, 74 ff, 80 f; *Thömmes*, Tatbestandsmäßigkeit und Rechtfertigung steuerlicher Diskriminierungen nach EG-Recht, in Schön (Hrsg) GS Knobbe-Keuk, Köln 1997, 795 ff, 828 f; eingehender außerdem s.o. 2. Abschnitt IV. 2. a) „Doppelbesteuerungsabkommen und Kohärenz".

tigte[448]. Hier korrigierte der EuGH seine Bachmann-Entscheidung und bezog in seine Kohärenzprüfung auch DBA-Regelungen mit ein. Dabei kam er zu dem Ergebnis, dass europarechtliche Beschränkungen nicht gerechtfertigt werden können, weil sie sich aufgrund des Zusammenhangs von DBA und nationalen Rechtsnormen ergeben[449].

Besonders bemerkenswert ist die Aussage des EuGH in der Sache D. Dort kam er zu dem Schluss, dass aufgrund gewisser Vorteile aus Doppelbesteuerungsabkommen über die Vermögensbesteuerung, die belgischen Steuerpflichtigen im Vergleich zu deutschen Steuerpflichtigen eingeräumt wurden, keine Vergleichbarkeit zwischen diesen beiden Gruppen besteht[450]. Konkret ging es darum, dass belgische Steuerpflichtige im DBA Niederlande-Belgien hinsichtlich der Besteuerung mit Vermögen in den Niederlanden einen Freibetrag eingeräumt bekamen, während deutsche Steuerpflichtige diesen Vorteil in den Niederlanden nicht beanspruchen konnten. Der EuGH verneinte die Vergleichbarkeit beider Situationen damit, dass der Vorteil aus dem DBA Niederlande-Belgien nicht isoliert betrachtet werden kann, sondern einen „integralen Bestandteil des Abkommens [bildet] und [...] zu seiner allgemeinen Ausgewogenheit [beiträgt]“[451]. Daraus ist zu schließen, dass für die Vergleichbarkeit zweier Auslandssituationen Doppelbesteuerungsabkommen eine Diskriminierung vermeiden können. Konsequent ist die Sichtweise des EuGH nicht, da auch Bestimmungen von DBA letztlich nationale Vorschriften sind[452].

Die wechselnde Rechtsprechung des EuGH in diesem Zusammenhang ist Ausdruck der Problematik, dass die Grundfreiheiten nationale Rechtsordnungen adressieren, diese aber für grenzüberschreitende Steuersachverhalte durch bilaterale DBA geprägt sind. Zusammenfassend lässt sich festhalten, dass Diskriminierungen, die sich aus DBA-Regelungen ergeben, genauso unzulässig sind wie Diskriminierungen, die durch rein innerstaatliche Vorschriften begründet werden.

---

448 *Knobbe-Keuk*, Restrictions on the Fundamental Freedoms, EC Tax Review 1994, 80 f; *Thömmes*, Tatbestandsmäßigkeit und Rechtfertigung steuerlicher Diskriminierungen, in Schön (Hrsg) GS Knobbe-Keuk, 828 f.

449 EuGH 11. 8. 1995, C-80/94, *Wielockx*, Rn. 23 f; *Haarmann*, Grenzüberschreitende Gruppenbesteuerung und Verlustnutzung in der EU, in Lüdicke (Hrsg) Deutsches Steuerrecht im europäischen Rahmen, Köln 2004, 169 ff, 179.

450 EuGH, Urteil vom 5. 7. 2005, C-376/03, *D. gegen Inspecteur van de Belastingdienst/Particulieren/Ondernemingen buitendland te Heeren*, www.curia.eu.int, Rn. 61.

451 EuGH 5. 7. 2005, C-376/03, *Sache D*, Rn. 62.

452 AA *M. Lang*, Das EuGH-Urteil in der Rechtssache D. – Gerät der Motor der Steuerharmonisierung ins Stottern? SWI 2005, 365 ff, 370 f.

2. Beschränkungsverbote der Grundfreiheiten und DBA-Recht

Bezüglich des in den Grundfreiheiten enthaltenen Beschränkungsverbotes, hatte der EuGH in Gilly und in de Groot zum Verhältnis DBA und Gemeinschaftsrecht Stellung zu nehmen. In Gilly wurde es vom Ehepaar Gilly als diskriminierend angesehen, dass Frankreich als Ansässigkeitsstaat nicht den gesamten Steuerbetrag, der im Quellenstaat (Deutschland) zu zahlen war, anrechnen musste, sondern lediglich einen mit der hypothetisch in Frankreich zu zahlenden Steuer limitierten Höchstbetrag[453]. Im Speziellen war demnach in Gilly die Frage zu beantworten, ob die Anrechnungsmethode diskriminierend wirkte[454]. Der EuGH berief sich auf die Schlussanträge des Generalanwalts und kam zu dem Ergebnis, dass ein DBA

> „nicht gewährleisten [soll], daß die Steuern, die von dem Steuerpflichtigen in dem einen Staat erhoben werden, nicht höher sind als diejenigen, die von ihm in dem anderen Staat erhoben werden“[455].

Konsequenz der EuGH-Entscheidung in Gilly war es, dass es nicht Aufgabe des Beschränkungsverbotes sein kann – vor allem nicht im Zusammenspiel mit DBA-Regelungen –, die Steuerlast unter den Mitgliedstaaten anders zu verteilen, als die nationalen Steuerrechtssysteme es vorsehen[456].

In de Groot war es entscheidend, welche Auswirkungen die Befreiungsmethode von DBA sowie das in DBA enthaltene Welteinkommensprinzip auf die steuerliche Berücksichtigung der persönlichen und familiären Lage eines Steuerpflichtigen hat, der nicht allein im Ansässigkeitsstaat Einkünfte erzielt, sondern auch in anderen Mitgliedstaaten[457]. Der EuGH kam zu dem Ergebnis, dass sich der Ansässigkeitsstaat (die Niederlande) bei der Gewährung von persönlichen Steuervorteilen nicht darauf berufen kann, dass aufgrund von DBA-Regelungen ausländische Einkünfte freigestellt waren. Die persönlichen Verhältnisse, so der EuGH ausdrücklich, mussten auch nicht proportional in den Staaten, in denen Einkünfte erzielt wurden, berücksichtigt werden, sondern lediglich im Ansässigkeitsstaat. Darin kommt das Welteinkommensprinzip zum Vorschein, dass der EuGH impli-

---

453 Siehe dazu oben 2. Abschnitt III. 2. b) „Grenzüberschreitendes Element“; EuGH, Urteil vom 12. 5. 1998, C-336/96, *Gilly*, Slg 1998, I-2793.

454 *Lehner*, Europarecht und DBA, IStR 2001, 336.

455 EuGH 12. 5. 1998, C-336/96, *Gilly*, Rn. 46.

456 Vgl vor allem EuGH 12. 5. 1998, C-336/96, *Gilly*, Rn. 47; *Alber*, Gesellschafts- und Steuerrecht in der Rechtsprechung des Europäischen Gerichtshofs, in Lüdicke (Hrsg), Deutsches Steuerrecht im europäischen Rahmen, Köln 2004, 1 ff, 40.

457 Siehe dazu oben 2. Abschnitt III. 7. „Fehlende Harmonisierung keine Verletzung der Grundfreiheiten?“; EuGH, Urteil vom 12. 12. 2002, C-385/00, *de Groot*, www.curia.eu.int.

zit aus den abgeschlossenen DBA ableitet, indem er vorbrachte, dass die betroffenen Staaten frei wären, ein anderes Konzept als das vorgesehene zu etablieren[458].

3. Methodenartikel und Grundfreiheiten

Wie sich aus den Ausführungen unter der vorangehenden Überschrift gezeigt hat, waren die Methodenartikel der DBA bereits von zentraler Bedeutung für die Prüfung der Gemeinschaftsrechtskonformität unterschiedlicher Steuervorschriften. Dabei kann die Befreiungsmethode nicht die Versagung persönlicher Steuerrechtsvorteile bezogen auf freigestellte Auslandseinkünfte legitimieren. Die Anrechnungsmethode wiederum begründet keine Diskriminierung, auch wenn sie vorsieht, dass nicht sämtliche Quellensteuern angerechnet werden[459].

In AMID hatte der EuGH eine Diskriminierung zu prüfen, die sich aus Regelungen ergab, die nicht mit der Befreiungsmethode korrelierten. Ausländische Gewinne wurden nämlich trotz Freistellung von der Besteuerung im Ansässigkeitsstaat mit inländischen Gewinnen verrechnet, wodurch die inländischen Verluste wertlos wurden, obwohl die ausländischen Gewinne im Quellenstaat voll besteuert waren[460]. Anstatt die DBA-rechtliche Freistellung als diskriminierend einzustufen, kam der EuGH zum Ergebnis, dass die fehlende Korrelation des rein nationalen Rechts mit dem Aspekt der Freistellung eine freiheitsverletzende Beschränkung darstellte[461].

4. Schlussfolgerungen zum Verhältnis der Grundfreiheiten zum Internationalen Steuerrecht

Es zeigt sich, dass sich die Mitgliedstaaten zur Verteidigung ihrer nationalen Steuerrechtsordnungen nicht auf Besteuerungskonflikte berufen können, die sich aus DBA-Regelungen ergeben[462]. Diskriminierungen und Beschränkungen, die sich aus der Systematik oder aus konkreten DBA-Regelungen ergeben, sind genauso vom Schutzbereich der Grundfreiheiten erfasst wie rein nationale Steuerrechtsvorschriften. Von besonderer Bedeutung ist das Zusammenspiel von nationalen und internationalen Steuervorschriften dann, wenn es um die Rechtfertigung

---

458 EuGH 12. 12. 2002, C-385/00, *de Groot*, Rn. 98 f.

459 *Lehner*, Europarecht und DBA, IStR 2001, 336.

460 Siehe dazu unten 3. Abschnitt III. 3. „AMID“; EuGH, Urteil vom 14. 12. 2000, C-141/99, *Algemene Maatschappij voor Investering en Dienstverlening NV (AMID) gegen Belgischer Staat*, Slg 2000, I-11619.

461 EuGH 14. 12. 2000, C-141/99, *AMID*, Rn. 23; vgl dazu auch *Lehner*, Europarecht und DBA, IStR 2001, 336.

462 *Schön*, Besteuerung im Binnenmarkt – die Rechtsprechung des EuGH zu den direkten Steuern, IStR 2004, 289 ff, 289 Fn 3 mit Verweis auf EuGH 11. 8. 1995, C-80/94, *Wielockx*, Rn. 24.

einer Grundfreiheitsverletzung durch das Kohärenzprinzip geht. Im Kontext von DBA-Regelungen wird nämlich die Möglichkeit der Rechtfertigung generell ausgeschlossen[463].

Schließlich ist darauf hinzuweisen, dass der EuGH aus dem internationalen Steuerrecht wichtige Grundsätze ableitet, die seinen Urteilsbegründungen zugrunde liegen, wie etwa das Territorialitätsprinzip oder das Welteinkommensprinzip.

VI. Grundlagen der Verlustberücksichtigung im Internationalen Steuerrecht

Die Problematik der grenzüberschreitenden Verlustverrechnung innerhalb der EU leitet sich aus Beschränkungen ab, die die Mitgliedstaaten teils innerstaatlich und teils durch DBA vorgesehen haben[464]. Grundsätzlich ergeben sich die Beschränkungen aus der territorialen Abgrenzung von Besteuerungsrechten. Im Folgenden sollen die nach internationalem Steuerrecht vorgezeichneten Grenzen der Verlustverrechnung im Quellenstaat und im Ansässigkeitsstaat dargestellt werden.

1. Verrechnung ausländischer Verluste im Quellenstaat

Für die Frage der Verrechnung ausländischer Verluste im Quellenstaat ist entscheidend, dass der Quellenstaat grundsätzlich kein Recht hat, positive Einkünfte aus dem Ausland zu besteuern[465]. Darin kommt das Territorialitätsprinzip, oder besser Quellenprinzip[466], zur Geltung, aus dem sich der völkerrechtliche Grundsatz ableitet, dass der Quellenstaat Auslandsverluste mit den ihm allein zugewiesenen inländischen positiven Einkünften nicht verrechnen muss[467]. Dabei wird eingestanden, dass im Zusammenhang mit diesem Prinzip das Modell des einheitlichen Binnenmarktes scheitert[468]. Konkret liegt dieses Scheitern darin begründet, dass die Abgrenzung der Besteuerungsrechte zwischen den Mitgliedstaaten –

---

[463] *Knobbe-Keuk*, Restrictions on the Fundamental Freedoms, EC Tax Review 1994, 80 f; *Thömmes*, Tatbestandsmäßigkeit und Rechtfertigung steuerlicher Diskriminierungen, in Schön (Hrsg) GS Knobbe-Keuk, 828 f.

[464] *Schuch*, Europarechtliche und abkommensrechtliche Vorgaben für die Verlustbehandlung, in Lehner (Hrsg) Verluste im nationalen und internationalen Steuerrecht, München 2004, 63 ff, 66 f; *Kessler*, Ausländische Betriebstättenverluste, in Lehner (Hrsg) Verluste im nationalen und internationalen Steuerrecht, München 2004, 83 ff, 85 f.

[465] *Lehner*, Das Territorialitätsprinzip im Lichte des Europarechts, in Gocke/Gosch/M. Lang (Hrsg) FS Wassermeyer, München 2005, 241 ff, 247 f; *Schön*, Besteuerung im Binnenmarkt – die Rechtsprechung des EuGH zu den direkten Steuern, IStR 2004, 289 ff, 294 f.

[466] Siehe eingehender dazu oben 2. Abschnitt IV. 3. „Territorialitätsprinzip".

[467] *Rödder*, Deutsche Unternehmensbesteuerung im Visier des EuGH, in Gocke/Gosch/M. Lang (Hrsg) FS Wassermeyer, München 2005, 163 ff, 170; *Schön*, Besteuerung im Binnenmarkt, IStR 2004, 295.

[468] *Schön*, Besteuerung im Binnenmarkt, IStR 2004, 295.

konkret zwischen dem Ansässigkeitsstaat und dem Quellenstaat – keinen gleichberechtigten Zugriff auf das Welteinkommen der in der EU ansässigen Personen gewährt[469].

Aufgrund der EuGH-Entscheidung in Gerritse[470] wird mittlerweile die Frage, ob ausländische Verluste für den Steuersatz im Quellenstaat zu berücksichtigen sind, auch für das internationale Steuerrecht anders beurteilt[471]. Nachdem in Gerritse entschieden wurde, dass beschränkt Steuerpflichtige bei der Besteuerung ihrer Quelleneinkünfte Inländern grundsätzlich gleichgestellt sind[472], ist der Steuersatz in gleicher Weise zu errechnen wie für unbeschränkt Steuerpflichtige; somit ist auch der negative Progressionsvorbehalt für beschränkt Steuerpflichtige relevant[473].

2. Verrechnung ausländischer Verluste im Ansässigkeitsstaat

Ausländische Verluste eines unbeschränkt Steuerpflichtigen sind grundsätzlich mit anderen positiven Einkünften ausgleichsfähig, was sich aus dem Welteinkommensprinzip ergibt und im Einklang mit dem Leistungsfähigkeitsprinzip steht[474]. Gerade darin wird grundsätzlich die Gemeinschaftsrechtskonformität des Welteinkommensprinzips gesehen, dass nämlich in- und ausländische Einkünfte gleich behandelt werden[475]. Nur aufgrund ausdrücklicher Verlustausgleichsbestimmungen kann sich etwas anderes ergeben, wie etwa aufgrund der Befrei-

---

469 *Schön*, Besteuerung im Binnenmarkt, IStR 2004, 295.

470 EuGH, Urteil vom 12. 6. 2003, C-234/01, *Arnoud Gerritse gegen Finanzamt Neukölln-Nord*, Slg 2003, I-5933.

471 Mehr dazu siehe sogleich unten 2. Abschnitt VII. „Entwicklung eines europäischen Leistungsfähigkeitsprinzips".

472 EuGH 12. 6. 2003, C-234/01, *Gerritse*, Rn. 53; *Lehner/Reimer*, Quelle versus Ansässigkeit – Wie sind die grundlegenden Verteilgungsprinzipien des Internationalen Steuerrechts austariert? IStR 2005, 542 ff, 544.

473 *Rödder*, Deutsche Unternehmensbesteuerung im Visier des EuGH, in Gocke/Gosch/M. Lang (Hrsg) FS Wassermeyer, 170; *Schön*, Besteuerung im Binnenmarkt, IStR 2004, 295.

474 *Kessler*, Ausländische Betriebstättenverluste, in Lehner (Hrsg) Verluste, 85; *Kessler/Schmitt/Janson*, Berücksichtigungsverbot abkommensrechtlich „befreiter" Betriebsstättenverluste? Analyse der BFH-Rechtsprechung unter Berücksichtigung von Verfassungs- und Europarecht nach AMID, IStR 2001, 729 ff, 730; *E. Lechner*, Die Auswirkungen des EU-Rechts auf die Befreiung von Verlusten nach den Doppelbesteuerungsabkommen, in Gassner/Lang/Lechner (Hrsg) Doppelbesteuerung und EU-Recht, Wien 1996, 85 ff, 87; *ders*, Befreiungsmethode und Einkommensermittlung, in Gassner/Lang/Lechner (Hrsg) Die Methoden zur Vermeidung der Doppelbesteuerung, Wien 1995, 137 ff, 148; *Schaumburg*, Internationales Steuerrecht, 2. Auflage Köln 1998, Rn. 16.539; *Schuch*, Verlustbehandlung, in Lehner (Hrsg) Verluste, 63 f und 66 f.; *Tumpel*, Betriebsstättenverluste in der Europäischen Union, SWI 2001, 55 ff, 57.

475 *Schön*, Unternehmensbesteuerung und Europäisches Gemeinschaftsrecht, StbJb 2003/2004, 27 ff, 39.

ungsmethode eines DBA und der Art ihrer Umsetzung[476]. Im Folgenden soll diese besonders relevante Thematik behandelt werden.

Für Deutschland leitet der BFH in Anknüpfung an den RFH ein Verlustausgleichsverbot aus der Befreiungsmethode ab[477]. Für Österreich ging die seit 2001 überholte höchstrichterliche Rechtsprechung ebenfalls im Anschluss an den BFH von einem Verlustausgleichsverbot aus[478]. Der nunmehr gegenteiligen Auffassung des österreichischen Verwaltungsgerichtshof hat sich im August 2005 auch der luxemburgische Verwaltungsgerichtshof angeschlossen[479]. Die Diskussion in der Literatur zu dieser Thematik ist uneinheitlich:

a) Erstreckung der Befreiungsmethode sowohl auf positive als auch auf negative Einkünfte

Einerseits wird die Ansicht vertreten, dass die Befreiungsmethode nicht nur positive, sondern auch negative Einkünfte erfasse, und daher deren Ausklammerung aus der Bemessungsgrundlage im Ansässigkeitsstaat abzuleiten ist[480]. Das ergebe sich daraus, dass sämtliche Bemessungsgrundlagen-Bestandteile vom abkommensrechtlichen Einkünftebegriff erfasst sind, einschließlich Aufwendungen oder daraus resultierender Verluste[481]. Diesen Standpunkt nimmt auch der BFH ein, erstmals in einer Entscheidung aus dem Jahr 1970[482]. Im Speziellen weist der BFH – neben dem Argument, dass der Einkünftebegriff der DBA auch negative Einkünfte erfasst – auf die Gefahr einer doppelten Verlustverwertung hin, würde sich die Befreiungsmethode nicht auch auf negative Einkünfte erstrecken[483]. Dieser Gefahr allerdings wurde entgegengehalten, dass es völlig ungewiss sei, ob der Auslandsverlust jemals verwertet werden kann, oder die ausländische Rechtsord-

---

[476] *Schuch*, Verlustbehandlung, in Lehner (Hrsg) Verluste, 66 f; *Kessler*, Betriebstättenverluste, in Lehner (Hrsg) Verluste, 85 f.

[477] Vgl zB BFH, Beschluss vom 11. 3. 1970, I B 50/68, I B 3/69, BStBl II 1970, 569 ff; vgl auch *Schuch*, Verlustbehandlung, in Lehner (Hrsg) Verluste, 74; *Kessler*, Ausländische Betriebstättenverluste, in Lehner (Hrsg) Verluste, 83 ff.

[478] Vgl zB VwGH, Erkenntnis vom 6. 3. 1984, 83/14/107; ders, Erkenntnis vom 21. 5. 1985, 85/14/1; überholt durch: VwGH, Erkenntnis vom 25. 9. 2001, 99/14/0217 E.

[479] *Winandy*, Deutsche Betriebsstättenverluste müssen in Luxemburg zum Abzug zugelassen werden, IStR 2005, 594 ff, 594 Fn. 1.

[480] Vgl dazu ausführlich *Schuch*, Verluste im Recht der Doppelbesteuerungsabkommen, Wien 1998, 169 ff; *ders*, Verlustbehandlung, in Lehner (Hrsg) Verluste, 76 ff; *M. Lang*, Ausländische Betriebsstättenverluste und DBA-Auslegung, SWI 2002, 86 ff.

[481] *Schuch*, Verlustbehandlung, in Lehner (Hrsg) Verluste, 77.

[482] *Vogel*, in Vogel/Lehner (Hrsg) DBA-Kommentar, 4. Auflage München 2003, Art. 23 Rn. 48 mwN zur BFH-Rechtsprechung; vgl außerdem *Kessler*, Betriebstättenverluste, in Lehner (Hrsg) Verluste, 88 mit Verweis auf BFH vom 11. 3. 1970, I B 50/68, I B 3/69, BStBl II 1970, 569 ff.

[483] BFH vom 11. 3. 1970, I B 50/68, I B 3/69, BStBl II 1970, 569 ff.

nung von vornherein gar keine Verlustverwertung zulässt[484]. Inkonsequent ist der Hinweis auf die Gefahr einer doppelten Verlustverwertung auch insofern, als sie im Zusammenhang mit dem negativen Progressionsvorbehalt nie thematisiert wurde. Gerade dabei kann die Besteuerung im Inland allerdings trotz Verlustnutzung im Ausland vollkommen entfallen, dann nämlich, wenn die ausländischen Verluste die inländischen positiven Einkünfte übersteigen[485].

Schließlich bringt der BFH ein weiteres Argument auf, das eine Befreiung von negativen Einkünften aus dem Ausland nach der Befreiungsmethode rechtfertige: Die Nachteile eines Abzugsverbots für negative Einkünfte würde sich mit den Vorteilen einer Freistellung positiver Einkünfte ausgleichen. Dem wurde entgegengehalten, dass die Befreiung positiver Einkünfte mit dem Ziel der DBA im Einklang steht, die Doppelbesteuerung zu vermeiden, während die Nichtausgleichsfähigkeit von Verlusten zu einer faktischen Doppelbesteuerung infolge einer „exzessiven Besteuerung im Ansässigkeitsstaat" führt[486]. Außerdem ist ein Ausgleich von Vor- und Nachteilen, der zeitlich auseinander liegt, nie ein voller Ausgleich, da einerseits der Liquiditätsnachteil mit einzubeziehen ist und anderseits eine Besteuerung, die nicht die globale Leistungsfähigkeit eines Steuerpflichtigen berücksichtigt, einen Nachteil darstellen kann, der später nicht mehr aufzuwiegen ist[487].

b) Beschränkung der Befreiungsmethode allein auf positive Einkünfte

Im Gegensatz zur soeben dargestellten Ansicht, wird die Gegenauffassung vertreten, dass sich die Befreiungsmethode nur auf positive Einkünfte bezieht und dies mit unterschiedlichen Argumenten untermauert. Der Wortlaut der DBA ist der erste Ansatzpunkt. Aus ihm ergebe sich grundsätzlich nicht, ob negative Einkünfte von der Besteuerung freizustellen sind. Zumeist ist die Befreiungsmethode – wie auch im OECD-Musterabkommen – derart formuliert, dass von einem „Ausnehmen von der Besteuerung" die Rede ist, wovon sich gerade kein „Ausscheiden aus der Bemessungsgrundlage" ableiten lasse[488].

---

484 *E. Lechner*, Befreiungsmethode und Einkommensermittlung, in Gassner/Lang/Lechner (Hrsg) Methoden, 145; *Kessler*, Ausländische Betriebstättenverluste, in Lehner (Hrsg) Verluste 90.

485 *E. Lechner*, Befreiungsmethode und Einkommensermittlung, in Gassner/Lang/Lechner (Hrsg) Methoden, 146.

486 *E. Lechner*, Befreiungsmethode und Einkommensermittlung, in Gassner/Lang/Lechner (Hrsg) Methoden, 146.

487 *E. Lechner*, Die Auswirkungen des EU-Rechts auf die Befreiung von Verlusten nach den Doppelbesteuerungsabkommen, in Gassner/Lang/Lechner (Hrsg) Doppelbesteuerung und EU-Recht, Wien 1996, 85 ff, 95.

488 *Kessler*, Betriebstättenverluste, in Lehner (Hrsg) Verluste, 92; so auch schon *Kessler/Schmitt/Janson*, Berücksichtigungsverbot abkommensrechtlich „befreiter" Betriebsstät-

Die Schrankenwirkung der DBA ist ein weiteres Argument gegen ein auf die Befreiungsmethode gestütztes Verlustausgleichsverbot[489]. Danach können DBA Besteuerungsrechte nur *verteilen*, nicht auch *begründen*. Wenn daher nach rein nationalem Recht eine Verrechnung ausländischer Verluste mit inländischen Gewinnen möglich ist, könne ein DBA diese Verrechnung nicht verwehren, da es andernfalls ein Besteuerungsrecht begründen würde[490]. Dem Konzept der Schrankenwirkung wurde entgegengehalten, dass Besteuerungsrechte auch durch Staatsverträge begründet werden könnten[491]. Außerdem handle es sich lediglich um einen systemerklärenden Begriff, der keine Interpretationshilfe darstellen solle[492]. Dem ist zu widersetzen, dass es sich zwar lediglich um einen Begriff handelt, der das System erklärt, dieses System der DBA allerdings der entscheidende Faktor ist. Es sieht nämlich vor, dass DBA Besteuerungsrechte, die in beiden Vertragstaaten entstanden sind, *verteilt* werden. Es sieht nicht vor, Besteuerungsrechte zu begründen, wo sie nach rein innerstaatlichem Recht nicht bestehen[493]. Dass von diesem System abgewichen werden kann – und dies auch in Form von Staatsverträgen möglich ist –, ist richtig[494]; die Abweichung müsste dann allerdings ausdrücklich vorgesehen werden. Durch die generelle Formulierung der Befreiungsmethode als „Ausnehmen von der Besteuerung" ist kein Hinweis dafür gegeben, dass negative Einkünfte ausdrücklich von einer steuerlichen Wirkung im Ansässigkeitsstaat ausgenommen sind[495].

Als Indiz dafür, dass die Befreiungsmethode kein ausdrückliches Verlustausgleichsverbot enthält, wird in diesem Zusammenhang immer wieder auf Rechtsordnungen verwiesen, die trotz Implementierung der Befreiungsmethode eine Berücksichtigung ausländischer Verluste zulassen und zur Vermeidung der doppelten Verlustverwertung eine Nachversteuerung vorsehen, sobald die Verluste in

---

tenverluste? Analyse der BFH-Rechtsprechung unter Berücksichtigung von Verfassungs- und Europarecht nach AMID, IStR 2001, 729 ff, 732.

489 *Wassermeyer* in Debatin/Wassermeyer, Art. 23a Rn. 57 ff; *Kessler*, Betriebstättenverluste, in Lehner (Hrsg) Verluste, 93; *Zorn*, Verwertung von Auslandsverlusten bei DBA mit Befreiungsmethode, SWI 2001, 456 ff, 460.

490 *Kessler*, Betriebstättenverluste, in Lehner (Hrsg) Verluste, 93; *E. Lechner*, Befreiungsmethode, in Gassner/Lang/Lechner (Hrsg), Methoden, 90; *K. Vogel*, oberstes österr. Steuergericht zu Verlusten bei Freistellung, IStR 2002, 93.

491 *M. Lang*, Die Einwirkungen der Doppelbesteuerungsabkommen auf das innerstaatliche Recht, FJ 1988, 72 ff, 73 f.

492 *M. Lang*, Ausländische Betriebsstättenverluste und DBA-Auslegung, SWI 2002, 86 ff, 88; *Hahn*, Grenzüberschreitende Berücksichtigung von Betriebsstättenverlusten? IStR 2002, 681 ff, 683.

493 *Zorn*, Verwertung von Auslandsverlusten bei DBA mit Befreiungsmethode, SWI 2001, 456 ff, 460 mwN.

494 so *M. Lang*, Die Einwirkungen der Doppelbesteuerungsabkommen auf das innerstaatliche Recht, FJ 1988, 72 ff, 72 ff

495 *Vogel* in Vogel/Lehner (Hrsg) DBA-Kommentar, Art. 23 Rn. 48.

einer späteren Periode im jeweiligen Vertragstaat gegen positive Einkünfte verrechnet werden[496]. Hier werden etwa das Vereinigte Königreich, die Niederlande oder die Schweiz erwähnt. Auch das deutsche EStG kannte dieses System, wobei es als gegeben annahm, dass Verluste grundsätzlich aufgrund der Befreiungsmethode nicht zu berücksichtigen waren. Das Konzept einer Nachversteuerung ursprünglich verrechenbarer Verluste, wenn diese im Quellenstaat genutzt werden können, war auch im Kommissionsvorschlag zu einer EG-Verlustrichtlinie vorgesehen[497]. Nunmehr sieht auch das österreichische EStG als Reaktion auf das Erkenntnis des VwGH vom 25. 9. 2001 einer Nachversteuerungsregelung vor[498].

Zuletzt wird auch mit dem Leistungsfähigkeitsprinzip allgemein begründet, dass eine Verlustverrechnung über die Grenze durch DBA nicht eingeschränkt werden dürfte[499].

3. Schlussfolgerung

Nach Grundsätzen des internationalen Steuerrechts ist die Verlustverrechnung über die Grenzen innerhalb der EU eingeschränkt. Das ergibt sich für den Quellenstaat aus dem Territorialitätsprinzip und für den Ansässigkeitsstaat aus der Befreiungsmethode, in der sich ebenfalls das Territorialitätsprinzip niederschlägt. Ein Verlustausgleichsverbot infolge der Befreiungsmethode wird dabei von einem beachtlichen Teil der Lehre und von den obersten Steuergerichtshöfen Luxemburg und Österreichs abgelehnt.

VII. Entwicklung eines europäischen Leistungsfähigkeitsprinzips im Steuerrecht

Das Leistungsfähigkeitsprinzip ist in Deutschland als allgemeines Prinzip der Einkommensbesteuerung anerkannt[500]. In Österreich wird es von der Judikatur

---

496 *Vogel* in Vogel/Lehner (Hrsg) DBA-Kommentar, Art. 23 Rn. 49; *ders*, Das oberste österreichische Steuergericht erklärt Verluste bei DBA-Freistellung für abzugsfähig, IStR 2002, 91 ff, 92.

497 Siehe zu den Vorschlägen zu einer EG-Verlustverrechnungsrichtlinie: *Orth*, in Kessler/Kröner/Köhler (Hrsg) Konzernsteuerrecht, München 2004, 618 f; außerdem: E. *Lechner*, Auswirkungen des EU-Rechts auf die Befreiung von Verlusten, in Gassner/Lang/Lechner (Hrsg) EU-Recht, 1996, 90 Fn 9; *K. Vogel*, oberstes österr. Steuergericht zu Verlusten bei Freistellung, IStR 2002, 92; Kommissionsvorschlag zu einer Auslandsverlustrichtlinie vom 28. 2. 1991, Kom (90) 595 endg. ABl C 53/50.

498 § 2 Abs. 8 Nr. 3 Satz 2 öEStG.

499 *E. Lechner*, Befreiungsmethode und Einkommensermittlung, in Gassner/Lang/Lechner (Hrsg) Methoden, 148; *Schuch*, Verlustbehandlung, in Lehner (Hrsg) Verluste, 63 f und 66 f.; *Kessler*, Ausländische Betriebstättenverluste, in Lehner (Hrsg) Verluste, 85; *Schaumburg*, Internationales Steuerrecht, Rn. 16.539; *K. Vogel*, oberstes österr. Steuergericht zu Verlusten bei Freistellung, IStR 2002, 93.

500 *J. Lang/Tipke*, Steuerrecht, 18. Auflage Köln 2005, § 4 Rn. 81 ff.

ebenfalls als allgemeines Prinzip der Einkommensbesteuerung angesehen, in der Literatur allerdings ist es umstritten[501]. Der Streit in Österreich bezieht sich vor allem darauf, dass weder das Steuerrecht noch das Verfassungsrecht eine ausdrückliche Bestimmung enthält, auf die sich der Grundsatz einer Besteuerung nach der wirtschaftlichen Leistungsfähigkeit stützen könnte[502]. Eine Berufung auf das Leistungsfähigkeitsprinzip würde, so ein Teil der Lehre, einer Interpretation nach systematischen und verfassungsrechtlichen Gesichtspunkten bezogen auf eine bestimmte Steuervorschrift entgegenstehen[503]. Trotz dieser Einwände dürfte die hM auch in Österreich von der Geltung des Leistungsfähigkeitsprinzips ausgehen[504].

Inhalt des Leistungsfähigkeitsprinzips ist der Grundsatz einer Steuergerechtigkeit, nach der die Steuerlasten auf die Steuerpflichtigen im Verhältnis der wirtschaftlichen Leistungsfähigkeit verteilt werden[505]. Daraus leiten sich Unterprinzipien ab, wie etwa das Prinzip der persönlichen Universalität, das Prinzip der sachlichen Universalität, das objektive und das subjektive Nettoprinzip sowie das Prinzip der Einmalerfassung[506]. Aus dem objektiven Nettoprinzip ergibt sich die steuerliche Berücksichtigung negativer Einkünfte. Die Verlustberücksichtigung sollte grundsätzlich auch über Grenzen hinweg Geltung haben[507], wogegen sich allerdings Prinzipien des internationalen Steuerrechts, wie etwa das Territorialitätsprinzip, richten, die nicht an das Leistungsfähigkeitsprinzip gebunden zu sein scheinen[508].

In der Ausformung des Leistungsfähigkeitsprinzips als Grundsatz der Berücksichtigung negativer Einkünfte ist es nunmehr vermehrt auch auf gemeinschaftsrechtlicher Ebene in den Blickpunkt gekommen[509]. Für den Ansässigkeitsstaat gilt dies

---

501 Für die Anerkennung des Leistungsfähigkeitsprinzips: *Renner*, in Doralt (Hrsg) EStG-Kommentar, Loseblattsammlung 1. 1. 2004, Band I, § 2 Rn. 1; *J. Werndl*, Allgemeines Steuerrecht, Wien 2000, Rn. 154 ff; aA *Gassner/Lang*, Das Leistungsfähigkeitsprinzip im Einkommen- und Körperschaftsteuerrecht, 14. ÖJT 2000 III/1.

502 *Gassner/Lang*, Das Leistungsfähigkeitsprinzip, 14. ÖJT 2000 III/1, 53 ff.

503 *Gassner/Lang*, Die mangelnde Leistungsfähigkeit des Leistungsfähigkeitsprinzips, ÖStZ 2000, 643 f, 644.

504 *Renner*, in Doralt (Hrsg) EStG-Kommentar, § 2 Rn. 1; *J. Werndl*, Allgemeines Steuerrecht, Rn. 154 ff.

505 *J. Lang/Tipke*, Steuerrecht, § 4 Rn. 81.

506 *Beiser*, Das Leistungsfähigkeitsprinzip – Irrweg oder Richtschnur? ÖStZ 2000, 413 ff, 414.

507 *Kessler*, Ausländische Betriebstättenverluste, in Lehner (Hrsg) Verluste im nationalen und internationalen Steuerrecht, München 2004, 83 ff, 109.

508 *Schön*, Die beschränkte Steuerpflicht zwischen europäischem Gemeinschaftsrecht und deutschem Verfassungsrecht, IStR 1995, 119 ff, 123.

509 *Schön*, Besteuerung im Binnenmarkt – die Rechtsprechung des EuGH zu den direkten Steuern, IStR 2004, 289 ff, 294; *Haarmann*, Grenzüberschreitende Gruppenbesteuerung und Verlustnutzung in der EU, in Lüdicke (Hrsg), Deutsches Steuerrecht im europäischen Rahmen, Köln 2004, 169 ff, 177.

insbesondere für steuerliche Vorteile, die ausländischen Einkünfte, positiven wie negativen, nicht oder nur gemindert eingeräumt werden[510]. Aus Sicht des Quellenstaates hat ein europäisches Leistungsfähigkeitsprinzip die Folge, dass sowohl das objektive als auch das subjektive Nettoprinzip für beschränkt Steuerpflichtige zur Anwendung kommen müsste[511]. Eine leistungsgerechte Besteuerung, die nicht an den Außengrenzen der Mitgliedstaaten endet, wird zunehmend gefordert, um den Zielen des EG-Vertrages, insbesondere des Binnenmarktes, gerecht zu werden[512].

1. Europäisches Leistungsfähigkeitsprinzip im Ansässigkeitsstaat

a) Die persönliche Steuerkraft

Vom EuGH wird die wirtschaftliche Leistungsfähigkeit als „persönliche Steuerkraft" angesprochen und insbesondere im Fall Schumacker näher beleuchtet. Dort stellte der EuGH fest, dass

> „die persönliche Steuerkraft [eines] Gebietsfremden, die sich aus der Berücksichtigung seiner Gesamteinkünfte sowie seiner persönlichen Lage und seines Familienstands ergibt, am leichtesten an dem Ort beurteilt werden [kann], an dem der Mittelpunkt seiner persönlichen Interessen und seiner Vermögensinteressen liegt"[513].

In weiterer Folge kam der EuGH zum Ergebnis, dass diese allgemeine Aussage dann nicht aufrechtzuerhalten ist, wenn ein Gebietsfremder den wesentlichen Teil seiner Einkünfte im Quellenstaat erzielt. Dann liegt der Schwerpunkt der *persönlichen Steuerkraft* in diesem Staat, weshalb auch dort die persönlichen Verhältnisse zu berücksichtigen sind[514]. Insofern ist die Bezeichnung des daraus gewonnen Prinzips als europäisches Leistungsfähigkeitsprinzip angebracht.

Das Leistungsfähigkeitsprinzip auf europäischer Ebene kommt in Bezug auf den Ansässigkeitsstaat vor allem dergestalt zur Geltung, als sich der Ansässigkeitsstaat nicht auf das Territorialitätsprinzip berufen kann, wenn es um die Gewährung von Steuervorteilen geht, die mit ausländischen Sachverhalten in Verbin-

---

510 Vgl dazu insbeondere EuGH, Urteil vom 12. 12. 2002, C-385/00, *de Groot*, www.curia.eu.int, Rn. 45.

511 Vgl zum objektiven Nettoprinzip: EuGH, Urteil vom 12. 6. 2003, C-234/01, *Gerritse*, Slg 2003, I-5933; vgl zum subjektiven Nettoprinzip: EuGH, Urteil vom 1. 7. 2004, C-169/03, *Wallentin*, www.curia.eu.int.

512 *Lehner*, Das Territorialitätsprinzip im Lichte des Europarechts, in Gocke/Gosch/M. Lang (Hrsg) FS Wassermeyer, München 2005, 241 ff, 258 mwN.

513 EuGH, Urteil vom 14. 2. 1995, C-279/93, *Schumacker*, Slg 1995, I-225, Rn. 32.

514 EuGH 14. 2. 1995, C-279/93, *Schumacker*, Rn. 38.

dung stehen[515]. Die EuGH-Entscheidung in de Groot ist dafür bezeichnend, genauso wie die Diskussion um die Berücksichtigung ausländischer Verluste im Zusammenhang mit den Rechtssachen Ritter-Coulais und Marks & Spencer.

b) De Groot

In der Rs de Groot ging es darum, dass der Ansässigkeitsstaat nicht die volle persönliche Steuerkraft eines unbeschränkt Steuerpflichtigen berücksichtigte. Steuervorteile wurden in umso geringerem Ausmaß eingeräumt, je mehr Einkünfte im Ausland erzielt wurden[516]. Der EuGH kam bezugnehmend auf seine Ausführungen zur Einräumung von Steuervorteilen in Schumacker zu dem Schluss, dass persönliche Steuervorteile in dem Ausmaß gewährt werden müssen, als hätte der Steuerpflichtige seine gesamten Einkünfte im Inland erzielt, auch wenn diese teilweise aus dem EU-Ausland stammen. Der Ansässigkeitsstaat konnte nicht darauf beharren, Steuervorteile deshalb nicht einzuräumen, weil sie mit Einkünften in Zusammenhang standen, die seiner Besteuerungsbefugnis entzogen waren. Dem EuGH kam es darauf an, dass dem Steuerpflichtigen persönliche Steuervorteile in dem Ausmaß gewährt werden, dass seine gesamte wirtschaftliche Situation berücksichtigt wird[517]. Dabei dürfte der EuGH dem Ansässigkeitsstaat deshalb allein diese Bürde der Berücksichtigung persönlicher Verhältnisse auferlegt haben, da nach den abgeschlossenen DBA und den nationalen Rechtsordnungen keine andere Möglichkeit bestand. Er deutete aber an, dass die Mitgliedstaaten auch ein anderes Konzept vorsehen könnten, also die wirtschaftliche Leistungsfähigkeit etwa auch proportional in den jeweiligen Jurisdiktionen Niederschlag finden könnte[518].

In de Groot ging es nicht darum, dem Nettoprinzip zum Durchbruch zu verhelfen, sondern dem persönlichen Universalitätsprinzip. Steuervorteile sollten im Ausmaß der tatsächlichen wirtschaftlichen Situation und nicht der, die sich auf Einkünfte aus dem Ansässigkeitsstaat bezog, gewährt werden. Vorteile sollten nicht gekürzt werde, weil sich die wirtschaftliche Kraft eines Steuerpflichtigen auf mehrere Mitgliedstaaten verteilte.

c) Ritter-Coulais

In der Rs Ritter-Coulais zeigte sich ebenfalls, dass das Leistungsfähigkeitsprinzip zur Anwendung kommt. GA Léger kam in seinen Schlussanträgen zum Ergebnis, dass

---

515 *Schön*, Unternehmensbesteuerung und Europäisches Gemeinschaftsrecht, StbJb 2003/2004, 27 ff, 39.

516 Siehe eingehender zum Fall de Groot oben 2. Abschnitt IV. 3. b) „Das Territorialitätsprinzip in der EuGH-Rechtsprechung", sowie oben 2. Abschnitt III. 7. und IV. 1 und 2.

517 EuGH 12. 12. 2002, C-385/00, *de Groot*, Rn. 91 und 98 f.

518 EuGH 12. 12. 2002, C-385/00, *de Groot*, Rn. 99.

„die Steuerkraft des Gebietsfremden, die sich nicht nur aus der Berücksichtigung seiner persönlichen Verhältnisse und seines Familienstands ergibt, sondern auch aus der Berücksichtigung seiner gesamten Einkünfte und Verluste, von den zuständigen Behörden nicht bereits aufgrund des Wohnsitzes anders zu beurteilen ist, wenn die steuerpflichtigen Gebietsansässigen und Gebietsfremden ihre zu versteuernden Einkünfte ausschließlich oder fast ausschließlich im Staat der Besteuerung erzielen"[519].

Damit schlägt der Generalanwalt die Brücke von der Berücksichtigung persönlicher Steuervorteile zur Berücksichtigung von Verlusten in jenem Staat, in dem der wesentliche Teil der Einkünfte erzielt wird. Das Leistungsfähigkeitsprinzip – oder Prinzip der persönlichen Steuerkraft, wie der EuGH es formuliert – dient dem Generalanwalt dazu, die Beschränkung, ausländische negative Einkünfte im Staat, in dem der wesentliche Teil der Einkünfte erzielt wird, mit positiven Einkünften zu verrechnen, als Vertragsverletzung anzusehen.

Dass ein Verlustausgleichsverbot basierend auf dem Grundsatz der territorialen Abgrenzung gemeinschaftsrechtswidrig ist, scheint dabei in der Literatur hM zu sein[520]. (Eingehender s.u. 3. Abschnitt VI.)

2. Europäisches Leistungsfähigkeitsprinzip im Quellenstaat

a) Gerritse

In Gerritse war das Prinzip der wirtschaftlichen Leistungsfähigkeit von Bedeutung, obwohl es um die Besteuerung im Quellenstaat ging, in dem nur ein geringer Teil der Gesamteinkünfte des betroffenen Steuerpflichtigen erzielt wurden (siehe eingehender unten 3. Abschnitt II. 2. „Gerritse"). Der EuGH stellte in dieser Rechtssache fest, dass auch für beschränkt Steuerpflichtige das Nettoprinzip gelten muss[521]. Deutschland als Quellenstaat durfte die Einkünfte des in den Niederlanden ansässigen Gerritse, die dieser durch einen Auftritt als Trommler in Berlin erzielte, nur auf einer Nettobasis besteuern. Dabei stellte der EuGH einen Vergleich der Leistungsfähigkeit von Gebietsansässigen und Gebietsfremden her und kam zu dem Schluss, dass sie bezogen auf die Art ihrer Einkünfte im Quel-

---

[519] GA Léger, Schlussanträge vom 1. 3. 2005, C-152/03, *Hans-Jürgen und Monique Ritter-Coulais gegen Finanzamt Germersheim*, www.curia.eu.int, Rn. 98; eingehender zu dieser Rs s.u. 3. Abschnitt V. 2. „Ritter-Coulais".

[520] *Schön*, Unternehmensbesteuerung und Europäisches Gemeinschaftsrecht, StbJb 2003/2004, 27 ff, 41.

[521] EuGH, Urteil vom 12. 6. 2003, C-234/01, *Gerritse*, Slg 2003, I-5933, Rn. 54.

lenstaat vergleichbar sind. Daher wäre eine unterschiedliche Behandlung diskriminierend gewesen[522].

Gerritse und de Groot in Zusammenschau legen die unterschiedlichen Ausformungen der Berücksichtigung der wirtschaftlichen Situation von Steuerpflichtigen, die grenzüberschreitend tätig werden, klar dar:

- Steuervorteile, die mit der Person des Steuerpflichtigen zusammenhängen, sind im Ansässigkeitsstaat oder, nach Schumacker, in dem Staat, in dem der wesentliche Teil der Einkünfte erzielt wird, zu gewähren, und zwar unter Berücksichtigung der gesamten wirtschaftlichen Situation des Steuerpflichtigen.

- Steuervorteile, die mit den Einkünften des Steuerpflichtigen zusammenhängen, sind im Staat der Einkünfteerzielung zu gewähren[523].

Der EuGH unterscheidet demnach zwischen einer objektiven Steuerkraft, die sich auf Einkünfte bezieht, und einer persönlichen Steuerkraft, die sich auf den Steuerpflichtigen bezieht. Aus Gerritse wird jedenfalls abgeleitet, dass ausländische Verluste im Quellenstaat für Zwecke des Progressionssatzes zu berücksichtigen sind[524].

b) Schumacker und Wallentin

In Schumacker wurde für Zwecke des Gemeinschaftsrechts aus dem Quellenstaat der Ansässigkeitsstaat. Der EuGH kam zu dem Ergebnis, dass der Staat, in dem der wesentliche Teil der Einkünfte eines Steuerpflichtigen erzielt wurde, persönliche Steuervorteile gewähren muss, da nur dieser Staat in der Lage ist, „Vergünstigungen zu gewähren, die sich aus der Berücksichtigung seiner persönlichen Lage und seines Familienstands ergeben“[525]. In Wallentin ging der EuGH noch einen Schritt weiter[526]. Er kam zu dem Schluss, dass der Quellenstaat schon dann persönliche Steuervorteile gewähren müsse, wenn ein beschränkt Steuerpflichtiger „[...] in seinem Wohnsitzstaat *keine nennenswerten* Einkünfte hat *und* sein *zu versteuerndes* Einkommen im Wesentlichen aus einer Tätigkeit bezieht, die er im Beschäftigungsstaat ausübt, so dass der Wohnsitzstaat nicht in der Lage ist, ihm

---

522 EuGH 12. 6. 2003, C-234/01, *Gerritse*, Rn. 27 f.

523 Siehe dazu oben 2. Abschnitt III. 4. c) aa. „Wirtschaftlich in vergleichbarer Situation“; siehe außerdem zu Gerritse unten 3. Abschnitt II. 2. „Gerritse“.

524 Siehe dazu oben 2. Abschnitt VI. 1. „Verrechnung ausländischer Verluste im Quellenstaat“; dort *Rödder*, Deutsche Unternehmensbesteuerung im Visier des EuGH, in Gocke/Gosch/M. Lang (Hrsg) FS Wassermeyer, 170; *Schön*, Besteuerung im Binnenmarkt, IStR 2004, 295.

525 EuGH, Urteil vom 14. 2. 1995, C-279/93, *Schumacker*, Slg 1995, I-225, Rn. 36.

526 EuGH, Urteil vom 1. 7. 2004, C-169/03, *Wallentin*, www.curia.eu.int.

die Vergünstigungen zu gewähren, die sich aus der Berücksichtigung seiner persönlichen Verhältnisse und seines Familienstands ergeben"[527] (Hervorhebung durch den Verfasser).

Wallentin war deutscher Staatsbürger und in Deutschland ansässig. Er bezog in Deutschland ein steuerfreies Stipendium und hatte in Schweden Einkünfte aus einem Ferialjob. Der EuGH wurde mit der Vorlagefrage belangt, ob Schweden als Quellenstaat verpflichtet ist, den Grundfreibetrag, der unbeschränkt Steuerpflichtigen grundsätzlich zusteht, in voller Höhe zu gewähren. Aus der Formulierung der Urteilsbegründung des EuGH könnte man meinen, der EuGH wollte zwei Kriterien erfüllt haben, um dem Tätigkeitsstaat die Bürde der steuerlichen Berücksichtigung persönlicher Verhältnisse aufzuerlegen: (1) im Wohnsitzstaat werden keine nennenswerten Einkünfte erzielt und (2) im Tätigkeitsstaat der wesentliche Teil der steuerpflichtigen Einkünfte. Aus dem Sachverhalt und den weiteren Ausführungen des EuGH ist aber zu schließen, dass lediglich der wesentliche Teil der steuerpflichtigen Einkünfte im Tätigkeitsstaat liegen musste, also nur die zweite Voraussetzung maßgeblich ist. Einerseits betrugen die steuerfreien Einkünfte in Deutschland rund € 6000, während sich die steuerpflichtigen Einkünfte in Schweden auf € 800 bis € 900 beliefen. Anderseits ergibt sich aus den Randnummern 18 und 20 der Urteilsbegründung, dass für den EuGH allein ausschlaggebend ist, wo der wesentliche Teil der *steuerpflichtigen* Einkünfte liegt. Damit hat der EuGH ein Leistungsfähigkeitsprinzip besonderer Art begründet, das mit den Grundregeln des internationalen Steuerrechts nicht im Einklang steht[528]: Obgleich Schweden nicht berechtigt war, das gesamte Welteinkommen des betroffenen Steuerpflichtigen zu besteuern, musste es doch steuerliche Vorteile gewähren, als wäre es dazu in der Lage gewesen. Bis zu diesem Punkt besteht Übereinstimmung mit dem Ergebnis aus Schumacker. Allerdings geht der EuGH in Wallentin noch einen Schritt weiter: Selbst wenn im Wohnsitzstaat zwar Einkünfte erzielt werden, diese allerdings nicht steuerpflichtig sind und der wesentliche Teil der steuerpflichtigen Einkünfte im Tätigkeitsstaat erzielt wird, wird der Tätigkeitsstaat zum virtuellen Ansässigkeitsstaat. Eine neue Art von Schumacker-Staat wurde somit kreiert, nicht nur jener Staat, in dem der wesentliche Teil des *Welteinkommens* eines Steuerpflichtigen erzielt wird, gilt als virtueller Ansässigkeitsstaat, sondern schon der Staat, in dem der wesentliche Teil des *steuerpflichtigen Einkommens* erzielt wird. Er bleibt es selbst dann, wenn der wesentliche Teil der Gesamtein-

---

527 EuGH 1. 7. 2004, C-169/03, *Wallentin*, Rn. 17 mit Verweis auf EuGH 14. 2. 1995, C-279/93, *Schumacker*, Rn. 36; dens., *de Groot*, Rn. 89.

528 Vgl zu diesem Grundsatz: *Schön*, Besteuerung im Binnenmarkt – die Rechtsprechung des EuGH zu den direkten Steuern, IStR 2004, 289 ff, 294 f.

künfte, steuerfreie und steuerpflichtige zusammengenommen, im Wohnsitzstaat erzielt werden[529].

c) Die Sache D als Kontrapunkt zu Wallentin

Anders als in Wallentin kam der EuGH in der Sache D zu dem Ergebnis, dass steuerfreies Vermögen sehr wohl in die Vergleichsprüfung Gebietsansässiger und Gebietsfremder miteinzubeziehen ist[530]. Der zugrunde liegende Sachverhalt betraf die beschränkte Vermögensbesteuerung in den Niederlanden eines in Deutschland ansässigen Steuerpflichtigen, Herrn D. 10% seines Vermögens waren Immobilien in den Niederlanden, während die restlichen 90% deutsches Vermögen waren. Nach niederländischem Vermögensteuerrecht wurde Herrn D der Freibetrag, der unbeschränkt Steuerpflichtigen zusteht, nicht gewährt[531]. In Deutschland standen Herrn D ebenfalls keine Begünstigungen zu, da dort im relevanten Zeitraum keine Vermögenssteuer erhoben wurde (eine Begünstigung für sich). In der ersten von drei Vorlagefragen des Gerechtshof 's-Hertogenbosch wird angefragt, ob die Nichtgewährung des Freibetrags, der in den Niederlanden ansässigen Steuerpflichtigen gewährt wird, gegen Gemeinschaftsrecht verstößt.

Der EuGH kam zu dem Ergebnis, dass kein solcher Verstoß vorlag, da der in den Niederlanden beschränkt vermögensteuerpflichtige Herr D nicht mit Gebietsansässigen vergleichbar war[532]. Grund dafür war nach EuGH, dass bei beschränkt Vermögensteuerpflichtigen zumeist nur ein unwesentlicher Teil ihres Gesamtvermögens im Quellenstaat liegt und bei unbeschränkt Vermögensteuerpflichtigen im Allgemeinen das Gegenteil der Fall wäre[533]. Dass der wesentliche Teil des Vermögens von Herrn D in Deutschland nicht steuerpflichtig war, änderte – im Gegensatz zur Entscheidung des EuGH in Wallentin – nichts an der fehlenden Vergleichbarkeit. Der EuGH erkennt seine Abweichung zum Urteil in Wallentin und versucht sie in seinen Ausführungen zur Sache D zu rechtfertigen. Er führt an, dass in Wallentin Einkünfte aus der Vergleichbarkeitsprüfung von Gebietsfremden und Gebietsansässigen auszuscheiden waren, die ihrem Wesen nach steuerfreie Einkünfte waren[534]. Daraus ist im Umkehrschluss zu folgern, dass in der Sache D jenes Vermögen, das sich in Deutschland befand und dort keiner Be-

---

529 Anm.: Diese Schlussfolgerung könnte kritisiert werden, da die Steuerfreistellung von Einkünften an sich bereits eine Berücksichtigung persönlicher Verhältnisse darstellen könnte. So *Wimpissinger*, Swedish Tax Provision Violates Freedom of Movement, ECJ Rules, TNI vom 27. 9. 2004, 1162 ff, 1164.

530 EuGH, Urteil vom 5. 7. 2005, C-376/03, *D. gegen Inspecteur van de Belastingdienst/Particulieren/Ondernemingen buitendland te Heeren*, www.curia.eu.int.

531 EuGH 5. 7. 2005, C-376/03, *Sache D*, Rn. 7.

532 EuGH 5. 7. 2005, C-376/03, *Sache D*, Rn. 37 f.

533 EuGH 5. 7. 2005, C-376/03, *Sache D*, Rn. 38.

534 EuGH 5. 7. 2005, C-376/03, *Sache D*, Rn. 42.

steuerung unterlag, vom EuGH seinem Wesen nach als steuerpflichtig eingestuft wurde und daher in die Vergleichbarkeitsprüfung einzubeziehen war. Dass die steuerliche Regelungssystematik einen derart gravierenden Unterschied bewirken kann, ist inkonsequent. Denn es sollte als gleichwertig angesehen werden, Einkünfte grundsätzlich einer Besteuerung zu unterwerfen, davon aber eine Befreiung vorzusehen oder Einkünfte von vornherein nicht der Besteuerung zu unterwerfen[535].

d) Berücksichtigung der Leistungsfähigkeit im Quellenstaat

Umgelegt auf Verluste würden die Grundsätze aus Schumacker, de Groot, Gerritse und Wallentin Folgendes bedeuten: Angenommen ein Unternehmen hat seinen Sitz in Wien und zwei Betriebstätten, eine in Madrid und eine in Paris. Nur die Betriebstätte in Madrid erwirtschaftet einen Gewinn, während in Wien und Paris Verluste anfallen. Nachdem in Frankreich und Österreich keine steuerpflichtigen Einkünfte vorhanden sind, würde Spanien zum „Wallentin-Staat" werden und in weiterer Konsequenz sämtliche steuerliche Vorteile gewähren müssen, die es auch ansässigen Steuerpflichtigen einräumt. Insbesondere hätte Spanien dann, wenn die Verluste in Wien und Paris die spanischen Gewinne übersteigen, kein Besteuerungsrecht, obwohl es nur Quellenstaat ist und nach den Grundsätzen des internationalen Steuerrechts trotz ausländischer Verluste die inländischen Einkünfte voll besteuern dürfte[536]. An diesem Ergebnis ändert auch das Urteil des EuGH in der Sache D nichts, da in der Verlustsituation nicht einmal steuerbefreite Einkünfte im Ansässigkeitsstaat anfallen.

Der Verstoß gegen Gemeinschaftsrecht läge in diesem Beispiel darin begründet, dass Steuerpflichtige in Bezug auf die Verlustnutzung schlechter gestellt sind, als würden sie in ihrem Ansässigkeitsstaat bleiben. Das Vergleichspaar für die Feststellung einer Verletzung der Niederlassungsfreiheit würde dabei einerseits das nicht-ansässige Unternehmen mit seiner Betriebstätte im Quellenstaat und andererseits ein in diesem Staat ansässiges Unternehmen mit Betriebstätte im selben Staat bilden. Das ansässige Unternehmen könnte dabei Gewinne aus seiner inländischen Betriebstätte mit Verlusten des inländischen Stammhauses verrechnen, eine Möglichkeit, die auch dem nicht-ansässigen Unternehmen in Bezug auf die Gewinne der inländischen Betriebstätte und den ausländischen Verlusten des Stammhauses offen stehen sollte. Andernfalls läge eine Benachteiligung vor. Während grundsätzlich keine Vergleichbarkeit zwischen ansässigen Unternehmen

---

535 *M. Lang*, Das EuGH-Urteil in der Rechtssache D. – Gerät der Motor der Steuerharmonisierung ins Stottern? SWI 2005, 365 ff, 367 f.

536 Siehe oben 2. Abschnitt VI. 1. „Verrechnung ausländischer Verlutse im Quellenstaat"; *Lehner*, Das Territorialitätsprinzip im Lichte des Europarechts, in Gocke/Gosch/M. Lang (Hrsg) FS Wassermeyer, München 2005, 241 ff, 247 f; *Schön*, Besteuerung im Binnenmarkt – die Rechtsprechung des EuGH zu den direkten Steuern, IStR 2004, 289 ff, 294 f.

und nicht-ansässigen bestünde, wäre dies gemäß Wallentin und Schumacker anders, wenn die Gebietsfremden den wesentlichen Teil ihrer steuerpflichtigen Einkünfte im Betriebstättenstaat erwirtschafteten[537]. Die Vergleichbarkeit würde sich dabei aus der Steuerkraft ableiten. Zu den Gründen, die gegen die Annahme einer Gemeinschaftsrechtswidrigkeit sprechen und einer möglichen Rechtfertigung eines solchen Verstoßes siehe eingehend unten 3. Abschnitt VI. 3 b) und c).

Das soeben angeführte Beispiel mit Wiener Stammhaus und Betriebstätten in Paris und Madrid könnte noch weiter getrieben werden: Dasselbe Unternehmen erwirtschaftet in Madrid einen Gewinn von 100, während in Paris ein Verlust von 60 anfällt und im Wiener Stammhaus ein Gewinn von 10. Der wesentliche Teil der steuerpflichtigen Einkünfte ist in Madrid angefallen. Müssen nun auch dort die Pariser Verluste verrechnet werden können? Aus dem Urteil zu Wallentin ist ein Leistungsfähigkeitsprinzip abzuleiten, das dafür sprechen würde.

Die hM geht davon aus, dass der Quellenstaat basierend auf völkerrechtlichen Grundsätzen nicht dazu verpflichtet ist, ausländische Verluste zu berücksichtigen[538], was dem vom EuGH entwickelten Leistungsfähigkeitsprinzip entgegensteht.

3. Schlussfolgerungen zum europäischen Leistungsfähigkeitsprinzip

Nach dem aus der EuGH-Rechtsprechung abzuleitenden europäischen Leistungsfähigkeitsprinzip ergibt sich, dass der Ansässigkeitsstaat Steuervorteile grundsätzlich nicht mit der Begründung zurückhalten kann, dass sie mit einer Auslandstätigkeit in Zusammenhang stehen. Für den Quellenstaat ist abzuleiten, dass er im Allgemeinen nach dem objektiven Nettoprinzip zu besteuern hat. Das Leistungsfähigkeitsprinzip, das sich aus der EuGH-Rechtsprechung ergibt, sollte aber auch bedeuten, dass der Quellenstaat dann, wenn im Ansässigkeitsstaat oder Stammhausstaat Verluste anfallen, zum virtuellen Ansässigkeitsstaat werden kann.

---

537 EuGH 1. 7. 2004, C-169/03, *Wallentin*, Rn. 16.

538 *Lehner*, Territorialitätsprinzip, in Gocke/Gosch/M. Lang (Hrsg) FS Wassermeyer, 247 f; *Schön*, Besteuerung im Binnenmarkt, IStR 2004, 294 f; *Tumpel*, Betriebsstättenverluste in der Europäischen Union, SWI 2001, 55 ff, 60.

3. Abschnitt:
Rechtsprechung und Meinungsstand zur grenzüberschreitenden Verlustnutzung innerhalb der EU

I. Einleitung

Im Folgenden werden die wichtigsten EuGH-Entscheidungen und Schlussanträge von EuGH-Generalanwälten dargestellt, die für die grenzüberschreitende Verrechnung negativer Einkünfte von Bedeutung sind. Dabei wird insbesondere die Urteilsbegründung des EuGH oder die Begründung der Schlussanträge eingehend behandelt. Auch Entscheidungen nationaler Gerichte zu dieser Thematik werden in diese Darstellung miteingebunden. Die behandelten Fälle lassen sich in fünf Fallgruppen gliedern, die sich danach unterscheiden, ob der Ansässigkeits- oder der Quellenstaat betroffen ist, ob es sich um ausländische oder inländische Verluste handelt und welche Steuerrechtssubjekte eine Verlustverrechnung anstreben. Die Fallgruppen gliedern sich wie folgt:

(1) Verlustverrechnung im Quellenstaat (s.u. II.);

(2) Einschränkung inländischer Steuerbegünstigungen aufgrund von Auslandstätigkeiten (s.u. III.);

(3) Finanzierungskosten und Abschreibungen für ausländische Beteiligungen (s.u. IV.);

(4) ausländische Verlustverrechnung im Ansässigkeitsstaat bei Auslandstätigkeit (s.u. V.); und

(5) Verluste in der grenzüberschreitenden Unternehmensgruppe (s.u. VII.).

Die zwei wichtigsten Fallgruppen sind dabei die unter (4) und (5) angesprochenen, da sie sich auf die grenzüberschreitende Verlustverrechnung im Speziellen beziehen, einmal bei *einem* Steuerpflichtigen und einmal innerhalb des *Konzerns*. Der Meinungsstand in Literatur und Rechtsprechung im Zusammenhang mit den Fragestellungen dieser letzten beiden Fallgruppen wird gesondert dargestellt (siehe 3. Abschnitt VI. und VIII.).

II. Grenzüberschreitende Verlustverrechnung im Quellenstaat

1. Futura Participations und Singer

Im Vorabentscheidungsverfahren *Futura Participations* hatte der EuGH über die Voraussetzungen des Verlustvortrages nichtansässiger Unternehmen zu entscheiden[539]. Die Luxemburger Betriebstätte[540] einer französischen Kapitalgesellschaft erwirtschaftete in den Jahren 1981 bis 1986 Verluste in Luxemburg, die sie mit Gewinnen aus 1986 verrechnen wollte, was von der Finanzverwaltung abgelehnt wurde. Nicht ansässige Steuerpflichtige konnten nach luxemburgischem Einkommensteuerrecht Verlustvorträge aus früheren Jahren vom Gesamtbetrag ihrer Einkünfte nur abziehen, soweit

- sie mit Luxemburger Einkünften in wirtschaftlichem Zusammenhang standen und

- in Luxemburg ordnungsgemäß Bücher geführt wurden[541].

Der Verlustvortrag in Luxemburg war im Fall Futura Participations verwehrt worden, da die Luxemburger Betriebstätte in den fraglichen Geschäftsjahren über keine ordnungsgemäße Buchführung in Luxemburg verfügte. Das Vorabentscheidungsersuchen des Luxemburger Conseil d'Etat nahm zu beiden Voraussetzungen des Verlustvortrages eines nicht ansässigen Steuerpflichtigen in Luxemburg Stellung. Einerseits wurde daher angefragt, ob es mit der Niederlassungsfreiheit des EG-Vertrages des Artikel 52 EGV (heute Artikel 43 EG) vereinbar ist, dass der Verlustvortrag eines nicht ansässigen Steuerpflichtigen davon abhängig ist, dass die Verluste in wirtschaftlichem Zusammenhang mit Einkünften stehen, die der Steuerpflichtige in diesem Staat erzielt hat. Anderseits wurde angefragt, ob die Voraussetzung, ordnungsgemäße Bücher führen zu müssen, um einen Verlustvortrag vorzunehmen, gegen die Niederlassungsfreiheit verstößt.

a) Territorialitätsprinzip verhindert Diskriminierung

Die erste Frage beantwortete der EuGH nur knapp in drei Absätzen. Der Gerichtshof stellte kurz die Grundregeln der Besteuerung nach dem Welteinkommensprinzip für ansässige sowie nach dem Territorialitätsprinzip[542] für nichtansässige Steuerpflichtige dar, und kam zu dem Schluss, dass eine Bedingung, die

---

539 EuGH, Urteil vom 15. 5. 1997, C-250/95, *Futura Participations SA und Singer gegen Administration des contributions.*

540 Bei „Singer", der Luxemburger Zweigniederlassung der französischen Futura Participations SA, handelte es sich nach Artikel 2 Abs. 3 Nr. 2 Buchstabe b DBA Frankreich Luxemburg um eine Betriebstätte.

541 EuGH 15. 5. 1997, C-250/95, *Futura Participations*, Rn. 9.

542 Siehe zum Bedeutungsgehalt der Begriffe Welteinkommensprinzip und Territorialitätsprinzip oben 2. Abschnitt IV. 3. „Territorialitätsprinzip".

dem Territorialitätsprinzip entspreche weder eine offene noch eine verdeckte Diskriminierung darstellt[543].

Das Ergebnis des EuGH in Futura Participations stammt aus 1997 und könnte gestützt auf spätere Entscheidungen bei bestimmten Fallgestaltungen hinterfragt werden. Während es von der hM noch immer als richtig angesehen wird, dass der Quellenstaat basierend auf Grundsätzen des internationalen Steuerrechts nur Verluste aus seinem Territorium beachten muss[544], könnte dies im Lichte der EuGH-Entscheidung in Wallentin, die eine besondere Variante der Entscheidung in Schumacker darstellt, hinterfragt werden. Einerseits erscheint es nicht im Sinne eines Binnenmarktes, dass ein Unternehmen, das insgesamt einen Verlust innerhalb der EU erwirtschaftet, mit positiven Einkünften in einem Betriebstättenstaat besteuert wird[545]. Umgelegt auf den Fall Futura Participations kann dies anschaulich gezeigt werden. Angenommen das betroffene Unternehmen hätte nicht nur eine Betriebstätte in Luxemburg, sondern auch eine in Straßburg betrieben, nicht mehr als 200km entfernt voneinander. Das Stammhaus in Paris erleidet einen Verlust von 100, die luxemburgische Betriebstätte erwirtschaftet einen Gewinn von 90 und die Straßburger Betriebstätte einen Gewinn von 10. Die positiven Einkünfte aus Straßburg in Höhe von 10 können gegen den Verlust aus Paris verrechnet werden, während Luxemburg den Gewinn von 90 voll besteuert. Ob sich dieses Ergebnis mit fehlender Harmonisierung der nationalen Rechtsordnungen oder mit Grundsätzen des internationalen Steuerrechts rechtfertigen lassen kann, ist stark anzuzweifeln. Im Sinne der Anwendung eines europäischen Leistungsfähigkeitsprinzips sollte daher eine bessere Lösung gefunden werden.

b) Voraussetzung der Buchführung

Die Voraussetzung, luxemburgische Bücher zu führen, um als nicht ansässiger Steuerpflichtiger in Luxemburg einen Verlustvortrag geltend zu machen, sah der EuGH als eine Beschränkung der Niederlassungsfreiheit an. Es ergäbe sich daraus nämlich die Notwendigkeit, dass eine ausländische Gesellschaft neben ihren eigenen Büchern zusätzlich Bücher für ihre Zweigniederlassung führen muss[546].

---

543 EuGH 15. 5. 1997, C-250/95, *Futura Participations*, Rn. 20 bis 22; siehe eingehender zur Entwicklung des Territorialitätsprinzip basierend auf der Rs Futura Participations oben 2. Abschnitt IV. 3. „Territorialitätsprinzip".

544 *Schön*, Besteuerung im Binnenmarkt, IStR 2004, 289 ff, 294 f; *Lehner*, Das Territorialitätsprinzip im Lichte des Europarechts, in Gocke/Gosch/M. Lang (Hrsg) FS Wassermeyer, 260; Siehe oben 2. Abschnitt VI. 1. „Verrechnung ausländischer Verluste im Quellenstaat".

545 Siehe ausführlicher dazu oben 2. Abschnitt VII. „Entwicklung eines europäischen Leistungsfähigkeitsprinzips" sowie unten 3. Abschnitt VI. 3. „Verwertung ausländischer Verluste im Quellenstaat".

546 EuGH 15. 5. 1997, C-250/95, *Futura Participations*, Rn. 24 f.

Da der EuGH diesen zusätzlichen Aufwand als eine unzulässige Beschränkung einstufte, ging er dazu über, eine mögliche Rechtfertigung zu prüfen. Bei dieser Prüfung war es von besonderer Bedeutung, dass Steuerausländer nach luxemburgischem Recht im Allgemeinen nicht dazu verpflichtet waren, Bücher zu führen, um ihre Luxemburger Steuerbemessungsgrundlage zu eruieren[547]. Vielmehr war es gestattet, das steuerbare Einkommen einer Luxemburger Betriebstätte durch proratarische Aufteilung des Gesamteinkommens des Unternehmens zu ermitteln[548]. Die Zulässigkeit der proratarischen Aufteilung für positive Einkünfte steht einer Regelung, nach der Verluste aus Vorperioden der Höhe nach genau anzugeben sind, um mit positiven Einkünften verrechnet werden, nicht entgegen. Allerdings bedarf es dazu keiner ordnungsmäßigen Buchführung in Luxemburg. Der EuGH scheint hier die Vertrauensposition der Steuerpflichtigen berücksichtigt zu haben, allerdings nicht soweit, als der Steuerpflichtige sich darauf verlassen konnte, keine genauen Angaben zu machen; der Vertrauensschutz geht nur soweit, dass keine Bücher geführt werden müssen. Sollen Verluste vorgetragen werden, sind diese aber letztlich doch genau – und nach den Ermittlungsgrundsätzen des inländischen Rechts – anzugeben[549].

c) Besonderheiten des Urteils in Futura Participations

Die Besonderheiten in Futura Participations sind die Festschreibung des Territorialitätsprinzips für gemeinschaftsrechtliche Zwecke und dass der EuGH ein Beschränkungsverbot, das aus Bestimmungen eines *Quellenstaates* resultierte, als eine Vertragsverletzung ansah.

2. Gerritse

2003 entschied der EuGH über einen weiteren Fall der Verwertung negativer Einkünfte im Quellenstaat[550]. Der in den Niederlanden ansässige Herr Gerritse bezog 1996 Einkünfte in Deutschland für einen Auftritt als Schlagzeuger bei einem Radiosender in Berlin. Mit diesen Einkünften standen auch Ausgaben in Verbindung. Die Einkünfte in Deutschland beliefen sich auf rund 10% von Herrn Gerritses Welteinkommen, das zum Großteil in den Niederlanden erzielt wurde. Deutsche Einkommensteuer wurde im Wege des Steuerabzugs mit einem Satz von 25% auf die Bruttoeinnahmen auferlegt. Dagegen machte Herr Gerritse Rechtsmittel geltend und forderte, mit seinen deutschen Einkünften wie ein unbeschränkt Steuerpflichtiger behandelt zu werden. Die Vorlagefrage des FG Berlins,

---

547 EuGH 15. 5. 1997, C-250/95, *Futura Participations*, Rn. 37.

548 EuGH 15. 5. 1997, C-250/95, *Futura Participations*, Rn. 42.

549 EuGH 15. 5. 1997, C-250/95, *Futura Participations*, Rn. 39.

550 EuGH, Urteil vom 12. 6. 2003, C-234/01, *Gerritse gegen Finanzamt Neukölln-Nord*, Slg 2003, I-5933.

ob es der Dienstleistungsfreiheit widerspreche, wenn ein nicht ansässiger Steuerpflichtiger einer Abzugsbesteuerung zu 25% auf seine Bruttoeinnahmen unterliege, wurde vom EuGH in zwei von einander unabhängige Fragen geteilt: einerseits,

- ob die Nichtabzugsfähigkeit von Betriebsausgaben und anderseits,
- ob die Abzugsbesteuerung im Lichte der Dienstleistungsfreiheit EG-rechtskonform ist.

a) Abzugsfähigkeit von Betriebsausgaben bei beschränkt Steuerpflichtigen

Der EuGH hielt fest, dass für den Fall, dass Betriebsausgaben unmittelbar mit der Tätigkeit zusammenhängen, die zu beschränkt steuerpflichtigen Einkünften führen, eine Vergleichbarkeit zu unbeschränkt steuerpflichtigen Einkünften besteht. Aufgrund dieser Vergleichbarkeit wäre eine unterschiedliche Behandlung diskriminierend, da sie sich hauptsächlich zum Nachteil nicht ansässiger Personen anderer Mitgliedstaaten auswirkt[551]. Eine mögliche Rechtfertigung dieses Vertragsverstoßes wurde nicht geprüft, da diesbezüglich im Verfahren nichts vorgetragen wurde.

Als Reaktion auf Gerritse wurde hervorgehoben, dass der Objektcharakter der Abzugsteuer innerhalb der EU aufgegeben wurde[552]. Betrachtet man die Bruttobesteuerung als Objektsteuer, ist dem zuzustimmen, sieht man allerdings eine Besteuerung, die nicht auf die Person des Steuerpflichtigen abstellt, sondern allein auf die Einkünfte als Summe von positiven und negativen Einnahmen, könnte man weiterhin von einem objektsteuerlichen Charakter sprechen. Denn dem EuGH geht es genau darum, dass positive und negative Einkünfte dort miteinander verrechnet werden, wo sie anfallen, da es dort keinen Unterschied zwischen Einkünften eines beschränkt oder unbeschränkt Steuerpflichtigen gibt[553]. Der Objektcharakter der Besteuerung bliebe aber weiterhin bestehen, wenn man als Subjektcharakter die Einbeziehung der persönlichen und familiären Situation des Steuerpflichtigen ansehen würde.

---

551 EuGH 12. 6. 2003, C-234/01, *Gerritse*, Rn. 27 f.

552 *Haarmann*, Konsequenzen aus der EU-Rechtswidrigkeit der abgeltenden Abzugsbesteuerung auf Bruttobasis für beschränkt Steuerpflichtige innerhalb der Europäischen Union, IStR 2003, 558 ff, 559.

553 EuGH 12. 6. 2003, C-234/01, *Gerritse*, Rn. 27.

b) Steuerabzug in Höhe von 25%

Den Steuerabzug von 25% hielt der EuGH dann für diskriminierend, wenn er über dem Steuersatz liegt, der sich ergeben würde, wenn man auf die in Deutschland erzielten Nettoeinkünfte unter Hinzurechnung des Grundfreibetrages den für unbeschränkt Steuerpflichtige geltenden Steuersatz anwendete[554]. Hiermit ist nun ein subjektsteuerliches Element angesprochen.

Der EuGH führte aus, dass die Ungleichbehandlung von ansässigen und nichtansässigen Steuerpflichtigen im Hinblick auf direkte Steuern nicht notwendigerweise eine Diskriminierung darstellt, da im Allgemeinen keine vergleichbare Situation vorliege[555]. Im Fall Gerritse allerdings nahm der EuGH bezüglich des Steuersatzes eine Vergleichbarkeit ansässiger und nichtansässiger Steuerpflichtiger an, da die deutschen Einkünfte im Ansässigkeitsstaat Gerritses, den Niederlanden, durch Anwendung eines Progressionsvorbehaltes berücksichtigt wurden. Daraus ergibt sich, dass ein verglichen mit im Quellenstaat ansässigen Personen höherer Steuersatz diskriminierend gewesen wäre[556]. Der Grund weshalb der EuGH den Grundfreibetrag miteinbezogen hat war, dass in den Niederlanden der Progressionsvorbehalt angewendet wurde[557].

c) Besonderheiten des Urteils in Gerritse

Die Besonderheit an Gerritse ist, dass der EuGH die bloße *Möglichkeit* einer Schlechterstellung nicht genügen lässt, um eine Verletzung der Dienstleistungsfreiheit festzustellen[558]. In seinen Entscheidungen nach Gerritse ist der EuGH allerdings wieder zu seiner ständigen Rechtsprechung zurückgekehrt, nach der bereits potentielle Benachteiligungen gemeinschaftsrechtswidrig sind[559].

Eine weitere Besonderheit ist, dass der EuGH die Bruttobesteuerung im Quellenstaat als Vertragsverletzung ansah und das Zusammenspiel von fixen Steuersätzen im Quellenstaat und der Progressionsbesteuerung im Ansässigkeitsstaat als Grundlage für eine Vertragsverletzung wertete. Zudem wird aus Gerritse abgeleitet, dass ausländische Verluste im Quellenstaat insofern zu berücksichtigen sind,

---

554 EuGH 12. 6. 2003, C-234/01, *Gerritse*, Rn. 54.

555 EuGH 12. 6. 2003, C-234/01, *Gerritse*, Rn. 43 mit Verweis auf: EuGH, Urteil vom 14. 2. 1995, C-279/93, *Schumacker*, Slg 1995, I-225, Rn. 31 und 32; EuGH, Urteil vom 14. 9. 1999, C-391/97, *Gschwind*, Slg 1999, I-5451; Rn. 22; EuGH, Urteil vom 16. 5. 2000, C-87/99, *Zurstrassen*, Slg 2000, I-3337, Rn. 21.

556 EuGH 12. 6. 2003, C-234/01, *Gerritse*, Rn. 52 f.

557 EuGH 12. 6. 2003, C-234/01, *Gerritse*, Rn. 42.

558 EuGH 12. 6. 2003, C-234/01, *Gerritse*, Rn. 54.

559 EuGH, Urteil vom 1. 7. 2004, C-169/03, *Wallentin*, www.curia.eu.int, Rn. 17; siehe eingehend dazu oben 2. Abschnitt III. 8. „Abstrakte versus tatsächliche Vertragsverletzung".

als der Progressionsvorbehalt für unbeschränkt Steuerpflichtige im Quellenstaat zur Anwendung kommt[560]. Dieser letzte Punkt ist ein wichtiges Argument gegen die Position, dass eine generelle Verlustverrechnung über die Grenze deshalb problematisch sei, weil sie zu einer doppelten Verlustnutzung führen könnte[561]; schließlich besteht infolge des Progressionsvorbehalts die gleiche Gefahr, die in diesem Zusammenhang nicht problematisiert wird.

III. Einschränkung inländischer Steuervorteile aufgrund von Auslandstätigkeiten

1. Imperial Chemical Industries (ICI)

Im Fall ICI ging es um die Einschränkung der steuerlichen Verlustzuweisung im Konzern[562]: Der britischen Kapitalgesellschaft Imperial Chemical Industries plc (ICI) wurde der Steuervorteil aus der Verlustzuweisung einer 49%-igen britischen Tochtergesellschaft verwehrt. Grund für die Versagung des Steuervorteils war, dass die Tochtergesellschaft nicht als Holdinggesellschaft iSd britischen *group relief*-Regelungen galt, weshalb ihr Verlust ICI nicht zugewiesen werden konnte. Um als Holdinggesellschaft eingestuft zu werden, hätte die Tochtergesellschaft von ICI ganz oder hauptsächlich Beteiligungen an britischen Gesellschaften halten müssen, hielt aber Beteiligungen an vier Gesellschaften mit Sitz im Vereinigten Königreich, sechs in EU-Mitgliedstaaten und dreizehn in Drittstaaten[563].

Die kompliziert gestellte erste Vorlagefrage des britischen House of Lords (von insgesamt zwei) lässt sich kurz zusammenfassen als Frage, ob es mit der Niederlassungsfreiheit vereinbar ist, wenn der Steuervorteil der Verlustverrechnung im Konzern nur dann gewährt wird, wenn die verlustmachende Gesellschaft ganz oder hauptsächlich britische Beteiligungen hält? Die zweite Vorlagefrage bezieht sich darauf, ob die Niederlassungsfreiheit auch dann relevant ist, wenn mehr als die Hälfte der nicht-britischen Beteiligungen solche in Drittländern waren.

---

560 *Rödder*, Deutsche Unternehmensbesteuerung im Visier des EuGH, in Gocke/Gosch/M. Lang (Hrsg) FS Wassermeyer, 170; *Schön*, Besteuerung im Binnenmarkt, IStR 2004, 295; siehe dazu auch oben 2. Abschnitt VI. 1. „Verrechnung ausländischer Verluste im Quellenstaat".

561 Siehe oben 2. Abschnitt VI. 1. „Verrechnung ausländischer Verluste im Quellenstaat" und 2. „Verrechnung ausländischer Verluste im Ansässigkeitsstaat" sowie unten 3. Abschnitt VI. 1. bis 3.

562 EuGH, Urteil vom 16. 7. 1998, C-264/96, *Imperial Chemical Industries plc (ICI) gegen Kenneth Hall Colmer (Her Majesty's Inspector of Taxes)*, Slg 1998 I-04695.

563 EuGH 16. 7. 1998, C-264/96, *ICI*, Rn. 16; Anm.: Die Definition von Holdinggesellschaft war umstritten.

a) Verletzung der Niederlassungsfreiheit

Einleitend strich der EuGH hervor, dass die Niederlassungsfreiheit nicht nur die Inländergleichbehandlung Gebietsfremder im Aufnahmestaat sichern soll, sondern auch ein an den Herkunftsstaat gerichtetes Verbot enthält, die Niederlassungsmöglichkeit seiner Staatsangehörigen oder Gesellschaften, die nach seinem Recht gegründet sind, im EU-Ausland zu behindern[564]. Ohne ausführliche Begründung kam der EuGH in weiterer Folge zu dem Schluss, dass die Niederlassungsfreiheit beeinträchtigt wäre, wenn eine Ungleichbehandlung von Konzernverlusten besteht, die sich darauf zurückführen lässt, dass im Konzern EU-ausländische Tochtergesellschaften gehalten werden[565].

Beide Argumente der britischen Regierung, die eine Beschränkung der Niederlassungsfreiheit zu rechtfertigen versuchten, wies der EuGH zurück. Einerseits wurde die Vermeidung einer Steuerumgehung, anderseits die Sicherung von Steuereinnahmen angeführt. Die Vermeidung einer Steuerumgehung allerdings kann nach Ansicht des EuGH nur dann als Rechtfertigung der Niederlassungsfreiheit herangezogen werden, wenn rein künstliche Konstruktionen, die eine Umgehung des Steuerrechts zum Ziel haben, von einer Regelung erfasst werden sollen[566]. Zum einen ist das beim Halten von ausländischen Tochtergesellschaften nicht zutreffend, zum anderen wäre bereits beim Halten nur einer einzigen Tochtergesellschaft die einschränkende Verlustverrechnung anzuwenden, was nicht der Fall gewesen wäre[567]. Auch Steuermindereinnahmen können nach EuGH nicht als Rechtfertigung einer Beschränkung der Niederlassungsfreiheit angesehen werden[568].

Nachdem der EuGH schließlich noch eine Rechtfertigung nach dem Kohärenzprinzip prüfte, kam er zu dem Schluss, die erste Vorlagefrage des House of Lords dahingehend zu beantworten, dass die Niederlassungsfreiheit einer Regelung entgegensteht, nach der der Steuervorteil der Verlustverrechnung im Konzern daran anknüpft, dass die Gesellschaft, die Verluste erzielte, ganz oder hauptsächlich im betreffenden Mitgliedstaat ansässige Gesellschaften hält[569].

Zur zweiten Vorlagefrage entschied der EuGH, dass Gemeinschaftsrecht nicht berührt ist, wenn eine unterschiedliche Behandlung vorgesehen wird je nach dem,

---

564 EuGH 16. 7. 1998, C-264/96, *ICI*, Rn. 21 mit Verweis auf EuGH, Urteil vom 27. 9. 1988, C-81/87, *Daily Mail und General Trust*, Slg 1988, 5483, Rn. 16.

565 EuGH 16. 7. 1998, C-264/96, *ICI*, Rn. 23 f.

566 EuGH 16. 7. 1998, C-264/96, *ICI*, Rn. 26.

567 EuGH 16. 7. 1998, C-264/96, *ICI*, Rn. 26 f; siehe eingehender oben 2. Abschnitt IV. 4. „Steuerumgehung".

568 EuGH 16. 7. 1998, C-264/96, *ICI*, Rn. 28.

569 EuGH 16. 7. 1998, C-264/96, *ICI*, Rn. 29 f.

ob die Tätigkeit einer Konzerngesellschaft, deren Verluste verrechnet werden sollen, ganz oder hauptsächlich im Halten von Tochtergesellschaften mit Sitz in Drittstaaten besteht[570].

b) Besonderheiten des Urteils in ICI

Entscheidend ist die Rs ICI deshalb, da auch darin, wie in der Rs Marks & Spencer, die britischen Regelungen zur Verlustverrechnung im Konzern auf ihre Gemeinschaftsrechtskonformität geprüft wurden. Allerdings ging es um nationale Verluste, deren Verrechnung in Frage stand. Eine andere Besonderheit ist, dass der EuGH in ICI seine Rechtsprechung festigte, nach der die Grundfreiheiten auch Beschränkungsverbote enthalten; im speziellen Fall trat das Verbot als Wegzugsbeschränkung in Erscheinung.

2. X AB und Y AB

Im Fall X AB und Y AB hatte der EuGH die schwedische Steuerbegünstigung aufgrund so genannter Konzernbeiträge (*group contributions*) auf ihre Gemeinschaftsrechtskonformität zu prüfen[571]. Nach schwedischem Steuerrecht werden Konzernbeiträge einer schwedischen Gesellschaft an eine andere schwedische Gesellschaft bei der leistenden als abzugsfähige Betriebsausgabe und bei der empfangenden als steuerpflichtige Einnahmen eingestuft. Dieses steuerrechtliche Konzept soll vermeiden, dass sich die Steuerlast erhöht, wenn ein Unternehmen nicht durch eine große Einheits-Gesellschaft, sondern durch mehrere Gesellschaften, die einen Konzern bilden, wirtschaftlich tätig wird.

Das Vorabentscheidungsverfahren beim EuGH ergab sich aufgrund eines von der Finanzverwaltung erlassenen Vorbescheids, der von den schwedischen Gesellschaften X AB und Y AB betreffend eine Konzernumstrukturierung beantragt wurde. Die Gesellschaften wollten vorab geklärt haben, wie die schwedischen Regelungen über Konzernbeiträge nach einer geplanten Umstrukturierung anzuwenden wären. Nach dem daraufhin erlassenen Vorbescheid wären die Begünstigungen der Konzernbeiträge nicht möglich gewesen, da die betreffende schwedische Tochtergesellschaft von ihrer schwedischen Muttergesellschaft gemeinsam mit zwei oder mehreren *in unterschiedlichen* Mitgliedstaaten ansässigen 100%-Tochtergesellschaften gehalten worden wäre. Wäre die schwedische Tochtergesellschaft von ihrer Muttergesellschaft hingegen gemeinsam mit zwei oder mehreren diesmal in *nur einem* anderen Mitgliedstaat ansässigen 100%-Tochtergesellschaften (oder über in Schweden ansässige 100%-Tochtergesellschaften) gehalten worden, wäre die Begünstigung durch die Ge-

---

570 EuGH 16. 7. 1998, C-264/96, *ICI*, Rn. 32.

571 EuGH, Urteil vom 18. 11. 1999, C-200/98, *X AB und Y AB gegen Riksskatteverket*, Slg 1999, I-8261.

währung von Konzernbeiträgen sehr wohl möglich gewesen. Entscheidend war, dass in einer Struktur, in der eine schwedische Tochtergesellschaft teilweise indirekt über im EU-Ausland ansässige Tochtergesellschaften gehalten wurde, die Konzernbeiträge nicht eingeräumt wurden, wenn die EU-Gesellschaften in unterschiedlichen, anstatt in nur einem Mitgliedstaat ansässig waren.

a) Verletzung der Niederlassungsfreiheit in X AB und Y AB

Die steuerliche Ungleichbehandlung in Schweden aufgrund der dargestellten unterschiedlichen Konzernstrukturen hielt der EuGH für einen Verstoß gegen die Niederlassungsfreiheit[572]. Dabei sah der EuGH die rechtliche Schlussfolgerung, dass gewisse grenzüberschreitende Konzernstrukturen, nämlich jene, die nur einen Mitgliedstaat eingebunden hatten, nicht benachteiligt wurden, nicht als entscheidungsrelevant an. Schon allein die Ungleichbehandlung *einer* grenzüberschreitenden Struktur gegenüber einer *anderen* war ausreichend, um die Verletzung der Niederlassungsfreiheit anzunehmen[573].

Eine Rechtfertigung war vom EuGH nicht zu prüfen, zumal die schwedische Regierung keine Rechtfertigungsbegründung darlegte und – mehr noch – eine Verletzung der Niederlassungsfreiheit im Zuge der mündlichen Verhandlungen sogar einräumte[574].

b) Besonderheiten des Urteils in X AB und Y AB

Besonders am Urteil zu X AB und Y AB war, dass wieder die Verrechnung von Gewinnen und Verlusten innerhalb eines Konzerns in Frage stand, allerdings, wie schon in ICI auch, nur inländische Verluste betroffen waren. Es wurde als gemeinschaftsrechtswidrig angesehen, dass eine internationale Holdingstruktur die Verlustverrechnung innerhalb des Konzerns einschränkte, obwohl bestimmte andere internationale Holdingstrukturen unschädlich waren. Dabei war von Bedeutung, dass der EuGH jede *zusätzliche* Behinderung, die sich für eine grenzüberschreitende Situation im Vergleich zu einer rein innerstaatlichen ergibt, als gemeinschaftsrechtswidrig einstufte[575].

Den Regelungen der relevanten DBA wurde vom EuGH keine Bedeutung beigemessen, wie dies das vorlegende Gericht getan hatte[576].

---

572 EuGH 18. 11. 1999, C-200/98, *X AB und Y AB*, Rn. 28.

573 EuGH 18. 11. 1999, C-200/98, *X AB und Y AB*, Rn. 28.

574 EuGH 18. 11. 1999, C-200/98, *X AB und Y AB*, Rn. 29.

575 *Pistone*, The Impact of Community Law on Tax Treaties: Issues and Solutions, Den Haag/London/New York 2002, 157.

576 *Pistone*, The Impact of Community Law on Tax Treaties: Issues and Solutions, 157.

3. Algemene Maatschappij voor Investering en Dienstverlening (AMID)

Der Fall AMID betraf eine belgische Kapitalgesellschaft, die ihren belgischen Verlust aus dem Jahr 1981 nicht mit belgischen Gewinnen aus 1982 verrechnen konnte, da 1981 ein Gewinn in ihrer luxemburgischen Betriebstätte anfiel. Dieser ausländische Gewinn war – trotz Freistellung nach dem DBA Luxemburg-Belgien – aufgrund des rein innerstaatlichen belgischen Steuerrechts, 1981 mit dem belgischen Verlust aus diesem Jahr zu verrechnen, weshalb der Verlust nicht vorgetragen werden konnte. Dass diese Verrechnung des luxemburgischen Gewinns mit dem belgischen Verlust im Jahr 1981 aufgrund des einschlägigen DBA steuerlich nicht wirksam war, blieb nach belgischem Recht ohne Bedeutung.

Die Vorlagefrage des Hof van Beroep Gent an den EuGH verlangte eine Klärung, ob es mit der Niederlassungsfreiheit vereinbar ist, dass das belgische Steuerrecht eine Regelung mit den eben dargestellten Folgen vorsieht.

a) Verletzung der Niederlassungsfreiheit durch Minderung der Verlustnutzungsmöglichkeit infolge ausländischer Zweigniederlassungen

Einleitend stellte der EuGH fest, dass die Niederlassungsfreiheit nicht allein die Inländerbehandlung im Aufnahmemitgliedstaat sichern soll. Es beinhaltet vielmehr auch ein Verbot für den Herkunftsstaat, die Niederlassung seiner Staatsangehörigen oder der nach seinem Recht gegründeten Gesellschaften in anderen Mitgliedstaaten zu verhindern[577]. In seiner weiteren Analyse hob der EuGH hervor, dass es für belgische Gesellschaften aufgrund des Zusammenspiels von DBA-Recht mit belgischem, rein innerstaatlichem Recht einen Nachteil darstellen könnte, Betriebstätten im Ausland zu begründen[578]. Diese mögliche Schlechterstellung im Fall einer Auslandstätigkeit durch Begründung einer ausländischen Betriebstätte wurde vom EuGH als gemeinschaftsrechtswidrig angesehen[579].

Die belgische Regierung trug als Verteidigung der Verrechnungsregeln grenzüberschreitender Gewinne und Verluste zwei Argumentationslinien vor:

- Einerseits würden sich die betreffenden Regelungen in den meisten Fällen, in denen belgische Unternehmen ausländische Betriebstätten hätten, positiv auswirken, da sie im umgekehrten Fall von Gewinnen in Belgien und

---

577 EuGH, Urteil vom 14. 12. 2000, C-141/99, *Algemene Maatschappij voor Investering en Dienstverlening NV (AMID) gegen Belgischer Staat*, Slg 2000, I-11619, Rn. 21.

578 EuGH 14. 12. 2000, C-141/99, *AMID*, Rn. 23.

579 EuGH 14. 12. 2000, C-141/99, *AMID*, Rn. 30.

Verlusten im Ausland eine niedrigere Besteuerungsgrundlage in Belgien hätten[580].

- Anderseits wären Unternehmen, die allein in Belgien, und solche, die auch im Ausland tätig sind, nicht in vergleichbaren Situationen. Während allein in Belgien tätige nur dort mit ihrem globalen Einkommen besteuert werden würden, wären grenzüberschreitend tätige Unternehmen aufgrund der Anwendung von Doppelbesteuerungsabkommen vordringlich im Betriebstättenstaat besteuert[581].

Beide Argumentationslinien wurden vom EuGH abgelehnt. Einerseits deshalb, weil nicht darauf abzustellen ist, ob die meisten Fälle, die einem bestimmten Regelungskomplex unterliegen, steuerlich günstiger behandelt werden; entscheidend ist vielmehr, dass es keine Fälle gibt, die schlechter behandelt werden. Für die Feststellung, ob eine Verletzung der Niederlassungsfreiheit vorliegt, genügt eine abstrakte Schlechterstellung. Das ergibt sich aus der Anmerkung des EuGH:

> „Selbst wenn man unterstellt, dass die belgische Steuerregelung für Gesellschaften mit Betriebsstätten im Ausland zumeist günstiger ist, bringt sie doch immer dann, wenn sie sich für diese Gesellschaften nachteilig auswirkt, eine Ungleichbehandlung gegenüber den Gesellschaften mit sich, die keine Betriebsstätte außerhalb Belgiens haben, und bewirkt dadurch eine Beschränkung der durch Artikel 52 EG-Vertrag gewährleisteten Niederlassungsfreiheit [...]“[582].

Anderseits führte der EuGH bezüglich der behaupteten fehlenden Vergleichbarkeit aus, dass belgische Unternehmen mit und belgische Unternehmen ohne Betriebstätten im Ausland durchaus in vergleichbaren Situationen wären, wenn diese beiden Typen von Unternehmen in Belgien Verluste erleiden[583]. Da eine Vergleichbarkeit gegeben war, wurde die vorliegende ungleiche Behandlung als Verletzung der Niederlassungsfreiheit angesehen[584].

Hervorzuheben ist schließlich, dass der EuGH beide Argumentationslinien der belgischen Regierung nicht als Rechtfertigungsgründe für eine Beschränkung der Niederlassungsfreiheit prüfte, sondern als Tatbestandsfragen. Das ergibt sich dar-

---

580 EuGH 14. 12. 2000, C-141/99, *AMID*, Rn. 24.

581 EuGH 14. 12. 2000, C-141/99, *AMID*, Rn. 25.

582 EuGH 14. 12. 2000, C-141/99, *AMID*, Rn. 27; mit Verweis auf EuGH, Urteil vom 28. 1. 1986, C-270/83, *Kommission/Frankreich*, Slg 1986, 273, Rn. 21.

583 EuGH 14. 12. 2000, C-141/99, *AMID*, Rn. 29.

584 EuGH 14. 12. 2000, C-141/99, *AMID*, Rn. 30.

aus, dass er erst nach Ablehnung der Argumente Belgiens zu dem Schluss kommt, dass es keine Rechtfertigung für die vorliegende Beschränkung gab[585].

b) Besonderheiten des Urteils in AMID

Da AMID die Verrechnung inländischer Verluste mit ausländischen Gewinnen betraf, wurde seine Relevanz außerhalb Belgiens – vor allem für die Verrechnung ausländischer Verluste mit inländischen Gewinnen – in Zweifel gezogen[586]. Dem ist allerdings entgegenzuhalten, dass der EuGH gerade die steuerliche Situation der Verlustverrechnung eines Steuerpflichtigen mit einer inländischen Betriebstätte und der eines Steuerpflichtigen mit einer ausländischen Betriebstätte verglichen hat[587]. Dabei war es für ihn bedeutungslos, von wo nach wohin Verluste verrechnet wurden. Vielmehr ging es dem EuGH darum, ob eine solche Verrechnung verhindert wird[588]. Die Anwendung der Gebhard-Formel wird insofern ins Spiel gebracht, nach der Maßnahmen, die es weniger attraktiv machen, grenzüberschreitend tätig zu werden, grundsätzlich als eine Verletzung einer Grundfreiheit angesehen werden können[589]. Nach dieser Betrachtung ist AMID für die Frage der Gemeinschaftsrechtswidrigkeit eines grenzüberschreitenden Verlustverrechnungsverbotes der entscheidende Ausgangsfall des EuGH, da es nicht darum ging, ob es inländische Verluste waren, die infolge einer Auslandstätigkeit schlechter gestellt waren, sondern darum, dass generell die steuerliche Lage eines Steuerpflichtigen infolge einer Auslandstätigkeit benachteiligt wurde[590].

4. Mertens

Der Fall Mertens ist mit dem Fall AMID beinahe identisch[591]. Er betrifft einen Computerberater, der in Belgien ansässig war und dort einer selbständigen Beschäftigung nachging. In Deutschland war er unselbständig angestellt. Verluste

---

585 EuGH 14. 12. 2000, C-141/99, *AMID*, Rn. 31.

586 *Hahn*, Das AMID-Urteil – belgisches Internum oder Aufbruch zu neuen Ufern? – Besprechung des EuGH-Urteils vom 14. 12. 2000, IStR 2001, 465 ff, 468; *Bernhard*, Einkünfte aus ausländischen Betriebsstätten im Lichte des Europarechts, Anmerkung zu dem Urteil des EuGH vom 14. 12. 2000, C-141/99 (AMID), IStR 2001, 366 ff, 368.

587 EuGH 14. 12. 2000, C-141/99, *AMID*, Rn. 29.

588 *Haarmann*, Grenzüberschreitende Gruppenbesteuerung und Verlustnutzung in der EU, in Lüdicke (Hrsg), Deutsches Steuerrecht im europäischen Rahmen, Köln 2004, 169 ff, 179; *Kessler/Schmitt/Janson*, Berücksichtigungsverbot abkommensrechtlich „befreiter" Betriebsstättenverluste? Analyse der BFH-Rechtsprechung unter Berücksichtigung von Verfassungs- und Europarecht nach AMID, IStR 2001, 729 ff, 736.

589 Siehe dazu oben 2. Abschnitt III. 5. „Beschränkungsverbote".

590 *Kessler/Schmitt/Janson*, Berücksichtigungsverbot abkommensrechtlich „befreiter" Betriebsstättenverluste? IStR 2001, 736.

591 EuGH, Beschluss vom 12. 9. 2002, C-431/01, *Philippe Mertens und Belgischer Staat*, Slg 2002, I-7073.

aus der selbständigen Beschäftigung in Belgien, die 1988 anfielen, konnten 1989 nicht mit Gewinnen aus derselben Tätigkeit verrechnet werden. Der Grund dafür waren positive Einnahmen aus der Anstellung in Deutschland, die nach belgischem Recht 1988 mit den belgischen Verlusten gegenzurechnen waren.

Der EuGH fasste seine Entscheidung in Form eines begründeten Beschlusses, da sie sich aus eindeutiger Rechtsprechung ergab[592]. Das ist insbesondere deshalb beachtlich, da die gesicherte Rechtsprechung die Niederlassungsfreiheit behandelt, während sich die Entscheidung in Mertens auf die Arbeitnehmerfreizügigkeit stützt[593].

Die unterschiedliche Behandlung von Steuerpflichtigen, die allein in Belgien und solchen, die auch im Ausland positive und negative Einnahmen erzielten, sah der EuGH als eine Ungleichheit an, die dazu führen kann, Steuerpflichtige davon abzuhalten, eine Anstellung in einem anderen Mitgliedstaat zu verfolgen[594]. Die Argumente der belgischen Regierung, die der EuGH bereits im Fall AMID zurückgewiesen hatte, wurden aufs Neue verworfen. Ein zusätzliches Argument, das die belgische Regierung gegen eine Gemeinschaftsrechtswidrigkeit vorbrachte, war, dass die fehlende Steuerrechtsharmonisierung der Mitgliedstaaten, die steuerlichen Unterschiede bei grenzüberschreitenden Sachverhalten zur Folge gehabt hätte. Dem entgegnete der EuGH, dass es allein die belgische nationale Regelung war, die die Ungleichbehandlung belgischer Steuerpflichtiger, die im Ausland angestellt waren, bewirkte[595].

IV. Finanzierungskosten und Abschreibungen für ausländische Beteiligungen

1. Bosal

Die Nichtabzugsfähigkeit von Finanzierungskosten für ausländische Beteiligungen war Gegenstand der Rs Bosal[596]. Die in den Niederlanden ansässige Kapitalgesellschaft Bosal Holding BV betrieb Holding-, Finanzierungs- und Lizenzgeschäfte. 1993 beantragte sie den steuerlichen Abzug von Kosten, die im Zusammenhang mit der Finanzierung von Beteiligungen an im EU-Ausland ansässigen Tochtergesellschaften angefallen waren. Die Abzugsfähigkeit wurde – gestützt auf niederländisches Recht – versagt. Danach waren nur solche Kosten für Beteiligungsfinanzierungen abzugsfähig, die mittelbar der Erzielung von in den Nie-

592 EuGH 12. 9. 2002, C-431/01, *Mertens*, Rn. 20.

593 EuGH 12. 9. 2002, C-431/01, *Mertens*, Rn. 24.

594 EuGH 12. 9. 2002, C-431/01, *Mertens*, Rn. 33.

595 EuGH 12. 9. 2002, C-431/01, *Mertens*, Rn. 36.

596 EuGH, Urteil vom 18. 9. 2003, C-168/01, *Bosal Holding BV gegen Staatssecretaris van Financiën*, Slg 2003, I-9409.

derlanden steuerpflichtigen Gewinnen dienten. Nur Finanzierungskosten für solche ausländische Tochtergesellschaften, die eine Betriebstätte in den Niederlanden gehabt hätten, wären steuerwirksam gewesen[597].

Da der Hoge Raad der Nederlanden davon ausging, dass sich diese rechtliche Voraussetzung für die Abzugsfähigkeit von Finanzierungskosten negativ auf die Entscheidung niederländischer Muttergesellschaften, im EU-Ausland Tochtergesellschaften zu begründen, auswirkt, legte er dem EuGH zwei Vorlagefragen diesbezüglich vor. Dabei wollte der Hoge Raad nicht nur geklärt haben,

- ob die maßgeblichen Bestimmungen gegen EG-Recht, insbesondere die Niederlassungsfreiheit, verstößt, sondern auch,
- ob es einen Unterschied für die Beantwortung dieser ersten Vorlagefrage macht, wenn der jeweilige Mitgliedstaat die betreffenden Finanzierungskosten im umgekehrten Fall, in dem die Tochtergesellschaften in seinem Gebiet ansässig sind und die Muttergesellschaft im EU-Ausland, die Kosten auf Ebene der Tochtergesellschaften als steuerlich abzugsfähig anerkennt.

Die Entscheidung des EuGH im Fall Bosal ist deshalb von besonderer Bedeutung, da er richtungsweisende Aussagen zu Rechtfertigungsgründen wie dem Territorialitätsprinzip sowie dem Kohärenzprinzip macht und Stellung zum Verhältnis von Primär- zu Sekundärrecht bezieht, wenn er darauf eingeht, wie das Verhältnis zwischen der Mutter-Tochter-Richtlinie[598] und der Niederlassungsfreiheit zu beurteilen ist.

a) Verletzung der Niederlassungsfreiheit

Grundsätzlich sah der EuGH die Niederlassungsfreiheit als verletzt an, da die in Frage stehenden Bestimmungen „wie das vorlegende Gericht festgestellt hat, ein Hemmnis für die Errichtung von Tochtergesellschaften in anderen Mitgliedstaaten [darstellte]. Angesichts dieser Beschränkung könnte eine Muttergesellschaft nämlich davor zurückschrecken, ihre Tätigkeiten über eine in einem anderen Mitgliedstaat niedergelassene Tochtergesellschaft auszuüben, da solche Tochtergesellschaften gewöhnlich keine in den Niederlanden steuerpflichtigen Gewinne erzielen“[599]. Der EuGH stufte die Nichtabzugsfähigkeit für Beteiligungskosten an

---

597 EuGH 18. 9. 2003, C-168/01, *Bosal*, Rn. 13.

598 Richtlinie 90/435/EWG des Rates vom 23. 7. 1990 über das gemeinsame Steuersystem der Mutter- und Tochtergesellschaften verschiedener Mitgliedstaaten, ABl. L 225, 6, ber. ABl. EG Nr. L 266, 20, zuletzt geändert durch RL 2003/123/EG vom 22. 12. 2003, ABl. EG 2004 Nr. L 7, 41.

599 EuGH 18. 9. 2003, C-168/01, *Bosal*, Rn. 27.

ausländischen Tochtergesellschaften als eine unzulässige Beschränkung der Niederlassungsfreiheit ein, konkret als eine Wegzugsbeschränkung. Eine tiefergehende Analyse dazu, dass die Niederlassungsfreiheit auch ein Beschränkungsverbot enthält, nahm der Generalanwalt in seinen Schlussanträgen zu Bosal vor[600]. Der EuGH übernahm diese aber nicht, sondern ging stattdessen schlichtweg von einem Beschränkungsverbot aus.

b) Mutter-Tochter-Richtlinie und Niederlassungsfreiheit

Die niederländische Regierung und die des Vereinigten Königreichs nahmen den Standpunkt ein, dass die fragliche niederländische Voraussetzung für die Abzugsfähigkeit von Finanzierungskosten ausländischer Tochtergesellschaften nicht gegen die Niederlassungsfreiheit verstoßen würde, da die Voraussetzung im Einklang mit der Mutter-Tochter-Richtlinie stand, die den Mitgliedstaaten eine Nichtabzugsfähigkeit von Beteiligungskosten ermöglicht[601]. Der EuGH bestätigte die Feststellung, dass die Mutter-Tochter-Richtlinie es ermöglicht, die Abzugsfähigkeit von Beteiligungskosten auszuschließen und ging auch davon aus, dass die fraglichen niederländischen Bestimmungen auf die Mutter-Tochter-Richtlinie zurückzuführen waren[602]. Der EuGH hat allerdings klargestellt, dass die nur teilweise Umsetzung der von der Richtlinie vorgesehenen Möglichkeit, Beteiligungskosten als nicht abzugsfähig zu behandeln, gegen die Niederlassungsfreiheit verstoßen und aus diesem Grund gemeinschaftsrechtswidrig sind[603]. Zudem würde eine solche einseitige Umsetzung nicht mit dem Ziel der Mutter-Tochter-Richtlinie übereinstimmen, wenn sich aus der Umsetzung eine Ungleichbehandlung von Beteiligungskosten für inländische und ausländische Tochterkapitalgesellschaften ergibt[604]. Ziel der Richtlinie ist, so hob der EuGH hervor, die Schaffung eines gemeinsamen Steuersystems durch die Beseitigung von Nachteilen, die sich aus der Anwendung von Steuerbestimmungen unterschiedlicher Mitgliedstaaten auf grenzüberschreitende Beziehungen zwischen Mutter- und Tochtergesellschaften ergeben; diesem Ziel sollte nicht durch die Art der Umsetzung der Richtlinie ins nationale Recht entgegengesteuert werden[605].

---

600 Generalanwalt Alber, Schlussanträge vom 24. 9. 2002, C-168/01, *Bosal Holding B.V. gegen Staatssecretaris van Financiën*, www.curia.eu.int, Rn. 32 ff.

601 EuGH 18. 9. 2003, C-168/01, *Bosal*, Rn. 21; konkret berufen sich die betreffenden Regierungen dabei auf Artikel 4 Abs. 2 Mutter-Tochter RL.

602 EuGH 18. 9. 2003, C-168/01, *Bosal*, Rn. 23 (zur Abzugsfähigkeit) und 25 (Zurückführung auf Mutter-Tochter-RL).

603 EuGH 18. 9. 2003, C-168/01, *Bosal*, Rn. 26.

604 EuGH 18. 9. 2003, C-168/01, *Bosal*, Rn. 26 bis 28.

605 EuGH 18. 9. 2003, C-168/01, *Bosal*, Rn. 22 und 25 ff insb 28 mit Verweis auf EuGH, Urteil vom 4. 10. 2001, C-294/99, *Athinaïki Zythopoiïa*, Slg 2001, I-6797, Rn. 25.

c) Die Rechtfertigungsgründe in Bosal

aa. Kohärenzprinzip. Der EuGH prüfte eingehend, ob die Einschränkung der Niederlassungsfreiheit niederländischer Muttergesellschaften aufgrund der in Frage stehenden Bestimmungen durch das Erfordernis, die Kohärenz des Steuerrechts zu wahren, gerechtfertigt hätte sein können. Dafür fehlte es dem EuGH aber letztlich am direkten Zusammenhang, der so genannten „Bachmann-Verknüpfung", der Verknüpfung also zwischen der Gewährung eines Steuervorteils und dem Ausgleich dieses Vorteils durch einen steuerlichen Nachteil bei ein und derselben Person[606]. Es besteht kein direkter Zusammenhang zwischen den Steuervergünstigungen einer in den Niederlanden ansässigen Muttergesellschaft und der Besteuerung einer in einem anderen Mitgliedstaat ansässigen Tochtergesellschaft[607]. Mutter- und Tochtergesellschaft sind einerseits zwei von einander unterschiedliche Steuerrechtssubjekte und anderseits kommt es zu keinem Ausgleich einer Steuerbenachteiligung mit einer Steuerbegünstigung[608].

Im Zusammenhang mit dem Kohärenzprinzip strich der EuGH auch die Argumentation des Hogen Raad der Nederlanden hervor, die in dessen Vorlageantrag enthalten ist. Dort wurde eine Rechtfertigung nach dem Erfordernis der Kohärenz deshalb verworfen, da

- die Abzugsfähigkeit von Kosten an inländischen Beteiligungen nicht von der Höhe des Gewinns der jeweiligen Töchter abhängig waren und außerdem

- die Kosten dann ins Leere gingen, wenn die Töchter zwar Gewinne, die Muttergesellschaft aber insgesamt Verluste erwirtschaftete[609]. Schließlich hob das vorlegende Gericht hervor, dass

- im umgekehrten Fall, in dem eine ausländische Muttergesellschaft niederländische Töchter hielt, Beteiligungskosten der Mutter nicht mit dem Gewinn der Tochter verrechnet werden konnten, was ebenfalls als Argument gegen die Notwendigkeit, die Kohärenz zu wahren, angesehen wurde[610].

---

606 EuGH 18. 9. 2003, C-168/01, *Bosal*, Rn. 29 f; mit Verweis auf EuGH, Urteil vom 6. 6. 2000, C-35/98, *Verkooijen*, Slg 2000, I-4071, Rn. 57 und EuGH, Urteil vom 28. 1. 1992, C-204/90, *Bachmann*, Slg 1992, I-249; ders, Urteil vom 28. 1. 1992, C-300/90, *Kommission der Europäischen Gemeinschaften gegen Belgien*, Slg 1992, I-305; siehe dazu auch eingehender oben 2. Abschnitt IV. 2. c) „Geltendes Verständnis des Kohärenzprinzips".

607 EuGH 18. 9. 2003, C-168/01, *Bosal*, Rn. 31.

608 EuGH 18. 9. 2003, C-168/01, *Bosal*, Rn. 32 f.

609 EuGH 18. 9. 2003, C-168/01, *Bosal*, Rn. 15 und 35.

610 EuGH 18. 9. 2003, C-168/01, *Bosal*, Rn. 15.

Der EuGH schloss sich diesen Argumenten an und meinte, dass das Vorliegen einer Kohärenz ohnehin zu hinterfragen ist, wenn Beteiligungskosten weder im vorliegenden Fall einer niederländischen Muttergesellschaft, noch im umgekehrten Fall, in dem die Tochtergesellschaft in den Niederlanden ansässig ist, berücksichtigt werden[611]. Somit ergaben sich – neben dem Fehlen eines Ausgleichs von Vor- und Nachteilen bei ein und demselben Steuerpflichtigen – drei weitere Gründe, das Kohärenzprinzip nicht als Rechtfertigung zu akzeptieren[612].

bb. Territorialitätsprinzip. Die niederländische Regierung versuchte auch, das Territorialitätsprinzip als Rechtfertigungsgrund für die Einschränkung der Niederlassungsfreiheit zu bemühen und berief sich dabei auf die EuGH-Entscheidung im Fall Futura Participations, wo der EuGH für die Möglichkeit der Verlustverrechnung das Erfordernis des wirtschaftlichen Zusammenhangs von Gewinnen und Verlusten zu einem Staat als mit der Niederlassungsfreiheit vereinbar angesehen hatte[613]. In Bosal aber wies der EuGH das Territorialitätsprinzip als Rechtfertigungsgrund zurück. Einerseits bezog sich der Zusammenhang, den die in Frage stehenden niederländischen Bestimmungen forderten, – anders als in Futura Participations – nicht auf Gewinne und Verluste ein und desselben Steuerpflichtigen; anderseits wurden nach den niederländischen Vorschriften über die Abzugsfähigkeit von Beteiligungskosten Muttergesellschaften unterschiedlich behandelt, je nachdem wo ihre Tochtergesellschaften ansässig waren, nicht danach, wo sie selbst ansässig waren oder tätig wurden. Das Territorialitätsprinzip könne deshalb keine Rolle spielen[614].

Im Weiteren ging der EuGH auch darauf ein, dass sich die Ansässigkeit der Gesellschaft, die mit einem Steuerpflichtigen verbunden ist, grundsätzlich nicht negativ auf die steuerliche Position des Steuerpflichtigen auswirken darf[615]. Dies ergab sich nach EuGH schon aus der Entscheidung in Metallgesellschaft und Hoechst. Im zugrunde liegenden Fall ging es um die zu Bosal entgegengesetzte

---

611 EuGH 18. 9. 2003, C-168/01, *Bosal*, Rn. 36.

612 Siehe dazu auch ausführlich *Weber*, The Bosal Holding Case: Analysis and Critique, EC Tax Review 2003, 220 ff, 224 ff.

613 EuGH, Urteil vom 15. 5. 1997, C-250/95, *Futura Participations*, Slg 1997, I-02471; siehe eingehend dazu oben 3. Abschnitt II. 1. „Futura Particpations und Singer“ sowie zum Territorialitätsprinzip oben 2. Abschnitt IV. 3. „Territorialitätsprinzip“.

614 EuGH 18. 9. 2003, C-168/01, *Bosal*, Rn. 38 f; siehe auch ausführlich Generalanwalt *Alber*, Schlussanträge vom 24. 9. 2002, C-168/01, *Bosal*; www.curia.eu.int, Rn. 50.

615 EuGH 18. 9. 2003, C-168/01, *Bosal*, Rn. 40.

Konstellation: Tochtergesellschaften wurden steuerlich schlechter gestellt, wenn ihre Muttergesellschaften im Ausland, anstatt im Inland ansässig waren[616].

cc. Verringerung des Steueraufkommens. Den Versuch, die Einschränkung der Niederlassungsfreiheit durch die Vermeidung einer Aushöhlung der Besteuerungsgrundlage zu rechtfertigen, lehnte der EuGH ebenfalls ab. Die Vermeidung der Verringerung des Steueraufkommens ist nicht als zwingender Grund des Allgemeininteresses wie, Artikel 56 Abs. 1 EG-Vertrag (nunmehr Artikel 46 Abs. 1 EG) zur Rechtfertigung einer Beschränkung der Niederlassungsfreiheit anführt[617].

d) Besonderheiten des Urteils in Bosal

Das Urteil aus Bosal hat maßgebliche Bedeutung für die Frage der grenzüberschreitenden Verlustverrechnung, da Verluste innerhalb einer Unternehmensgruppe und Finanzierungskosten wirtschaftlich vergleichbar sind. Im Speziellen bestehen zwar wesentliche Unterschiede, der EuGH und GA Alber brachten aber wichtige Aspekte auf, die für Fälle wie Ritter-Coulais, Marks & Spencer und Oy Esab eine wichtige Grundlage bieten[618]. Vor allem die Ausführungen zur Rechtfertigung nach dem Kohärenzprinzip oder Territorialitätsprinzip sind hervorzuheben. Beide wurden im Ergebnis als Rechtfertigung zurückgewiesen, da der fragliche Vorteilsausgleich nicht bei ein und derselben Person gegeben war.

2. Rewe Zentralfinanz

Das FG Köln legte mit Beschluss vom 15. Juli 2004 dem EuGH eine Vorlagefrage vor, die die eingeschränkte Berücksichtigung negativer Einkünfte betrifft, die einen Auslandsbezug haben[619]. Der zugrunde liegende Sachverhalt betrifft eine deutsche Kapitalgesellschaft, die eine Gruppe von Tochtergesellschaften im EU-Ausland hielt. In den Jahren 1993 und 1994 wurden Teilwertabschreibungen auf den Beteiligungswert an einer direkt von der deutschen Mutter gehaltenen niederländischen Tochterkapitalgesellschaft durchgeführt. Aufgrund einer Bestimmung des damals geltenden deutschen Steuerrechts wurde die Teilwertabschreibung von der Finanzverwaltung nicht als steuerlich relevanter Aufwand anerkannt. Die betreffende Bestimmung verwehrte die Berücksichtigung negativer Einkünfte,

---

616 EuGH, Urteil vom 8. 3. 2001, C-397/98 und C-410/98 (verbunden), *Metallgesellschaft und andere*, Slg 2001, I-1727; siehe dazu eingehender unten 3. Abschnitt VII. 2. „Metallgesellschaft und Hoechst".

617 EuGH 18. 9. 2003, C-168/01, *Bosal*, Rn. 42, mit Verweis auf EuGH, Urteil vom 16. 7. 1998, C-264/96, *Imperial Chemical Industries plc (ICI)*, Slg 1998, I-04695, Rn. 28. Siehe dazu oben 2. Abschnitt IV. 5. „Abgelehnte Rechtfertigungsgründe".

618 *Thömmes*, Berücksichtigung von Verlusten ausländischer Tochtergesellschaften, IWB Nr. 8 vom 27. 4. 2005, Fach 11a, 847 ff, 853.

619 FG Köln, Vorlagebeschluss vom 15. 7. 2004, 13 K 1908/00, EFG 2005, 1609 ff, beim EuGH anhängig als C-347/04, *Rewe Zentralfinanz e.G. gegen Finanzamt Köln-Mitte*.

wenn sie mit Teilwertabschreibungen auf eine Beteiligung an einer ausländischen Körperschaft zusammenhing und diese Körperschaft passiv tätig war. Derartige negative Einkünfte waren zusätzlich dadurch beschränkt, dass sie nur mit positiven Einkünften derselben Einkunftsart verrechnet werden konnten und nicht vortragsfähig waren. Wären nach der damaligen Rechtslage die betreffenden negativen Einkünfte im Zusammenhang mit inländischen Beteiligungen angefallen, wären sie vortragsfähig und uneingeschränkt mit positiven Einkünften ausgleichsfähig gewesen.

a) FG Köln zweifelt EG-Konformität an

Aufgrund der vom FG Köln aufgezeigten Ungleichbehandlung hatte das Finanzgericht Zweifel an der Vereinbarkeit der deutschen Vorschrift mit der Niederlassungs- und mit der Kapitalverkehrsfreiheit[620]. Nachdem das FG Köln die grundsätzliche Anwendung der Niederlassungsfreiheit im vorliegenden Fall geprüft hat, insbesondere dass die Niederlassungsfreiheit auch an das Herkunftsland gerichtet ist, wandte es sich der materiellen Prüfung zu[621]. Das Finanzgericht führte dabei nochmals die steuerliche Behandlung von Teilwertabschreibungen betreffend inländische und ausländische Beteiligungen an und kam zu dem Schluss, dass die Benachteiligung eine Beschränkung der Niederlassungsfreiheit darstellt[622].

Als Rechtfertigung der Beschränkung der Niederlassungsfreiheit prüfte das FG Köln das Erfordernis der Kohärenz, die Vermeidung von Steuermindereinnahmen, die Bekämpfung von Missbrauchskonstruktionen und die Notwendigkeit wirksamer Steuerkontrolle. Basierend auf der jeweils einschlägigen EuGH-Rechtsprechung wurden diese Rechtfertigungsmöglichkeiten verneint[623].

b) Besonderheiten des Vorlagebeschlusses vom FG Köln

Der Vorlagebeschluss des FG Köln ist deshalb erwähnenswert, weil es der erste von einem Finanzgericht beim EuGH vorgelegte Fall zur Verwertung negativer Einkünfte im grenzüberschreitenden Zusammenhang ist. Außerdem nahm das FG Baden-Württemberg in einem Fall zur selben Vorschrift des deutschen Steuerrechts keine Gemeinschaftsrechtswidrigkeit an und leitete daher kein Vorabent-

---

620 FG Köln, EFG 2004, 1611; vgl auch zur Analyse des FG Köln *Lüdicke*, Pending Cases Filed by German Courts I: The Meilicke, CLT-UFA, Keller Holding, Lasertec, Rewe Zentralfinanz, Ritter-Coulais, Kolumbus Container Services, and Stauffer Case, in Lang/Schuch/Staringer (Hrsg) ECJ-Recent Developments in Direct Taxation, Wien 2006, 113 ff, 152 ff.

621 FG Köln, EFG 2004, 1612.

622 FG Köln, EFG 2004, 1612.

623 FG Köln, EFG 2004, 1612 f.

scheidungsverfahren beim EuGH ein[624]. Während in der Rs Ritter-Coulais, dem vom BFH beim EuGH vorgelegten Fall zur grenzüberschreitenden Verrechnung positiver und negativer Einkünfte, eine etwas unglückliche Rechtslage zugrunde liegt[625], wäre der Fall des FG Baden-Württemberg ideal gewesen, da es ohne eine Anwendung komplexer Regelungen um die Verwertung ausländischer Betriebstättenverluste in Deutschland ging[626]. Beeindruckend an der Urteilsbegründung des FG Baden-Württemberg vom 30. 6. 2004 (!) ist, dass sie einen nur minimalen Bezug zur EuGH-Rechtsprechung im Zusammenhang mit der grenzüberschreitenden Verlustverrechnung enthält und gar keinen Bezug zu anhängigen Verfahren in diesem Kontext (etwa zu Ritter-Coulais). Erwähnt wurde lediglich Futura Participations als Grundlage dafür, dass es zulässig wäre, nur Gewinne und Verluste aus Inlandstätigkeiten zu berücksichtigen[627]. Futura Participations betraf allerdings die Gewinn- und Verlustverrechnung im Quellenstaat und ist daher nicht deckungsgleich mit dem Fall des FG Baden-Württemberg[628]. Auch der Fall AMID wird vom FG Baden-Württemberg angesprochen, allerdings dahingehend verstanden, dass ein Verstoß gegen die Niederlassungsfreiheit nur dann vorliege, wenn das nationale Steuerrecht den Ausgleich von Verlusten insgesamt ausschließt und sich Verluste in keinem Mitgliedstaat der EU steuerlich auswirken[629]. Hier wurde eine neue Lesart von AMID angeboten. Die hM stuft AMID jedenfalls anders ein und sieht diese Rechtssache als Ausgangsfall für die grenzüberschreitende Verlustverwertung innerhalb der EU[630].

Von besonderer Bedeutung ist der vom FG Köln vorgelegte Fall inhaltlich deshalb, da es nicht nur um die unterschiedliche Behandlung von negativen Einkünften je nach Ort der Verursachung geht, sondern auch um die Differenzierung danach, ob die betreffenden Einkünfte aus einer aktiven oder passiven Tätigkeit stammen[631]. Außerdem erwähnte das FG Köln, dass betreffend die fragliche Steuerregelung ein Vertragsverletzungsverfahren der Kommission eingeleitet wurde,

---

624 FG Baden-Württemberg, Urteil vom 30. 6. 2004, 1 K 312/03, Rev. I R 84/04, DStRE 2004, 958 ff.

625 BFH, Vorlagebeschluss vom 13. 11. 2002 I R 13/02, BStBl. II 2003, 795 ff; siehe eingehender unten 3. Abschnitt V. 2. „Ritter-Coulais".

626 So auch *Cordewener*, DBA-Freistellung von Auslandsverlusten und EG-Grundfreiheiten: Klärung aufgeschoben, aber hoffentlich nicht aufgehoben! Anmerkung zu FG Baden-Württemberg, Gerichtsbescheid vom 30. 6. 2004, DStR 2004, 1634 ff, 1635.

627 FG Baden-Württemberg, 30. 6. 2004, DStRE 2004, 959.

628 Siehe dazu oben 2. Abschnitt IV. 3. „Territorialitätsprinzip" sowie 3. Abschnitt II. 1. a) „Territorialitätsprinzip verhindert Diskriminierung".

629 FG Baden-Württemberg, 30. 6. 2004, DStRE 2004, 959.

630 Siehe dazu oben 3. Abschnitt III. 3. „AMID".

631 *Lausterer*, Die Beschränkung des Verlustausgleichs über die Grenze und das Gemeinschaftsrecht, FR 2004, 1109 ff, 1110; *Lüdicke*, Pending Cases Filed by German Courts I, in Lang/Schuch/Staringer (Hrsg) ECJ Developments, 113 ff, 154.

welches mittlerweile, nachdem Änderungen im Rahmen der Unternehmenssteuerreform vorgenommen wurden, wieder eingestellt sei. Daraus sollte allerdings nicht geschlossen werden, dass es sich bei den in Frage stehenden Bestimmungen um ausgelaufenes Recht handelt. Denn die Änderungen beziehen sich nicht auf Steuerpflichtige, die dem so genannten Halbeinkünfteverfahren unterliegen[632]. Die Rs Rewe wird als klare Einschränkung ausländischer Investitionen angesehen, weshalb mit der Feststellung einer Verletzung der Niederlassungsfreiheit durch den EuGH gerechnet wird[633].

V. Verwertung ausländischer Verluste im Ansässigkeitsstaat

1. Österreichischer und Luxemburger Verwaltungsgerichtshof

Der österreichische VwGH entschied 2001 einen Fall zur Verlustverrechnung über die Grenze, ohne sich tiefgehend mit EG-Recht auseinanderzusetzen. Der Grund dafür lag darin, dass er gestützt auf rein innerstaatliches Recht und dessen Zusammenwirken mit DBA-Recht eine Verrechnung ausländischer Verluste mit nationalen Einkünften vornahm[634].

Im zugrunde liegenden Sachverhalt erwirtschaftete eine in Österreich unbeschränkt steuerpflichtige Person neben positiven inländischen Einkünften einen Verlust als Mitunternehmerin einer deutschen OHG. Die Berücksichtigung dieses Verlusts in Österreich wurde von der Finanzverwaltung verwehrt. Lediglich eine Berücksichtigung des Verlusts im Zuge des negativen Progressionsvorbehalts wäre anerkannt worden.

a) Behandlung von Verlusten im DBA-Recht nach VwGH

An den Anfang seiner Entscheidungsbegründung stellte der VwGH als leitendes Motiv den Zweck des DBA Österreich-Deutschland 1954, die Doppelbesteuerung zu vermeiden, was sich bereits aus Artikel 1 Abs. 1 DBA Ö-D 1954 ergibt[635]. Aus diesem Zweck des DBA Österreich-Deutschland leitete der VwGH ab, dass grenzüberschreitende Sachverhalte nicht höher oder niedriger zu besteuern sind als rein innerstaatliche. Für Verluste ergibt sich aus der Maxime, grenzüberschreitende Sachverhalte nicht höher zu besteuern, dass sie trotz Anwendung der Befreiungsmethode für Einkünfte einer ausländischen Betriebstätte zu berücksichtigen sind[636]. Nach rein innerstaatlichem Recht sind Verluste bei der Ermittlung des

---

632 *Lausterer*, Die Beschränkung des Verlustausgleichs über die Grenze, FR 2004, 1111.

633 *Lüdicke*, Pending Cases Filed by German Courts I, in Lang/Schuch/Staringer (Hrsg) ECJ Developments, 154.

634 VwGH, Erkenntnis vom 25. 9. 2001, 99/14/0217 E, IStR 2001, 754 f.

635 VwGH, IStR 2001, 754 f, 754.

636 VwGH, IStR 2001, 754 f, 754.

Einkommens nämlich gemäß § 2 Abs. 2 öEStG 1988 zu berücksichtigen. Wird ein in Deutschland erwirtschafteter Verlust nach dieser Bestimmung berücksichtigt, liegt keine Doppelbesteuerung iSd Artikel 1 Abs. 1 DBA Ö-D 1954 vor.

Zur Begründung dieses Ergebnisses holt der VwGH weiter aus und stützt es auf die Schrankenwirkung vom DBA-Recht[637]: Danach begrenzen DBA die sich aus dem innerstaatlichen Recht ergebende Steuerpflicht, können sie aber nicht erweitern. Nach der Schrankentheorie ist in einem Schritt zu prüfen, ob sich bezogen auf einen bestimmten Sachverhalt nach innerstaatlichem Recht eine Steuerpflicht ergibt. In einem davon unabhängigen Schritt ist außerdem zu prüfen, ob ein DBA Besteuerungsrechte der betroffenen Staaten begrenzt. Durch diese Art der Prüfung kann ein nach innerstaatlichem Recht gar nicht erst bestehender Besteuerungsanspruch nicht durch DBA-Recht begründet werden. Im konkreten Fall des Verlustes, den eine in Österreich unbeschränkt steuerpflichtige Person in ihrer deutschen Betriebstätte erlitt, ergab die Schrankenwirkung vom DBA Deutschland-Österreich, dass die Bemessungsgrundlage nach österreichischem Recht um den Verlust zu verringern war[638]. Andernfalls wäre es zu einer Besteuerung in Österreich gekommen, die ohne DBA nicht auferlegt worden wäre.

Zu dem gleichen Ergebnis mit Verweis auf den VwGH kam der luxemburgische Verwaltungsgerichtshof (Cour administrative) in einem Urteil vom 10. August 2005[639]. Der luxemburgische Verwaltungsgerichtshof ging – wie auch der österreichische VwGH – davon aus, dass nach rein innerstaatlichem Recht eine Verrechnung ausländischer Betriebstättenverluste möglich sein muss, auch dann, wenn sie aus einem Land stammen, mit dem für Betriebstättengewinne die Befreiungsmethode zur Vermeidung der Doppelbesteuerung vereinbart ist[640]. Dies leite sich auch aus dem luxemburgischen Verfassungsrecht ab, das einen Gleichheitsgrundsatz in Steuerangelegenheiten festschreibt[641]. Danach dürften Steuerpflichtige mit Verlusten aus inländischen Betriebstätten oder aus ausländischen Betriebstätten, die sich in Nicht-DBA-Ländern befinden, nicht besser gestellt sein, als Steuerpflichtige mit Betriebstätten in DBA-Ländern[642].

---

637 VwGH, IStR 2001, 754 f, 755.

638 VwGH, IStR 2001, 754 f, 755.

639 *Winandy*, Deutsche Betriebsstättenverluste müssen in Luxemburg zum Abzug zugelassen werden, IStR 2005, 594 ff, 594 Fn. 1.

640 *Winandy*, Deutsche Betriebsstättenverluste, IStR 2005, 595 f.

641 *Winandy*, Deutsche Betriebsstättenverluste, IStR 2005, 595.

642 *Winandy*, Deutsche Betriebsstättenverluste, IStR 2005, 595.

b) Vermeidung der doppelten Verlustnutzung nach Berücksichtigung eines Quellenstaatverlustes im Ansässigkeitsstaat nach VwGH

Ohne gesetzliche Basis entwickelte der VwGH eine Methode, um eine doppelte Verlustnutzung zu vermeiden. Er stützte diese Vermeidung der doppelten Verlustnutzung auf den allgemeinen Zweck eines DBA, die doppelte Besteuerung auszuschließen. Die Verhinderung der mehrfachen Erfassung von Einkünften beinhaltet nach VwGH nämlich auch die Vermeidung einer begünstigenden Wettbewerbsverzerrung durch Nichtbesteuerung bestimmter Einkünfte[643]. Die Schaffung ungerechtfertigter Vorteile für grenzüberschreitende Sachverhalte im Vergleich zu rein innerstaatlichen ist nach dem Gerichtshof kein Ziel von Doppelbesteuerungsabkommen. Die DBA-Bestimmung, die der VwGH heranzieht, um eine Doppelverlustverwertung auszuschließen ist die Betriebstättennorm, Artikel 4 im DBA Ö-D 1954. Wird ein deutscher Verlust, der in Österreich mit positiven Einkünften verrechnet wurde, in Deutschland als Verlustvortrag steuerwirksam, so sind die somit – und soweit – verringerten deutschen Einkünfte keine Einkünfte iSd Artikel 4 Abs. 1 DBA Ö-D 1954. Das ergibt sich für den VwGH vor dem Hintergrund des Artikel 1 Abs. 1 DBA Ö-D 1954.

Der Luxemburger Cour administrative geht einen anderen Weg; er hebt zwar hervor, dass eine doppelte Verlustnutzung Folge der Verwertungsmöglichkeit im Ansässigkeitsstaat sein könnte, sieht für die Vermeidung dieser Gefahr allerdings den Gesetzgeber als zuständig an. Die Rechtswidrigkeit, die in der Verwehrung einer grenzüberschreitenden Verlustverrechnung liegt, könne durch die Gefahr der doppelten Verlustnutzung nicht beseitigt werden[644].

c) Schlussfolgerungen aus dem VwGH Erkenntnis zur grenzüberschreitenden Verlustverrechnung

Das Erkenntnis des VwGH ist im EU-Kontext insofern beachtenswert, da es der oberste Steuergerichtshof Österreichs nicht als eine Frage des Gemeinschaftsrechts ansah, ob eine grenzüberschreitende Verlustverrechnung möglich ist[645]. Vielmehr stützte er die rechtliche Möglichkeit für eine solche Verrechnung auf rein innerstaatliches Recht. Dafür auch gleich neues Recht zu schaffen, um eine Nachversteuerung zu gewährleisten, erscheint verfehlt; im Ergebnis aber ist nicht

643 VwGH, IStR 2001, 754 f, 755.

644 *Winandy*, Deutsche Betriebsstättenverluste, IStR 2005, 596.

645 Vgl die Kritik dazu *M. Lang*, Ausländische Betriebsstättenverluste und DBA-Auslegung, SWI 2002, 86 ff, 94; *Sutter*, Anmerkungen zu VwGH vom 25. 9. 2001, 99/14/0217, AnwBl 2002, 287 f, 287; *Kessler/Schmitt/Janson*, Nochmals: Berücksichtigungsverbot abkommensrechtlich befreiter Betriebsstättenverluste? IStR 2003, 307 ff, 307.

nur das Erkenntnis selbst zu begrüßen, sondern die Diskussion und Folgewirkung, die der VwGH bewirkte[646].

2. Ritter-Coulais

Die Rs Ritter-Coulais ist die erste Rechtssache, die den EuGH mit der Verletzung einer EG-Grundfreiheit aufgrund fehlender grenzüberschreitender Verrechnung negativer und positiver Einkünfte konfrontiert hat[647]. Dem Sachverhalt liegt allerdings nicht die Problematik der Verrechnung tatsächliche erlittener ausländischer Verluste mit inländischen Gewinnen zugrunde, sondern eine etwas komplexere Ausgangslage: Die in Frankreich wohnhaften Eheleute Ritter-Coulais wurden 1987 in Deutschland als unbeschränkt Steuerpflichtige behandelt, da sie die deutsche Staatsbürgerschaft hatten und in Deutschland als unselbständig Angestellte einer öffentlichen Einrichtung tätig waren. Das Ehepaar beantragte die Berücksichtigung negativer Einkünfte aus Vermietung und Verpachtung wegen der Selbstnutzung ihres französischen Einfamilienhauses basierend auf damals geltendem deutschem Einkommensteuerrecht[648]. Von den Eheleuten wurde nur eine Berücksichtigung negativer Einkünfte im Wege des negativen Progressionsvorbehalts angestrebt[649]. Mit Verweis auf eine Bestimmung, die negative Einkünfte aus ausländischem unbeweglichem Vermögen nur zur Verrechnung mit positiven Einkünften der jeweils selben Art und aus demselben Staat gestatten[650], verwehrte die Finanzverwaltung die beantragte Berücksichtigung der fiktiven negativen Einkünfte.

a) BFH zu Ritter-Coulais

Einerseits lehnte der BFH die Ansicht des öVwGH und des luxemburgischen Cour administrative ab, nach der ausländische Verluste mit innerstaatlichen positiven Einkünften im Fall eines DBA mit Freistellungsmethode verrechnet werden können[651]. Anderseits sah nach BFH auch innerstaatliches deutsches Recht eine Einschränkung der grenzüberschreitenden Verlustverrechnung explizit vor, im

---

646 Siehe mehr zur Thematik der grenzüberschreitenden Verlustverrechnung im internationalen Steuerrecht oben 2. Abschnitt VI. „Grundlagen der Verlustberücksichtigung im Internationalen Steuerrecht“ und im EU-Kontext unten 3. Abschnitt VI. „Meinungsstand zur Zulässigkeit der grenzüberschreitenden Verlustverrechnung innerhalb der EU“.

647 BFH, Vorlagebeschluss vom 13. 11. 2002 I R 13/02, BStBl. II 2003, 795 ff; siehe auch Generalanwalt *Léger*, Schlussanträge vom 1. 3. 2005, C-152/03, *Hans-Jürgen und Monique Ritter-Coulais gegen Finanzamt Germersheim*, www.curia.eu.int.

648 §§ 21 Abs. 2 Satz 1 und 52 Abs. 21 Satz 2 dEStG 1987.

649 § 31b Abs. 1 Nr. 2, Abs. 2 Nr. 2 dEStG 1987.

650 § 2a Abs. 1 Satz 1 Nr. 4 dEStG 1987.

651 BFH, BStBl. II 2003, 795 ff, II.1; siehe ausführlich dazu oben 3. Abschnitt V. 1. „Österreichischer und Luxemburger Verwaltungsgerichtshof“ und VwGH, Erkenntnis vom 25. 9. 2001, 99/14/0217 E, IStR 2001, 754 f.

vorliegenden Fall sogar eine gänzliche Einschränkung[652]. Daher ergab sich für den obersten deutschen Steuergerichtshof, dass die Nichtberücksichtigung der fraglichen negativen Einkünfte in Frankreich mit der deutschen Rechtslage übereinstimmte[653]. Diese Rechtslage sah er allerdings als gemeinschaftsrechtswidrig an, da sie eine Ungleichbehandlung ausländischer und inländischer negativer Einkünfte aus Vermietung und Verpachtung darstellte[654]. Konkret sah der BFH die Nichtberücksichtigung der negativen Einkünfte als eine Beschränkung der Niederlassungs- und Kapitalverkehrsfreiheit an. Er stützte diese Schlussfolgerung auf die Rechtsprechung des EuGH, insbesondere auf die Urteile in AMID, Mertens und Verstergaard[655]. Generell ging er dem Gebhard-Urteil folgend davon aus, dass

> „[eine] europarechtlich geschützte grenzüberschreitende Betätigung [...] grundsätzlich weder behindert noch wirtschaftlich weniger attraktiv gemacht werden [darf]“[656].

Rechtfertigungsmöglichkeiten dieser Beschränkung schloss der BFH aus, wobei er insbesondere die Wahrung der Kohärenz des Steuersystems, die Verhinderung von Mindereinnahmen und die Vermeidung einer doppelten Verlustnutzung als Rechtfertigungsgründe prüfte[657].

Als Vorlagefragen wollte der BFH daher vom EuGH geklärt haben, ob es der Niederlassungs- und Kapitalverkehrsfreiheit widerspricht, wenn in Deutschland unbeschränkt steuerpflichtige Personen negative Einkünfte aus einem anderen Mitgliedstaat nicht mit ihren deutschen positiven Einkünften aus nichtselbständiger Arbeit verrechnen können[658].

Hervorzuheben ist, dass der BFH die Prüfung einer Verletzung der Niederlassungs- oder Kapitalverkehrsfreiheit beantragte. Er ging demnach davon aus, dass die Nichtgewährung des Abzugs negativer Einnahmen aufgrund einer Eigenheimnutzung die Beschränkung einer unternehmerischen Tätigkeit oder zumindest einer Kapitalinvestition bewirkt. Die unternehmerische Tätigkeit wäre wohl die potentielle Möglichkeit des Vermietens einer Immobilie in Frankreich oder gar die Selbstvermietung.

---

652 BFH, BStBl. II 2003, 795 ff, II.2.

653 BFH, BStBl. II 2003, 795 ff, II.2.c.

654 BFH, BStBl. II 2003, 795 ff, III.

655 BFH, BStBl. II 2003, 795 ff, III.2.a.

656 BFH, BStBl. II 2003, 795 ff, III.2.a.

657 BFH, BStBl. II 2003, 795 ff, III.2.b.

658 BFH, BStBl. II 2003, 795 ff, IV. Anmerkung: Als zweite Vorlagefrage trug der BFH vor, ob, falls die erste Frage zu verneinen ist, die Berücksichtigung im Wege des negativen Progressionsvorbehalts gemeinschaftsrechtliche geboten wäre.

Außerdem ist interessant, dass der BFH davon ausging, dass die Ritter-Coulais Gebietsfremde waren, sich Deutschland aber in der Position des Staates befand, in dem der wesentliche Teil der Einkünfte erzielt wurde, Deutschland also „Schumacker-Staat" war[659].

b) EuGH und Generalanwalt Léger zu Ritter-Coulais

aa. Vorliegen des Anwendungsbereichs einer der Grundfreiheit

Gleich zu Beginn seiner Prüfung, ob eine der Grundfreiheiten verletzt sein könnte, kommt GA Léger zu dem Schluss, dass weder eine Verletzung der Niederlassungs- noch eine der Kapitalverkehrsfreiheit zu prüfen ist; vielmehr wäre ein Verstoß gegen die Arbeitnehmerfreizügigkeit ins Auge zu fassen[660]. Der EuGH schloss sich dieser Auffassung an[661]. Das Ergebnis stützt sich darauf, dass die Ritter-Coulais als nichtselbständig Erwerbstätige anzusehen sind, die sich nicht auf die Niederlassungsfreiheit berufen können. Diese schützt allein die Ausübung einer selbständigen Erwerbstätigkeit, die nicht vorgelegen ist[662]. GA Léger, wie auch der EuGH, sieht außerdem keine grenzüberschreitende Kapitalbewegung in Verbindung mit einer Immobilieninvestition als gegeben an[663]. Diese Abweichung von den Vorlagefragen des BFH, der eine Verletzung der Niederlassungs- und der Kapitalverkehrsfreiheit als möglich ansah, wird darauf gestützt, dass der EuGH im Zuge eines Vorabentscheidungsverfahrens sämtliche Vorschriften des EG-Rechts zu berücksichtigen hat, auch jene, auf die das vorlegende nationale Gericht keinen Bezug genommen hat[664].

Auch Cordewener sieht den Anwendungsbereich der Niederlassungsfreiheit in der Rs Ritter-Coulais mit der Begründung als nicht erfüllt an, dass der Schutzbereich der Niederlassungsfreiheit nicht den Erwerb oder die Nutzung eines Hauses im Ausland erfassen würde (genauso wenig wie das vorgelegene Angestelltenver-

---

659 BFH, BStBl. II 2003, 795 ff, III.2.b.cc (betreffend Gebietsfremde) und IV.1. (betreffend Schumacker-Staat).

660 Generalanwalt Léger, Schlussanträge vom 1. 3. 2005, C-152/03, *Hans-Jürgen und Monique Ritter-Coulais gegen Finanzamt Germersheim*, Rn. 32.

661 EuGH, Urteil vom 21. 2. 2006, C-152/03, *Hans-Jürgen und Monique Ritter-Coulais gegen Finanzamt Germersheim*, www.curia.eu.int, Rn. 19 ff (zur Niederlassungsfreiheit) und Rn. 30 ff (zur Arbeitnehmerfreizügigkeit).

662 EuGH 21. 2. 2006, C-152/03, *Ritter-Coulais*, Rn. 19; GA Léger, 1. 3. 2005, C-152/03, *Ritter-Coulais*, Rn. 25 f.

663 GA Léger 1. 3. 2005, C-152/03, *Ritter-Coulais*, Rn. 28 f; EuGH 21. 2. 2006, C-152/03, *Ritter-Coulais*, Rn. 22 ff.

664 EuGH 21. 2. 2006, C-152/03, *Ritter-Coulais*, Rn. 29; GA Léger 1. 3. 2005, C-152/03, *Ritter-Coulais*, Rn. 31 mwN in Fußnote 17.

hältnis)[665]. Der BFH dürfte davon ausgegangen sein, dass allein die rechtliche Qualifikation der betroffenen negativen Einkünfte nach nationalem Recht als solche aus Vermietung- und Verpachtung zu einer hinreichenden wirtschaftlichen Betätigung geführt hatte und die Einkünfte daher in den Anwendungsbereich der Niederlassungsfreiheit fallen könnten[666]. Der Anwendungsbereich der Niederlassungsfreiheit kann sich allerdings nicht aus einer innerstaatlichen Einordnung von Einkunftsarten ableiten. Zu denken wäre mitunter daran, dass eine wirtschaftliche Betätigung der Steuerpflichtigen, die von der Niederlassungsfreiheit geschützt gewesen wäre, geplant war und sich die negativen Einkünfte gerade daraus ergeben hatten, dass es niemals zu einer solchen kam. Nachdem es für die Anwendung der Niederlassungsfreiheit aber der Aufnahme einer selbständigen Erwerbstätigkeit bedarf, die als Teilnahme am Wirtschaftsleben gilt[667], wäre auch dieser Ansatz zu verwerfen. Denn die Nutzung eines Eigenheims kann nicht als selbständige Erwerbstätigkeit angesehen werden, sondern nur als rein privates Wohnen.

Die Nichtanwendbarkeit der Kapitalverkehrsfreiheit ist aufgrund der 1987 geltenden Rechtslage anzuerkennen. Der vom BFH erwähnte Artikel 73b EGV, der in seinem Absatz 1 das unmittelbar wirkende Beschränkungsverbot für Kapitalverkehrsvorgänge enthält, trat nämlich erst durch die Maastrichter Vertragsänderungen ab 1. 1. 1994 in Kraft. Bis dahin war nur der nicht unmittelbar wirkende Artikel 67 EWGV und seit 1. 7. 1990 die Richtlinie über die Liberalisierung des Kapitalverkehrs anwendbar, auf die sich die Ritter-Coulais nicht hätten stützen können[668].

bb. Anwendungsbereich des EG-Rechts

GA Léger geht in weiterer Folge darauf ein, ob überhaupt der nötige grenzüberschreitende Kontext vorliegt, um eine Gemeinschaftsrechtswidrigkeit prüfen zu können. Dabei bezieht er sich vorerst auf die EuGH Entscheidung in Gilly[669]. Wie oben dargestellt, verlangte in diesem Fall eine in Frankreich ansässige Steuerpflichtige die Anrechnung deutscher Steuern in Frankreich über den französischen Anrechnungshöchstbetrag hinausgehend, da andernfalls ihre Arbeitnehmerfreizü-

---

665 *Cordewener*, Auslandsverluste und EG-Grundfreiheiten: Kurskorrektur am falschen Fall? Kritische Anmerkungen zum Vorlagebeschluss des BFH vom 13. 11. 2002, IStR 2003, 413 ff, 415.

666 BFH, BStBl. II 2003, 795 ff, III.2.

667 Siehe dazu oben 2. Abschnitt II. 1. „Niederlassungsfreiheit"; siehe insbesondere *Tiedje/Troberg*, in Groeben/Schwarze (Hrsg) Kommentar EUV und EGV, Artikel 43 EG Rn. 56; *Randelzhofer/Forsthoff* in Grabitz/Hilf (Hrsg) EU-Kommentar, Art. 43 EGV Rn. 16

668 *Cordewener*, Auslandsverluste und EG-Grundfreiheiten, IStR 2003, 415 mwN; *Tumpel*, Harmonisierung der direkten Unternehmensbesteuerung in der EU, 24.

669 EuGH, Urteil vom 12. 5. 1998, C-336/96, *Gilly gegen Dir. des services fiscaux du Bas-Rhin*, Slg 1998, I-2793.

gigkeit beeinträchtigt wäre. Der EuGH sah dies in seiner Begründung zur Rs Gilly anders[670]. Für Generalanwalt Léger war es in Bezug auf den Fall Ritter-Coulais allerdings nur wichtig, dass der EuGH Frau Gilly als französische Staatsangehörige ansah und gerade deshalb ein grenzüberschreitendes Element erfüllt war, da sie einer Tätigkeit in Deutschland, also einem anderen Mitgliedstaat, nachging[671]. Für GA Léger sind die Ritter-Coulais Angehörige Deutschlands, die lediglich eine private Entscheidung getroffen haben, in Frankreich zu leben[672]. Aufgrund dieser Sichtweise lehnte der Generalanwalt in seinen Schlussanträgen einen Anwendungsfall der Arbeitnehmerfreizügigkeit ab. Die betroffenen Steuerpflichtigen waren ihrer nichtselbständigen Beschäftigung in dem Staat nachgegangen, dessen Angehörige sie waren. Der einzige grenzüberschreitende Aspekt dabei war jener, dass sie ihren privaten Wohnsitz in Frankreich wählten[673].

Dieses Zwischenergebnis wurde schließlich noch auf die Entscheidung des EuGH im Fall Werner[674] gestützt, in der sich ein in den Niederlanden ansässiger Deutscher, nicht auf die Niederlassungsfreiheit berufen konnte, um Steuervorteile in Deutschland, dem Land seiner Zahnarztpraxis, in Anspruch zu nehmen. Konkret kam der EuGH in Werner nämlich zum Ergebnis, dass Deutschland Herkunftsstaat war und deshalb ein Fall der Inländerdiskriminierung vorlag[675]. Darauf gestützt kam auch der Generalanwalt in Ritter-Coulais zu dem Ergebnis, dass die Arbeitnehmerfreizügigkeit nicht berührt ist[676].[677] Dabei übersieht GA Léger zwei wichtige Punkte,

---

670 EuGH 12. 5. 1998, C-336/96, *Gilly*, Rn. 53 f; siehe ausführlich oben 2. Abschnitt III. 2. b) und 7.

671 GA Léger 1. 3. 2005, C-152/03, *Ritter-Coulais*, Rn. 39 bezugnehmend auf EuGH, *Gilly*, Rn. 21.

672 GA Léger 1. 3. 2005, C-152/03, *Ritter-Coulais*, Rn. 41 und 49.

673 GA Léger 1. 3. 2005, C-152/03, *Ritter-Coulais*, Rn. 49 f.

674 EuGH, Urteil vom 26. 1. 1993, C-112/91, *Hans Werner gegen Finanzamt Aachen-Innenstadt*, Slg 1993, I-429.

675 EuGH, *Werner*, Rn. 16.

676 GA Léger 1. 3. 2005, C-152/03, *Ritter-Coulais*, Rn. 55 ff.

677 Anmerkung: Obgleich der Generalanwalt zu dem Ergebnis gelangt, dass im Fall Ritter-Coulais kein Anwendungsbereich des Gemeinschaftsrechts gegeben war, stieg er dennoch in eine materielle Prüfung einer Vertragsverletzung ein. Er begründet dies mit der Rechtsprechung des EuGH, wonach es Sache der nationalen Gerichte ist, unter Berücksichtigung des jeweiligen Sachverhalts die Notwendigkeit und Erheblichkeit der Beantwortung einer Vorlagefrage zu beurteilen (vgl GA Léger, 1. 3. 2005, C-152/03, *Ritter-Coulais*, Rn. 71 mit Verweis auf EuGH, Urteil vom 6. 6. 2000, C-281/98, *Roman Angonese gegen Cassa di Risparmio di Bolzano SpA*, Slg 2000, I-4139, Rn. 18).

- dass das EuGH-Urteil in Werner eine Einzelentscheidung blieb, die stark kritisiert wurde und deren Grundsätze nicht als geltende Prinzipien des Gemeinschaftsrechts gelten[678], und

- dass in Schumacker neue Maßstäbe zur Frage gesetzt wurden, worauf eine Gemeinschaftsrechtsverletzung ansetzt[679].

Knobbe-Keuk hob in Reaktion zu Werner hervor, dass sich auch eigene Staatsangehörige bei grenzüberschreitenden Niederlassungsakten auf Gemeinschaftsrecht berufen können[680]. In Schumacker ging es darum, dass ein in Belgien wohnhafter, belgischer Staatsangehöriger für seine deutschen Einkünfte die Vorteile der unbeschränkten deutschen Besteuerung erhalten wollte. Darin gab ihm der EuGH basierend auf der Arbeitnehmerfreizügigkeit Recht[681]. Entscheidungsrelevant war, dass Schumacker den wesentlichen Teil seiner Einkünfte in Deutschland bezogen hatte[682]. Der EuGH argumentierte unter anderem damit, dass steuerliche Regelungen, die auf die *Gebietsansässigkeit* abstellen und Gebietsfremde im Vergleich zu Gebietsansässigen benachteiligen, eine unzulässige Diskriminierung darstellen können[683]. Während er hervorhob, dass dadurch zumeist Staatsangehörige anderer Mitgliedstaaten benachteiligt wären, war der entscheidende Aspekt die Benachteiligung nach der Ansässigkeit, nicht der der Staatszugehörigkeit[684]. Sind tatsächlich nun aber eigene Staatsangehörige von einer Regelung betroffen, die Gebietsfremde benachteiligt – wie dies in Ritter-Coulais der Fall ist –, wäre dennoch eine Gemeinschaftsrechtswidrigkeit gegeben. Denn für eine Verletzung der Grundfreiheiten durch eine steuerrechtliche Regelung genügt schon die abstrakte Möglichkeit einer Benachteiligung[685].

Die Berufung auf Werner und Gilly für die Feststellung des Generalanwalts, dass Deutschland lediglich eigene Staatsangehörige benachteiligte, wenn es negative Einkünfte aus der Nutzung eines Eigenheims im EU-Ausland nicht zuließ, geht daher ins Leere. Nach Schumacker und der Folgerechtsprechung diesbezüglich

---

678 Vgl dazu 2. Abschnitt III. 2. b) „Grenzüberschreitendes Element"; insb *Knobbe-Keuk*, EuGH im Falle Werner zur Besteuerung der Grenzgänger, DStR 1993, 426; *Thömmes*, Tatbestandsmäßigkeit und Rechtfertigung steuerlicher Diskriminierungen nach EG-Recht, in Schön (Hrsg) GS Knobbe-Keuk, Köln 1997, 795 ff, 808 f; *Häußler*, Eigenheimzulage auch für im EU-Ausland belegene Häuser und Wohnungen? FR 2005, 872 ff, 874.

679 EuGH, Urteil vom 14. 2. 1995, C-279/93, *Schumacker*, Slg 1995, I-225.

680 *Knobbe-Keuk*, EuGH im Falle Werner zur Besteuerung der Grenzgänger, DStR 1993, 426.

681 EuGH 14. 2. 1995, C-279/93, *Schumacker*, Rn. 38.

682 EuGH 14. 2. 1995, C-279/93, *Schumacker*, Rn. 38.

683 EuGH 14. 2. 1995, C-279/93, *Schumacker*, Rn. 28.

684 EuGH 14. 2. 1995, C-279/93, *Schumacker*, Rn. 29.

685 Siehe dazu oben 2. Abschnitt III. 8. „Abstrakte versus tatsächliche Vertragsverletzung"; vgl zB EuGH, *AMID*, Rn. 23 und 27.

beurteilt sich die Benachteiligung nach der Gebietsangehörigkeit, nicht nach der Staatsangehörigkeit. Wenn eine steuerrechtliche Norm Gebietsfremde im Vergleich zu Gebietsansässigen benachteiligt, liegt die Verletzung einer Grundfreiheit nahe. Ob dabei die Grenze aus privaten oder aus wirtschaftlichen Gründen überschritten wurde, bleibt ohne Bedeutung[686].

Im Ergebnis – wenngleich ohne ausführliche Begründung – schließt sich der EuGH dieser Ansicht in seinem Urteil zu Ritter-Coulais entgegen den Schlussanträgen des GA an: Er meint nämlich, dass Personen, die in einem anderen Mitgliedstaat arbeiten als dem, in dem sie wohnen, vom Geltungsbereich der Arbeitnehmerfreizügigkeit erfasst sind[687].

Schließlich sei angemerkt, dass ein grenzüberschreitendes Element für die Frage, ob Gemeinschaftsrecht zur Anwendung kommt, von Generalanwalt Geelhoed bereits dann angenommen wird, wenn Zweifel daran bestehen, ob es sich um einen rein innerstaatlichen Sachverhalt handelt[688]. Nach Ansicht GA Geelhoed sollte der Begriff des internen Sachverhaltes nämlich „nur in völlig offensichtlichen Fällen verwendet werden“[689].

cc. Verletzung der Arbeitnehmerfreizügigkeit

Im Widerspruch der Vorgehensweise bei der Prüfung, ob der Anwendungsbereich des Gemeinschaftsrechts überhaupt erfüllt ist, kommt der Generalanwalt bei der inhaltlichen – wenn auch abstrakten – Prüfung einer Verletzung der Arbeitnehmerfreizügigkeit zu dem Schluss, dass Deutschland nicht das Herkunftsland ist, die Ritter-Coulais demnach doch nicht Angehörige Deutschlands sind[690]. Bei der Prüfung, ob überhaupt ein Anwendungsbereich des Gemeinschaftsrechts erfüllt ist, waren sie noch Deutsche. Betreffend die Arbeitnehmerfreizügigkeit meint GA Léger aber, dass die in Frage stehende deutsche Steuerrechtsnorm, nach der negative Einkünfte aufgrund einer Eigenheimnutzung nur bei Nutzung eines inländi-

---

686 *Häußler*, Eigenheimzulage auch für im EU-Ausland belegene Häuser und Wohnungen? FR 2005, 872 ff, 874.

687 EuGH 21. 2. 2006, C-152/03, *Ritter-Coulais*, Rn. 32; vgl auch *Ribbrock/Sedemund*, Kommentar zur EuGH Entscheidung in der Rs Ritter-Coulais, BB 2006, 528 ff, 529; *Lieber*, Berücksichtigung von Verlusten aus VuV von in einem anderen Mitgliedstaat belegenem unbeweglichem Vermögen, jurisPR-SteuerR 18/2006; siehe dazu ausführlich oben 2. Abschnitt III. 2. b) „Grenzüberschreitendes Element“.

688 Generalanwalt Geelhoed, Schlussanträge vom 27. 1. 2005, C-403/03, *Schempp gegen Finanzamt München V*, www.curia.eu.int, Rn. 15; siehe dazu ebenfalls oben 2. Abschnitt III. 2. b) „Grenzüberschreitendes Element“.

689 GA Geelhoed 27. 1. 2005, C-403/03, *Schempp*, Rn. 15.

690 GA Léger 1. 3. 2005, C-152/03, *Ritter-Coulais*, Rn. 41 (die Ritter-Coulais sind Angehörige Deutschlands) und Rn. 89 (die Ritter-Coulais sind in Deutschland Gebietsfremde).

schen Eigenheims unbeschränkt abzugsfähig sind, Gebietsfremde benachteiligt[691]. Sind die Ritter-Coulais aber Gebietsfremde, dann ist Deutschland nicht das Herkunftsland. Der EuGH liefert sich bei derartigen Spitzfindigkeiten keine Blöße, da er den Anwendungsbereich des EG-Rechts nicht in Frage stellt[692]. Er sieht Deutschland von vornherein als Zielstaat an, wenn er davon ausgeht, dass die Grundfreiheiten Maßnahmen entgegenstehen, „die die Gemeinschaftsangehörigen benachteiligen könnten, wenn sie im Gebiet eines anderen Mitgliedstaats eine wirtschaftliche Tätigkeit ausüben wollen"[693].

Im Weiteren wird vom Generalanwalt geprüft, ob sich die Gebietsfremden Ritter-Coulais in einer zu Gebietsansässigen vergleichbaren Situation befinden. Nachdem dies im Hinblick auf die Berechnung der Einkommensteuer basierend auf dem Welteinkommensprinzip bejaht wird, wird sogleich die Prüfung einer mittelbaren Diskriminierung begonnen[694]. Da nur Deutschland nach den Grundsätzen der EuGH-Rechtsprechung in der Lage ist, persönliche Verhältnisse zu berücksichtigen, müsste nach Ansicht des Generalanwaltes auch Deutschland die negativen Einkünfte aufgrund der Eigenheimnutzung steuerlich wirksam werden lassen, um eine Diskriminierung zu vermeiden[695].

Der EuGH kommt bei seiner Prüfung einer Verletzung der Arbeitnehmerfreizügigkeit zum gleichen Ergebnis, allerdings mit einer wesentlichen Einschränkung: Er betrachtet ausschließlich die Auswirkungen der in Frage stehenden Bestimmungen auf die Berechnung des Steuersatzes, nicht auch deren Auswirkung auf die Berechnung der Steuerbemessungsgrundlage[696]! Den Grund dafür nahm der EuGH daher, dass sich der Ausgangsrechtsstreit der Eheleute Ritter-Coulais beim Finanzamt Germersheim nur darauf bezogen hatte, ob Verluste aus Vermietung und Verpachtung 1987 bei der Festsetzung des Steuersatzes im Lichte des negativen Progressionsvorbehalts zu berücksichtigen waren, nicht auch darauf, ob sie die Besteuerungsgrundlage reduzieren hätten sollen[697].

Seine eingeschränkte Prüfung trotz der ersten Vorlagefrage des BFH dahingehend, ob die betreffenden Verluste aus gemeinschaftsrechtlicher Sicht bei der Bemessungsgrundlage zu berücksichtigen gewesen wären, rechtfertigt der EuGH damit, dass er keine Gutachten zu rein hypothetischen Fragen abgeben müsse; konkret können vom EuGH keine Entscheidungen zu Fragen verlangt werden, die

---

691 GA Léger 1. 3. 2005, C-152/03, *Ritter-Coulais*, Rn. 89.

692 EuGH 21. 2. 2006, C-152/03, *Ritter-Coulais*, Rn. 32.

693 EuGH 21. 2. 2006, C-152/03, *Ritter-Coulais*, Rn. 33.

694 GA Léger 1. 3. 2005, C-152/03, *Ritter-Coulais*, Rn. 92.

695 GA Léger 1. 3. 2005, C-152/03, *Ritter-Coulais*, Rn. 97 f.

696 EuGH 21. 2. 2006, C-152/03, *Ritter-Coulais*, Rn. 11 f.

697 EuGH 21. 2. 2006, C-152/03, *Ritter-Coulais*, Rn. 12.

für den zugrunde liegenden Rechtsstreit nicht erheblich sind[698]. Die eingeschränkte Prüfung des EuGH ist zu kritisieren, da er nicht den notwendigen Einblick in das nationale Recht genommen hat, um zu dem Ergebnis zu gelangen, dass im zugrunde liegenden nationalen Rechtsstreit eine Ausweitung des Verfahrens auf Fragen der Bemessungsgrundlage ausgeschlossen ist. Dies sollte der EuGH – vor allem bei fehlender Prüfung – dem vorlegenden nationalen Gericht überlassen, das schließlich eine Prüfung in diese Richtung beantragt hat. Im deutschen Ausgangsverfahren wurde zwar zutreffenderweise als rechtliche Begründung für die Beantragung einer niedrigeren Besteuerung auf den negativen Progressionsvorbehalt Bezug genommen. Diese Begründung würde den BFH allerdings nicht daran hindern, sämtliche Rechtsgrundlagen in Betracht zu ziehen, um den Antrag abschließend zu prüfen[699].

Die Begründung für die Verletzung der Arbeitnehmerfreizügigkeit durch die fehlende Berücksichtigung von ausländischen Verlusten für Zwecke der Steuersatzfestsetzung sah der EuGH – wie auch der Generalanwalt in Bezug auf die Bemessungsgrundlage – darin, dass die betreffende Regelung gebietsfremde Arbeitnehmer ungünstiger behandelt als solche, die in Deutschland im eigenen Haus wohnen[700].

dd. Prüfung einer möglichen Rechtfertigung durch EuGH und Generalanwalt

Bezugnehmend auf die Argumente der deutschen Regierung prüfte der Generalanwalt eine Rechtfertigung der Einschränkung der Arbeitnehmerfreizügigkeit im Lichte des Kohärenzprinzips und der Behauptung, dass sich die eingetretene steuerliche Benachteiligung allein auf die fehlende Harmonisierung der nationalen Steuerrechtssysteme zurückführen lässt wie es auch in Gilly der Fall war.

Eine Rechtfertigung aufgrund fehlender Harmonisierung wird vom Generalanwalt abgelehnt, insbesondere da sich die EuGH-Entscheidung zu Gilly hauptsächlich mit dem Zusammenspiel nationaler Rechtsvorschriften und einem DBA befasste und im Wesentlichen unterschiedlich hohe Steuersätze betroffen waren. Dass Mitgliedstaaten unterschiedlich hoch besteuern, wurde dabei nicht als diskriminierend angesehen, genauso wenig, dass das betreffende DBA diesen Unterschied durch Festlegung von Anrechnungshöchstbeträgen bestehen ließ. Im Fall Ritter-Coulais war allerdings nicht die unterschiedliche Besteuerung in Frankreich und

---

698 EuGH 21. 2. 2006, C-152/03, *Ritter-Coulais*, Rn. 15 mwN.

699 *Ribbrock/Sedemund*, Kommentar zur EuGH Entscheidung in der Rs Ritter-Coulais, BB 2006, 528 ff, 529; mit Verweis auf BFH vom 26. 11. 1979, GrS 1/78, BStBl II 1980, 99 ff.

700 EuGH 21. 2. 2006, C-152/03, *Ritter-Coulais*, Rn. 37.

Deutschland thematisiert, weshalb aus Gilly kein Rechtfertigungsgrund gestützt auf eine fehlende Harmonisierung abgeleitet werden konnte[701].

Letztlich wies GA Léger auch das Kohärenzprinzip als Rechtfertigung zurück, da im Fall Ritter-Coulais dem negativen steuerlichen Effekt, infolge der Nichtabzugsfähigkeit fiktiver negativer Einkünfte, kein positiver steuerlicher Effekt gegenübersteht, wie das in Bachmann der Fall war[702].

Auch die Rechtfertigungsprüfung des EuGH bezieht sich auf die Ausführungen der deutschen Regierung, stellt allerdings das Territorialitätsprinzip als möglichen Rechtfertigungsgrund in den Mittelpunkt, wobei der EuGH verfehlt vom Kohärenzprinzip spricht[703]. Der Grund weshalb das Territorialitätsprinzip als Rechtfertigungsgrund angesprochen ist und nicht das Kohärenzprinzip liegt darin, dass der EuGH einen Ausgleich von Vor- und Nachteilen auf Ebene des Staates anführt, anstatt des Vorteilsausgleichs auf Ebene eines Steuerpflichtigen. Er kommt nämlich zu dem Schluss, dass sich Deutschland deshalb nicht auf den Rechtfertigungsgrund der „Kohärenz" berufen könne, da es positive Einkünfte aus Vermietung und Verpachtung infolge des Progressionsvorbehalts bei der Steuersatzfestsetzung heranzieht, weshalb negative Einkünfte im Gegenzug nicht ausgeklammert werden dürften[704]. Dabei geht es allerdings nicht um eine Thematik des vom EuGH in der Rs Bachmann entwickelten Kohärenzgedankens, sondern um eine grundlegende Fragestellung aus dem Bereich des Territorialitätsprinzips[705].

Die Reichweite dieser Begründung des EuGH auf die grenzüberschreitende Verlustverrechnung ist ungewiss; will der EuGH damit zum Ausdruck bringen, dass dann, wenn positive Einkünfte für Zwecke der Bemessungsgrundlage außer Acht gelassen werden, auch negative Einkünfte aus gemeinschaftsrechtlicher Sicht nicht anerkannt werden müssen[706]? Dieser Schluss ist voreilig, zumal es sich Bezogen auf die grenzüberschreitende Verlustverrechnung nur um ein *obiter dictum* handelt. Darüber hinaus wird eine Rechtfertigung mit Berufung auf das Territorialitätsprinzip für den Ansässigkeitsstaat nach wiederholter EuGH-Rechtsprechung

701 GA Léger 1. 3. 2005, C-152/03, *Ritter-Coulais*, Rn. 105 ff.

702 GA Léger 1. 3. 2005, C-152/03, *Ritter-Coulais*, Rn. 112 ff.

703 EuGH 21. 2. 2006, C-152/03, *Ritter-Coulais*, Rn. 40.

704 EuGH 21. 2. 2006, C-152/03, *Ritter-Coulais*, Rn. 40.

705 Zu den Unterschieden und Gemeinsamkeiten der Rechtfertigungsgründe Kohärenz- und Territorialitätsprinzip siehe oben 2. Abschnitt IV. 3. b) „Das Territorialitätsprinzip in der EuGH-Rechtsprechung".

706 In diese Richtung weisend *Thömmes*, Anmerkungen zum EuGH-Urteil in der Rs Ritter-Coulais, IWB Nr. 5 vom 8. 3. 2006, 220 ff, 222; aA *Lieber*, Berücksichtigung von Verlusten aus VuV von in einem anderen Mitgliedstaat belegenem unbeweglichem Vermögen, jurisPR-SteuerR 18/2006.

verneint[707], Deutschland aber in der Rs Ritter-Coulais vom EuGH als Zielstaat angesehen[708]. Schließlich sollten aus der Aussage des EuGH in Bezug auf einen Rechtfertigungsgrund im Zusammenhang zur Steuersatzfestsetzung keine allgemeinen Grundsätze zur Beurteilung der Frage gewonnen werden, ob Einschränkungen einer grenzüberschreitenden Verlustverrechnung gegenüber der innerstaatlichen Verlustverrechnung möglicherweise gerechtfertigt sein könnten. Dies ist vor allem vor dem Hintergrund zu sehen, dass die Anwendung des Kohärenzprinzips an sich unklar ist und dieser Grundsatz vom EuGH zwar oft angeführt wird, aber seit Bachmann keine entscheidende Auswirkung auf potentiell festgestellte Grundfreiheitsverletzungen hatte[709].

ee. Die abstrakte Antwort des Generalanwalts bezüglich der grenzüberschreitenden Verlustnutzung

Aufgrund seiner abstrakten Prüfung, ob eine Verletzung der Arbeitnehmerfreizügigkeit gegeben war, kommt Generalanwalt Léger zum Ergebnis, dass es Artikel 48 EWG-Vertrag (später Artikel 48 EG-Vertrag, aktuell Artikel 39 EG) widerspricht,

> „wenn Angehörige eines Mitgliedstaats, die in Deutschland unbeschränkt steuerpflichtig sind und dort Einkünfte aus einer nichtselbständigen Arbeit erzielen, Verluste aus Vermietung und Verpachtung, die in einem anderen Mitgliedstaat entstehen, weil sie ihr Einfamilienhaus selbst nutzen, weder bei der Ermittlung ihres in Deutschland zu versteuernden Einkommens noch bei der Berechnung ihres Einkommensteuersatzes in diesem Mitgliedstaat geltend machen können“[710].

Bemerkenswert ist, dass im Tenor von Angehörigen eines Mitgliedstaates gesprochen wird, dabei aber keine Äußerung darüber gemacht wird, ob es sich um einen Angehörigen Deutschlands oder eines anderen Mitgliedstaates handelt, obwohl in der materiellen Prüfung zuvor noch ausdrücklich erwähnt wird, dass es sich bei den Ritter-Coulais um in Deutschland Gebietsfremde handelt[711].

---

707 Siehe dazu ausführlich oben 2. Abschnitt IV. 3. b) bb. „Versagung einer Rechtfertigung nach dem Territorialitätsprinzip im Ansässigkeitsstaat“.

708 EuGH 21. 2. 2006, C-152/03, *Ritter-Coulais*, Rn. 33.

709 In diese Richtung weisend *Lieber*, Berücksichtigung von Verlusten aus VuV von in einem anderen Mitgliedstaat belegenem unbeweglichem Vermögen, jurisPR-SteuerR 18/2006; siehe auch oben 2. Abschnitt IV. 2. f) „Schlussfolgerungen zum Kohärenzprinzip“.

710 GA Léger 1. 3. 2005, C-152/03, *Ritter-Coulais*, Rn. 118.

711 GA Léger 1. 3. 2005, C-152/03, *Ritter-Coulais*, Rn. 89; siehe zur Kritik daran auch *Meussen*, Cross-Border Relief in the European Union following the Advocate General's Opinion in the Marks & Spencer Case, ET 2005, 282 ff, 283; *Lüdicke*, Pending Cases Filed by German

ff. Folgen der eingeschränkten Entscheidung des EuGH

In seiner auf die Berechnung des Steuersatzes eingeschränkten Entscheidung zur grenzüberschreitenden Verlustnutzung kommt der EuGH zum Ergebnis, dass die Unterscheidung innerstaatlicher und grenzüberschreitender Fälle in diesem Kontext einen Verstoß gegen die Arbeitnehmerfreizügigkeit darstellt[712]. Daraus könnte geschlossen werden, dass die unterschiedliche Verlustverrechnung für Zwecke der Besteuerungsgrundlage nach Ansicht des EuGH ebenfalls die Grundfreiheiten verletzen würde[713]. Da der EuGH in Ritter-Coulais keinen Bezug zu seiner drei Monate zuvor gefällten Entscheidung in Marks & Spencer vorgenommen hat, liegt die Schlussfolgerung nahe, dass die dort aufgestellten, strengen Maßstäbe für die Verlustverrechnung in der internationalen Konzerngruppe nicht auch für die grenzüberschreitende Verlustverrechnung bei ein und demselben Steuerpflichtigen gelten[714].

Unklar erscheint die Tragweite der Ausführungen des EuGH zum „Kohärenzprinzip“, dass nämlich der negative Progressionsvorbehalt deshalb nicht abgelehnt werden darf, weil es spiegelbildlich einen positiven Vorbehalt geben würde[715]. Daraus eine gemeinschaftsrechtliche Legitimierung der eingeschränkten Verlustverrechnung zu sehen[716], wäre verfehlt, da es gegen gefestigte Rechtsprechung des EuGH sprechen würde, die sich in Fällen wie Schumacker, Wallentin, Bosal und de Groot im Kontext des Territorialitätsprinzips herausgebildet hat[717].

c) Schlussfolgerungen aus Ritter-Coulais

Trotz des ungünstigen rechtlichen Hintergrunds, der sich aus dem Sachverhalt in Ritter-Coulais ergibt, kommt der Generalanwalt zum Ergebnis, dass eine fehlende grenzüberschreitende Verrechnung negativer und positiver Einkünfte gemeinschaftsrechtswidrig ist. Auch der EuGH sieht die unterschiedliche Behandlung von grenzüberschreitenden im Gegensatz zu innerstaatlichen Verlusten, wenn

---

Courts I, in Lang/Schuch/Staringer (Hrsg) ECJ-Recent Developments in Direct Taxation, Wien 2006, 113 ff, 162.

712 EuGH 21. 2. 2006, C-152/03, *Ritter-Coulais*, Rn. 37 f.

713 *Ribbrock/Sedemund*, Kommentar zur EuGH Entscheidung in der Rs Ritter-Coulais, BB 2006, 528 ff, 529.

714 So auch *Ribbrock/Sedemund*, BB 2006, 529; aA *Thömmes*, Anmerkungen zum EuGH-Urteil in der Rs Ritter-Coulais, IWB Nr. 5 vom 8. 3. 2006, 220 ff, 222; *Lieber*, Berücksichtigung von Verlusten aus VuV von in einem anderen Mitgliedstaat belegenem unbeweglichem Vermögen, jurisPR-SteuerR 18/2006.

715 EuGH 21. 2. 2006, C-152/03, *Ritter-Coulais*, Rn. 40.

716 So *Thömmes*, IWB Nr. 5 vom 8. 3. 2006, 222.

717 Siehe oben 2. Abschnitt IV. 3. „Territorialitätsprinzip“ sowie 2. Abschnitt VII. „Entwicklung eines europäischen Leistungsfähigkeitsprinzips im Steuerrecht“.

auch nur Bezogen auf die Ermittlung des Steuersatzes, als gemeinschaftsrechtswidrig an. Dass die Vertragsverletzung auf eine Beeinträchtigung der Arbeitnehmerfreizügigkeit gestützt wird, erscheint Ironie des Schicksals zu sein, nachdem sich sämtliche Literaturstellen für die Prüfung, ob eine grenzüberschreitende Verlustverrechnung gemeinschaftsrechtswidrig ist, auf die Niederlassungsfreiheit beziehen.

Inwiefern sich eine Rechtfertigung der beschränkten grenzüberschreitenden Verlustverrechnungsmöglichkeit auf Grundsätze der EuGH-Entscheidung zu Marks & Spencer stützen könnte, bleibt offen. Unterschiede zwischen der Besteuerung eines internationalen Konzerns und der Besteuerung eines international tätigen Unternehmens könnten aber eine andere Beurteilung ergeben[718].

3. Finanzgericht München

Im Zuge eines Eilverfahrens, eines so genannten Verfahrens zur Aussetzung der Vollziehung, nahm das Finanzgericht München in einem Beschluss vom 14. Februar 2005 zur möglichen Gemeinschaftsrechtswidrigkeit der deutschen Verlustverrechnungsbestimmungen im grenzüberschreitenden Kontext Stellung. Im zugrunde liegenden Sachverhalt wurde es einem Anwalt, der in Deutschland der unbeschränkten Steuerpflicht unterlag, 1991 verwehrt, Verluste seines Brüsseler Büros mit Gewinnen seines Münchener Büros zu verrechnen. Dem lag die Ansicht der Finanzverwaltung zugrunde, dass in Brüssel eine fest Einrichtung iSd Artikel 14 DBA Belgien-Deutschland begründet war, weshalb die negativen belgischen Einkünfte in Deutschland von der Besteuerung freizustellen waren. Die damals noch geltende rein innerstaatliche Verlustverrechnungsregelung[719], wonach auch Auslandsverluste mit Inlandsgewinnen unter bestimmten Bedingungen verrechenbar waren, kam nicht zur Anwendung, da sie nur für gewerbliche Verluste einschlägig war.

a) FG München hat Zweifel an der Gemeinschaftsrechtskonformität eines grenzüberschreitenden Verlustausgleichsverbotes

Vorerst ging das FG München in summarischer Beurteilung davon aus, dass eine feste Einrichtung iSd DBA Belgien-Deutschland gegeben war, und dass es keine endgültige Zurechnung von Einnahmen und Ausgaben zu den jeweiligen Büros aufgrund des beschleunigten Verfahrens vornehmen müsse[720]. Vielmehr betrachtete es sämtliche Verluste des Brüsseler Büros für Zwecke der Aussetzung der Vollziehung als gegeben und verrechnungsfähig. Im Übrigen kam das Finanzge-

[718] Siehe dazu unten 3. Abschnitt VI. 2. c) dd. „Zulassung einer Rechtfertigung nach den Grundsätzen der EuGH-Entscheidung in Marks & Spencer".

[719] § 2a Abs. 3 dEStG aF.

[720] FG München, Beschluss vom 14. 2. 2005, 1 V 305/04, II.2.

richt zum gleichen Schluss wie die Finanzverwaltung: Nach rein innerstaatlichem deutschem Recht war keine Verrechnung der belgischen Verluste mit deutschen Gewinnen möglich[721].

Bevor das FG München in seine gemeinschaftsrechtliche Analyse einstieg, wies es betreffend die Verpflichtung nationaler Gerichte, eine Vorlagefrage an den EuGH zu richten, wenn die Anwendung von EG-Recht fraglich ist, darauf hin, dass es von einer solchen Verpflichtung nicht betroffen war. Einerseits handelte es sich im Verfahren vor dem FG München um ein Eilverfahren, anderseits wurde eine Beschwerde an den BFH zugelassen, womit das FG München nicht Gericht letzter Instanz war[722].

In weiterer Folge äußerte das FG München „ernstliche" Zweifel an der Gemeinschaftsrechtskonformität der betroffenen innerstaatlichen Konzeption, nach der ausländische Verluste im gegebenen Fall nicht mit inländischen Gewinnen verrechenbar waren[723]. Diese Zweifel stützte das Finanzgericht insbesondere auf die EuGH-Entscheidungen in den Fällen AMID und Mertens[724]. In den dabei zugrunde liegenden Sachverhalten waren zwar inländische Verluste aufgrund ausländischer Gewinne nicht verwertbar, dennoch war ein Verlust eines Steuerpflichtigen allein deshalb nicht möglich, da er grenzüberschreitend tätig wurde. Das sah das FG München im Fall des betroffenen Rechtsanwaltes ebenfalls als gegeben an[725]. Besonders hervorzuheben ist die allgemeine Formel, die das Finanzgericht für die grenzüberschreitende Verlustverrechnung verwendete. Danach ist es

> „[für] den EuGH [...] in seiner jüngeren Rechtsprechung alleine von Bedeutung, ob ein Sachverhalt dann, wenn er im Inland verwirklicht wäre, steuerlich günstiger behandelt würde, als wenn er in einem anderen Mitgliedstaat verwirklicht wäre"[726].

---

721 FG München, Beschluss vom 14. 2. 2005, II.2.

722 FG München, Beschluss vom 14. 2. 2005, II.3 mit Verweisen auf EuGH, Urteil vom 24. 5. 1977, 107/76, *Hoffmann-La Roche*, Slg 1977, 957 betreffend Eilverfahren und auf Artikel 234 EG betreffend Gericht, das nicht in letzter Instanz zu entscheiden hat.

723 FG München, Beschluss vom 14. 2. 2005, II.4.

724 FG München, Beschluss vom 14. 2. 2005, II.4 mit Verweis auf EuGH, Urteil vom 14. 12. 2000, C-141/99, *AMID*, Slg 2000, I-11619 und EuGH, Beschluss vom 12. 9. 2002, C-431/01, *Mertens*, Slg 2002, I-7073; siehe dazu oben 3. Abschnitt III. 3 und 4 „AMID" und „Mertens".

725 FG München, Beschluss vom 14. 2. 2005, II.4.

726 FG München, Beschluss vom 14. 2. 2005, II.4. Anmerkung: Das FG München nimmt hier nicht auf eine spezielle EuGH Entscheidung Bezug.

Ist dies der Fall, liegt nach EuGH eine Einschränkung der Grundfreiheiten vor[727]. Eine solche Schlechterstellung wird vom FG München angenommen, da Verluste eines Hamburger Büros steuerlich in Deutschland genutzt hätten werden können, während dies für Verluste des Brüsseler Büros nicht möglich war[728]. Schließlich nimmt das FG München auch zum Vorlagebeschluss des BFH im Verfahren Ritter-Coulais Bezug und sieht sich von diesem in seinen Zweifeln bestätigt[729].

Ausdrücklich streicht das FG München schließlich die Unklarheit der Rechtslage in diesem Bereich heraus und äußerte damit implizit Kritik an der Nichteinleitung eines Vorabentscheidungsverfahrens durch das FG Baden-Württemberg in einem ähnlich gelagerten Fall[730].

b) Schlussfolgerungen aus FG München zu Auslandsverlusten

Die Analyse des FG Münchens zur jüngeren EuGH-Rechtsprechung über die grenzüberschreitende Verlustverrechnung besticht in ihrer Klarheit. Sie bringt den Gedanken des Binnenmarktes voll zur Geltung, da letztlich das Vorhandensein von Grenzen für die Besteuerung negativer und positiver Einkünfte keine Rolle spielen würde, wenn Sachverhalte egal ob sie sich im In- oder Ausland verwirklichen gleich behandelt werden würden.

Bedauerlich ist umso mehr, dass das weitere Verfahren vor dem BFH nach Rücknahme der Beschwerde eingestellt wurde[731]. Dennoch liefert der Beschluss des FG München einen wertvollen Anhalt für die weitere Entwicklung in diesem Bereich und ist Ausgangspunkt für tiefgehendere Diskussionen.

VI. Meinungsstand zur Zulässigkeit der grenzüberschreitenden Verlustverrechnung innerhalb der EU

1. Ansatzpunkt der möglichen Gemeinschaftsrechtswidrigkeit einer eingeschränkten grenzüberschreitenden Verlustverwertung

Die Diskussion darüber, ob ein Verlustausgleichsverbot im grenzüberschreitenden Zusammenhang gemeinschaftsrechtswidrig ist, hat schon vor der Entscheidung

---

727 FG München, Beschluss vom 14. 2. 2005, II.4.

728 FG München, Beschluss vom 14. 2. 2005, II.4.

729 FG München, Beschluss vom 14. 2. 2005, II.4.

730 FG München, Beschluss vom 14. 2. 2005, II.4 mit Verweis auf FG Baden-Württemberg, Gerichtsbescheid vom 30. 6. 2004, 1 K 312/03, Rev. I R 84/04, DStRE 2004, 958 ff; siehe dazu auch oben 3. Abschnitt IV. 2. „Finanzgericht Köln".

731 *Hahn*, Verrechnung ausländischer Verluste – Anmerkung zu FG-München vom 14. 2. 2005, 1 V 305/04, juris PR-Steuerrecht 30. 5. 2005; Aktenzeichen beim BFH war I B 29/05.

des EuGH in der Rechtssache AMID begonnen[732], wurde durch sie aber regelrecht entflammt[733]. Lang vor AMID setzte sich die Gemeinschaft selbst damit auseinander, ob die Möglichkeit einer grenzüberschreitenden Verlustverwertung sinnvoll wäre, was 1990 zu einem Richtlinienvorschlag der Kommission diesbezüglich führte, der vom Rat allerdings nicht angenommen und schließlich 2001 wieder zurückgezogen wurde[734].

Grundsätzlich knüpft die Frage, ob eine Einschränkung oder Verhinderung der grenzüberschreitenden Verlustverrechnung innerhalb der EU gemeinschaftsrechtswidrig ist, an die Gebhard-Formel an, nach der nationale Vorschriften grundsätzlich eine Vertragsverletzung darstellen, wenn sie die Ausübung der durch den Vertrag garantierten grundlegenden Freiheiten behindern oder weniger attraktiv machen könnten[735]. Treffend hat das Finanzgericht München diese Formel für den Kontext der grenzüberschreitenden Verlustverrechnung im Lichte der jüngeren EuGH-Rechtsprechung zusammengefasst. Danach ist für den EuGH

---

732 Siehe zB: *E. Lechner*, Die Auswirkungen des EU-Rechts auf die Befreiung von Verlusten nach den Doppelbesteuerungsabkommen, in Gassner/Lang/Lechner (Hrsg) Doppelbesteuerung und EU-Recht, Wien 1996, 85 ff; *Schuch*, Verluste im Recht der Doppelbesteuerungsabkommen, Wien 1998, 177 f.

733 Siehe zB: *Bernhard*, Einkünfte aus ausländischen Betriebsstätten im Lichte des Europarechts, Anmerkung zu dem Urteil des EuGH vom 14. 12. 2000, C-141/99 (AMID), IStR 2001, 366 ff; *Broe*, Cases Filed by Belgian Courts: the AMID Case, in Lang (Hrsg) Direct Taxation: Recent ECJ Developments, Wien 2003, 9 ff; *Dautzenberg*, EG-rechtswidrige Behandlung von negativen ausländischen Einkünften nach den EuGH-Entscheidungen Vestergaard und AMID, FR 2001, 809 ff; *Hahn*, Das AMID-Urteil – belgisches Internum oder Aufbruch zu neuen Ufern? – Besprechung des EuGH-Urteils vom 14. 12. 2000, IStR 2001, 465 ff; *Hahn*, Nochmals: Betriebsstättenverluste, Verfassungs- und Europarecht, Erwiderung auf Kessler/Schmitt/Janson (IStR 2003, 307), IStR 2003, 734 ff; *Kessler/Schmitt/Janson*, Berücksichtigungsverbot abkommensrechtlich „befreiter" Betriebsstättenverluste? Analyse der BFH-Rechtsprechung unter Berücksichtigung von Verfassungs- und Europarecht nach AMID, IStR 2001, 729 ff; *Kessler/Schmitt/Janson*, Nochmals: Berücksichtigungsverbot abkommensrechtlich befreiter Betriebsstättenverluste? IStR 2003, 307 ff; *Menhorn*, Die Rechtssache AMID und ihre Auswirkungen auf den grenzüberschreitenden Verlustausgleich, SWI 2001, 62 ff; *Schön*, Unternehmensbesteuerung und Europäisches Gemeinschaftsrecht, StbJb 2003/2004, 27 ff, 41; *Tumpel*, Betriebsstättenverluste in der Europäischen Union, SWI 2001, 55 ff.

734 Vorschlag vom 6. 12. 1990 für eine Richtlinie des Rates über eine Regelung für Unternehmen zur Berücksichtigung der Verluste ihrer in anderen Mitgliedstaaten belegenen Betriebsstätten und Tochtergesellschaften, KOM (1990) 595 endg., ABl C 53/30, zurückgezogen am 11. 12. 2001 durch KOM (2001) 763.

735 EuGH, Urteil vom 30. 11. 1995, C-55/94, *Gebhard*, Slg 1995, I-4165, Rn. 37; siehe dazu mwN schon oben 2. Abschnitt III. 3. „Diskriminierungs- und Beschränkungsverbote bei direkten Steuern".

„alleine von Bedeutung, ob ein Sachverhalt dann, wenn er im Inland verwirklicht wäre, steuerlich günstiger behandelt [werden] würde, als wenn er in einem anderen Mitgliedstaat verwirklicht wäre"[736].

In der älteren Literatur wurde die eingeschränkte oder fehlende Verlustverwertungsmöglichkeit über die Grenze als unzulässige Diskriminierung geprüft, anstatt als unzulässige Beschränkung[737]. Dazu wurden Vergleichspaare gebildet, um zu eruieren, ob eine Vergleichbarkeit – etwa ausländischer mit inländischen Verlusten gegeben ist – und eine solche durch eine benachteiligende Verwertungsmöglichkeit verletzt ist[738]. Nachdem auch bei Beschränkungsverboten stets eine Gleichheitsprüfung vorgenommen wird[739], ist diese Vorgehensweise weiterhin in Betracht zu ziehen. Als Ausgangspunkt für die gemeinschaftsrechtliche Prüfung fehlender Verlustverwertungsmöglichkeiten soll der Paradefall einer Verrechnung ausländischer Betriebstättenverluste mit inländischen Gewinnen im Ansässigkeitsstaat behandelt werden.

2. Ausländische Betriebstättenverluste

Der erste Schritt einer Prüfung, ob die Versagung einer Verrechnung ausländischer Betriebstättenverluste mit inländischen Stammhausgewinnen gemeinschaftsrechtswidrig ist, setzt – nachdem das grenzüberschreitende Element bereits vorliegt – den möglichen Anwendungsbereich einer der Grundfreiheiten voraus[740]. Im Kontext der Betriebstätte eines Unternehmens ist hier die Niederlassungsfreiheit einschlägig.

a) Verletzung der Niederlassungsfreiheit

aa. Ausgangsfälle. In weiterer Folge ist zu prüfen, ob das in der Niederlassungsfreiheit enthaltene Diskriminierungs- oder Beschränkungsverbot verletzt ist. Eine ähnliche Prüfung hat der EuGH bereits in den Fällen ICI, X AB und Y AB sowie in AMID durchgeführt[741]. In allen drei Fällen ging es allerdings um die Verwertung inländischer Verluste. In ICI sowie in X AB und Y AB wurde eine Verlustverwertung im Konzern aufgrund einer grenzüberschreitenden Gesellschaftsstruktur nicht zugelassen. In AMID war die Verwertung eines inländischen Verlustes

---

[736] FG München, Beschluss vom 14. 2. 2005, II.4. Anmerkung: Das FG München nimmt hier nicht auf eine spezielle EuGH Entscheidung Bezug.

[737] *E. Lechner*, Befreiung von Verlusten, in Gassner/Lang/Lechner (Hrsg) EU-Recht, 93 ff.

[738] *E. Lechner*, Befreiung von Verlusten, in Gassner/Lang/Lechner (Hrsg) EU-Recht, 94 f.

[739] Siehe dazu oben 2. Abschnitt III. 5. b) „Diskriminierungsprüfung auch bei Beschränkungsverboten".

[740] Siehe dazu oben 2. Abschnitt II. und III. „Kurzdarstellung der relevanten Grundfreiheiten des EG-Vertrages" und „Konkrete Anwendung der Grundfreiheiten bei direkten Steuern".

[741] Siehe dazu oben 3. Abschnitt III. 1., 2. und 3. „ICI", „X AB und Y AB" und „AMID".

ausgeschlossen, da das betreffende Unternehmen Gewinne in einer ausländischen Betriebstätte erwirtschaftete. Diese drei Einschränkungen wurden vom EuGH als Verletzung der Niederlassungsfreiheit angesehen. Entscheidend war für den EuGH, dass infolge einer Auslandstätigkeit eine steuerliche Benachteiligung eintrat[742]. In AMID formulierte er die Begründung für die Annahme einer Verletzung der Niederlassungsfreiheit damit, dass

> „Gesellschaften [...] einen steuerlichen Nachteil erleiden, den sie nicht erleiden würden, wenn sich alle ihre Betriebsstätten im Herkunftsmitgliedstaat befänden“[743].

Teilweise wurde verneint, dass AMID eine Grundlage dafür bieten kann, dass nach Gemeinschaftsrecht auch ausländische Betriebstättenverluste im Inland verwertbar sein müssen[744]. Dem ist entgegenzuhalten, dass es dem EuGH *nicht* darum ging, ob *inländische oder ausländische* Verluste betroffen waren, sondern allein darum, dass ein Steuerpflichtiger mit Betriebstätten im Ausland gegenüber der *Situation*, in der sich *alle Betriebstätten im Herkunftsstaat* befinden, eine (mögliche) steuerliche *Schlechterstellung* in Kauf nehmen musste[745]. Ob eine steuerliche Schlechterstellung vorliegt, wenn die grenzüberschreitende Verlustverrechnung eingeschränkt ist, ist anhand einer Vergleichspaarbildung zu prüfen[746].

bb. Vergleichspaarbildung. Als Vergleichspaar sind Steuerpflichtige mit nichtausgleichsfähigen Auslandsverlusten und solche mit ausgleichsfähigen Inlandsverlusten heranzuziehen. Hierbei ist entscheidend, dass die Verluste grundsätzlich

---

742 EuGH, Urteil vom 16. 7. 1998, C-264/96, *Imperial Chemical Industries plc (ICI) gegen Kenneth Hall Colmer (Her Majesty's Inspector of Taxes)*, Slg 1998, I-4695, Rn. 23 f; ders, Urteil vom 18. 11. 1999, C-200/98, *X AB und Y AB gegen Riksskatteverket*, Slg 1999, I-8261, Rn. 28, ders, Urteil vom 14. 12. 2000, C-141/99, *Algemene Maatschappij voor Investering en Dienstverlening NV (AMID) gegen Belgischer Staat*, Slg 2000, I-11619, Rn. 23.

743 EuGH 14. 12. 2000, C-141/99, *AMID*, Rn. 23.

744 *Bernhard*, Einkünfte aus ausländischen Betriebsstätten im Lichte des Europarechts, Anmerkung zu dem Urteil des EuGH vom 14. 12. 2000, C-141/99 (AMID), IStR 2001, 366 ff, 368; *Hahn*, Das AMID-Urteil – belgisches Internum oder Aufbruch zu neuen Ufern? – Besprechung des EuGH-Urteils vom 14. 12. 2000, IStR 2001, 465 ff, 468; *Thömmes*, in: Arbeitsbuch zur 52. Steuerrechtlichen Jahresarbeitstagung, 2001, 32 ff, 50 f.

745 *Broe*, The AMID Case, in Lang (Hrsg) Direct Taxation: Recent ECJ Developments, Wien 2003, 9 ff, 27 und 33; *Cordewener/Dahlberg/Pistone/Reimer/Romano*, The Tax Treatment of Foreign Losses: Ritter, M & S, and the Way Ahead, European Taxation 2004, 218 ff (Part Two), 219; *Kessler/Schmitt/Janson*, Berücksichtigungsverbot abkommensrechtlich „befreiter“ Betriebsstättenverluste? Analyse der BFH-Rechtsprechung unter Berücksichtigung von Verfassungs- und Europarecht nach AMID, IStR 2001, 729 ff, 735; *Dautzenberg*, EG-rechtswidrige Behandlung von negativen ausländischen Einkünften nach den EuGH-Entscheidungen Vestergaard und AMID, FR 2001, 809 ff, 810.

746 *Dautzenberg*, Vestergaard und AMID, FR 2001, 810.

gleich sind, mit dem einzigen Unterschied, dass sie einmal im Ausland anfallen und einmal im Inland. Dabei kommen etwa Verluste in Frage, die ein in Deutschland ansässiges Unternehmen in einer Betriebstätte eines Mitgliedstaates hat, mit dem Deutschland ein DBA mit Befreiungsmethode abgeschlossen hat. Im Falle eines DBA mit Anrechnungsmethode wird im Allgemeinen die Berücksichtigung ausländischer Verluste sichergestellt sein[747]. Falls dies nicht so ist – etwa aufgrund innerstaatlicher Bestimmungen –, können Einschränkungen der Verlustverwertung ebenfalls einer Diskriminierungsprüfung unterzogen werden.

cc. Prüfung der Vergleichbarkeit. Nachdem das Vergleichspaar festgelegt ist – Steuerpflichtige, bei denen der eine ausgleichsfähige Inlandsverluste, der andere nichtausgleichsfähige Auslandsverluste erwirtschaftet –, ist in einem weiteren Schritt zu prüfen, ob es Argumente gegen eine Gleichwertigkeit der beiden Situationen gibt. So könnte etwa eingewendet werden, dass im Fall der Ausgleichsfähigkeit für die ausländischen Verluste über die Grenze die Möglichkeit einer *doppelten Verlustverwertung* bestünde, einmal gegenwärtig im Ansässigkeitsstaat und ein zweites Mal in Folgeperioden im Quellenstaat, dann, wenn die Verluste vorgetragen werden können und damit Gewinne im Quellenstaat reduzieren. Die Situationen wären, so könnte argumentiert werden, im Falle einer doppelten Verlustnutzung nicht gleichwertig, da ein Steuerpflichtiger mit doppelter Verlustverwertungsmöglichkeit objektiv besser behandelt wäre, als einer, dem nur eine einfache Verlustverwertungsmöglichkeit zusteht[748]. Dem wurden allerdings von Lechner einige Punkte entgegengebracht:

(1) Die doppelte Verlustverwertung könnte nur dann als Argument fehlender Gleichwertigkeit angeführt werden, wenn es im Ausland aus rechtlichen und tatsächlichen Gründen zu einer Verlustverwertung kommt[749].

(2) Vor allem das faktische Element hat hier ein besonderes Gewicht, da im Zeitpunkt des Verlustes zumeist ungewiss ist, ob dieser, trotz rechtlicher Möglichkeit, jemals verwertet werden kann[750].

(3) Schließlich liegt selbst bei einer tatsächlich eintretenden zukünftigen Verwertung der Verluste im Ausland keine doppelte Verlustverwer-

---

747 *Haarmann*, Grenzüberschreitende Gruppenbesteuerung und Verlustnutzung in der EU, in Lüdicke (Hrsg), Deutsches Steuerrecht im europäischen Rahmen, Köln 2004, 169 ff, 180.

748 *E. Lechner*, Die Auswirkungen des EU-Rechts auf die Befreiung von Verlusten nach den Doppelbesteuerungsabkommen, in Gassner/Lang/Lechner (Hrsg) Doppelbesteuerung und EU-Recht, Wien 1996, 85 ff, 95.

749 *E. Lechner*, Die Auswirkungen des EU-Rechts auf die Befreiung von Verlusten, in Gassner/Lang/Lechner (Hrsg) EU-Recht, 95.

750 Dazu auch eingehend *Kessler*, Ausländische Betriebstättenverluste, in Lehner (Hrsg) Verluste im nationalen und internationalen Steuerrecht, München 2004, 83 ff, 90.

tungsmöglichkeit vor. Der entstandene Liquiditätsnachteil ist mitunter nur schwer auszugleichen, da das Fehlen eines sofortigen Verlustausgleichs zunächst zu einer Überbesteuerung führt, die möglicherweise auch durch eine spätere Verlustverwertung im Ausland nicht wieder kompensiert wird[751].

Ein wichtiger Grundsatz der EuGH-Rechtsprechung spricht hier neben diesen wirtschaftlichen Aspekten, die eine Gleichwertigkeit unterstreichen, für eine mögliche Benachteiligung trotz potentieller, in der Zukunft liegenden Verlustverwertung im Ausland: Es ist dies der Grundsatz, dass schon die reine Möglichkeit einer Schlechterstellung zu einer Gemeinschaftsrechtswidrigkeit führen kann[752]. Für die Feststellung einer Vergleichbarkeit bedeutet das, dass bereits die Möglichkeit einer Vergleichbarkeit dazu führt, dass eine solche angenommen werden muss.

Der einzige Fall, in dem eine doppelte Verlustverwertung dazu führt, dass keine Gleichwertigkeit des angeführten Vergleichspaares vorliegt, ist jener, in dem die Auslandsverluste sofort im Ausland verwertet werden können, was bei einer Verlustrücktragsmöglichkeit der Fall sein könnte[753].

Ein weiteres Argument, das vorgebracht werden könnte, um eine Gleichwertigkeit des vorgeschlagenen Vergleichspaares zu verneinen, wäre die Argumentation des BFH in diesem Kontext, wonach sich bei Anwendung der Befreiungsmethode Vor- und Nachteile ausgleichen würden. Der Nachteil der Nichtberücksichtigung von ausländischen negativen Einkünften wird nach BFH durch den Vorteil der Freistellung von Gewinnen kompensiert[754]. Aus gemeinschaftsrechtlicher Sicht ist allerdings die Kompensationswirkung zu vernachlässigen, aus denselben Gründen wie eine doppelte zeitversetzte Verlustverwertungsmöglichkeit der Gleichwertigkeit nicht entgegensteht[755].

dd. Ergebnis. Nachdem in den meisten Fällen eine Gleichwertigkeit von Steuerpflichtigen, die entweder inländische oder ausländische Verluste erleiden, gegeben ist, würde jede Benachteiligung der ausländischen Verluste im Inland eine Beschränkung der Niederlassungsfreiheit darstellen. Wie schon bei der Gleichwertigkeitsprüfung angeführt, würde sich die Benachteiligung insbesondere dar-

---

751 *E. Lechner,* Die Auswirkungen des EU-Rechts auf die Befreiung von Verlusten, in Gassner/Lang/Lechner (Hrsg) EU-Recht, 95.

752 Siehe dazu eingehender oben 2. Abschnitt III. 8. „Abstrakte versus tatsächliche Vertragsverletzung".

753 *E. Lechner,* Die Auswirkungen des EU-Rechts auf die Befreiung von Verlusten, in Gassner/Lang/Lechner (Hrsg) EU-Recht, 96.

754 BFH, Beschluss vom 11. 3. 1970, I B 50/68, I B 3/69, BStBl II 1970, 569 ff, 570.

755 *Kessler,* Ausländische Betriebstättenverluste, in Lehner (Hrsg) Verluste, 90; siehe auch oben 2. Abschnitt III. 8. b) „Vorteilsausgleich negiert Benachteiligung nicht".

aus ergeben, dass eine sofortige Verwertung der Verluste zu einer Besteuerung nach der tatsächlichen wirtschaftlichen Leistungsfähigkeit des Steuerpflichtigen führt; die fehlende Verlustverwertung hingegen könnte zu einer substantiellen Beeinträchtigung der Wirtschaftskraft führen. Das Beispiel Kesslers in diesem Zusammenhang spricht mehr als eingehende Ausführungen:

> Erzielt ein Unternehmen in einer Steuerperiode im Inland € 10 Millionen Gewinn und in einer ausländischen Betriebstätte € 9 Millionen Verlust, wäre es bei einer fehlenden Verlustausgleichsmöglichkeit im Inland und einem Steuersatz von 50% einer Besteuerung von 500% ausgesetzt[756].

Die hM geht daher davon aus, dass die fehlende Verlustverwertungsmöglichkeit bei grenzüberschreitenden Sachverhalten eine Benachteiligung darstellt, die gemeinschaftsrechtswidrig ist[757]. Dies lässt sich auch mit einem einfachen Beispiel klar belegen: Hat ein Münchener Unternehmen eine Niederlassung in Passau, können Verluste aus dieser Niederlassung mit Gewinnen des Stammhauses in München verrechnet werden. Würde sich an dieser Verrechnungsmöglichkeit etwas ändern, wenn sich die Niederlassung in Salzburg befände, wäre der Binnenmarkt insoweit nicht verwirklicht.

---

756 *Kessler*, Ausländische Betriebstättenverluste, in Lehner (Hrsg) Verluste, 109.

757 Vgl zB: *E. Lechner*, Die Auswirkungen des EU-Rechts auf die Befreiung von Verlusten nach den Doppelbesteuerungsabkommen, in Gassner/Lang/Lechner (Hrsg) Doppelbesteuerung und EU-Recht, Wien 1996, 85 ff, 90 ff; *Cordewener/Dahlberg/Pistone/Reimer/Romano*, The Tax Treatment of Foreign Losses: Ritter, M & S, and the Way Ahead, European Taxation 2004, 218 ff (Part Two), 219 f; *Cordewener*, Auslandsverluste und EG-Grundfreiheiten: Kurskorrektur am falschen Fall? Kritische Anmerkungen zum Vorlagebeschluss des BFH vom 13. 11. 2002, IStR 2003, 413 ff, 416; *Kessler/Schmitt/Janson*, Berücksichtigungsverbot abkommensrechtlich „befreiter" Betriebsstättenverluste? Analyse der BFH-Rechtsprechung unter Berücksichtigung von Verfassungs- und Europarecht nach AMID, IStR 2001, 729 ff, 734 ff; *Kessler*, Ausländische Betriebstättenverluste, in Lehner (Hrsg) Verluste im nationalen und internationalen Steuerrecht, München 2004, 83 ff, 101 ff; *Menhorn*, Die Rechtssache AMID und ihre Auswirkungen auf den grenzüberschreitenden Verlustausgleich, SWI 2001, 62 ff, 66; *Rödder*, Deutsche Unternehmensbesteuerung im Visier des EuGH, DStR 2004, 1629 ff, 1631; *Schuch*, Verluste im Recht der Doppelbesteuerungsabkommen, Wien 1998, 177; *Schuch*, Europarechtliche und abkommensrechtliche Vorgaben für die Verlustbehandlung, in Lehner (Hrsg) Verluste im nationalen und internationalen Steuerrecht, München 2004, 63 ff, 65 ff; *Tumpel*, Betriebsstättenverluste in der Europäischen Union, SWI 2001, 55 ff, 56 ff; *ders*, Europarechtliche Besteuerungsmaßstäbe für die grenzüberschreitende Organisation und Finanzierung von Unternehmen, DStJG 2000, 321 ff, 348 f; BFH, Vorlagebeschluss vom 13. 11. 2002 I R 13/02, BStBl. II 2003, 795 ff; FG München, Beschluss vom 14. 2. 2005, 1 V 305/04.

b) Hinterfragung der Gemeinschaftsrechtswidrigkeit einer fehlenden grenzüberschreitenden Verlustverrechnungsmöglichkeit

aa. Auch unterschiedliche Steuersätze begründen keine Vertragsverletzung. Mehrere Argumente sprechen dagegen, eine Verletzung der Niederlassungsfreiheit aufgrund eingeschränkter grenzüberschreitender Verlustverrechnung anzunehmen. So wurde etwa vorgebracht, dass in einem Fall, in dem im Staat des Stammhauses ein Steuersatz von 20% und im Staat der Betriebstätte ein Steuersatz von 40% gilt, die Entscheidung, eine Betriebstätte im Ausland zu begründen ebenfalls gegenüber der Alternative, die Betriebstätte im Stammhausstaat anzusiedeln, benachteiligt ist[758]. Bei einem Gewinn von 200, der sich gleichmäßig aufteilt, würde bei Begründung einer Auslandsbetriebstätte eine Steuer von 60 anfallen (20 im Stammhausstaat, 40 im Betriebstättenstaat), bei Begründung einer Inlandsbetriebstätte nur von 40. Trotz dieses Ergebnisses würde – so das Argument – niemand auf die Idee kommen, dass der Betriebstättenstaat gegen Gemeinschaftsrecht verstößt, wenn er einen höheren Steuersatz festsetzt als andere Mitgliedstaaten[759].

Dieser Argumentationsführung ist entgegenzuhalten, dass Unterschiede, die sich aus einer fehlenden Harmonisierung der Steuerrechtsordnungen der Mitgliedstaaten ergeben, je nach Wahl der Vergleichspaare gemeinschaftsrechtswidrig sind oder nicht[760]:

- Für die Frage, ob unterschiedliche Steuersätze im Quellenstaat und im Ansässigkeitsstaat eine unzulässige Beschränkung der Grundfreiheiten darstellen, zog der EuGH als Vergleichsgruppe in der Rs Gilly jene Steuerpflichtigen heran, die dem höheren Steuersatz im Quellenstaat unterlagen. Im Vergleich zu ihnen gab es daher keine Benachteiligung[761].

- Für die Frage, ob die Nichtgewährung von Steuervorteilen im Ansässigkeitsstaat infolge fehlender Harmonisierung zu einer Vertragsverletzung führt, nahm der EuGH allerdings stets Steuerpflichtige als Vergleichsgruppe heran, die ausschließlich im Ansässigkeitsstaat tätig wurden und daher dort alle Steuervorteile ausschöpfen konnten; ihnen wurde der betreffende auch im Ausland tätige Steuerpflichtige gegenübergestellt[762].

Zur Beantwortung der Frage, ob im angeführten Beispiel der höhere Steuersatz im Betriebstättenstaat zu einer Gemeinschaftsrechtswidrigkeit führt, würde der

---

758 *Hahn*, Betriebsstättenverluste, IStR 2002, 685.

759 *Hahn*, Betriebsstättenverluste, IStR 2002, 685.

760 Siehe dazu oben 2. Abschnitt III. 7. „Fehlende Harmonisierung keine Verletzung der Grundfreiheiten?“.

761 EuGH, Urteil vom 12. 5. 1998, C-336/96, *Gilly*, Slg 1998, I-2793, Rn. 49.

762 EuGH, Urteil vom 12. 12. 2002, C-385/00, *de Groot*, www.curia.eu.int, Rn. 48 ff.

EuGH daher voraussichtlich die Besteuerung der Betriebstätte im Betriebstättenstaat mit der Besteuerung anderer unbeschränkt Steuerpflichtiger in diesem Staat vergleichen, und käme somit zu keiner Diskriminierung. Bei der Prüfung allerdings, ob ein grenzüberschreitendes Verlustausgleichsverbot im Ansässigkeitsstaat eine unzulässige Benachteiligung darstellt, würde er jeweils ansässige Steuerpflichtige im Stammhausstaat heranziehen, einerseits solche, die dem Ausgleichsverbot nicht unterliegen, weil sie nur Inlandsverluste erzielen, und anderseits solche mit Auslandsverlusten. Daraus ergäbe sich schließlich eine gemeinschaftsrechtswidrige Benachteiligung.

Mit einer anderen Begründung, der derselbe Gedanke zugrunde liegt, schlug Kessler/Schmitt/Janson das oben angeführte Steuersatz-Argument als falsch zurück: Im Fall unterschiedlicher Steuersätze sind es zwei Mitgliedstaaten, die eine unterschiedliche Besteuerung bewirken, im Fall des Verlustausgleichsverbot aber ist es lediglich ein Mitgliedstaat, der die Verantwortung für eine unterschiedliche Besteuerung trägt[763].

bb. Autonomie der Mitgliedstaaten, ihr Besteuerungsrecht auf Inlandssachverhalte einzuschränken. Argumentiert wird auch, dass sich aus der Autonomie, die der EuGH den Mitgliedstaaten für den Bereich der direkten Steuern eingesteht, ergäbe, wieweit Besteuerungsrechte auf Inlandssachverhalte beschränkt werden[764]. Dabei geht es insbesondere um die Frage, ob die Abgrenzung der Besteuerungsrechte, wie sie die Mitgliedstaaten durch DBA vornehmen, an den Grundfreiheiten gemessen werden darf[765]. Zurückgegriffen wird dabei auf das Territorialitätsprinzip genauso wie auf Artikel 293 2. Spiegelstrich EG, der den Mitgliedstaaten ein Recht einräume, souverän, sprich ohne Einschaltung der Gemeinschaft, ihre Steuerhoheiten voneinander abzugrenzen[766]. Verwiesen wird in diesem Zusammenhang auf die EuGH-Entscheidungen in Gilly und Saint-Gobain, da dort der EuGH die Autonomie der Mitgliedstaaten zur Abgrenzung von Besteuerungsrechten anerkannt habe[767]. Der Verweis ist allerdings nicht angebracht, da der EuGH in diesen Fällen lediglich festhielt, dass die Mitgliedstaaten frei sind, Besteuerungsrechte untereinander aufzuteilen, diese Aufteilung aber jeweils nicht entscheidungsrelevant war, was sich in folgendem Zitat zeigt. Der EuGH kam in Gilly nämlich zu dem Schluss, dass

---

763 *Kessler/Schmitt/Janson*, Nochmals: Berücksichtigungsverbot abkommensrechtlich befreiter Betriebsstättenverluste? IStR 2003, 307 ff, 308.

764 *Hahn*, Betriebsstättenverluste, IStR 2002, 685.

765 *Hahn*, Betriebsstättenverluste, IStR 2002, 687.

766 *Hahn*, Betriebsstättenverluste, IStR 2002, 685 f.

767 *Hahn*, Betriebsstättenverluste, IStR 2002, 687.

„sich die Vorteilhaftigkeit oder Nachteiligkeit der steuerlichen Behandlung der betroffenen Steuerpflichtigen nicht so sehr aus der Wahl des Anknüpfungsfaktors [ergibt], sondern aus dem Niveau der Besteuerung in dem angesichts der mangelnden gemeinschaftsrechtlichen Harmonisierung der Steuersätze für die direkten Steuern zuständigen Staat“[768].

Es war also nicht die Art, wie Besteuerungsrechte aufgeteilt wurden – die „Wahl des Anknüpfungsfaktors“ des geltenden DBA –, sondern das Steuerniveau, das eine Benachteiligung brachte, mit anderen Worten der Steuersatz.

Auch die Argumentationslinie, die sich auf die Autonomie der Mitgliedstaaten stützt, ist daher zurückzuweisen. Artikel 293 2. Spiegelstrich EG stellt eine Handlungspflicht auf, deren Erfüllung sich nach den Vorgaben des Primärrechts richtet. Den Mitgliedstaaten steht zwar die vordringliche Kompetenz im Bereich der direkten Steuern zu, diese darf aber nicht zu Vertragsverletzungen führen[769].

cc. Verlustverrechnungsrichtlinie war nicht notwendig, da keine Gemeinschaftsrechtswidrigkeit durch fehlende Verlustverrechnung vorliegt. Auch aus dem Umstand, dass der Vorschlag zur Verlustverrechnungsrichtlinie der Kommission 2001 wieder zurückgezogen wurde[770], kann nicht geschlossen werden, dass eine fehlende Verlustverrechnung gemeinschaftsrechtskonform ist[771]. Sekundärrecht kann Diskriminierungsverbote des Primärrechts zwar präzisieren, ist aber nicht notwendig, um Primärrecht zur Anwendung zu bringen. Mehr noch, Sekundärrecht kann sogar gegen Primärrecht verstoßen. Die Tatsache, dass bisher keine gemeinschaftsrechtlichen Maßnahmen gesetzt wurden, um die Verlustverrechnung innerhalb der EU explizit zu regeln, ist daher kein Anhaltspunkt dafür, dass eine fehlende Verlustverrechnung nicht gegen die Grundfreiheiten verstößt und auch kein Indiz in diese Richtung[772].

---

768 EuGH, *Gilly*, Rn. 34.

769 *Kessler/Schmitt/Janson*, Nochmals, IStR 2003, 309; siehe dazu auch oben 1. Abschnitt II. 3. a).

770 Vorschlag vom 6. 12. 1990 für eine Richtlinie des Rates über eine Regelung für Unternehmen zur Berücksichtigung der Verluste ihrer in anderen Mitgliedstaaten belegenen Betriebsstätten und Tochtergesellschaften, KOM (1990) 595 endg., ABl C 53/30, zurückgezogen am 11. 12. 2001 durch KOM (2001) 763.

771 *E. Lechner*, Die Auswirkungen des EU-Rechts auf die Befreiung von Verlusten nach den Doppelbesteuerungsabkommen, in Gassner/Lang/Lechner (Hrsg) Doppelbesteuerung und EU-Recht, Wien 1996, 85 ff, 93.

772 *E. Lechner*, Befreiung von Verlusten, in Gassner/Lang/Lechner (Hrsg), EU-Recht, 93.

c) Rechtfertigung der Grundfreiheitsverletzung durch eingeschränkte Verlustverwertungsmöglichkeiten innerhalb der EU

aa. Wahrung der Kohärenz des Steuerrechtssystems

Für die Beschränkung, die sich daraus ergibt, dass ausländische Verluste im Inland nicht verrechnet werden können, ist zu prüfen, ob eine Rechtfertigung aufgrund der Notwendigkeit, die Kohärenz des Steuerrechtssystems zu wahren, vorliegt.

Für den Fall etwa, dass der Verlustausgleich aufgrund eines DBA mit Befreiungsmethode abgelehnt wird – wie das etwa in Deutschland der Fall wäre –, könnte vorgebracht werden, dass der steuerliche Nachteil, der sich aus dem fehlenden Ausgleich ergäbe, durch den Steuervorteil der Nichtbesteuerung von früheren oder späteren ausländischen Gewinnen ausgeglichen wird, ähnlich dem Ausgleich in Bachmann[773]. Die Kohärenz bestünde darin, dass der Verlustausgleich davon abhängig ist, ob die Besteuerung späterer Gewinne sichergestellt ist[774]. In Bachmann konnte mit dieser Art von Verknüpfung erfolgreich die Kohärenz als Rechtfertigung dienen. Dort waren es Versicherungsbeiträge, die vom Steuerabzug ausgeschlossen waren, wenn für die Versicherungsleistungen die Besteuerung nicht sichergestellt war[775]. Dabei ist allerdings zu beachten, dass diese Art der Rechtfertigung von Beginn an unklar war und sie durch das EuGH-Urteil in Wielockx entscheidend relativiert wurde[776]. In seiner Entscheidung zu Wielockx hielt der EuGH nämlich fest, dass für die Prüfung der steuerlichen Kohärenz eines Staates, der DBA mit anderen abgeschlossen hat, nicht dessen Steuersystem für sich allein betrachtet maßgebend ist, sondern dessen Steuersystem im Zusammenspiel mit dem jeweils anwendbaren DBA[777]. Die Kohärenz wird damit

---

773 EuGH, Urteil vom 28. 1. 1992, C-204/90, *Hanns-Martin Bachmann gegen Belgischen Staat*, Slg 1992, I-249; siehe dazu auch oben 2. Abschnitt IV. 2. a) „Doppelbesteuerungsabkommen und Kohärenz“.

774 *E. Lechner*, Die Auswirkungen des EU-Rechts auf die Befreiung von Verlusten, in Gassner/Lang/Lechner (Hrsg) EU-Recht, 96.

775 EuGH 28. 1. 1992, C-204/90, *Bachmann*, Rn. 21 f.

776 EuGH, Urteil vom 11. 8. 1995, C-80/94, *G. H. E. J. Wielockx gegen Inspecteur der Directe Belastingen*, Slg 1995, I-2493; *Haarmann*, Grenzüberschreitende Gruppenbesteuerung und Verlustnutzung in der EU, in Lüdicke (Hrsg) Deutsches Steuerrecht im europäischen Rahmen, Köln 2004, 169 ff, 180; *Kessler/Schmitt/Janson*, Berücksichtigungsverbot abkommensrechtlich „befreiter“ Betriebsstättenverluste? Analyse der BFH-Rechtsprechung unter Berücksichtigung von Verfassungs- und Europarecht nach AMID, IStR 2001, 729 ff, 736; siehe dazu eingehender oben 2. Abschnitt IV. 2. a) „Doppelbesteuerungsabkommen und Kohärenz“.

777 So schon *Knobbe-Keuk*, Restrictions on the Fundamental Freedoms Enshrined in the EC Treaty by Discriminatory Provisions – Ban and Justification, EC Tax Review 1994, 74 ff, 80 f; vgl auch *Thömmes*, Rechtfertigung von Diskriminierungen, in GS Knobbe-Keuk, 830 f.

auf die Gegenseitigkeit der in den Vertragsstaaten anwendbaren Vorschriften verlagert[778]. Daher kann das Argument der Kompensation von steuerlichen Vor- und Nachteilen nicht als Rechtfertigung basierend auf der Wahrung der steuerlichen Kohärenz herangezogen werden. Die Kompensation ergibt sich schließlich allein aus dem DBA.

Ein zusätzlicher Grund, weshalb Bachmann nicht zur Anwendung kommen kann, wenn es um die Rechtfertigung eines Verlustausgleichsverbotes geht, ist, dass in Bachmann das Kohärenzprinzip dazu diente, die Besteuerung überhaupt sicherzustellen, um den Steuerpflichtigen nicht sowohl bei der Prämienzahlung an die Versicherung als auch bei der Versicherungsleistung Steuervergünstigungen zu gewähren – einmal aufgrund einer Abzugsmöglichkeit und dann durch Nichtbesteuerung. Eine solche Übervorteilung – so könnte argumentiert werden – widerspräche dem Prinzip der Besteuerung nach der wirtschaftlichen Leistungsfähigkeit[779]. Im Kontext der Freistellung von Verlusten infolge der DBA-Anwendung könnte allerdings die Verlustnutzung gänzlich versagt sein, was unter dem Leistungsfähigkeitsgesichtspunkt untragbar erscheint[780].

Zuletzt wäre daran zu denken, eine Rechtfertigung nach dem Kohärenzprinzip anhand der Maßstäbe, die GA Poiares Maduro in seinen Schlussanträgen zu Marks & Spencer entwickelte, zuzulassen[781]. Danach könnte ein Verlustausgleichsverbot dann als gerechtfertigt anerkannt sein, wenn es nur in dem Fall greift, in dem eine gleichwertige Verwertungsmöglichkeit der betroffenen ausländischen Verluste im Ausland möglich ist. Wie bei den Ausführungen zur Verlustverwertung im Konzern näher erläutert, müsste allerdings auch diese Rechtfertigung ins Leere gehen[782]; insbesondere deshalb, weil bereits die bloß potentielle Möglichkeit einer Benachteiligung die Gemeinschaftsrechtswidrigkeit mit sich bringt. Schließlich wären ausländische und inländische Verluste wieder nicht gleichgestellt, da inländische sofort verrechnet werden könnten, ausländische aber insoweit nicht, als für sie gleichartige Verwertungsmöglichkeiten im Quellenstaat vorgesehen sind. Diese Art der Rechtfertigungsmöglichkeit zeigt allerdings Wege auf, wie die Mitgliedstaaten eine Verlustverrechnungsmöglichkeit über die Grenze gestalten könnten. Nachdem das Konzept des Generalanwalts in Marks &

---

778 EuGH 11. 8. 1995, C-80/94, *Wielockx*, Rn. 24; *Haarmann*, Grenzüberschreitende Gruppenbesteuerung und Verlustnutzung in der EU, in Lüdicke (Hrsg) Deutsches Steuerrecht im europäischen Rahmen, 180.

779 *Kessler/Schmitt/Janson*, Berücksichtigungsverbot, IStR 2001, 736.

780 *Kessler/Schmitt/Janson*, Berücksichtigungsverbot, IStR 2001, 736; *Haarmann*, Grenzüberschreitende Gruppenbesteuerung und Verlustnutzung, in Lüdicke (Hrsg) Deutsches Steuerrecht im europäischen Rahmen, 179.

781 Generalanwalt Poiares Maduro, Schlussanträge vom 7. 4. 2005, C-446/03, *Marks & Spencer plc gegen David Halsey (HM Inspector of Taxes)*, www.curia.eu.int, Rn. 75 f.

782 Siehe dazu unten 3. Abschnitt VIII.

Spencer vom EuGH allerdings nicht für die grenzüberschreitende Verlustverrechnung im Konzern übernommen worden ist, erscheint es unwahrscheinlich, dass der Gerichtshof es für den Bereich der grenzüberschreitenden Verlustverrechnung innerhalb eines Unternehmens heranziehen wird.

Auch in Ritter-Coulais wurde von GA Léger eine Rechtfertigung nach dem Kohärenzprinzip abgelehnt. Der Generalanwalt sah keinen hinreichenden Zusammenhang zwischen der Nichtberücksichtigung von Verlusten und der Freistellungsmethode des anwendbaren DBA[783]. Er lehnte außerdem eine Rechtfertigung nach dem Kohärenzprinzip ab, wie es von der deutschen Regierung vorgebracht wurde. Die Regierung stützte sich nämlich auf die Entscheidung in der Rs Gilly, anscheinend mit der Ratio, dass in diesem Fall die Kohärenz einer Besteuerung nach den jeweils nationalen Steuersätzen gewahrt werde musste, was der EuGH in Gilly anerkannte. GA Léger wies auch das entschieden zurück, da es bei der Berücksichtigung von negativen Einkünften nicht um die Frage unterschiedlicher Steuerniveaus ging, wie das in Gilly der Fall war[784]. Der EuGH lehnte eine Rechtfertigung aufgrund der Wahrung der Kohärenz ebenfalls ab, mit der Begründung, dass es gerade kohärent sei auch negative ausländische Einkünfte steuerlich wirksam werden zu lassen, wenn dies auch für positive ausländische Einkünfte gilt[785].

Mit dieser Begründung des EuGH stimmt schon die zuvor entwickelte Ansicht der Literatur überein, wonach sich eine Verlustverrechnung über die Grenze innerhalb der EU gerade aus dem Gedanken der Kohärenz ableiten lasse[786]. Eine Rechtfertigung nach dem Kohärenzprinzip, die Verrechnung nicht vorzunehmen, wäre danach von vornherein ausgeschlossen.

bb. Territorialitätsprinzip

Eine Rechtfertigung nach dem Territorialitätsprinzip würde in die gleiche Richtung gehen wie die nach dem Kohärenzprinzip, dass nämlich die Nichtbesteuerung von Gewinnen aufgrund der territorialen Abgrenzung, die die Befreiungsmethode eines DBA vorsieht, auch die steuerliche Außerachtlassung von Verlusten legitimiere[787]. Aus der EuGH-Rechtsprechung zum Territorialitätsprinzip ergibt sich allerdings, dass sich allein der Quellenstaat zur Rechtfertigung einer Diskriminierung auf dieses Prinzip berufen kann, nicht auch der Ansässigkeitsstaat[788].

---

783 GA Léger 1. 3. 2005, C-152/03, *Ritter-Coulais*, Rn. 114.

784 GA Léger 1. 3. 2005, C-152/03, *Ritter-Coulais*, Rn. 104 bis 111.

785 EuGH 21. 2. 2006, C-152/03, *Ritter-Coulais*, Rn. 40.

786 *Rödder*, Deutsche Unternehmensbesteuerung im Visier des EuGH, in Gocke/Gosch/M. Lang (Hrsg) FS Wassermeyer, München 2005, 163 ff, 169.

787 Zur Diskussion dazu im internationalen Steuerrecht siehe oben 2. Abschnitt VI. 2. „Verrechnung ausländischer Verluste im Ansässigkeitsstaat".

788 Siehe dazu oben 2. Abschnitt IV. 3. „Territorialitätsprinzip".

Dass das Territorialitätsprinzip nicht als Rechtfertigung einer Beschränkung im Kontext fehlender grenzüberschreitender Verlustverrechnung eingesetzt werden kann, zeigt sich auch in den Schlussanträgen von GA Léger zu Ritter-Coulais. Dort geht er nämlich im Zuge der Prüfung, ob das Kohärenzprinzip eine Rechtfertigung liefern könnte, darauf ein, dass die territoriale Abgrenzung von Besteuerungsrechten nach dem anwendbaren DBA Frankreich-Deutschland keine Rechtfertigung bietet[789].

cc. Andere Rechtfertigungsgründe

Auch andere Rechtfertigungsgründe sind nicht geeignet, die Benachteiligung, die sich aus einem fehlenden Verlustausgleich ergibt, zu rechtfertigen. So ist etwa der Vorteilsausgleich vom EuGH als Rechtfertigungsgrund abgelehnt worden[790]. Auch die Verhinderung von Steuerausfällen ist nicht als Rechtfertigungsgrund akzeptiert[791]. Genauso wenig sollte eine Rechtfertigung gestützt auf die Vermeidung von Steuerumgehungen ausgeschlossen sein, da eine Verlustverrechnung über die Grenze allgemeine Unternehmenstätigkeiten betrifft und keine künstlichen Fallgestaltungen durch ein Verlustausgleichsverbot erfasst werden, wie es notwendig wäre, um ein solches Verbot als Verhinderung der Steuerumgehung zu rechtfertigen[792].

dd. Zulassung einer Rechtfertigung nach den Grundsätzen der EuGH-Entscheidung in Marks & Spencer

In der Rs Marks & Spencer hat der EuGH die Rechtfertigungsprüfung einer eingeschränkten grenzüberschreitenden Verlustverrechnung im Konzern auf die Bewahrung der „Ausgewogenheit der Aufteilung der Besteuerungsbefugnisse zwischen den Mitgliedstaaten“ aufgebaut[793]. Die konkreten Rechtfertigungsgründe, die eine Wahrung dieser Ausgewogenheit schützen sollen sind gemäß EuGH die Vermeidung der doppelten Verlustverwertung, der Steuerfluchtgefahr und eines Rückgangs von Steuereinnahmen.

---

789 Generalanwalt Léger, Schlussanträge vom 1. 3. 2005, C-152/03, *Hans-Jürgen und Monique Ritter-Coulais gegen Finanzamt Germersheim*, www.curia.eu.int, Rn. 104 bis 111.

790 Siehe dazu oben 2. Abschnitt IV. 5. „Abgelehnte Rechtfertigungsgründe“; vgl außerdem *E. Lechner*, Die Auswirkungen des EU-Rechts auf die Befreiung von Verlusten, in Gassner/Lang/Lechner (Hrsg) EU-Recht, 96 f; GA Léger, 1. 3. 2005, C-152/03, *Ritter-Coulais*, Rn. 117.

791 Siehe auch dazu oben 2. Abschnitt IV. 5. „Abgelehnte Rechtfertigungsgründe“.

792 EuGH, Urteil vom 16. 7. 1998, C-264/96, *Imperial Chemical Industries plc (ICI)*, Slg 1998 I-04695, Rn. 26; siehe dazu oben 2. Abschnitt IV. 4. „Steuerumgehung“.

793 Siehe unten 3. Abschnitt VII. 3. c) „Die Rechtfertigungsprüfung in Marks & Spencer“ sowie 3. Abschnitt VIII. 4. c) „Wahrung der Ausgewogenheit der Aufteilung der Besteuerungsbefugnisse“ insb EuGH, Urteil vom 13. 12. 2005, C-446/03, *Marks & Spencer plc gegen David Halsey (HM Inspector of Taxes)*, www.curia.eu.int, Rn. 43 und 45.

Es sprechen zwar maßgebliche Stimmen dafür, dass die Grundsätze aus Marks & Spencer auch für Betriebstättenverluste anzuwenden wären[794]. Dennoch ist nicht ausgeschlossen, dass für die Frage, ob Verluste eines Steuerpflichtigen grenzüberschreitend im selben Ausmaß wie innerstaatlich zu berücksichtigen sind, die Rechtfertigungsprüfung des EuGH zu Marks & Spencer nicht einschlägig ist[795]. Ein wesentlicher Unterschied zwischen der grenzüberschreitenden Verlustverrechnung bei ein und demselben Steuerpflichtigen und der grenzüberschreitenden Verlustverrechnung im Konzern ist, dass Modelle zur Verlustverwertung über die Grenze für den ersten Fall nicht nur bekannt sind, sondern bereits bestehen. Deshalb sollte der EuGH eine Rechtfertigung etwa zur Vermeidung der doppelten Verlustnutzung nicht anerkennen; die doppelte Verlustnutzung ist in bestimmten Mitgliedstaaten (zB in den Niederlanden und Österreich, nach alter Rechtslage auch in Deutschland) bereits durch entsprechende Regelungen verhindert.

ee. Verhältnismäßigkeitsgrundsatz als letztes Scheitern einer möglichen Rechtfertigung

Vor der Entscheidung des EuGH in der Rs Marks & Spencer war es zutreffend, eine Rechtfertigung des Verbots, Verluste über die Grenze auszugleichen, im Lichte des Verhältnismäßigkeitsgrundsatzes scheitern zu lassen; anstelle eines gänzlichen Verlustverrechnungsverbots sind schließlich weniger einschneidende Maßnahmen möglich, um mögliche Steuerausfälle zu vermeiden. Hier ist insbesondere das Konzept einer Nachversteuerung bei späterer Verlustverwertung im Ausland, wie dies das österreichische EStG vorsieht anzuführen[796]. Schon die Rechtfertigungsprüfung für eine eingeschränkte Verlustverrechnung über die Grenze an sich dürfte deshalb nicht nach den Grundsätzen der Marks & Spencer Entscheidung vorgenommen werden[797]. Wäre dem nicht so und würde der EuGH die Rechtfertigungsprüfung aus Marks & Spencer auf die Beschränkung der grenzüberschreitenden Verlustverrechnung bei ein und demselben Steuerpflichtigen übertragen, sollte diese Beschränkung nicht unter dem gleichen Konzept wie

---

794 *Thömmes*, Anmerkungen zum EuGH-Urteil in der Rs Ritter-Coulais, IWB Nr. 5 vom 8. 3. 2006, 220 ff, 222.

795 *Ribbrock/Sedemund*, Kommentar zur EuGH Entscheidung in der Rs Ritter-Coulais, BB 2006, 528 ff, 529.

796 *Cordewener*, Auslandsverluste und EG-Grundfreiheiten: Kurskorrektur am falschen Fall? Kritische Anmerkungen zum Vorlagebeschluss des BFH vom 13. 11. 2002, IStR 2003, 413 ff, 416; *E. Lechner*, Die Auswirkungen des EU-Rechts auf die Befreiung von Verlusten, in Gassner/Lang/Lechner (Hrsg) EU-Recht, 97; *Hahn*, Gemeinschaftsrecht und Recht der direkten Steuern, DStZ 2005, 507 ff, 512; *Tumpel*, Europarechtliche Besteuerungsmaßstäbe für die grenzüberschreitende Organisation und Finanzierung von Unternehmen, DStJG 2000, 321 ff, 349; siehe zur österreichischen Rechtslage § 2 Abs. 8 Nr. 3 öEStG und zur alten deutschen Rechslage § 2a Abs. 3 und 4 dEStG aF.

797 Siehe zuvor dd. „Zulassung einer Rechtfertigung nach den Grundsätzen der EuGH-Entscheidung in Marks & Spencer“.

bei Marks & Spencer als verhältnismäßig angesehen werden[798]. Der Grund liegt hier – wie auch bei der Ablehnung einer Rechtfertigung iSd Entscheidung zu Marks & Spencer – darin, dass Modelle zur Verlustverwertung über die Grenze bekannt sind (und in einigen Mitgliedstaaten bereits bestehen), die weniger einschneidend sind, als das vom EuGH zur grenzüberschreitenden Verlustverrechnung im Konzern entwickelte[799].

d) Schlussfolgerungen für die grenzüberschreitende Verlustverrechnung

Einschränkungen der grenzüberschreitenden Verrechnung positiver und negativer Einkünfte gegenüber der rein innerstaatlichen Situation sind als gemeinschaftsrechtswidrig anzusehen. Dies gilt nicht nur für den unternehmerischen Bereich, sondern allgemein. Die unter dieser Überschrift abgehandelten Grundsätze lassen sich, wie auch GA Léger in seinen Schlussanträgen zu Ritter-Coulais dargelegt hat, auf andere Grundfreiheiten umlegen, sogar auf die Arbeitnehmerfreizügigkeit[800].

Eine Rechtfertigung der Einschränkung der grenzüberschreitenden Verlustverrechnung bei ein und demselben Steuerpflichtigen nach den Grundsätzen, die in Marks & Spencer entwickelt wurden sollte nicht möglich sein, insbesondere deshalb, weil es bereits gesetzlich umgesetzte Modelle gibt, die die vom EuGH in Marks & Spencer angeführten legitimen Ziele erreichen.

3. Verwertung ausländischer Verluste im Quellenstaat

a) Verletzung der Niederlassungsfreiheit bei fehlender Nutzungsmöglichkeit ausländischer Verluste

Nach der hM können ausländische Verluste im Quellenstaat nicht mit inländischen Gewinnen verrechnet werden[801]. Gestützt auf ein europäisches Leistungsfä-

---

798 Vgl zur Beschreibung dieses Konzepts unten 3. Abschnitt VII. 3. d) „Der Verhältnismäßigkeitsgrundsatz als Grenze der Beschränkung“ sowie 3. Abschnitt VIII. 5. „Der Verhältnismäßigkeitsgrundsatz als europarechtlicher Aspekt der grenzüberschreitenden Verlustverrechnung im Konzern“.

799 Siehe ausführlich dazu unten 3. Abschnitt VIII. 5. „Der Verhältnismäßigkeitsgrundsatz als europarechtlicher Aspekt der grenzüberschreitenden Verlustverrechnung im Konzern“.

800 GA Léger, Schlussanträge vom 1. 3. 2005, C-152/03, *Ritter-Coulais*, www.curia.eu.int, Rn. 79 ff.

801 *Lehner*, Territorialitätsprinzip, in Gocke/Gosch/M. Lang (Hrsg) FS Wassermeyer, 247 f; *Schön*, Besteuerung im Binnenmarkt, IStR 2004, 294 f; *Tumpel*, Betriebsstättenverluste in der Europäischen Union, SWI 2001, 55 ff, 60; siehe dazu auch oben 2. Abschnitt VI. 1. und 2. Abschnitt VII. 2.

higkeitsprinzip[802], ist dieser Grundsatz allerdings zu hinterfragen. Insbesondere aus den EuGH-Entscheidungen in den Rs Wallentin und Schumacker ergibt sich, dass der Quellenstaat, wenn dort der wesentliche Teil der steuerpflichtigen Einkünfte erzielt wird, zum virtuellen Ansässigkeitsstaat werden kann[803]. Wie anhand eines Beispiels ausführlich im 2. Abschnitt bei VII. 2. dargelegt wurde, ist demnach die rechtliche Unmöglichkeit, ausländische Verluste mit Gewinnen im Quellenstaat zu verrechnen, gemeinschaftsrechtswidrig. Das wäre dann der Fall, wenn eine Betriebstätte im Quellenstaat Gewinne erwirtschaftet, während im Stammhausstaat oder in einem Staat, in dem sich weitere Betriebstätten eines Unternehmens befinden, Verluste anfallen. Es könnte sogar dann der Fall sein, wenn die Gewinne einer Betriebstätte die Gewinne im Stammhausstaat bei weitem übersteigen, so dass sie den wesentlichen Teil der steuerpflichtigen (Welt-)Einkünfte eines Steuerpflichtigen ausmachen.

Der Verstoß gegen Gemeinschaftsrecht läge darin begründet, dass Steuerpflichtige in Bezug auf die Verlustnutzung schlechter gestellt sind, als würden sie in ihrem Ansässigkeitsstaat bleiben. Das Vergleichspaar für die Feststellung einer Verletzung der Niederlassungsfreiheit würde dabei einerseits das nicht-ansässige Unternehmen und anderseits ein ansässiges Unternehmen bilden, beide mit einer Betriebstätte im *selben* Staat (aus Sicht des nicht-ansässigen Unternehmen wäre das der Quellenstaat). Das ansässige Unternehmen könnte dabei Gewinne aus der inländischen Betriebstätte mit Verlusten des inländischen Stammhauses verrechnen, eine Möglichkeit, die auch dem nicht-ansässigen Unternehmen in Bezug auf die Gewinne der inländischen Betriebstätte und den ausländischen Verlusten des Stammhauses offen stehen sollte. Andernfalls läge eine Benachteiligung vor. Während grundsätzlich keine Vergleichbarkeit zwischen Gebietsfremden und Gebietsansässigen bestünde, wäre dies – wie auch in Wallentin – anders, wenn die Gebietsfremden den wesentlichen Teil ihrer steuerpflichtigen Einkünfte im Betriebstättenstaat erwirtschafteten[804]. Die Vergleichbarkeit leitet sich dabei aus der Steuerkraft ab. Wird nun trotz Vergleichbarkeit die dargestellte unterschiedliche Behandlung auferlegt, wäre die Niederlassungsfreiheit verletzt[805].

---

[802] Siehe dazu oben 2. Abschnitt VII. 2. „Europäisches Leistungsfähigkeitsprinzip im Quellenstaat“.

[803] EuGH, Urteil vom 1. 7. 2004, C-169/03, *Wallentin*, www.curia.eu.int, Rn. 17 mit Verweis auf EuGH, Urteil vom 14. 2. 1995, C-279/93, *Schumacker*, Slg 1995, I-225, Rn. 36.

[804] EuGH 1. 7. 2004, C-169/03, *Wallentin*, Rn. 16.

[805] EuGH 1. 7. 2004, C-169/03, *Wallentin*, Rn. 17.

b) Hinterfragung der Gemeinschaftsrechtwidrigkeit

Die Argumente, die dagegen vorgebracht werden können, die Wallentin-Grundsätze auch auf Verluste umzulegen, sind schwach[806]: Einerseits könnte angeführt werden, dass der EuGH in seiner Wallentin-Entscheidung die Folgen ihrer Tragweite nicht abgeschätzt hat, und dass er die dort entwickelten Grundsätze lediglich für persönliche Steuervorteile, wie die im konkreten Fall relevanten gelten lassen wollte. Nachdem der EuGH allerdings auf allgemeine Kriterien wie die Steuerkraft des Steuerpflichtigen abstellte[807] und seine Rechtsprechung weitreichendere Wirkung hat, als nur in einem gewissen Fall maßgeblich zu sein[808], ist dies kein Grund, die Wallentin-Grundsätze nicht auch auf Verluste umzulegen, zumal es sich bei der Verlustnutzung um die Einräumung von Steuervorteilen handelt, die denen im Fall Wallentin ähnlich sind.

Gegen eine Gemeinschaftsrechtswidrigkeit der Verlustberücksichtigung im Quellenstaat, könnte weiters eingewendet werden, dass Verluste im Stammhausstaat steuerfreien Einkünften, wie sie in Wallentin vorlagen, nicht gleich stehen. Während steuerbefreite Einkünfte im Wohnsitzstaat steuerlich unbeachtet bleiben, können Verluste im Gegensatz dazu in späteren Perioden durchaus steuerrelevant werden. Dem wäre allerdings entgegenzuhalten, dass im Zeitpunkt der Gewinnsituation im Betriebstättenstaat die Verluste im Stammhausstaat keine steuerpflichtigen Einkünfte darstellen und daher die Voraussetzungen zur Qualifikation als Wallentin-Staat erfüllt sein müssten. Es ist auf die Steuerkraft innerhalb einer Periode abzustellen, da andernfalls Liquiditätsnachteile die Folge sein können, die für sich selbst eine Gemeinschaftsrechtswidrigkeit bewirken können[809].

Ein weiteres Argument gegen die Gemeinschaftsrechtswidrigkeit wäre die EuGH-Entscheidung in der Sache D Anders als in Wallentin kam der EuGH in dieser Rechtssache nämlich zum Ergebnis, dass steuerfreies Vermögen sehr wohl in die Vergleichsprüfung Gebietsansässiger und Gebietsfremder miteinzubeziehen ist[810]. Während in Wallentin steuerfreie Einkünfte nicht in die Vergleichbarkeitsprüfung von Gebietsfremden und Gebietsansässigen einbezogen wurden, da sie *ihrem We-*

---

806 Siehe dazu schon oben 2. Abschnitt VII. 2. „Europäisches Leistungsfähigkeitsprinzip im Quellenstaat“.

807 EuGH 1. 7. 2004, C-169/03, *Wallentin*, Rn. 15 f.

808 Siehe dazu oben 1. Abschnitt III. 3. „Die Wirkung von EuGH-Urteilen“.

809 EuGH, Urteil vom 8. 3. 2001, C-397/98 und C-410/98 (verbunden), *Metallgesellschaft und andere*, Slg 2001, I-1727, Rn. 30 und 54; EuGH, Urteil vom 21. 11. 2002, C-436/00, *X und Y gegen Riksskatteverk*, www.curia.eu.int, Rn. 38 f; siehe dazu auch oben 2. Abschnitt IV. 2. b) „Liquiditätsaspekt und Kohärenz“.

810 Siehe ausführlich oben 2. Abschnitt VII. 2. c) „Die Sache D als Kontrapunkt zu Wallentin“; EuGH, Urteil vom 5. 7. 2005, C-376/03, *D. gegen Inspecteur van de Belastingdienst/Particulieren/Ondernemingen buitendland te Heeren*, www.curia.eu.int.

sen nach steuer*freie* Einkünfte waren.[811] In der Sache D allerdings wurde steuerbefreites Vermögen sehr wohl für die Vergleichbarkeitsprüfung berücksichtigt. Daraus ist im Umkehrschluss zu folgern, dass in der Sache D jenes Vermögen, das sich in Deutschland befand und dort keiner Besteuerung unterlag, vom EuGH *seinem Wesen nach* als steuer*pflichtig* eingestuft wurde und deshalb in die Vergleichbarkeitsprüfung einzubeziehen war. Die Entscheidung zur Sache D hat aber keine Bedeutung für die Frage der Berücksichtigung von Verlusten im Quellenstaat. Denn obwohl in der Sache D steuerbefreites Vermögen für die Frage der Vergleichbarkeit berücksichtigt wurde, was einer Berücksichtigung steuerbefreiter Einkünfte gleich kommen würde, geht es bei einer Verlustsituation gerade nicht um steuerbefreite Einkünfte, sondern eben um Verluste. Diese können schon aufgrund ihres negativen Vorzeichens *ihrem Wesen nach* nicht steuerpflichtig sein.

Als Argument für die Anwendung der Wallentin-Grundsätze auf Verluste – und somit gegen die Hinterfragung – kann die hM zur Berücksichtigung ausländischer Verluste im Quellenstaat im Zusammenhang mit der Berechnung des Steuersatzes angeführt werden. Danach sind infolge des EuGH-Urteils in Gerritse im Quellenstaat auch ausländische Verluste für den Quellensteuersatz maßgeblich[812]. Wenn ausländische Verluste für den Steuersatz maßgeblich sein müssen, warum dann nicht auch für die Bemessungsgrundlage an sich[813].

c) Rechtfertigungsmöglichkeit

Grundsätzlich wäre es konsequent, das Territorialitätsprinzip als Rechtfertigung der fehlenden Verrechnungsmöglichkeit ausländischer Verluste mit inländischen positiven Einkünften im Quellenstaat zuzulassen, da sich gerade dieser Staat nach hM im Kontext der Einräumung von Steuervorteilen, die mit Auslandstätigkeiten zusammenhängen, auf diese Art der Rechtfertigung berufen kann[814]. Das geht auch aus der als geltende Rechtsprechung des EuGH anerkannten Entscheidung in

---

811 EuGH 5. 7. 2005, C-376/03, *Sache D*, Rn. 42.

812 *Rödder*, Deutsche Unternehmensbesteuerung im Visier des EuGH, in Gocke/Gosch/M. Lang (Hrsg) FS Wassermeyer, 170; *Schön*, Besteuerung im Binnenmarkt, IStR 2004, 295; siehe dazu auch oben 2. Abschnitt VI. 1. „Verrechnung ausländischer Verluste im Quellenstaat".

813 Siehe zu dieser Diskussion im Kontext der Gewinn- und Verlustverrechnung im Ansässigkeitsstaat unten 3. Abschnitt VI. 2. a); *E. Lechner*, Die Auswirkungen des EU-Rechts auf die Befreiung von Verlusten nach den Doppelbesteuerungsabkommen, in Gassner/Lang/Lechner (Hrsg) Doppelbesteuerung und EU-Recht, Wien 1996, 85 ff, 91.

814 Siehe dazu oben 2. Abschnitt IV. 3.; insb. vgl dazu *Schön*, Besteuerung im Binnenmarkt – die Rechtsprechung des EuGH zu den direkten Steuern, IStR 2004, 289 ff, 292; so auch *ders* Unternehmensbesteuerung und Europäisches Gemeinschaftsrecht, StbJb 2003/2004, 27 ff, 57; vgl weiters *Schneunemann*, Europaweite Verlustberücksichtigung im Konzern, IStR 2005, 306; in diesem Sinne auch Generalanwältin Kokott, Schlussanträge vom 18. 3. 2004, C-319/02, *Petri Mikael Manninen*, www.curia.eu.int, Rn. 42.

der Rs Futura Participations hervor[815]. Allerdings ist Futura Participations nicht einschlägig für die dargestellte Thematik, da im dort zugrunde liegenden Sachverhalt der wesentliche Teil der Einkünfte nicht im Quellen- oder Betriebstättenstaat, sondern im Ansässigkeitsstaat anfiel. Gerade das wäre nicht der Fall, wenn aufgrund der Verlustsituation eines Unternehmens der wesentliche Teil der steuerpflichtigen Einkünfte im Quellenstaat anfiele, der dadurch zum virtuellen Ansässigkeitsstaat wird. Als virtueller Ansässigkeitsstaat könnte sich der Quellenstaat dann gerade nicht auf das Territorialitätsprinzip als Rechtfertigung für die Schlechterstellung nichtansässiger Steuerpflichtiger berufen.

Auch das Kohärenzprinzip dürfte die dargelegte Verletzung der Niederlassungsfreiheit nicht rechtfertigen können. Das Argument wäre schließlich, dass es um den Ausgleich der Nichtbesteuerung von positiven ausländischen Einkünften auf der einen Seite und der Außerachtlassung von negativen ausländischen Einkünften auf der anderen Seite gehe. Nachdem sich aber die Nichtbesteuerung positiver Einkünfte aus der Anwendung von DBA-Regelungen ergibt, wäre dieser Argumentationsweg zurückzuweisen. Schließlich können sich Mitgliedstaaten nicht auf DBA-Regelungen berufen, um die Kohärenz ihres Steuersystems zu rechtfertigen[816].

Auch andere Rechtfertigungsgründe scheinen nicht einschlägig zu sein: Eine Berufung auf einen Vorteilsausgleich etwa – der Quellenstaat besteuere nur inländische Gewinne, also müsse er auch nur inländische Verluste berücksichtigen –, dürfte nicht akzeptiert werden, da derartige Ausgleichswirkungen vom EuGH nicht als Rechtfertigung anerkannt sind[817]. Auch die Verhinderung von Steuerausfällen dürfte eine fehlende Verlustverrechnung für den Fall, dass der Quellenstaat zum virtuellen Ansässigkeitsstaat nach Wallentin wird nicht als Rechtfertigungsgrund akzeptiert werden, nachdem dieser Rechtfertigungsgrund im Allgemeinen nicht vom EuGH anerkannt wird[818].

Eine Rechtfertigung nach den Grundsätzen, die der EuGH in Marks & Spencer entwickelt hat, sollte aus den gleichen Gründen, die oben unter VI. 2. dd. „Zulassung einer Rechtfertigung nach den Grundsätzen der EuGH-Entscheidung in Marks & Spencer“ angeführt sind, nicht akzeptiert werden.

---

815 EuGH, Urteil vom 15. 5. 1997, C-250/95, *Futura Participations*, Slg 1997, I-2471, Rn. 20 bis 22; siehe dazu auch oben 3. Abschnitt II. 1.

816 Siehe dazu oben 2. Abschnitt IV. 2. a) „Doppelbesteuerungsabkommen und Kohärenz“.

817 Siehe dazu oben im 2. Abschnitt IV. 5. „Abgelehnte Rechtfertigungsgründe“; sowie *E. Lechner*, Die Auswirkungen des EU-Rechts auf die Befreiung von Verlusten, in Gassner/Lang/Lechner (Hrsg) EU-Recht, 96 f; GA Léger, 1. 3. 2005, C-152/03, *Ritter-Coulais*, Rn. 117.

818 Siehe auch dazu oben im 2. Abschnitt IV. 5. „Abgelehnte Rechtfertigungsgründe“.

d) Schlussfolgerung für die Verwertung ausländischer Verluste im Quellenstaat

Auch im Quellenstaat müssten ausländische Verluste unter gewissen Begebenheiten mit inländischen Gewinnen verrechenbar sein. Die Unterscheidung des internationalen Steuerrechts in Ansässigkeitsstaat und Quellenstaat wurde vom EuGH in Schumacker insofern weiterentwickelt, als jener Staat zum virtuellen Ansässigkeitsstaat wird, in dem der wesentliche Teil der Einkünfte eines Steuerpflichtigen erzielt wird. In Wallentin ging der EuGH noch einen Schritt weiter und dehnte dieses Konzept aus: Jener Staat, in dem der wesentliche Teil der *steuerpflichtigen* Einkünfte erzielt wird, ist virtueller Ansässigkeitsstaat. Für ein Unternehmen, das in mehreren Mitgliedstaaten tätig ist und lediglich in einem Gewinne erwirtschaftet, in den anderen hingegen Verluste, könnte der Staat, in dem die Gewinne liegen, virtueller Ansässigkeitsstaat werden, da dort der wesentliche Teil der steuerpflichtigen Einkünfte erzielt wird. Der Quellenstaat könnte selbst dann zum virtuellen Ansässigkeitsstaat werden, wenn im Stammhausstaat zwar steuerpflichtige Einkünfte anfallen, diese aber im Verhältnis zu denen im Quellenstaat so gering ausfallen, dass im Quellenstaat der wesentliche Teil der steuerpflichtigen Einkünfte liegt.

VII. Verluste in der grenzüberschreitenden Unternehmensgruppe

1. ICI und X AB & Y AB

Die Fälle ICI und X AB & Y AB betreffen die Verlustverrechnung im grenzüberschreitenden Konzern, wurden allerdings bereits bei der Problematik der Einschränkung inländischer Steuerbegünstigungen infolge von Auslandstätigkeiten behandelt. Siehe daher Näheres dazu oben 3. Abschnitt III. 1. und 2.

2. Metallgesellschaft und Hoechst

a) Sachverhalt und Konzept der Körperschaftsvorauszahlung im Konzern

In den zusammengelegten Fällen Metallgesellschaft Ltd und Hoechst AG[819] ging es zwar wie in ICI und X AB & Y AB ebenfalls um inländische Steuervorteile, diese wurden aber deshalb nicht eingeräumt, weil die betroffenen britischen Tochtergesellschaften von ausländischen Konzerngesellschaften gehalten wurden. Daher ist dieser Fall für den grenzüberschreitenden Konzern bedeutsam: Nach britischem Steuerrecht ist eine Kapitalgesellschaft, die Dividenden an ihre Anteilseigner ausschüttet, grundsätzlich zu einer Vorauszahlung *ihrer* Körperschaftssteuer

---

[819] EuGH, Urteil vom 8. 3. 2001, C-397/98 und C-410/98 (verbunden), *Metallgesellschaft Ltd und andere, Hoechst AG and Hoechst (UK) Ltd*, Slg 2001, I-1727.

verpflichtet. Durch Ausübung eines Wahlrechtes, das die britischen Bestimmungen zur Konzernbesteuerung einräumten, konnte eine Tochterkonzerngesellschaft diese Vorauszahlung von Körperschaftssteuer bei Dividendenausschüttungen an ihre Mutterkonzerngesellschaft vermeiden. Von dem Wahlrecht konnte allerdings nur Gebrauch gemacht werden, wenn für steuerliche Zwecke eine britische Konzerngruppe bestand, was von der Ansässigkeit der Mutterkonzerngesellschaft im Vereinigten Königreich abhängig war.

Die betroffenen deutschen Muttergesellschaften klagten die Feststellung ein, dass sie aufgrund der Unmöglichkeit, die Körperschaftsvorauszahlungen ihrer britischen Tochtergesellschaften zu vermeiden, einen Liquiditätsnachteil erlitten hätten, der im rein innerstaatlichen Kontext nicht eingetreten wäre. Das Verfahren zu dieser Klage führte zum Vorabentscheidungsverfahren vor dem EuGH.

b) Verletzung der Niederlassungs- und Kapitalverkehrsfreiheit

Für seine Prüfung, ob ein in der Niederlassungs- oder Kapitalverkehrsfreiheit enthaltenes Diskriminierungsverbot verletzt war, zog der EuGH als Vergleichspaar im Vereinigten Königreich ansässige Tochtergesellschaften heran, die einerseits ansässige und andererseits nicht-ansässige Muttergesellschaften hatten[820]. Beide Gruppen von Tochtergesellschaften, solche mit ansässiger und solche mit nicht-ansässiger Muttergesellschaft, hielt der EuGH als für vergleichbar, weshalb er zu dem Schluss kam, dass

> „[die] Tochtergesellschaft einer im Vereinigten Königreich ansässigen Muttergesellschaft somit unstreitig einen Liquiditätsvorteil [hat], da sie die Beträge, die sie andernfalls als Körperschaftsteuer-Vorauszahlung hätte entrichten müssen, bis zur Fälligkeit der Körperschaftsteuer-Abschlusszahlung behalten kann [...]“[821].

Ansatzpunkt der britischen Regierung gegen eine Diskriminierung zu argumentieren, war es, die vorgenommene Vergleichbarkeit in Frage zu stellen. Ihrer Ansicht nach befanden sich ansässige Tochtergesellschaften, die entweder gebietsansässige oder gebietsfremde Muttergesellschaften hatten, nicht in einer vergleichbaren Situation, insbesondere deshalb nicht, weil die gebietsfremden nicht im Vereinigten Königreich steuerpflichtig waren und daher nicht – so wie gebietsansässige Muttergesellschaften – ihrerseits Körperschaftsteuervorauszahlungen zu leisten hatten[822]. Auch in der Literatur wurde unterstrichen, dass es schwierig sei, für die

---

820 EuGH 8. 3. 2001, C-397/98 und C-410/98, *Mettallgesellschaft und Hoechst*, Rn. 43.

821 EuGH 8. 3. 2001, C-397/98 und C-410/98, *Mettallgesellschaft und Hoechst*, Rn. 44.

822 Siehe die Zusammenfassung bei EuGH 8. 3. 2001, C-397/98 und C-410/98, *Mettallgesellschaft und Hoechst*, Rn. 47 f.

aufgeworfenen Fragen das richtige Vergleichspaar zu finden[823]. Der Hinterfragung der vorgenommenen Vergleichspaarbildung hielt der EuGH treffend entgegen, dass

- nur die Körperschaftsteuervorauszahlungen der Tochtergesellschaften in Frage standen, die keine Steuer auf Dividenden darstellten, sondern – wie der Name schon sagt – eine Vorauszahlung auf die Steuer der Tochtergesellschaften war. Sie demnach mit der Steuer auf Ebene der Muttergesellschaft in Zusammenhang zu setzen, um einen Vergleich von Tochtergesellschaften zu kritisieren, war nach Ansicht des EuGH unangebracht[824].

- Zudem stellte der EuGH klar, dass im Zuge der Vergleichspaarbildung nicht damit argumentiert werden konnte, dass gebietsfremde Muttergesellschaften nicht zur Zahlung von Körperschaftsteuer – und damit zur Zahlung der Körperschaftsteuervorauszahlungen – im Vereinigten Königreich angehalten werden konnten und der vorgenommene Vergleich deshalb unzutreffend ist[825]. Schließlich sind die gebietsfremden Muttergesellschaften sehr wohl körperschaftsteuerpflichtig, wenn auch nicht im Vereinigten Königreich, so doch in ihrem jeweiligen Ansässigkeitsstaat. Daher sei es nur sachgerecht, dass eine Gesellschaft keine Körperschaftsteuervorauszahlung für eine Steuer leisten müsse, die sie nicht schuldet[826].

Nachdem der EuGH seine Vergleichspaarbildung für angemessen hielt, sprich von einer Vergleichbarkeit ausging, kam er zu dem Schluss, dass der Liquiditätsnachteil, den ansässige Tochtergesellschaften gebietsfremder Muttergesellschaften erlitten, gegen die Niederlassungsfreiheit verstoßen hatte[827].

c) Rechtfertigungsgründe

Als Rechtfertigungsgründe für die unumgängliche Körperschaftsteuervorauszahlungspflicht für Tochtergesellschaften mit gebietsfremden Muttergesellschaften wurden das Territorialitätsprinzip, die Vermeidung von Steuerumgehungen sowie der Minderung von Steuereinnahmen und das Kohärenzprinzip angeführt. Alle diese Rechtfertigungsgründe wurde vom EuGH zurückgewiesen.

---

823 *Pistone*, The Impact of Community Law on Tax Treaties: Issues and Solutions, Den Haag/London/New York 2002, 164.

824 EuGH 8. 3. 2001, C-397/98 und C-410/98, *Mettallgesellschaft und Hoechst*, Rn. 52.

825 EuGH 8. 3. 2001, C-397/98 und C-410/98, *Mettallgesellschaft und Hoechst*, Rn. 55 f; *Lyal*, Non-discrimination and direct tax in Community law, EC Tax Review 2003, 68 ff, 70.

826 EuGH 8. 3. 2001, C-397/98 und C-410/98, *Mettallgesellschaft und Hoechst*, Rn. 56; siehe ausführlich dazu auch GA Fennelly, Schlussanträge vom 12. 9. 2000, C-397/98 und C-410/98, *Metallgesellschaft und Hoechst*, www.curia.eu.int, Rn. 22.

827 EuGH 8. 3. 2001, C-397/98 und C-410/98, *Mettallgesellschaft und Hoechst*, Rn. 76.

Die Rechtfertigung durch das Territorialitätsprinzip deshalb, weil es für die Besteuerung ansässiger Tochtergesellschaften nicht darauf ankommen kann, wo deren Muttergesellschaften ansässig sind[828]. Die Wahrung der Kohärenz des Steuersystems wurde insbesondere aus dem Grund als Rechtfertigung zurückgewiesen, weil kein direkter Zusammenhang zwischen der Unmöglichkeit durch eine Option, Körperschaftsteuervorauszahlungen auf Ebene ansässiger Tochtergesellschaften abzuwehren und der Besteuerung von gebietsfremden Muttergesellschaften gesehen wurde[829]. GA Fennelly hob in diesem Zusammenhang hervor, dass die Rechtfertigung nach dem Kohärenzprinzip auf dem Missverständnis beruhen dürfte, die Körperschaftsteuervorauszahlung der Tochtergesellschaft sei als etwas von der später durch die Tochtergesellschaft zu leistenden Körperschaftsteuer Getrenntes anzusehen. Da sie das nicht ist, sei der Bezug zur Körperschaftsteuer der Muttergesellschaft verfehlt, und ein Ausgleich, wie er in Bachmann als kohärent angesehen war, nicht anzuerkennen[830].

d) Besonderheiten aus dem Urteil zu Metallgesellschaft und Hoechst

Die das britische Konzernsteuerrecht betreffenden Rechtssachen Metallgesellschaft und Hoechst sind insbesondere deshalb von Bedeutung für die Verlustverrechnung innerhalb des Konzerns, da Sachverhalt und rechtliche Konzeption die genau umgekehrte Situation zu Marks & Spencer darstellen und dem Fall Oy Esab sehr ähnlich sind: Steuervorteile für Tochtergesellschaften wurden nicht eingeräumt, da ihre Muttergesellschaften im Ausland ansässig waren[831]. Diese Benachteiligung konnte weder durch das Territorialitätsprinzip noch durch die Notwendigkeit, die steuerliche Kohärenz zu wahren, gerechtfertigt werden.

Darüber hinaus ist die Entscheidung in den Rechtssachen Metallgesellschaft und Hoechst auch deshalb von großer Bedeutung, weil der EuGH darin das Erleiden eines Liquiditätsnachteils als gemeinschaftsrechtswidrig einstufte; eine Schlussfolgerung, die insbesondere für die Frage der Vertragsverletzung durch eingeschränkte grenzüberschreitende Verlustverrechnungsmöglichkeiten *zentrale* Bedeutung hat. Einerseits ist der Liquiditätsnachteil jener Aspekt, der eine *Vergleichbarkeit* inländischer und ausländischer Verluste *trotz* doppelter Verlustverwertungsgefahr ermöglicht[832], anderseits kann die von GA Poiares Maduro in sei-

---

828 EuGH 8. 3. 2001, C-397/98 und C-410/98, *Mettallgesellschaft und Hoechst*, Rn. 60 mit Verweis auf GA Fennelly 12. 9. 2000, C-397/98 und C-410/98, *Mettallgesellschaft und Hoechst*, Rn. 25.

829 EuGH 8. 3. 2001, C-397/98 und C-410/98, *Mettallgesellschaft und Hoechst*, Rn. 69.

830 GA Fennelly 12. 9. 2000, C-397/98 und C-410/98, *Mettallgesellschaft und Hoechst*, Rn. 35.

831 Siehe unten 3. Abschnitt VII. 3. und 4. „Marks & Spencer“ und „Oy Esab und Lindex“.

832 Vgl dazu oben 3. Abschnitt VI. 2. a) „Verletzung der Niederlassungsfreiheit“; insb *E. Lechner*, Die Auswirkungen des EU-Rechts auf die Befreiung von Verlusten, in Gassner/Lang/Lechner (Hrsg) EU-Recht, 95.

nen Schlussanträgen zu Marks & Spencer entwickelte Rechtfertigung nach dem Prinzip der Kohärenz aufgrund des Liquiditätsnachteils widerlegt werden[833].

3. Marks & Spencer

a) Sachverhalt und Konzept des britischen Konzernabzugs

aa. Sachverhalt. Am 7. April 2005 wurden die mit Spannung erwarteten Schlussanträge von GA Poiares Maduro in der Rs Marks & Spencer veröffentlicht[834]. Die Spannung war gerechtfertigt, da die Schlussanträge entgegen vieler Stimmen in der Literatur eine nicht so weit reichende Verlustzurechnungspflicht im grenzüberschreitenden Konzern annahmen, wie sie von einigen Finanzministern befürchtet worden war. Das Ergebnis der Schlussanträge stützte sich allerdings großteils auf vollkommen neue Grundsätze, die in der EuGH-Rechtsprechung keine Basis finden. Außerdem hat GA Poiares Maduro nicht verborgen, dass die Entscheidung des EuGH in dieser Rechtssache einem Gesetzgebungsakt gleich kommt, was er implizit kritisiert hat[835]. Die Entscheidung des EuGH zu Marks & Spencer vom 13. Dezember 2005 weicht tatsächlich maßgeblich von den Schlussanträgen des Generalanwalts ab, allerdings kaum im Ergebnis, vor allem in der Begründung[836].

Der Sachverhalt von Marks & Spencer ist einfach dargestellt: Marks & Spencer plc, mit Sitz im Vereinigten Königreich, ist eine Konzernhauptgesellschaft, die über eine niederländische Holding Tochtergesellschaften mit Sitz in Deutschland, Belgien und Frankreich hielt. Seit Mitte der 1990er Jahre verzeichneten diese Tochtergesellschaften ständig Verluste; im März 2001 kündigte Marks & Spencer plc die Einstellung der Geschäftstätigkeit ihrer Tätigkeiten auf dem europäischen Festland an, woraufhin im Dezember 2001 die französische Tochtergesellschaft verkauft wurde, während die deutsche und die belgische Tochtergesellschaft jede Handelstätigkeit einstellten. 2000 und 2001 stellte Marks & Spencer in Großbritannien Anträge auf den Konzernabzug für die bei ihren deutschen, belgischen und französischen Tochtergesellschaften 1998, 1999, 2000 und 2001 entstandenen Verluste. Nach britischem Steuerrecht können Konzerngesellschaften unter bestimmten Voraussetzungen eigene Gewinne mit Verlusten anderer Konzerngesell-

---

833 Vgl dazu unten 3. Abschnitt VIII. 4. b) „Verlustnutzung im Ausland"; insb *Herzig/Englisch/Wagner*, Verluste ausländischer Konzerntöchter, Der Konzern 2005, 311; *M. Lang*, Marks and Spencer, EC Tax Review 2005, 98 f; *Thömmes*, Verluste ausländischer Tochtergesellschaften, IWB Nr. 8 vom 27. 4. 2005, Fach 11a, 854.

834 Generalanwalt *Poiares Maduro*, Schlussanträge vom 7. 4. 2005, C-446/03, *Marks & Spencer plc gegen David Halsey (HM Inspector of Taxes)*, www.curia.eu.int.

835 GA Poiares Maduro 7. 4. 2005, C-446/03, *Marks & Spencer*, Rn. 83.

836 EuGH, Urteil vom 13. 12. 2005, C-446/03, *Marks & Spencer plc gegen David Halsey (HM Inspector of Taxes)*, www.curia.eu.int.

schaften ausgleichen. Die diesbezüglichen Anträge von Marks & Spencer wurden jedoch mit Bescheiden vom 13. August 2001 und vom 2. November 2001 mit der Begründung abgelehnt, dass die gesetzliche Regelung des Konzernabzugs keine Anwendung auf Tochtergesellschaften finde, die im Vereinigten Königreich weder ihren Sitz hätten noch sich dort wirtschaftlich betätigten. Im Gerichtsverfahren erster Instanz (bei den so genannten Special Commissioners) über die Ablehnung Entscheidung der Finanzverwaltung wurde von Marks & Spencer die Unvereinbarkeit der britischen Bestimmten zur Konzernbesteuerung im Lichte der Niederlassungsfreiheit des EG-Vertrages beanstandet. Obwohl sich die Special Commissioners auf über 30 Seiten mit dieser europarechtlichen Thematik auseinandersetzten, kamen sie zu dem Schluss, dass die einschlägigen Grundsätze derart klar wären, dass ein Vorabentscheidungsersuchen nicht notwendig sein würde[837]. Erst der High Court of Justice für England und Wales leitete ein Vorabentscheidungsverfahren vor dem EuGH ein und trug mehrere Vorlagefragen an ihn heran, insbesondere, ob die Bestimmung, nach der Verluste ausländischer, in der EU ansässiger Tochterkonzerngesellschaften nicht mit Gewinnen der britischen Konzernmutter verrechnet werden können, gegen die Niederlassungsfreiheit verstößt, wenn eine solche Verrechnung im rein innerstaatlichen Sachverhalt möglich wäre[838].

bb. Konzept der britischen Konzernbesteuerung. Die Bestimmungen zur Konzernbesteuerung im britischen Steuerrecht ermöglichen grundsätzlich keine Konsolidierung, sehen aber zwei Einschränkungen dazu vor, von denen die zweite im Fall Marks & Spencer von Bedeutung war:

(1) Die erste Einschränkung zu dem Grundsatz, dass keine Konsolidierung möglich ist, betrifft die Anrechnung von Steuern der Tochtergesellschaften eines Konzerns bei der Muttergesellschaft.

(2) Die zweite Einschränkung von der grundsätzlichen Unmöglichkeit zu konsolidieren, ergibt sich aus Regelungen, die eine Sonderbehandlung von Konzernverlusten erlauben. Nach diesen Regelungen darf jede Gesellschaft eines Konzerns (übertragende Gesellschaft) ihre Verluste auf eine andere Gesellschaft des Konzerns übertragen (übernehmende Gesellschaft).

Man spricht vom so genannten *group relief*, der in der Fachliteratur als Konzernabzug übersetzt ist. Ein übertragener Verlust führt bei der übernehmenden Gesellschaft zur Gewinnminderung. Bei der übertragenden Gesellschaft ist, um eine

---

837 Special Commissioners Jones/Gammie, Urteil vom 25./26. 11. und 17. 12. 2002, *Marks & Spencer*, Butterworths Direct Online Service, Rn. 2.

838 High Court of Justice Chancery Division, Vorlagebeschluss vom 2. 5. 2003, *Marks & Spencer*, 2003 WL 21729353 (Ch D), 2003 EWHC 1945.

Übervorteilung zu vermeiden, der Verlust nicht länger verwertbar, was durch eine Verpflichtung der übertragenden Gesellschaft, keinen Verlustabzug für übertragene Verluste durchzuführen, abgesichert wird[839]. Der Zweck des Privilegs dieses Konzernabzuges, der für die Schlussanträge des Generalanwalts maßgebliche Bedeutung hat, ist es, nachteilige Auswirkungen der Bildung von Konzernen auf steuerlicher Ebene zu begrenzen. Wie der Generalanwalt in seinen Schlussanträgen zu Marks & Spencer selbst ausführt, soll durch die Möglichkeit des Konzernabzuges die

> „Benachteiligung der Unternehmen [...] vermieden werden, die sich, anstatt Zweigniederlassungen zu schaffen, dafür entscheiden, ihre Tätigkeit unter Gründung von Tochtergesellschaften zu entwickeln. Die Regelung der Übertragung der Verluste soll gerade die Besteuerung der Konzerne dadurch so neutral wie möglich gestalten, dass Verluste einer Gesellschaft im Laufe eines bestimmten Steuerjahres auf eine andere Gesellschaft desselben Konzerns übertragen werden können"[840].

Eine volle Konsolidierung ist allerdings durch die Möglichkeit des Konzernabzuges nicht erreicht, da nicht die Ergebnisse aller Gesellschaften eines Konzernbetriebs – sowohl Verluste als auch Gewinne – für die Zwecke der Besteuerung in das Ergebnis der Muttergesellschaft einfließen. Der Konzernabzug gewährt lediglich die Anrechnung von Verlusten der Tochtergesellschaften auf das Ergebnis der Muttergesellschaft im Laufe eines bestimmten Steuerjahres[841].

Im grenzüberschreitenden Kontext wird der Konzernabzug im Zusammenhang mit gebietsfremden Tochtergesellschaften nur insoweit gestattet, als diese eine Betriebstätte in Großbritannien betreiben und die Verluste mit dieser Betriebstätte verbunden sind[842]. Nicht ansässige Gesellschaften, die keine wirtschaftliche Tätigkeit in Großbritannien ausüben, so wie die deutsche, belgische und französische (Enkel)Tochtergesellschaft von Marks & Spencer, können daher nicht in den Genuss der Vorteile der britischen Konzernbesteuerungsregelungen kommen.

---

839 Special Commissioners Jones/Gammie, *Marks & Spencer*, Rn. 15.

840 GA Poiares Maduro 7. 4. 2005, C-446/03, *Marks & Spencer*, Rn. 16.

841 GA Poiares Maduro 7. 4. 2005, C-446/03, *Marks & Spencer*, Rn. 17.

842 § 402 Abs. 3B iVm § 403D Abs. 1 lit. a Income and Corporation Tax Act 1988 (Einkommen- und Körperschaftsteuergesetz 1988); siehe dazu High Court of Justice Chancery Division, Vorlagebeschluss vom 2. 5. 2003, *Marks & Spencer*, 2003 WL 21729353 (Ch D), 2003 EWHC 1945, Rn. 15 ff; Special Commissioners Jones/Gammie, Urteil vom 25./26. 11. und 17. 12. 2002, *Marks & Spencer*, Butterworths Direct Online Service, Rn. 9 ff.

b) Verletzung der Niederlassungsfreiheit

Zu Beginn seiner Prüfung, ob eine Verletzung der Niederlassungsfreiheit gegeben sein könnte, ging der Generalanwalt darauf ein, dass steuerliche Nachteile, die sich für Wirtschaftsteilnehmer innerhalb der EU ergeben, dann keine Beschränkungen der Grundfreiheiten darstellen können, wenn sie auf Unterschiede der nationalen Steuerrechtssysteme zurückzuführen sind[843]. Der Generalanwalt scheint allerdings davon ausgegangen zu sein, dass im Fall Marks & Spencer gerade nicht Unterschiede der Steuerrechtssysteme die mögliche Diskriminierung oder Beschränkung bewirken, sondern nationale Regelungen, die zwar Folge einer fehlenden Harmonisierung sind, aber für sich allein die Grundfreiheiten verletzen können[844]. Ganz grundlegend nimmt GA Poiares Maduro nämlich an, dass es keinen Harmonisierungsvorbehalt gibt[845]. Im Weiteren geht der Generalanwalt detailliert darauf ein, weshalb in der Rs Marks & Spencer kein Diskriminierungsverbot, sondern ein Beschränkungsverbot zu prüfen war[846]. Der EuGH geht in seine Urteilsbegründung zu Marks & Spencer nicht auf ein mögliches Harmonisierungsdefizit der Mitgliedstaaten ein und stellt ohne weitere Ausschweifungen fest, dass ein Beschränkungsverbot zu prüfen ist[847].

In knappen Sätzen stellt der EuGH in weiterer Folge fest, dass der betreffende Konzernabzug eine Steuervergünstigung darstellt, die jenen Gesellschaften, die ihn nutzen können, einen Liquiditätsvorteil gegenüber Gesellschaften begründet, die ihn nicht nutzen können[848]. Somit ist der Ausschluss vom Konzernabzug hinsichtlich der Verluste einer

> „in einem anderen Mitgliedstaat ansässigen Tochtergesellschaft [...] geeignet, die Muttergesellschaft in der Ausübung ihrer Niederlassungsfreiheit zu behin-

---

843 GA Poiares Maduro 7. 4. 2005, C-446/03, *Marks & Spencer*, Rn. 23; siehe zu dieser Thematik auch oben Abschnitt 2 III. 7. „Fehlende Steuerrechtsharmonisierung keine Verlsetzung der Grundfreiheiten?"

844 GA Poiares Maduro 7. 4. 2005, C-446/03, *Marks & Spencer*, Rn. 4 f und 21 ff.

845 GA Poiares Maduro 7. 4. 2005, C-446/03, *Marks & Spencer*, Rn. 4 f und 21 f; siehe dazu auch eingehend *Herzig/Englisch/Wagner*, Steuerliche Berücksichtigung von Verlusten ausländischer Konzerntöchter – Überlegungen nach den Schlussanträgen in der Rechtssache Marks & Spencer, Der Konzern 2005, 298 ff, 303.

846 GA Poiares Maduro 7. 4. 2005, C-446/03, *Marks & Spencer*, Rn. 28 bis 36; die Ausführungen zu dieser Thematik wurden zu recht als „weitschweifig" beschrieben – siehe *Thömmes*, Berücksichtigung von Verlusten ausländischer Tochtergesellschaften, IWB Nr. 8 vom 27. 4. 2005, Fach 11a, 847 ff, 852.

847 EuGH 13. 12. 2005, C-446/03, *Marks & Spencer*, Rn. 31.

848 EuGH 13. 12. 2005, C-446/03, *Marks & Spencer*, Rn. 32.

dern, da sich dadurch von der Gründung von Tochtergesellschaften in anderen Mitgliedsstaaten abgehalten wird"[849].

Während der EuGH unverzüglich zu einer Verletzung der Niederlassungsfreiheit gelangt, spricht der Generalanwalt im Einleitungsteil seiner Schlussanträge noch die Thematik der freien Rechtsformwahl an, verwirft aber schließlich ihre Relevanz für die Entscheidung in Marks & Spencer[850]. Der Generalanwalt ging dazu auf mehrere Fälle ein, bei denen die Benachteiligung der Rechtsform als Diskriminierung angesehen wurde und kam im Ergebnis zu dem Schluss, dass eine Diskriminierung der Rechtsform immer dann als Beschränkung der Niederlassungsfreiheit einzustufen ist, wenn es sich mittelbar um eine Diskriminierung Gebietsfremder handelt, sie also vom Quellenstaat vorgenommen wird[851]. Nachdem im Fall Marks & Spencer der Herkunftsstaat betroffen ist, sind diese Kriterien nicht erfüllt, weshalb die freie Rechtsformwahl nach Ansicht des Generalanwalts nicht entscheidend war[852]. Der EuGH geht auf die Frage der Rechtsformneutralität nur am Ende seiner Rechtfertigungsprüfung ein und kommt dort ohne Begründung zum Ergebnis, dass sie nicht entscheidungsrelevant ist[853].

Im Unterschied zum EuGH, legt sich der Generalanwalt für die Prüfung, ob eine Verletzung der Niederlassungsfreiheit vorliegen könnte, einige Prämissen zurecht: So geht er etwa davon aus, dass der Konzern für Zwecke des Gemeinschaftsrechts als eine Person zu betrachten sei. Es sei schließlich der Konzern – nicht seine einzelnen Gesellschaften –, der von der Verrechnung von Verlusten und Gewinnen innerhalb der Konzerngruppe profitiert[854]. Diese Sichtweise wird vom EuGH teilweise übernommen, wenn er den Konzern zwar nicht als Person ansieht, aber ebenfalls davon ausgeht, dass es der Konzern als Ganzes ist, der von Beschränkungen der grenzüberschreitenden Verlustverrechnung betroffen ist[855]. Der Generalanwalt allerdings ging noch einen Schritt weiter, stuft den Konzern sogar als

---

849 EuGH 13. 12. 2005, C-446/03, *Marks & Spencer*, Rn. 33; überrascht über die Kürze der Begründung eines Verstoßes gegen die Niederlassungsfreiheit *Isenbaert/Valjemark*, M&S judgment: the ECJ caught between a rock and a hard place, EC Tax Review 2006, 10 ff, 10.

850 GA Poiares Maduro 7. 4. 2005, C-446/03, *Marks & Spencer*, Rn. 42 ff, insb. 50; zustimmend *J. Hey*, Die EuGH-Entscheidung in der Rechtssache Marks & Spencer und die Zukunft der deutschen Organschaft – Haben die Mitgliedstaaten den EuGH domestiziert? GmbHR 2006, 113 ff, 118; siehe zu dieser Problematik auch oben 2. Abschnitt 4. c) „Vergleichspaarbildung".

851 GA Poiares Maduro 7. 4. 2005, C-446/03, *Marks & Spencer*, Rn. 47; siehe ausführlich dazu oben 2. Abschnitt III. 4. c) bb. „Horizontale Vergleichsgruppen (Rechtsformneutralität)".

852 GA Poiares Maduro 7. 4. 2005, C-446/03, *Marks & Spencer*, Rn. 47 f.

853 EuGH 13. 12. 2005, C-446/03, *Marks & Spencer*, Rn. 52.

854 GA Poiares Maduro 7. 4. 2005, C-446/03, *Marks & Spencer*, Rn. 52.

855 EuGH 13. 12. 2005, C-446/03, *Marks & Spencer*, Rn. 32; *J. Hey*, Die EuGH-Entscheidung in der Rechtssache Marks & Spencer und die Zukunft der deutschen Organschaft – Haben die Mitgliedstaaten den EuGH domestiziert? GmbHR 2006, 113 ff, 114.

Staatsangehörigen Großbritanniens ein und betrachtet die dort geltenden Regelungen zum *group relief* als eine Beschränkung beim Verlassen eben jenes Herkunftslandes[856]. Er betont zudem, dass eine abstrakte Beschränkung ausreicht, um eine Gemeinschaftsrechtswidrigkeit zu begründen, wenn er feststellt, dass

> „es nicht darauf [ankommt], ob die Tochtergesellschaften von M&S aus ihrer Einrichtung in den betreffenden Aufnahmestaaten *andere Vorteile* ziehen. Es genügt die Feststellung, dass die britische Regelung *für sich ein Hemmnis schafft*, das die Gesellschaften mit Sitz im Vereinigten Königreich davon abschreckt, Tochtergesellschaften in anderen Mitgliedstaaten zu gründen"[857] (Hervorhebungen durch den Verfasser).

Etwaige Vorteile, die sich für Tochtergesellschaften durch ihre Ansässigkeit im Ausland ergeben könnten, sind demnach nicht mit der Benachteiligung aufzurechnen[858].

Der Generalanwalt bezieht schließlich auch dazu Stellung, ob ein vertikaler Vergleich von gebietsfremden und gebietsansässigen Konzern*tochter*gesellschaften von Bedeutung sein könnte und verneint dies. Die Beschränkung des Konzerns insgesamt sei maßgeblich, nicht die Diskriminierung oder Beschränkung der einzelnen Teilgesellschaften des Konzerns[859]. Während es sich beim horizontalen Vergleich der unterschiedlichen Möglichkeiten, eine Zweigniederlassung zu begründen, um die Vergleichbarkeitsprüfung von Muttergesellschaften, die entweder Betriebstätten oder Tochtergesellschaften im Ausland errichten, handelte[860], wurde hier also der Vergleich von Tochtergesellschaften angesprochen. Beide werden vom Generalanwalt als mögliche Vergleichsgruppen zurückgewiesen.

Aus der Art, wie der Generalanwalt eine Beschränkung der Niederlassungsfreiheit feststellt, sind drei wesentliche Elemente hervorzuheben:

- Er betrachtet den Konzern steuerlich als eine wirtschaftliche Einheit, und nimmt weder
- einen Vergleich von ansässigen und nicht-ansässigen Tochtergesellschaften, noch

---

856 GA Poiares Maduro 7. 4. 2005, C-446/03, *Marks & Spencer*, Rn. 53.

857 GA Poiares Maduro 7. 4. 2005, C-446/03, *Marks & Spencer*, Rn. 53.

858 GA Poiares Maduro 7. 4. 2005, C-446/03, *Marks & Spencer*, Rn. 53; siehe dazu auch oben 2. Abschnitt IV. 5. „Abgelehnte Rechtfertigungsgründe".

859 GA Poiares Maduro 7. 4. 2005, C-446/03, *Marks & Spencer*, Rn. 54.

860 Siehe oben 2. Abschnitt III. 4. c) „Vergleichsgruppenbildung"; GA Poiares Maduro 7. 4. 2005, C-446/03, *Marks & Spencer*, Rn. 42 ff.

- einen Vergleich von Betriebstätten und Tochtergesellschaften im Ausland vor[861].

Dass aus Sicht des Gemeinschaftsrechts ein Konzern für Steuerzwecke eine wirtschaftliche Einheit darstellt, ist Konsequenz einer wirtschaftlichen Betrachtung und wurde vom EuGH im Ergebnis auch übernommen; auch er stellte auf die Auswirkungen der Verlustverrechnung auf Konzernebene ab[862]. Die Schlussfolgerung, dass durch die steuerliche Benachteiligung des Konzerns, also einer Gesamtheit mehrerer Gesellschaften, die Niederlassungsfreiheit der Mutterkonzerngesellschaft beschränkt ist, scheint sich aus der Notwendigkeit zu ergeben, einen Anknüpfungspunkt fest zu machen. In diesem Zusammenhang wurde kritisiert, dass es nicht notwendig wäre, auf die steuerliche Situation des Konzerns abzustellen, um eine Verletzung der Niederlassungsfreiheit anzunehmen, da sich die fehlende grenzüberschreitende Verlustverrechnung schließlich auf Ebene der Muttergesellschaft auswirkt; ein Abstellen auf allein deren steuerliche Situation wäre daher ausreichend[863].

Diese Kritik verkennt, dass erst die fehlende Zurechnung von Verlusten *anderer* Gesellschaften zur möglichen Beschränkung der Niederlassungsfreiheit geführt hat und daher eine Bezugnahme auf die steuerliche Behandlung des Konzerns maßgeblich war. Zudem stellten sowohl der EuGH als auch der Generalanwalt nur für die Prüfung, ob eine steuerliche Benachteiligung vorliegt auf den Gesamtkonzern ab, als Betroffene dieser Beschränkung wurde allein die Mutterkonzerngesellschaft angesehen[864].

Einer der Gründe, weshalb der Generalanwalt den Konzern betont als Einheit ansehen wollte, lag vermutlich daran, dass er schon in seiner Einleitung versucht, eine Brücke zu seiner Rechtfertigung nach dem Kohärenzprinzip zu schlagen. Dafür wäre es notwendig, den Konzern als Einheit zu betrachten, um das Problem der Bachmann-Verknüpfung zu umschiffen, nach dem bei Betroffenheit mehrerer Steuerpflichtigen keine Rechtfertigung nach dem Kohärenzprinzip zulässig ist (siehe sogleich). Das Konzept auf den Konzern als Einheit abzustellen, wurde von Herzig/Englisch/Wagner begrüßt und als durch den EuGH übernahmefähig ange-

---

861 GA Poiares Maduro 7. 4. 2005, C-446/03, *Marks & Spencer*, Rn. 52 f (Konzern als Einheit) Rn. 54 (kein Vergleich ansässiger und nicht-ansässiger Töchter) und Rn. 50 (kein Vergleich Betriebstätte versus Tochtergesellschaft im Ausland); siehe dazu auch *Herzig/Englisch/Wagner*, Steuerliche Berücksichtigung von Verlusten ausländischer Konzerntöchter – Überlegungen nach den Schlussanträgen in der Rechtssache Marks & Spencer, Der Konzern 2005, 298 ff, 305 f.

862 EuGH 13. 12. 2005, C-446/03, *Marks & Spencer*, Rn. 32; *J. Hey*, Marks & Spencer und die Zukunft der deutschen Organschaft, GmbHR 2006, 114.

863 *Persoff*, Marks & Spencer: striking a balance, British Tax Review 2005 (Nr. 3), 251 ff, 259.

864 EuGH 13. 12. 2005, C-446/03, *Marks & Spencer*, Rn. 33; GA Poiares Maduro 7. 4. 2005, C-446/03, *Marks & Spencer*, Rn. 52 f.

sehen, insbesondere nach dessen Entscheidung in Manninen, wo er einen stärkeren Bezug auf die Wertungen der nationalen Rechtsordnungen andeuten ließ[865].

In Bezug auf den zweiten wesentlichen Punkt, den der Generalanwalt herausgestrichen hat, ist festzuhalten, dass es nachvollziehbar ist, ansässige und nichtansässige Tochtergesellschaften für die Frage der Gemeinschaftsrechtswidrigkeit einer fehlenden grenzüberschreitenden Verlustzurechnung als nicht vergleichbar anzusehen. Schließlich geht es nicht um die Besteuerung der Tochtergesellschaften, sondern um die Besteuerung der Muttergesellschaft, konkret um die steuerliche Behandlung deren Rechtsbeziehung einmal zu ansässigen und einmal zu nicht-ansässigen Töchtern. Diese Beziehungen sind zu vergleichen, um festzustellen, ob die vorliegende Beschränkung in nicht-diskriminierender Weise erfolgte, wie es die Gebhard-Formel verlangen würde[866]. Obwohl der Generalanwalt dies nicht tat – schließlich nahm er nur auf den Konzern als Ganzes Bezug, nicht auf unterschiedlich behandelte Rechtsbeziehungen –, nahm er implizit eine diskriminierende Beschränkung an, indem er Konzerne, die nur im Vereinigten Königreich tätig sind, mit Konzernen, die von ihrem Recht auf Niederlassungsfreiheit Gebrauch gemacht haben, verglich[867]. Auch GA Poiares Maduro führt demnach eine Diskriminierungsprüfung durch, obgleich er ein unzulässiges Beschränkungsverbot angenommen hat[868]. Gleiches gilt für den EuGH, da der von ihm als maßgeblich angesehene Liquiditätsnachteil nur im internationalen Konzern *verglichen mit* dem rein nationalen Konzern eintritt[869].

In weiterer Folge geht der EuGH auch explizit auf einen Vergleichstest ein, allerdings nur sehr oberflächlich[870] und zudem an falscher Stelle, nämlich im Zuge der Rechtfertigungsprüfung basierend auf dem Territorialitätsprinzip. Im Lichte der Literatur zur Rechtsformenwahl, die durch den Fall Marks & Spencer losgetreten wurde[871], trifft es auf Unverständnis, weshalb der EuGH auf diese Thematik nicht näher eingegangen ist. Abgesehen vom Bezug zur Vergleichspaarbildung im Zusammenhang mit dem Territorialitätsprinzip, erwähnt der EuGH nur insoweit die

---

865 *Herzig/Englisch/Wagner*, Berücksichtigung von Verlusten ausländischer Konzerntöchter, Der Konzern 2005, 305; skeptisch bezüglich der Betrachtung als Einheit noch *Thömmes*, Vereinbarkeit der Organschaft mit dem EG-Recht, in Herzig (Hrsg) Organschaft, Stuttgart 2003, 525 ff, 533.

866 Siehe dazu oben 2. Abschnitt III. 5. „Beschränkungsverbote".

867 GA Poiares Maduro 7. 4. 2005, C-446/03, *Marks & Spencer*, Rn. 52 am Ende.

868 Siehe dazu oben 2. Abschnitt III. 5. b) „Diskriminierungsprüfung auch bei Beschränkungsverboten".

869 EuGH 13. 12. 2005, C-446/03, *Marks & Spencer*, Rn. 32.

870 EuGH 13. 12. 2005, C-446/03, *Marks & Spencer*, Rn. 37 f und 40; siehe Näheres dazu sogleich.

871 Siehe unten 3. Abschnitt VIII. 2. b) „Vergleichspaarbildung" sowie oben 2. Abschnitt III. 4. c) „Vergleichsgruppenbildung".

Bildung eines Vergleichspaares, als er die Fragestellung des vorlegenden Gerichts wiederholt[872]. Die Frage einer horizontalen Vergleichspaarbildung spricht der EuGH zum Abschluss seiner Rechtfertigungsprüfung an und kommt dort ohne Begründung zu dem Schluss, dass sie für die Beurteilung des Falles keine Relevanz hat[873].

Nicht nur der Weg, auf dem Generalanwalt und EuGH zum Ergebnis einer Einschränkung der Niederlassungsfreiheit kommen, ist hinsichtlich des Umfangs und der thematisierten Punkte unterschiedlich. Der EuGH nimmt seine Schlussfolgerung auch nicht in den Urteiltenor auf. Der Unterschied in der Methodik zwischen Generalanwalt und EuGH zeichnet sich in der weiteren Urteilsbegründung des EuGH deutlich ab, da der Gerichtshof im Gegensatz zum Generalanwalt eine Rechtfertigung der Einschränkung als Regelfall ansieht, die nur in gewissen Fällen nicht anzuerkennen ist, dann nämlich, wenn sie unverhältnismäßig ist[874].

c) Die Rechtfertigungsprüfung in Marks & Spencer

Nachdem der EuGH von einer Beschränkung der Niederlassungsfreiheit durch die Limitierung des Konzernabzugs auf Verluste von Tochtergesellschaften mit inländischem Einkommen ausgeht, kommt er zu dem Ergebnis, dass

> „[eine] derartige Beschränkung nur zulässig sein [kann], wenn mit ihr ein berechtigtes und mit dem EG-Vertrag zu vereinbarendes Ziel verfolgt wird und wenn sie durch zwingende Gründe des Allgemeininteresses gerechtfertigt ist. In einem solchen Fall muss allerdings ihre Anwendung zur Erreichung des damit verfolgten Zieles geeignet sein und darf nicht über das hinausgehen, was hierzu erforderlich ist [...]“[875].

Dabei streicht der EuGH heraus, dass eine Rechtfertigung der Beschränkung der Verlustnutzung über die Grenzen innerhalb einer Unternehmensgruppe allein dar-

---

872 EuGH 13. 12. 2005, C-446/03, *Marks & Spencer*, Rn. 27; verfehlt ist insofern die Schlussfolgerung von Meister, dass vom EuGH ein horizontales Vergleichspaar gebildet wurde, da in der Vorlagefrage des englischen High Court of Justice eine vertikale Vergleichspaarbildung vorgenommen wurde (*Meister*, Der lange Weg zu einme Konzernsteuerrecht für den Binnenmarkt, NZG 2006, 212 ff mit unberechtigter Kritik an *Englisch*, Anmerkung zu Marks & Spencer, IStR 2006, 22 und *Herzig/Wagner*, EuGH-Urteil „Marks & Spencer“ – Begrenzter Zwang zur Öffnung nationaler Gruppenbesteuerungssysteme für grenzüberschreitende Sachverhalte, DStR 2006, 1 ff, 7).

873 EuGH 13. 12. 2005, C-446/03, *Marks & Spencer*, Rn. 52; vgl mit Verweis darauf *Herzig/Wagner*, EuGH-Urteil Marks & Spencer – Grenzüberschreitende Verlustverrechnung in der Gruppe, Der Konzern 2006, 176 ff, 180.

874 *Balmes/Brück/Ribbrock*, Das EuGH-Urteil Marks & Spencer: Grenzüberschreitende Verlustnutzung kommt voran! BB 2006, 186 ff, 187.

875 EuGH 13. 12. 2005, C-446/03, *Marks & Spencer*, Rn. 35.

auf abstellen könne, gewisse negative Folgen abzuwenden[876]. Das ergibt sich aus der klaren Aussage des EuGH, wonach

> „[zur] Beurteilung der Frage, ob eine solche Beschränkung gerechtfertigt ist, zu untersuchen [ist], welche Folgen es hätte, eine Vergünstigung wie die im Ausgangsverfahren streitige uneingeschränkt auszudehnen.[877]"

Die Vermeidung der negativen Folgen darf allerdings nicht durch unverhältnismäßige Maßnahmen vorgenommen werden, was sich aus der Forderung nach Geeignetheit: und Erforderlichkeit: ergibt[878]. Erst nachdem der Gerichtshof den Verhältnismäßigkeitsgrundsatz gemeinsam mit einer möglichen Rechtfertigung basierend auf zwingenden Gründen des Allgemeininteresses angesprochen hat, geht er auf die konkrete Rechtfertigungsprüfung ein.

aa. Territorialitätsprinzip

Der EuGH lehnt – wie auch der Generalanwalt – eine Rechtfertigung durch das Territorialitätsprinzip, wie die Regierung des Vereinten Königreiches sie geltend machen wollte, *grundsätzlich* ab[879], vermengt dies aber mit der Problematik der Vergleichspaarbildung: Zunächst weist er darauf hin, dass auch unterschiedliche Steuersituationen in gewissen Punkten vergleichbar sein können. Daraus leitet er im Weiteren ab, dass aufgrund des Territorialitätsprinzips Steuervergünstigungen an eine Mutterkonzerngesellschaft, die mit gebietsfremden Tochtergesellschaften in Zusammenhang stehen, nicht deswegen verwehrt werden dürfen, weil die betreffenden Tochtergesellschaften gebietsfremd sind[880]. Hier werden zwei voneinander unabhängige Themenbereiche (das Territorialitätsprinzip und die Vergleichspaarbildung) in einem abgehandelt, wofür keine Grundlage ersichtlich ist[881].

Die ausdrückliche Ablehnung des Territorialitätsprinzips als Rechtfertigungsgrund durch den EuGH wird von ihm selbst relativiert, wenn er in weiterer Folge

876 EuGH 13. 12. 2005, C-446/03, *Marks & Spencer*, Rn. 37 ff (Territorialitätsprinzip) 41 ff (Folgewirkungsprüfung).

877 EuGH 13. 12. 2005, C-446/03, *Marks & Spencer*, Rn. 41.

878 EuGH 13. 12. 2005, C-446/03, *Marks & Spencer*, Rn. 35.

879 EuGH 13. 12. 2005, C-446/03, *Marks & Spencer*, Rn. 40; vgl auch *Sedemund/Sterner*, Welche Folgen hat das Urteil „Marks & Spencer" für das deutsche internationale Steuerrecht? DStZ 2006, 29 ff, 31.

880 EuGH 13. 12. 2005, C-446/03, *Marks & Spencer*, Rn. 37 f und 40.

881 *Dörr*, Nierlassungsfreiheit: Kein Ausschluss des Konzernabzugs einer Muttergesellschaft für Verluste gebietsfremder Tochergesellschafen, wenn diese im Staat des Sitzes der Tochtergesellschaften nachweislich nicht berücksichtigt werden – Marks & Spencer, EWS 2006, 34 ff, 35.

zu dem Schluss kommt, dass gewisse, andere Rechtfertigungsgründe doch geeignet sind, die fragliche Beschränkung zu rechtfertigen, um dadurch die „Ausgewogenheit der Aufteilung der *Besteuerungsbefugnisse* zwischen den Mitgliedstaaten" zu schützen[882]. Es handelt sich dabei allerdings, wie oben dargelegt, um ein Zusammenspiel gewisser Rechtfertigungsgründe (Vermeidung der Steuerflucht, der doppelten Verlustnutzung und der Ausnützung von Steuersatzgefällen) mit dem Territorialitätsprinzip, wobei auch von einem neuen Rechtfertigungsgrund an sich gesprochen wird[883].

Auch der Generalanwalt hat eine Berufung gestützt auf das Territorialitätsprinzip als Rechtfertigung im vorliegenden Fall abgelehnt. Er hat in diesem Zusammenhang ausgeführt, dass diese Art der Rechtfertigung grundsätzlich nur von einem Quellenstaat, wie etwa im Fall Futura Participations, anerkannt werden kann[884]. Nach den Prinzipien des internationalen Steuerrechts ist der Quellenstaat grundsätzlich nicht dazu berechtigt, Gebietsfremde mit ihren ausländischen Einkünften zu besteuern. Aufgrund dieser Einschränkung wurde es in Futura Participations als Rechtfertigung anerkannt, wenn der Quellenstaat einen wirtschaftlichen Zusammenhang zwischen negativen und positiven Einkünften verlangt, die für Zwecke seiner Besteuerung verrechnet werden sollen[885]. GA Maduro sah diesen Zusammenhang, der sich auf das Territorium des Quellenstaates bezog, als notwendige Koordination der Besteuerungsrechte des Quellenstaates und des Ansässigkeitsstaates an[886]. Diese Koordination allerdings, stand nach Ansicht des Generalanwalts in Marks & Spencer nicht in Frage. Vielmehr ging es seines Erachtens darum, ob die Einräumung eines Steuervorteils überhaupt mit einem Besteuerungsrecht zusammenhängen müsse[887]. Er verneint dies für den Konzernabzug, da dieser

> „[...] nicht die Besteuerung eines einzelnen Steuerpflichtigen, der im Ausland ansässig ist und dort seine hauptsächlichen Tätigkeiten ausübt [betrifft], son-

---

882 EuGH 13. 12. 2005, C-446/03, *Marks & Spencer*, Rn. 45 f.

883 Siehe oben 2. Abschnitt IV. 3. dd. „Entwickelt der EuGH mit Marks & Spencer einen neuen Ansatz zur Rechtfertigung nach dem Territorialitätsprinzip?"; *J. Hey*, Die EuGH-Entscheidung in der Rechtssache Marks & Spencer und die Zukunft der deutschen Organschaft – Haben die Mitgliedstaaten den EuGH domestiziert? GmbHR 2006, 113 ff, 120.

884 GA Poiares Maduro 7. 4. 2005, C-446/03, *Marks & Spencer*, Rn. 61 und 63.

885 Siehe dazu oben 2. Abschnitt IV. 3. „Territorialitätsprinzip" und 3. Abschnitt II. 1. „Futura Participations und Singer"; EuGH, Urteil vom 15. 5. 1997, C-250/95, *Futura Participations SA und Singer gegen administration des contributions*, Slg 1997, I-2471, Rn. 21 f.

886 GA Poiares Maduro 7. 4. 2005, C-446/03, *Marks & Spencer*, Rn. 61.

887 GA Poiares Maduro 7. 4. 2005, C-446/03, *Marks & Spencer*, Rn. 63.

> dern eine Übertragung von Verlusten zwischen Gesellschaften, die demselben Konzern angehören"[888].

Nachdem sich diese Begünstigung bei der Muttergesellschaft auswirkt, für die Großbritannien ein uneingeschränktes Besteuerungsrecht hat, verwirft der Generalanwalt die Behauptung eines Vorteilsausgleichs[889]. Die Ablehnung des Territorialitätsprinzips als Rechtfertigung wird teilweise kritisiert[890], erscheint aber konsequent, wenn man davon ausgeht, dass allein der Steuervorteil des Konzernabzugs zu betrachten ist, wie dies der Generalanwalt getan hat.

bb. Kohärenzprinzip

Kernstück der Schlussanträge des Generalanwalts zu Marks & Spencer sind seine Ausführungen zur Rechtfertigung nach dem Kohärenzprinzip. Er hat dieser Prüfung den Programmsatz vorangestellt, dass

> „es vermieden werden muss, dass die Anwendung der Verkehrsfreiheiten zu ungerechtfertigten Beeinträchtigungen der inneren Systematik der nationalen Steuersysteme führt"[891].

Einer solchen ungerechtfertigten Beeinträchtigung wurde allerdings vom Generalanwalt sogleich ein zweiter Programmsatz gegenüber gestellt, dass es nämlich unzulässig sei, „Steuerregelungen so zu gestalten, dass sie inländische Situationen oder Wirtschaftsteilnehmer begünstigt"[892]. Zusammengesetzt wurden diese beiden Programmsätze in den Schlussanträgen des Generalanwalts zu Marks & Spencer dahingehend, dass es der Zweck des steuerlichen Kohärenzprinzips ist, die Integrität der nationalen Steuersysteme zu schützen, während es zugleich die Integration dieser Systeme im Rahmen des Binnenmarktes nicht behindern darf[893]. Dieses Gleichgewicht soll durch die so genannte „doppelte Neutralität" gewahrt werden: Einerseits müssen danach die nationalen Steuerbestimmungen der Mitgliedstaaten im Verhältnis zur Ausübung der Verkehrsfreiheiten neutral sein. Anderseits muss jedoch auch die Auslegung der Grundfreiheiten so neutral wie möglich für die Steuerregelungen der Mitgliedstaaten sein[894]. Um die doppelte Neutralität zu wahren, darf ein Wirtschaftsteilnehmer etwa die Niederlassungsfreiheit nicht zu dem

---

888 GA Poiares Maduro 7. 4. 2005, C-446/03, *Marks & Spencer*, Rn. 63.

889 GA Poiares Maduro 7. 4. 2005, C-446/03, *Marks & Spencer*, Rn. 63.

890 *Herzig/Englisch/Wagner*, Berücksichtigung von Verlusten ausländischer Konzerntöchter, Der Konzern 2005, 306 f.

891 GA Poiares Maduro 7. 4. 2005, C-446/03, *Marks & Spencer*, Rn. 66.

892 GA Poiares Maduro 7. 4. 2005, C-446/03, *Marks & Spencer*, Rn. 66.

893 GA Poiares Maduro 7. 4. 2005, C-446/03, *Marks & Spencer*, Rn. 66.

894 GA Poiares Maduro 7. 4. 2005, C-446/03, *Marks & Spencer*, Rn. 67.

einzigen Zweck ausnutzen, das Gleichgewicht und die Kohärenz der nationalen Steuersysteme zu gefährden[895]. Das wäre nach Ansicht des Generalanwalts dann der Fall, wenn die Grundfreiheiten dazu gebraucht werden, um sich den nationalen Regelungen in missbräuchlicher Weise zu entziehen oder künstlich Unterschiede zwischen den jeweiligen Regelungen der Mitgliedstaaten auszunutzen[896]. Die Formulierung vom Generalanwalt ist aufgrund ihrer Weite unbefriedigend und scheint den alleinigen Zweck zu haben, das Kohärenzprinzip als Rechtfertigung für Bestimmungen, die potentielle Steuerumgehungsmodelle verhindern sollen, brauchbar zu machen. Um seinen eigenen Formulierungen, wie „künstlich Unterschiede ausnutzen" und „sich missbräuchlich nationalen Regelungen entziehen", mehr Gehalt zu geben, führt der Generalanwalt aus, dass die steuerliche Kohärenz gewährleisten soll, dass die Bestimmungen des Gemeinschaftsrechts nicht dazu dienen, Vorteile zu ziehen, die nicht im Zusammenhang mit der Ausübung der Grundfreiheit stehen[897].

Unverständnis wurde bezüglich des Missbrauchsarguments geäußert, da nicht das Kohärenzprinzip, sondern die Vermeidung von Missbrauchsfällen dafür als Rechtfertigung heranzuziehen gewesen wäre[898]. Der Generalanwalt stützt sich aber aufs Kohärenzprinzip und hinterfragt zur Wahrung der doppelten Neutralität das Ziel der in Frage stehenden Regelung[899]. Beim britischen Konzernabzug ist für ihn dabei entscheidend, dass die Bildung eines Konzerns steuerlich neutral behandelt werden soll. Das erscheint für GA Poiares Maduro dann gewährleistet, wenn im Hinblick auf die allgemeinen Regelungen der Besteuerung von Gesellschaften keine Benachteiligung eines Konzerns nur deshalb eintritt, weil der Konzern nicht als eine Gesellschaft, sondern in mehreren Gesellschaften organisiert ist[900]. Diese Neutralität wird durch die Zulassung der Verlustverrechnung zwischen Gesellschaften eines Konzerns erreicht. Um nun aber die doppelte Neutralität zu wahren – und keine Übervorteilung zuzulassen –, darf nach GA Poiares Maduro keine zusätzliche Vergünstigung durch die Konzernbegründung im Ver-

---

895 GA Poiares Maduro 7. 4. 2005, C-446/03, *Marks & Spencer*, Rn. 67.

896 GA Poiares Maduro 7. 4. 2005, C-446/03, *Marks & Spencer*, Rn. 67.

897 GA Poiares Maduro 7. 4. 2005, C-446/03, *Marks & Spencer*, Rn. 67; mit Verweis auf *Cordewener/Dahlberg/Pistone/Reimer/Romano*, The Tax Treatment of Foreign Losses: Ritter, M & S, and the Way Ahead, European Taxation 2004, 218 ff (Part Two), 221.

898 *Thömmes*, Verluste ausländischer Tochtergesellschaften, IWB Nr. 8 vom 27. 4. 2005, Fach 11a, 853.

899 Dass hier die Rechtfertigungsgründe Vermeidung des Missbrauchs steuerrechtlicher Vorschriften und Kohärenz vermengt wurden, fand zurecht Kritik – siehe: *Thömmes*, Berücksichtigung von Verlusten ausländischer Tochtergesellschaften, IWB Nr. 8 vom 27. 4. 2005, Fach 11a, 847 ff, 853; außerdem mehr dazu unten.

900 GA Poiares Maduro 7. 4. 2005, C-446/03, *Marks & Spencer*, Rn. 72.

gleich zur generellen Besteuerung von Gesellschaften hinzutreten. Daraus leitet er ein Verbot der doppelten Verlustnutzung ab[901].

Aufgrund des Verbots der Übervorteilung – beim vorliegenden Sachverhalt durch doppelte Verlustnutzung einmal auf Ebene der Konzernmutter, einmal auf Ebene der nicht ansässigen Konzerntochter – hat der Generalanwalt eine Prüfung dahingehend verlangt, ob die Verluste im Ausland verwertet werden können: Das Vereinigte Königreich darf Verluste einer ausländischen Tochtergesellschaft dann von der Nutzung bei der inländischen Muttergesellschaft ausnehmen, wenn es dartun kann, dass die Verluste der ausländischen Töchter in deren Ansässigkeitsstaat genutzt werden können. Nur in diesem Fall ist ein Abzugsverbot für Verluste ausländischer Tochtergesellschaften basierend auf dem Kohärenzprinzip gerechtfertigt[902]. Konkret hat der Generalanwalt ausgeführt, dass diese Rechtfertigung dann möglich sein soll, wenn „die ausländischen Verluste im Staat ihrer Quelle gleichbehandelt werden können“[903].

Wieweit die Nutzungsmöglichkeit von Verlusten der ausländischen Konzerntöchter im jeweiligen Quellenstaat gehen muss, um sie als gleichbehandelt anzusehen und daher im Staat der Konzernmutter von der Verrechnung gerechtfertigt ausschließen zu können, versucht der Generalanwalt mit vagen Formeln zu umschreiben: So heißt es etwa, dass als Standard für die Frage, ob eine Gleichbehandlung der Verluste vorliegt, der im Zusammenhang mit Gesundheitsleistungen entwickelte Maßstab herangezogen werden soll[904]. Nach einer zweiten Formel zur Konkretisierung, wann Verluste im Quellenstaat genutzt werden können, ist darauf abzustellen, ob die betreffenden Verluste im Quellenstaat einer anderen Person zugerechnet oder auf andere Steuerjahre vorgerechnet werden können[905]. Ob es sich dabei allerdings um eine abstrakte oder tatsächliche Möglichkeit der Zu- oder Verrechnung handeln muss, wird offen gelassen[906].

cc. Wahrung der Ausgewogenheit der Aufteilung der Besteuerungsbefugnisse, die Entwicklung eines neuen Rechtfertigungsgrundes?

Zurück zur Rechtfertigungsprüfung des EuGH: Nachdem er eine Rechtfertigung gestützt auf das Territorialitätsprinzip abgelehnt hat, geht er darauf ein, worauf sich eine Rechtfertigung der eingeschränkten grenzüberschreitenden Verlustnut-

---

901 GA Poiares Maduro 7. 4. 2005, C-446/03, *Marks & Spencer*, Rn. 72.
902 GA Poiares Maduro 7. 4. 2005, C-446/03, *Marks & Spencer*, Rn. 73.
903 GA Poiares Maduro 7. 4. 2005, C-446/03, *Marks & Spencer*, Rn. 76.
904 GA Poiares Maduro 7. 4. 2005, C-446/03, *Marks & Spencer*, Rn. 76.
905 GA Poiares Maduro 7. 4. 2005, C-446/03, *Marks & Spencer*, Rn. 79.
906 Siehe eingehend dazu sogleich unten 3. Abschnitt VIII. 4. b) „Verlustnutzung im Ausland“.

zung im Konzern stützen könnte[907]. Der EuGH verwendet dazu weder den Begriff der Kohärenz, noch zieht er – wie das GA Poiares Maduro in seinen Schlussanträgen gemacht hat – den Zweck des Konzernabzugs als Ausgangspunkt einer Rechtfertigung heran. Vielmehr hebt er hervor, dass

> „zu untersuchen [ist], welche Folgen es hätte, eine Vergünstigung wie die im Ausgangsverfahren streitige uneingeschränkt auszudehnen“[908].

Es wird nicht der Neutralisierungseffekt des Konzernabzugs als Ausgangspunkt einer Rechtfertigung herangezogen wie beim Generalanwalt, sondern die Frage, ob die Gewährung des Konzernabzugs im internationalen Kontext negative Folgen hätte, die eine Einschränkung rechtfertigen könnten[909]. Darin spiegelt sich der unterschiedliche Ansatz von Generalanwalt und EuGH wieder, bei dem das Regel-Ausnahme-Verhältnis entgegengesetzt ist.

Das Ziel und damit den Ausgangspunkt seiner Rechtfertigungsprüfung formuliert der EuGH dahingehend, die „Ausgewogenheit der Aufteilung der Besteuerungsbefugnisse zwischen den Mitgliedstaaten“ zu wahren[910]. Unter dieser Prämisse prüft der Gerichtshof im Weiteren drei Rechtfertigungsgründe[911]: die Vermeidung verringerter Steuereinnahmen, die Vermeidung einer doppelten Verlustnutzung und die Bekämpfung der Steuerflucht durch Ausnützung des Steuersatzgefälles zwischen den Mitgliedstaaten[912]. Dahinter stehen nach EuGH die negativen Folgen, die eine unbeschränkte Verlustverrechnung über die Grenze mit sich bringen könnte.

Überraschend ist, dass der EuGH nicht auf seine Rechtsprechung zu diesen Rechtfertigungsgründen zurückgreift, um sein gewohntes Prüfungsschema durchzuführen. Er geht vielmehr davon aus, dass die drei von ihm angeführten Rechtfertigungsgründe *zusammengenommen* die beschränkenden Regelungen des britischen Konzernabzugs rechtfertigen können[913]. Speziell in Bezug auf die Vermeidung

---

907 EuGH 13. 12. 2005, C-446/03, *Marks & Spencer*, Rn. 41 ff.

908 EuGH 13. 12. 2005, C-446/03, *Marks & Spencer*, Rn. 41; vgl im Gegensatz dazu den Generalanwalt, der auf den Zweck abstellt GA Maduro 7. 4. 2005, C-446/03, *Marks & Spencer*, Rn. 67 (siehe oben 3. Abschnitt VII. 3. b. bb.).

909 EuGH 13. 12. 2005, C-446/03, *Marks & Spencer*, Rn. 41; GA Maduro 7. 4. 2005, C-446/03, *Marks & Spencer*, Rn. 49 und 67.

910 EuGH 13. 12. 2005, C-446/03, *Marks & Spencer*, Rn. 43 und 45.

911 EuGH 13. 12. 2005, C-446/03, *Marks & Spencer*, Rn. 35 und 43.

912 EuGH 13. 12. 2005, C-446/03, *Marks & Spencer*, Rn. 43 ff, insb 44 ff (Steuereinnahmenverringerung), 47 f (doppelte Verlustnutzung) und 49 ff (Steuerflucht).

913 EuGH 13. 12. 2005, C-446/03, *Marks & Spencer*, Rn. 51; vgl dazu *Eicker/Röhrbein*, Marks & Spencer: Die Entscheidung des EuGH und ihre Konsequenzen, Stbg 2006, 117 ff, 119; *Isenbaert/Valjemark*, M&S judgment: the ECJ caught between a rock and a hard place, EC

eines Rückgangs von Steuereinnahmen ist das eine Neuerung, da sie bisher nicht als Rechtfertigungsgrund anerkannt worden ist[914]. Es scheint auch so, als wolle der EuGH den Rückgang von Steuereinnahmen nicht generell als Rechtfertigungsgrund anerkennen, ihm aber dennoch eine neue Facette geben. So meint er, dass „der Rückgang von Steuereinnahmen nicht als zwingender Grund des Allgemeininteresses betrachtet werden kann, der zur Rechtfertigung einer grundsätzlich gegen eine Grundfreiheit verstoßende Maßnahme angeführt werden kann“[915]. Unter Bezugnahme auf die „Ausgewogenheit der Aufteilung der Besteuerungsbefugnisse, der Mitgliedstaaten“ sieht es der EuGH allerdings als legitim an, dass es zur Wahrung dieser Befugnisse

> „erforderlich sein [kann], auf die wirtschaftliche Tätigkeit der in einem dieser Staaten niedergelassenen Gesellschaften sowohl in Bezug auf Gewinne als auch auf Verluste nur dessen Steuerrecht anzuwenden“[916].

Der Ansatzpunkt des EuGH, die Vermeidung eines Rückgangs von Steuereinnahmen als Rechtfertigung anzuerkennen, überrascht. Er ist allerdings vor dem Hintergrund zu sehen, dass der Verhältnismäßigkeitsgrundsatz für die Prüfung, ob eine Gemeinschaftsrechtsverletzung vorliegt, aufgewertet wurde. Hinsichtlich der Steuerfluchtgefahr durch Ausnützung eines Steuersatzgefälles ist darauf hinzuweisen, dass in der bisherigen Rechtsprechung des EuGH das Ausnutzen unterschiedlicher Steuersätze keinesfalls als missbräuchlich angesehen wurde, sofern es sich nicht auf künstliche Konstruktionen stützt[917]; die Verlustverwertung innerhalb der Konzerngruppe sollte demnach keinesfalls in den Anwendungsbereich dieses Rechtfertigungsgrundes fallen, da es sich bei einer internationalen Konzerngruppe nicht um eine künstlich angelegte Konstruktion handelt.

Auffällig ist, dass der EuGH bei Zusammenfassung der drei betreffenden Rechtfertigungsgründe seine Rechtsprechung zu den einzelnen Gründen nicht anführt[918]. Außerdem sticht bei der Rechtfertigungsprüfung des EuGH vor allem die fehlende Bezugnahme auf das Kohärenzprinzip ins Auge, insbesondere vor dem

---

Tax Review 2006, 10 ff, 11 und 13; *Sutter*, Pauschales Verbot grenzüberschreitenden Verlustabzugs – Verstoß gegen Niederlassungsfreiheit – Anmerkung, EuZW 2006, 87 f, 88.

914 Siehe oben 2. Abschnitt IV. 5. „Abgelehnte Rechtfertigungsgründe“; auf die grundsätzliche Ablehnung bezugnehmend EuGH 13. 12. 2005, C-446/03, *Marks & Spencer*, Rn. 44.

915 EuGH 13. 12. 2005, C-446/03, *Marks & Spencer*, Rn. 44.

916 EuGH 13. 12. 2005, C-446/03, *Marks & Spencer*, Rn. 45.

917 *Englisch*, Anmerkung zu Marks & Spencer, IStR 2006, 22 f, 23 mit Verweis auf EuGH, Urteil vom 8. 3. 2001, C-397/98 und C-410/98 (verbunden), *Metallgesellschaft Ltd und andere (C-397/98), Hoechst AG and Hoechst (UK) Ltd (C-410/98) gegen Commissioners of Inland Revenue and HM Attorney General*, Slg 2001, I-1727, Rn. 57; siehe außerdem oben 2. Abschnitt IV. 4. „Steuerumgehung“.

918 *Isenbaert/Valjemark*, M&S judgment, EC Tax Review 2006, 15.

Aspekt, dass der Kohärenzgedanke den *Kern* der Schlussanträge des Generalanwalts zu Marks & Spencer bildet[919]. Der EuGH führt nur ganz allgemein aus, dass eine Rechtfertigung zugelassen werden sollte, um eine doppelte Verlustnutzung zu verhindern und einer Ausnutzung der unterschiedlich hohen Steuersätze in den Mitgliedstaaten vorzubeugen[920]. Hier ist dem EuGH entgegenzuhalten, dass die Gefahr der doppelten Verlustnutzung mit unter in keiner Relation dazu steht, eine gegenwärtige Verlustnutzung zu verhindern, da die Nachteile daraus möglicherweise nicht durch die zukünftige Verlustnutzung aufgewogen werden können[921]. Besonders bemerkenswert ist im Kontext der Gefahr einer doppelten Verlustnutzung, dass der EuGH nicht die EG-Amtshilferichtlinie in Betracht gezogen hat, um gestützt darauf, diese Gefahr als hinlänglich zu verwerfen[922].

Aus der Urteilsbegründung des EuGH ergibt sich der Anschein, dass Rechtfertigungsgründe in Summe schwerer wiegen, als ein einzelner für sich allein[923]; dies ist ein weiteres Zeichen dafür, dass die Urteilsbegründung des EuGH ergebnisorientiert ist. Die Zusammenfassung mehrerer Rechtfertigungsgründe unter dem Aspekt, die „Ausgewogenheit der Aufteilung der Besteuerungsbefugnisse der Mitgliedstaaten" zu wahren wird auch als neuer Rechtfertigungsgrund an sich betrachtet[924].

dd. Schlussfolgerung aus der Rechtfertigungsprüfung des EuGH

Ganz allgemein lässt sich der Schluss ziehen, dass der EuGH durch die Art seiner Rechtfertigungsprüfung eine staatenübergreifende Gesamtschau vornimmt, um

---

919 GA Maduro 7. 4. 2005, C-446/03, *Marks & Spencer*, Rn. 65 ff (siehe oben 3. Abschnitt VII. 3. b. bb.).

920 EuGH 13. 12. 2005, C-446/03, *Marks & Spencer*, Rn. 47 f und 50.

921 Siehe ausführlich oben 3. Abschnitt VI. 2. a) „Verletzung der Niederlassungsfreiheit"; insb *E. Lechner*, Die Auswirkungen des EU-Rechts auf die Befreiung von Verlusten nach den Doppelbesteuerungsabkommen, in Gassner/Lang/Lechner (Hrsg) Doppelbesteuerung und EU-Recht, Wien 1996, 85 ff, 95; *Kessler*, Ausländische Betriebstättenverluste, in Lehner (Hrsg) Verluste im nationalen und internationalen Steuerrecht, München 2004, 83 ff, 90 und 109.

922 *Eicker/Röhrbein*, Marks & Spencer: Die Entscheidung des EuGH und ihre Konsequenzen, Stbg 2006, 117 ff, 119 mit Verweis auf Richtlinie 77/799/EWG des Rates vom 19. 12. 1977, ABl. L 336, 15 geändert durch Richtlinie 2004/56/EG des Rates vom 21. 4. 2004, ABl. L 127, 70.

923 EuGH 13. 12. 2005, C-446/03, *Marks & Spencer*, Rn. 51; *Eicker/Röhrbein*, Marks & Spencer, Stbg 2006, 119; *Isenbaert/Valjemark*, M&S judgment, EC Tax Review 2006, 11 und 13; *Sutter*, Anmerkung zu Marks & Spencer, EuZW 2006, 88.

924 Siehe oben 2. Abschnitt IV. 3. dd. „Entwickelt der EuGH mit Marks & Spencer einen neuen Ansatz zur Rechtfertigung nach dem Territorialitätsprinzip?"; *J. Hey*, Die EuGH-Entscheidung in der Rechtssache Marks & Spencer und die Zukunft der deutschen Organschaft – Haben die Mitgliedstaaten den EuGH domestiziert? GmbHR 2006, 113 ff, 120.

die Rechtfertigung einer beschränkenden Maßnahme zu prüfen[925]. Während bisher in Fällen, in denen eine solche Betrachtung angesprochen wurde, letztlich *ein* Mitgliedstaat dafür einstehen musste, wenn bestimmte steuerliche Vorteile, die in rein nationalen Konstellationen gewährt wurden, im grenzüberschreitenden Kontext nicht eingeräumt wurden[926], nimmt der EuGH in Marks & Spencer eine abgeschwächte Position ein: Nur dann, wenn die Vorteile endgültig in einem der Mitgliedstaaten nicht gewährt werden, soll ein anderer Staat als der grundsätzlich verantwortliche sie einräumen[927]. Somit wird die Be- und Entlastungswirkung nicht einem der Mitgliedstaaten aufgebürdet, sondern dem Steuerpflichtigen in Form eines Liquiditätsnachteils.

Aus der neuartigen Rechtfertigungsprüfung wird deutlich, dass der EuGH jeder Kritik der Literatur zum Trotz „keine durchgängige Verwirklichung einer bestimmten steuerlichen Systematik fordert, um sie als Rechtfertigungsgrund anzuerkennen“[928].

d) Der Verhältnismäßigkeitsgrundsatz als Grenze der Beschränkung

Nach Ansicht des EuGH ist die Beschränkung der Niederlassungsfreiheit infolge einer Verwehrung der grenzüberschreitenden Verlustverrechnung im Konzern nur dann gemeinschaftsrechtskonform, wenn sie gemessen an den drei Rechtfertigungsgründen ein legitimes Ziel verfolgt und zusätzlich geeignet ist, dieses Ziel zu erreichen, ohne darüber hinaus zu gehen, was zur Zielerreichung erforderlich ist[929]. Die Beschränkung ist demnach nur dann verhältnismäßig, wenn sie nicht über das hinausgeht, was notwendig ist, um die vom EuGH angeführten negativen Folgen der grenzüberschreitenden Verlustnutzung abzuwenden[930]. In diesem Zusammenhang wird auch davon gesprochen, dass der EuGH die Rechtfertigung der betreffenden Beschränkung der Niederlassungsfreiheit unter den Vorbehalt der Verhältnismäßigkeit stellt[931]. Nach Ansicht des EuGH ist die Verhältnismäßigkeit dann gewahrt, wenn nur solche Verluste ausländischer Tochterkonzerngesell-

---

925 *Herzig/Wagner*, EuGH-Urteil Marks & Spencer – Grenzüberschreitende Verlustverrechnung in der Gruppe, Der Konzern 2006, 176 ff, 181.

926 Vgl insb EuGH, Urteil vom 18. 9. 2003, C-168/01, *Bosal Holding BV gegen Staatssecretaris van Financiën*, Slg 2003, I-9409; ders, EuGH, Urteil vom 12. 12. 2002, C-385/00, *F.W.L. de Groot gegen Staatssecretaris von Financiën*, www.curia.eu.int; vgl außerdem *Herzig/Wagner*, EuGH-Urteil Marks & Spencer – Grenzüberschreitende Verlustverrechnung in der Gruppe, Der Konzern 2006, 176 ff, 181 Fn. 51.

927 Mehr dazu s.u. 3. Abschnitt VIII. 4. c) „Wahrung der Ausgewogenheit der Aufteilung der Besteuerungsbefugnisse“.

928 *Englisch*, Anmerkung zu Marks & Spencer, IStR 2006, 22 f, 22.

929 EuGH 13. 12. 2005, C-446/03, *Marks & Spencer*, Rn. 51 und 55.

930 EuGH 13. 12. 2005, C-446/03, *Marks & Spencer*, Rn. 53 ff.

931 *Dörr*, Anmerkung zu Marks & Spencer, EWS 2006, 34 ff, 35.

schaften von der Beschränkung betroffen sind, die im Ausland genutzt werden können[932]. Dies ist gemäß EuGH – vereinfacht dargestellt – dann der Fall, wenn

- der betreffenden Tochtergesellschaft oder einem Dritten, unter Ausschöpfung aller vorgesehenen Möglichkeiten, ein Verlustrücktrag oder eine Verwertung im Zeitraum der Verlustentstehung zusteht, oder

- eine Möglichkeit besteht, den Verlust bei der Tochtergesellschaft selbst oder, insbesondere im Fall der Übertragung der Tochterverlustgesellschaft, bei einem Dritten zukünftig zu verwerten[933].

Bestehen derartige Verlustverwertungsmöglichkeiten nicht, was von der Muttergesellschaft nachzuweisen ist[934], ist es als Verstoß gegen die Niederlassungsfreiheit anzusehen, wenn keine Verlustverrechnung über die Grenze eingeräumt wird[935]. Dieses Konzept weicht bedeutend von dem des Generalanwalts ab, der die fehlende Berücksichtigung von Verlusten ausländischer Töchter dann als gerechtfertigt ansehen wollte, wenn die Verlustverwertung im Ausland jener im Inland *gleichwertig* gewesen wäre[936]. Als weitere Abweichung zu den Schlussanträgen des Generalanwalts verlangt der EuGH, dass die Mutterkonzerngesellschaft die Beweislast dafür zu tragen hat, ob infolge einer fehlenden Verlustnutzung im Ausland, Verluste von Auslandstöchtern zu berücksichtigen sind[937]; nach GA Maduro hätte dafür der Ansässigkeitsstaat der Muttergesellschaft die Beweislast getragen[938]. Der EuGH kann allerdings auch so verstanden werden, dass die Beweislast der Muttergesellschaft subsidiär zu der der Finanzbehörden ist oder zumindest stärker ausgeprägt sein soll, als in anderen Fällen[939]. Des Weiteren ist auffällig, dass sich der EuGH bei der Wahl zwischen den beiden von Kommission und Marks & Spencer vorgeschlagenen Modellen zur Verlustverwertung über die

---

932 EuGH 13. 12. 2005, C-446/03, *Marks & Spencer*, Rn. 55.

933 EuGH 13. 12. 2005, C-446/03, *Marks & Spencer*, Rn. 55.

934 EuGH 13. 12. 2005, C-446/03, *Marks & Spencer*, Rn. 56.

935 EuGH 13. 12. 2005, C-446/03, *Marks & Spencer*, Rn. 56.

936 GA Maduro 7. 4. 2005, C-446/03, *Marks & Spencer*, Rn. 76 (siehe oben 3. Abschnitt VII. 3. b. bb. und 4. b.).

937 EuGH 13. 12. 2005, C-446/03, *Marks & Spencer*, Rn. 56.

938 EuGH 13. 12. 2005, C-446/03, *Marks & Spencer*, Rn. 56; GA Maduro 7. 4. 2005, C-446/03, *Marks & Spencer*, Rn. 77 und 81 (siehe oben 3. Abschnitt VII. 4. b.).

939 Siehe unten 3. Abschnitt VIII. 5. b) ee. „Die Beweislast für die Unmöglichkeit der Verlustberücksichtigung"; insb *Englisch*, Anmerkung zu Marks & Spencer, IStR 2006, 22 f, 23; *M. Lang*, The Marks & Spencer Case – The Open Issues Following the ECJ's, ET 2006, 54 ff, 65; *Scheunemann*, Praktische Anforderungen einer grenzüberschreitenden Verlustberücksichtigung im Konzern in Inbound- und Outboundfällen nach der Entscheidung Marks & Spencer, IStR 2006, 145 ff, 150.

Grenze[940] für jenes entschieden hat, für das es bisher noch keine praktische Erfahrung gibt.

Da der EuGH von der Möglichkeit Verluste zu nutzen spricht, scheint es vorerst so, als würde er eine abstrakte Verlustverrechnungsmöglichkeit als ausreichende Verwertungsmöglichkeit ansehen, um Einschränkungen hinsichtlich einer grenzüberschreitenden Verlustverwertung als gerechtfertigt zu akzeptieren. Nachdem der EuGH allerdings darauf Bezug nimmt, dass die betreffende Tochtergesellschaft die ihr zur Verfügung stehenden Mittel ausgeschöpft hat und individualisiert auf die Möglichkeit der Tochtergesellschaft eingeht, *ihre* Verluste zu nutzen, ist davon auszugehen, dass der EuGH die Möglichkeit einer *konkreten* Verlustnutzung als entscheidend ansieht[941]. In diesem Sinne wurde auch der Generalanwalt von der hM verstanden[942]. Interessant ist dabei, dass anscheinend ein unterschiedlicher Maßstab für die Möglichkeit der Verlustnutzung durch Verlustrücktrag und durch Verwertung im Entstehungszeitraum einerseits und für die zukünftige Verlustnutzung andererseits besteht: Für den ersten Fall spricht der EuGH davon, dass alle Möglichkeiten zur Verlustverwertung auszuschöpfen sind, für den zweiten Fall spricht er lediglich davon, dass keine Möglichkeit besteht, die Verluste zu nutzen[943].

Das Ziel des EuGH scheint klar: Die Nutzung von Tochterverlusten im Konzern soll dann im Staat der Mutterkonzerngesellschaft möglich sein, wenn infolge einer Liquidation oder Veräußerung eine Verlustverwertung im Ausland nicht länger möglich ist. Unklar bleibt allerdings, was gelten soll, wenn das Ereignis, das die Verlustverwertung ausschließt, nicht in der Periode der Verlustentstehung eintritt, sondern erst Jahre später. Des Weiteren kommt die Frage hinzu, auf welchen Verlust*umfang* sich die Unmöglichkeit der Verwertung, wie sie der EuGH festschreibt, beziehen soll, auf die Verluste, die sich nach der Steuerrechtsordnung der Tochter errechnen, oder auf jene, die sich nach der Steuerrechtsordnung der Mutterkonzerngesellschaft errechnen würden. Zuletzt erscheint offen, ob einschränkende Verlustverrechnungsbestimmungen im Staat der Tochterkonzerngesellschaft zu einer Unmöglichkeit der Verlustnutzung, wie sie der EuGH be-

940 EuGH 13. 12. 2005, C-446/03, *Marks & Spencer*, Rn. 54.

941 EuGH 13. 12. 2005, C-446/03, *Marks & Spencer*, Rn. 55.

942 Siehe oben 3. Abschnitt VII. 4. b); dazu insb *Herzig/Englisch/Wagner*, Berücksichtigung von Verlusten ausländischer Konzerntöchter, Der Konzern 2005, 298 ff, 310; *M. Lang*, Marks & Spencer und die Auswirkungen auf das Steuerrecht der Mitgliedstaaten, SWI 2005, 255 ff, 256.

943 EuGH 13. 12. 2005, C-446/03, *Marks & Spencer*, Rn. 55; siehe eingehender dazu unten 3. Abschnitt VIII. 6. a) „Tatsächliche versus potentielle Verlustverwertungsmöglichkeit“.

schreibt, führen können. Speziell das Konzept eines zeitlich limitierten Verlustvortrags wirft hier neue Fragen auf[944].

Durch die Art wie der EuGH den Verhältnismäßigkeitsgrundsatz als Maßstab für eine mögliche Rechtfertigung heranzieht, schafft er eine neue Diskriminierung: Im Vergleich zu Verlusten inländischer Konzerntochtergesellschaften muss eine Konzernmuttergesellschaft nunmehr nämlich einen Liquiditätsnachteil hinnehmen, wenn für Verluste ausländischer Konzerntochtergesellschaften im Ausland die Möglichkeit der Verlustverwertung besteht. Dieser Nachteil verletzt isoliert betrachtet selbst die Niederlassungsfreiheit[945].

Im zugrunde liegenden Fall kommt man gestützt auf das Konzept des EuGH zum Ergebnis, dass der von Marks & Spencer geforderte Konzernabzug möglich sein muss. Schließlich wäre es nicht verhältnismäßig und daher nicht zu rechtfertigen, Verluste von Tochterkonzerngesellschaften, für die aufgrund einer Liquidation oder einer Veräußerung keine Möglichkeit der Verwertung im Ansässigkeitsstaat der jeweiligen Tochter besteht, von der Möglichkeit des britischen Konzernabzugs auszuklammern.

e) Harmonisierungsvorbehalt

Als Schlusspunkt setzt der EuGH in seiner Urteilsbegründung die Anmerkung, dass verhältnismäßigere Regelungen für eine grenzüberschreitende Verlustnutzung Sache des Gemeinschaftsgesetzgebers wären[946]. Damit möchte der EuGH offensichtlich der Kritik zuvorkommen, dass seine Lösung durchaus nicht dem Verhältnismäßigkeitsgrundsatz entspricht, eine Kritik, die berechtigt ist. Schließlich gibt es weniger einschneidende Maßnahmen, um die vom Gerichtshof angeführten negativen Folgen – doppelte Verlustnutzung und Verlusttransfer zwischen den Mitgliedstaaten orientiert nach Steuersätzen – abzuwenden, wie sie etwa in der österreichischen Gruppenbesteuerung vorgesehen sind[947].

Der Schlusspunkt des EuGH zeigt zwei Schwachpunkte auf: Einerseits weist der EuGH darauf hin, dass das Konzept, das er in seiner Urteilsbegründung erstellt hat, um eine Rechtfertigung der eingeschränkten Verlustverwertung ausländischer

---

944 Siehe zu diesen Fragen unten 3. Abschnitt VIII. 6. „Maßgeblichkeit der Verlustverwertungsmöglichkeit im Ausland".

945 Siehe unten 3. Abschnitt VIII. 5. c) aa. „Einführung neuer Diskriminierungen durch das Konzept des EuGH" sowie schon oben 3. Abschnitt VII. 4. b) dd. „Einführung einer neuen Diskriminierung durch das Konzept des GA".

946 EuGH 13. 12. 2005, C-446/03, *Marks & Spencer*, Rn. 58.

947 § 9 Abs. 6 Nr. 6 öKStG; siehe dazu schon oben 3. Abschnitt VI. 4. b) „Hinterfragung der Gemeinschaftsrechtswidrigkeit einer fehlenden grenzüberschreitenden Verlustverrechnungsmöglichkeit".

Tochterkonzerngesellschaft zu ermöglichen, eine Übergangsregelung sein soll. Der Gerichtshof sollte aber keine Übergangsregelungen schaffen, sondern darüber entscheiden, ob das bestehende britische Konzernsteuerrecht dem Gemeinschaftsrecht zuwiderläuft. Anderseits ist es falsch, dass allein der Gemeinschaftsgesetzgeber aufgefordert ist, die Verlustverrechnung innerhalb der EU gemeinschaftskonform zu gestalten; auch die einzelnen nationalen Rechtsordnungen müssen mit der Niederlassungsfreiheit übereinstimmen.

f) Allgemeine Schlussfolgerungen zu Marks & Spencer

Die wesentlichen Punkte aus dem Urteil des EuGH zu Marks & Spencer sind, dass damit dogmatisch neue Wege beschritten werden. Anstatt dem aus seiner Rechtsprechung bekannten Rechtfertigungsschema zu folgen, anerkennt der EuGH die Rechtfertigung einer Einschränkung generell und prüft anhand des Verhältnismäßigkeitsgrundsatzes, ob sie im speziellen Fall so möglich ist. Für die Nutzung von Verlusten ausländischer Tochterkonzerngesellschaften verlangt er, dass diese im Ausland nicht verwertet werden können, und nicht, wie der Generalanwalt, dass den Verlusten im Ausland keine gleichwertige Behandlung zukommt. Die Beweislast dafür trägt nach EuGH die Mutterkonzerngesellschaft, nicht, wie nach GA Maduro, der Ansässigkeitsstaat dieser Gesellschaft. Bedauerlich ist, dass der EuGH den möglichen Liquiditätsnachteil für ausländische Konzernverluste nicht für sich genommen als mit dem Gemeinschaftsrecht unvereinbar ansieht. Mit der Niederlassungsfreiheit ist dies grundsätzlich nicht vereinbar.

4. Oy Esab und Lindex

a) Sachverhalt zu Oy Esab und Konzept des finnischen Konzernbeitrags

Nach Marks & Spencer ist beim EuGH mittlerweile ein weiteres Vorabentscheidungsverfahren zur Gruppenbesteuerung anhängig, das die finnischen Regelungen diesbezüglich betrifft[948]. Der zugrunde liegende Sachverhalt ist einfach dargestellt: Mutterkonzerngesellschaft des Esab-Konzerns ist eine englische Kapitalgesellschaft, Esab Holding Ltd, die Verluste erlitten hat. Über zwei niederländische Gesellschaften hält diese Muttergesellschaft indirekt 100% an der finnischen Gesellschaft Oy Esab[949]. Die Gewinne der finnischen (Enkel)Tochtergesellschaft Oy Esab hätten durch Leistung eines so genannten Konzernbeitrags an die Mutterkonzerngesellschaft Esab Holding Ltd vermindert werden sollen. Die Finanzbe-

---

[948] Korkein Hallinto-oikeus (Oberster Verwaltungsgerichtshof Finnlands), Vorabentscheidungs-Beschluss vom 23. 5. 2005, C-231/05, *Rechtssache Oy Esab*, www.curia.eu.int; *Kippenberg*, IStR-Länderbericht vom 4. 8. 2005, Heft 15/2005.

[949] *BDI/PricewaterhouseCoopers*, Verlustberücksichtigung über Grenzen hinweg, Jänner 2006, 28.

hörden gewährten die Gewinnminderung von Oy Esab durch Konzernbeitrag nicht, was zum Verfahren vor dem EuGH geführt hat.

Nach finnischem Steuerrecht könnte eine Konzerngesellschaft, die grundsätzlich Gewinne erzielen würde, diese potentiellen Gewinne mindern, indem sie einen Konzernbeitrag an Verlustgesellschaften im Konzern erbringt; dieser Beitrag könnte dabei sowohl für Tochter-, als auch für Mutter- oder Schwestergesellschaften bestimmt sein[950]. Steuerlich stellt der Konzernbeitrag im rein nationalen Fall eine Betriebsausgabe der leistenden Gesellschaft und eine Betriebseinnahme der empfangenden Gesellschaft dar[951]. Der Konzernbeitrag, auch *group contribution*, dient nicht allein der Verrechnung mit Verlusten; er kann auch die Zahlung einer Dividende substituieren[952]. Im Vergleich zum britischen Konzernabzug (*group relief*) fällt auf, dass der finnische Konzernbeitrag (*group contribution*) nicht den Transfer von Verlusten, sondern den Transfer von Einkommen bewirkt; damit ist die Richtung des Einkommenstransfers nach dem *group contribution*-Konzepts jener des Verlusttransfers nach dem *group relief*-Konzept genau entgegengesetzt[953]. Gemeinsam ist beiden Modellen aber die Möglichkeit des Transfers in sämtliche Richtungen innerhalb des Konzerns[954]. Ein weiterer Unterschied besteht darin, dass der Konzernbeitrag mit der Höher des Gewinns der leistenden Gesellschaft begrenzt ist, weshalb auf Ebene dieser Gesellschaft kein Verlustvortrag entstehen kann[955].

Die vier Voraussetzungen für die Möglichkeit des finnischen Konzernbeitrags sind, dass (1) zwischen den betreffenden Gesellschaften mittelbar oder unmittelbar ein 90%iges Beteiligungsverhältnis besteht, (2) die Wirtschaftsjahre parallel verlaufen, (3) es sich bei den betroffenen Gesellschaften um keine Kreditinstitute, Versicherungsunternehmen oder Pensionseinrichtungen handelt und (4) die beide betroffenen Gesellschaften in Finnland ansässig sind[956]. Auf die letzte der vier Voraussetzungen bezieht sich die Vorlagefrage des finnischen Obersten Verwaltungsgerichtshofs (Korkein Hallinto-oikeus), ob es nämlich mit der Niederlassungs- und Kapitalverkehrsfreiheit sowie mit der Mutter-Tochter-Richtlinie vereinbar ist, dass die Abzugsfähigkeit des Konzernbeitrags die Ansässigkeit sowohl

---

950 *BDI/PricewaterhouseCoopers*, Verlustberücksichtigung über Grenzen hinweg, Jänner 2006, 28.

951 *Herzig/Wagner*, Finnische Gruppenbesteuerung vor dem EuGH – Mögliche Folgen für die Organschaft, DB 2005, 2374 ff, 2375.

952 *BDI/PricewaterhouseCoopers*, Verlustberücksichtigung über Grenzen hinweg, Jänner 2006, 28; *Herzig/Wagner*, Finnische Gruppenbesteuerung vor dem EuGH, DB 2005, 2374.

953 *Herzig/Wagner*, Finnische Gruppenbesteuerung vor dem EuGH, DB 2005, 2375.

954 *Herzig/Wagner*, Finnische Gruppenbesteuerung vor dem EuGH, DB 2005, 2375.

955 *Herzig/Wagner*, Finnische Gruppenbesteuerung vor dem EuGH, DB 2005, 2377 f.

956 *BDI/PricewaterhouseCoopers*, Verlustberücksichtigung über Grenzen hinweg, Jänner 2006, 28; *Herzig/Wagner*, Finnische Gruppenbesteuerung vor dem EuGH, DB 2005, 2375.

der leistenden als auch der empfangenden Gesellschaft voraussetzt. Die Vorlagefrage ist damit weiter gefasst, als der Sachverhalt es verlangen würde, da nicht nur die Ansässigkeitsvoraussetzung des Empfängers hinterfragt wurde oder der Zahlungsstrom ins EU-Ausland[957].

b) Verletzung der Niederlassungsfreiheit in Oy Esab

Im konkreten Sachverhalt der Rs Oy Esab geht es um die Verletzung der Niederlassungsfreiheit durch den Zielstaat, da der Steuervorteil einer (indirekten) Tochtergesellschaft betroffen ist. Nach der Fragestellung des vorlegenden Gerichts werden allerdings sämtliche Konstellationen erfasst, etwa auch jene, in der der Muttergesellschaft (oder einer Schwestergesellschaft) der Konzernbeitrag versagt wird, weil ihre Tochter (oder Schwester) nicht in Finnland ansässig ist; auf diese weiter gefasste Fragestellung bezogen wäre auch die Verletzung der Niederlassungsfreiheit durch den Herkunftsstaat maßgeblich. Für die Verletzung der Niederlassungsfreiheit durch den Zielstaat – für den Sachverhalt in Oy Esab – ist das betreffende Vergleichspaar die rein inländische Gruppe, in der der Konzernbeitrag an eine übergeordnete Gesellschaft geleistet wird. Nachdem der Inlandsfall besser gestellt ist als der vergleichbare Auslandsfall, ist von einer Verletzung der Niederlassungsfreiheit auszugehen. Die Schlechterstellung ergibt sich, wie auch in der Rs Marks & Spencer[958], aus dem Liquiditätsnachteil, den die Tochtergesellschaft durch die Besteuerung eines ungeminderten Gewinns erleidet. Der EuGH würde auf den Liquiditätsnachteil des Konzerns abstellen[959].

Einschlägig für die Verwehrung eines Steuervorteils auf Ebene einer Tochtergesellschaft aufgrund der Auslandsansässigkeit der Muttergesellschaft ist außerdem die Rs Metallgesellschaft und Hoechst[960]. Dort konnte die Tochtergesellschaft nicht gegen die Vorauszahlung von Körperschaftsteuer im Zeitpunkt einer Dividendenzahlung optieren, da sie nicht von einer inländischen Muttergesellschaft gehalten wurde. Auch hier kam der EuGH zum Ergebnis, dass der Liquiditätsnachteil, der sich aus der Nichtgewährung eines Steuervorteils ergibt, gegen die Niederlassungsfreiheit verstößt[961].

---

957 *BDI/PricewaterhouseCoopers*, Verlustberücksichtigung über Grenzen hinweg, Jänner 2006, 28; *Herzig/Wagner*, Finnische Gruppenbesteuerung vor dem EuGH, DB 2005, 2376.

958 EuGH, Urteil vom 13. 12. 2005, C-446/03, *Marks & Spencer plc gegen David Halsey (HM Inspector of Taxes)*, www.curia.eu.int, Rn. 32.

959 EuGH 13. 12. 2005, C-446/03, *Marks & Spencer*, Rn. 32; so auch GA Poiares Maduro 7. 4. 2005, C-446/03, *Marks & Spencer*, Rn. 54.

960 EuGH, Urteil vom 8. 3. 2001, C-397/98 und C-410/98 (verbunden), *Metallgesellschaft Ltd und andere (C-397/98), Hoechst AG and Hoechst (UK) Ltd (C-410/98) gegen Commissioners of Inland Revenue and HM Attorney General*, Slg 2001, I-1727; siehe oben 3. Abschnitt VII. 2. „Metallgesellschaft und Hoechst".

961 EuGH 8. 3. 2001, C-397/98 und C-410/98, *Mettallgesellschaft und Hoechst*, Rn. 44.

Eine Vergleichbarkeit der finnischen Tochtergesellschaft Oy Esab zu finnischen Betriebstätten ausländischer Unternehmen wäre zwar denkbar, ist vor dem Hintergrund des rechtlichen Rahmens aber nicht sachgerecht, da in diesem Kontext keine besonderen Steuervorteile eingeräumt werden. Umgekehrt wäre der Schluss falsch, dass aufgrund der fehlenden Schlechterstellung finnischer Tochtergesellschaften von ausländischen Gesellschaften gegenüber finnischen Betriebstätten ausländischer Unternehmen, keine Verletzung der Niederlassungsfreiheit vorliege. Schließlich ist jene Konstellation maßgeblich – und daher als relevantes Vergleichspaar heranzuziehen –, bei der die betreffenden Steuervorteile eingeräumt werden.

Das vorlegende Gericht hat nicht nur eine Verletzung der Niederlassungsfreiheit angefragt, sondern auch eine Verletzung der Kapitalverkehrsfreiheit und der Mutter-Tochter-Richtlinie in Betracht gezogen. Während die Kapitalverkehrsfreiheit durchaus genauso betroffen ist wie die Niederlassungsfreiheit, beschränkt sich die Prüfung des EuGH bei Anwendbarkeit beider Grundfreiheiten regelmäßig auf eine Prüfung allein nach der Niederlassungsfreiheit[962]. Die Fragestellung dahingehend, ob auch die Mutter-Tochter-Richtlinie verletzt sein könnte, dürfte auf dem Gedanken beruhen, dass der Konzernbeitrag mit der Zahlung einer Dividende vergleichbar ist[963]. Der Unterschied zur Dividende ist allerdings die steuerliche Wirkung des Konzernbeitrags im Staat der Tochtergesellschaft, weshalb die Mutter-Tochter-Richtlinie nicht einschlägig sein sollte.

c) Rechtfertigung

Die Rechtfertigungsprüfung für die Beschränkung der Niederlassungsfreiheit durch die Nichteinräumung des Konzernbeitrags im grenzüberschreitenden Kontext könnte sich zwar ähnlich der des EuGH in Marks & Spencer gestalten und daher an der Ausgewogenheit der Aufteilung der Besteuerungsbefugnisse der Mitgliedstaaten orientieren[964]. Die strukturellen Unterschiede zwischen finnischem Konzernbeitrag und britischem Konzernabzug allerdings, könnten durchaus zu einem anderen Ansatz des EuGH führen[965]. Dies gilt insbesondere für das Konzept, das der Gerichtshof mit Verweis auf den Verhältnismäßigkeitsgrundsatz entwickelt hat (siehe sogleich unter d).

---

962 *Herzig/Wagner*, Finnische Gruppenbesteuerung vor dem EuGH, DB 2005, 2377 mwN.

963 *Herzig/Wagner*, Finnische Gruppenbesteuerung vor dem EuGH, DB 2005, 2376.

964 S.o. 3. Abschnitt VII. 3. „Marks & Spencer" und zur Kritik dazu s.u. 3. Abschnitt VIII. 4. c) „Wahrung der Ausgewogenheit der Aufteilung der Besteuerungsbefugnisse".

965 *Scheunemann*, Praktische Anforderungen einer grenzüberschreitenden Verlustberücksichtigung im Konzern in Inbound- und Outboundfällen nach der Entscheidung Marks & Spencer, IStR 2006, 145 ff, 154.

d) Verhältnismäßigkeit

Teilweise wird vertreten, dass auch die Verhältnismäßigkeitsprüfung des EuGH aus seiner Entscheidung zu Marks & Spencer für das Urteil in Oy Esab maßgeblich sein wird, wobei sich die Unmöglichkeit der Verlustnutzung auf den Verlust einer übergeordneten Gesellschaft beziehen wird[966]. Ein wichtiger Aspekt allerdings, der für die Rs Oy Esab eine andere Sichtweise des EuGH hinsichtlich der Verhältnismäßigkeitsanforderungen begründen könnte, ist, dass der finnische Konzernbeitrag im reinen Inlandsfall nicht nur im Verlustfall der empfangenden Gesellschaft geleistet werden kann[967].

Interessant wird die Umlegung des Verlustberücksichtigungs-Konzepts des EuGH auf den Sachverhalt der Rs Oy Esab. Einerseits könnte es sein, dass der EuGH die steuerliche Behandlung des Konzernbeitrags als Betriebseinnahme bei der verlusterleidenden Konzerngesellschaft fordern könnte, um die fehlende Einräumung des steuerlichen Abzugs im Staat der Gesellschaft, die den Konzernbeitrag leistet, als unverhältnismäßig anzusehen[968]; dieses Ergebnis würde auch eine Parallele zur EuGH-Entscheidung in der Rs Schempp aufweisen[969]. Gegen diese Art der Umlegung spricht allerdings, dass die Möglichkeit, Verluste zu nutzen, wie sie in Marks & Spencer vom EuGH gefordert wurde, nicht das Gegenstück zur Behandlung als Betriebseinnahme darstellt; das Gegenstück wäre vielmehr, dass der Konzernbeitrag im Staat der empfangenden Gesellschaft steuerlich relevant ist, auch wenn sich die Relevanz nicht in Form der Behandlung als Betriebseinnahme auswirkt.

e) Die schwedische Entscheidung in der Rs Lindex vom 30. Mai 2005

In der Rs Lindex ging es wie auch in Oy Esab um das skandinavische Gruppenbesteuerungsmodell, der Sachverhalt war aber jenem von Marks & Spencer ähnlich: AB Lindex, eine börsennotierte schwedische Kapitalgesellschaft, ist Mutterkonzerngesellschaft des Lindex-Konzerns und hält 100% an der deutschen Tochtergesellschaft Lindex GmbH. In den Jahren 2002 und 2003 leistete die AB Lindex Konzernbeiträge an die Lindex GmbH, die auf deren Ebene als nicht steuerbare

---

966 S.o. 3. Abschnitt VII. 3. „Marks & Spencer" und zur Kritik dazu s.u. 3. Abschnitt VIII. 7. „Kritik an der Verhältnismäßigkeitsprüfung des EuGH in Marks & Spencer"; vgl außerdem *Herzig/Wagner*, EuGH-Urteil Marks & Spencer – Grenzüberschreitende Verlustverrechnung in der Gruppe, Der Konzern 2006, 176 ff, 185.

967 *BDI/PricewaterhouseCoopers*, Verlustberücksichtigung über Grenzen hinweg, Jänner 2006, 33.

968 *BDI/PricewaterhouseCoopers*, Verlustberücksichtigung über Grenzen hinweg, Jänner 2006, 33.

969 Siehe dazu unter der nächsten Überschrift e) „Die schwedische Entscheidung in der Rs Lindex vom 30. Mai 2005".

Kapitaleinlage behandelt wurden. Die steuerliche Behandlung der Konzernbeiträge als Betriebsausgaben wurde von der schwedischen Finanzverwaltung mit der Begründung nicht gewährt, dass die Lindex GmbH in Schweden nicht steuerpflichtig ist[970]. Das lokale Verwaltungsgericht, Länsrätten i Vänersborg, entschied am 30. Mai 2005, dass das schwedische Konzernsteuerrecht hinsichtlich der steuerlichen Behandlung von Konzernbeiträgen, die ins EU-Ausland geleistet werden, gegen die Niederlassungsfreiheit des EG-Vertrags verstößt[971].

Zwei Aspekte sind bei der Entscheidung des Gerichts bedeutend: 1) Es wurde kein Vorabentscheidungsgesuch an den EuGH gestellt, da die Frage, ob eine Verletzung der Niederlassungsfreiheit gegeben war europarechtlich als *acte clair* angesehen wurde[972]. 2) Zudem ist die Entscheidung mehr als einen Monat nach der Veröffentlichung der Schlussanträge des GA Poiares Maduro zu Marks & Spencer (am 7. April 2005) gefällt worden und zitiert diese auch ausdrücklich als Argument für die Verletzung der Niederlassungsfreiheit. Des Weiteren ist interessant, dass kurz vor der Entscheidung ein schwedisches Berufungsgericht (Kammerrätten i Göteborg) in einem ähnlich gelagerten Fall zu Lasten des Steuerpflichtigen entschieden hatte[973].

Für die Feststellung, dass es sich europarechtlich um einen *acte clair* handelt zog das schwedische Verwaltungsgericht in der Rs Lindex das EuGH-Urteil zu Bosal und die Schlussanträge des GA Poiares Maduro zu Marks & Spencer heran[974]. Als Vergleichsgruppe zum Lindex-Konzern wurde eine rein schwedische Gruppe herangezogen und festgestellt, dass der Lindex-Konzern in einer benachteiligten Situation gegenüber dem Inlandsfall war. Das Kriterium, nach dem der Konzernbeitrag nur bei Leistung an ein in Schweden steuerpflichtiges Konzernmitglied zur Abzugsfähigkeit berechtigt, wurde als offensichtlicher Verstoß gegen die Niederlassungsfreiheit angesehen[975].

Eine Rechtfertigung der Beschränkung der Niederlassungsfreiheit gestützt auf das Kohärenzprinzip weist das Gericht mit der Begründung zurück, dass vom Vor-

---

970 *Brokelind*, Group Taxation and CFC Rules in Swedish Tax Cases, TNI vom 18. 7. 2005, 237 ff, 238.

971 *BDI/PricewaterhouseCoopers*, Verlustberücksichtigung über Grenzen hinweg, Jänner 2006, 29 mit Verweis auf Ländsrätten i Vänersborg, Entscheidung vom 30. 5. 2005 (Rev. eingelegt), 8 ITLR 2005, 81 ff.

972 *BDI/PricewaterhouseCoopers*, Verlustberücksichtigung über Grenzen hinweg, Jänner 2006, 30.

973 *BDI/PricewaterhouseCoopers*, Verlustberücksichtigung über Grenzen hinweg, Jänner 2006, 30.

974 *Brokelind*, Group Taxation and CFC Rules in Swedish Tax Cases, TNI vom 18. 7. 2005, 238.

975 *BDI/PricewaterhouseCoopers*, Verlustberücksichtigung über Grenzen hinweg, Jänner 2006, 30.

teilsausgleich im Zusammenhang mit der Behandlung des Konzernbeitrags als Betriebsausgabe beim Leistenden und als Betriebseinnahme beim Empfänger zwei unterschiedliche Steuerpflichtige betroffen sind[976]. Während sich das schwedische Verwaltungsgericht für die Feststellung der Verletzung der Niederlassungsfreiheit auf die Schlussanträge des Generalanwalts zur Rs Marks & Spencer beruft, setzt es sich durch seine Aussagen zum Kohärenzprinzip in klaren Widerspruch zum Generalanwalt, was gestützt auf gefestigte Rechtsprechung des EuGH begründet ist[977].

Ein wichtiger Unterschied der Entscheidung des schwedischen Verwaltungsgerichts in der Rs Lindex zur EuGH-Entscheidung in Marks & Spencer ist, dass in Lindex nicht auf die steuerliche Situation der Verlusttochtergesellschaft abgestellt wurde. Im Gegenteil, das schwedische Verwaltungsgericht streicht sogar hervor, dass die Nichtbesteuerung des Konzernbeitrags in Deutschland irrelevant ist, da es sich um eine direkte Folge der Souveränität der Mitgliedstaaten im Bereich der Besteuerung handelt, die sich aus den Unterschieden der jeweiligen Steuerrechtssysteme ergibt[978]. Die daraus abzuleitende Grundaussage ist, dass sich Unterschiede in den Steuerrechtssystemen der Mitgliedstaaten nicht zum Nachteil der Steuerpflichtigen auswirken dürfen. Gerade dieses Argument, nach dem die Besteuerung im Ausland ohne Bedeutung für die Gewährung eines Steuervorteils im Inland ist, hat der EuGH in seiner Entscheidung zu Schempp abgelehnt[979]. Ob diese Ablehnung des EuGH in einem Fall über die steuerliche Behandlung von Unterhaltszahlungen des geschiedenen Ehemanns auf die Konzernbesteuerung übertragbar ist, wird berechtigt hinterfragt; schließlich ist die Besteuerung von Eheleuten in Deutschland unter dem besonderen Aspekt des Realsplittings zu sehen[980]. Dennoch würde die Wahrung der Ausgewogenheit der Aufteilung der Besteuerungsbefugnisse[981] nach EuGH ein Zusammenwirken zwischen der steuerlichen Behandlung des Verlusts im Ausland und der Wirkung des Konzernbeitrags in Schweden mit sich bringen. Insbesondere könnte der EuGH auch in diesem Kontext beruhend auf seiner Spiegelbild-Theorie fordern, dass die Besteuerung des Konzernbeitrags als Betriebseinnahme im Staat der empfangenden Gesellschaft notwendig ist, um die fehlende Einräumung des steuerlichen Abzugs im

---

976 *Brokelind*, Group Taxation and CFC Rules in Swedish Tax Cases, TNI vom 18. 7. 2005, 239.

977 S.o. 2. Abschnitt IV. 2. insb c) „Geltendes Verständnis des Kohärenzprinzips“ und f) „Schlussfolgerungen zum Kohärenzprinzip“.

978 *BDI/PricewaterhouseCoopers*, Verlustberücksichtigung über Grenzen hinweg, Jänner 2006, 30.

979 EuGH, Urteil vom 12. 7. 2005, C-403/03, *Schempp gegen Finanzamt München V*, www.curia.eu.int, Rn. 39.

980 *BDI/PricewaterhouseCoopers*, Verlustberücksichtigung über Grenzen hinweg, Jänner 2006, 31.

981 EuGH, Urteil vom 13. 12. 2005, C-446/03, *Marks & Spencer*, Rn. 43.

Staat der Tochtergesellschaft als unverhältnismäßig anzusehen[982]; auch hier greift wieder die Parallele zur EuGH-Entscheidung in Schempp[983]. Dagegen ist allerdings vorzubringen, dass die Möglichkeit, Verluste zu nutzen, wie sie in Marks & Spencer vom EuGH gefordert wurde, nicht das Gegenstück zur Behandlung als Betriebseinnahme darstellt; ausreichend wäre die steuerliche Relevanz des Konzernbeitrags in anderer Form. Im konkreten Sachverhalt zu Lindex etwa würde der Wert der ausländischen Gesellschaft steigen, ohne eine parallele Erhöhung der Anschaffungskosten. Somit fiele ein späterer Veräußerungsgewinn höher aus. Eine zeitliche Verschiebung dieses Effekts sollte für den EuGH nach seiner Entscheidung zu Marks & Spencer kein Problem darstellen, obgleich der Liquiditätsnachteil hier den Fiskus trifft und nicht, wie in Marks & Spencer, den Steuerpflichtigen.

f) Schlussfolgerungen zu Oy Esab und Lindex

Während die EuGH-Entscheidung in der Rs Oy Esab durch seine Urteilsbegründung in Marks & Spencer bestimmt ist, sprechen gute Gründe dafür, dass er zu einem anderen Ergebnis kommen könnte. Dies ist vor allem vor dem Hintergrund zu sehen, dass auch wenn kein Verlustfall gegeben ist, ein Konzernbeitrag geleistet werden kann. Auch die Entscheidung eines schwedischen Gerichts in einem Sachverhalt, der jenem der Rs Marks & Spencer ähnlich ist, zeigt, dass die Gemeinschaftsrechtswidrigkeit einer fehlenden grenzüberschreitenden Verlustverrechnung als offensichtlich anerkannt ist.

VIII. Meinungsstand zur grenzüberschreitenden Verlustverrechnung im Konzern innerhalb der EU

1. Gruppenbesteuerung und Gemeinschaftsrecht

Im Zusammenhang mit der Besteuerung von Konzernen stellen sich mehrere Fragen hinsichtlich einer gemeinschaftsrechtskonformen Ausgestaltung. Die Niederlassungsfreiheit könnte etwa durch zu restriktive Voraussetzungen für die Einbeziehung in die steuerlich begünstigenden Regelungen der jeweiligen Konzernbesteuerung verletzt sein[984]. Im Folgenden wird nur eine Beschränkung der Nieder-

---

[982] *BDI/PricewaterhouseCoopers*, Verlustberücksichtigung über Grenzen hinweg, Jänner 2006, 33.

[983] Siehe dazu unter der nächsten Überschrift e) „Die schwedische Entscheidung in der Rs Lindex vom 30. Mai 2005".

[984] Vgl dazu zB: *Balmes/Brück/Ribbrock*, Der EuGH-Fall Marks & Spencer: Rückschlüsse für die deutsche Organschaftsbesteuerung, BB 2005, 966 ff, 968; *Frotscher*, Die grenzüberschreitende Organschaft, Der Konzern 2003, 98 ff; *Herzig/Wagner*, Zur Zukunft der Organschaft im EG-Binnenmarkt, DB 2005, 1 ff, 4 ff; *Kleinert/Nagler/Rehm*, Gewinnbesteuerung nach „Art des Hauses" mittels grenzüberschreitender Organschaft, in DB 2005, 1869 ff, 1871 ff; *M. Lang*, Abkommens- und gemeinschaftsrechtliche Anforderungen an die Organschaft,

lassungsfreiheit durch eine eingeschränkte oder fehlende grenzüberschreitende Verlustverrechnung im Konzern behandelt. Besonderes Augenmerk wird dabei auf die Schlussanträge des GA Poiares Maduro sowie die Urteilsbegründung des EuGH zur Rs Marks & Spencer gelegt und die Literatur diesbezüglich dargestellt, da sich daraus die maßgeblichen Eckpunkte einer gemeinschaftsrechtskonformen Gruppenbesteuerung ergeben. Auch die schwedische Entscheidung zur Rs Lindex und die beim EuGH anhängige Rs Oy Esab wird in die Diskussion miteinbezogen.

2. Verletzung der Niederlassungsfreiheit durch den Herkunftsstaat

a) Fehlende grenzüberschreitende Verlustverrechnung im Konzern als Gemeinschaftsrechtswidrigkeit

aa. Vertragsverletzung durch Schlechterstellung grenzüberschreitender Sachverhalte

Zu einer Verletzung der Niederlassungsfreiheit im Zusammenhang mit der steuerlichen Verlustverrechnung im Konzern wurde von der Literatur bis zur Entscheidung des EuGH in Marks & Spencer klar Stellung bezogen: Ist die Verlustverrechnung im Konzern für rein nationale Fälle möglich, würde eine Einschränkung im grenzüberschreitenden Kontext eine diskriminierende und damit unzulässige Beschränkung darstellen[985]. Die Begründung ist einfach: Die Niederlassungsfreiheit verbietet die Schlechterstellung von Auslandsaktivitäten einer Mutterkonzerngesellschaft im Vergleich zu ihren Inlandsaktivitäten. Genau dieser Vergleich von Auslands- und Inlandsaktivitäten hat im Kontext von Marks & Spencer zu

ÖStZ 2003, 254 ff; *Micker*, Europarechtswidrigkeit der Organschaftsbesteuerung im Körperschafts- und Gewerbesteuerrecht? DB 2003, 2734 ff; *Schön*, Die Zukunft der Organschaft in der Europäischen Gemeinschaft, in Herzig (Hrsg) Organschaft, Stuttgart 2003, 612 ff; *Stefaner/Weninger*, Gruppenbesteuerung und Gemeinschaftsrecht, SWI 2004, 441 ff, 444; *Thömmes*, Vereinbarkeit der Organschaft mit dem EG-Recht, in Herzig (Hrsg) Organschaft, Stuttgart 2003, 525 ff.

985 Vgl zB: *Tumpel*, Europarechtliche Besteuerungsmaßstäbe für die grenzüberschreitende Organisation und Finanzierung von Unternehmen, DStJG 2000, 321 ff, 361; *Hinnekens*, The Marks and Spencer Case: UK Special Commissioners Find UK Group Relief Rules Compatible with Freedom of Establishment, ET 2003, 175 ff, 180; *Vanistendael*, The compatibility of the basic economic freedoms with the sovereign national tax systems of the Member States, EC Tax Review 2003, 136 ff, 141; *Pistone*, Tax treatment of foreign losses: an urgent issue for the European Court of Justice, EC Tax Review 2003, 149 ff, 151; *Thömmes*, Vereinbarkeit der Organschaft mit dem EG-Recht, in Herzig (Hrsg) Organschaft, Stuttgart 2003, 525 ff, 532; *Dörr*, Abschaffung oder Erweiterung der Organschaft?! Zu den möglichen Konsequenzen der Rechtssache „Marks & Spencer plc", IStR 2004, 265 ff, 267; *Haarmann*, Grenzüberschreitende Gruppenbesteuerung und Verlustnutzung in der EU, in Lüdicke (Hrsg), Deutsches Steuerrecht im europäischen Rahmen, Köln 2004, 169 ff, 183 f; *Herzig/Wagner*, Zur Zukunft der Organschaft im EG-Binnenmarkt, DB 2005, 1 ff, 3.

erheblichen Diskussionen rund um Fragen geführt, ob eine horizontale oder vertikale Vergleichsgruppenbildung vorzunehmen sei, ob der Vergleich auf Ebene der Mutter- oder Tochtergesellschaften anzusetzen ist und ob der Vergleich auf Rechtsbeziehungen oder auf faktische Begebenheiten abstellen müsse[986]. Der Vergleich wurde letztlich bei der steuerlichen Behandlung von Verlusten angesetzt, die entweder bei inländischen oder bei ausländischen Tochtergesellschaften anfallen. Allerdings wäre auch ein Vergleich von ausländischen Verlusten an sich denkbar möglich gewesen, um die Gemeinschaftsrechtskonformität zu prüfen.

bb. Übertragbarkeit der Erkenntnisse zu Marks & Spencer

Ganz allgemein ist zu überlegen, ob die Feststellungen des EuGH hinsichtlich einer Verletzung der Niederlassungsfreiheit durch das britische Konzernsteuerrecht auf die Rechtsordnungen anderer Mitgliedstaaten umgelegt werden können. Schließlich sind die einzelnen Konzepte zur Konzernbesteuerung in den Mitgliedstaaten sehr unterschiedlich geregelt; sie reichen von einer steuerlichen Konsolidierung, wie in den Niederlanden, über die Übertragung von Gewinnen und Verlusten basierend auf Verträgen, wie in Deutschland, bis hin zum Konzernabzug, wie ihn das britische, oder dem Konzernbeitrag, wie ihn das skandinavische Steuerrecht kennt. Diese Unterschiede sollten allerdings für die gemeinschaftsrechtliche Beurteilung, ob eine Verletzung der Niederlassungsfreiheit vorliegt, wenn grenzüberschreitende Situationen anders behandelt werden als rein innerstaatliche, keine Bedeutung haben[987]. Für die gemeinschaftsrechtliche Beurteilung

---

986 Vgl dazu *Gutmann*, The Marks & Spencer case: proposals for an alternative way of reasoning, EC Tax Review 2003, 154 ff, 157; *Hinnekens*, The Marks and Spencer Case: UK Special Commissioners Find UK Group Relief Rules Compatible with Freedom of Establishment, ET 2003, 175 ff, 180; *Vanistendael*, The compatibility of the basic economic freedoms with the sovereign national tax systems of the Member States, EC Tax Review 2003, 136 ff, 141; *Pistone*, Tax treatment of foreign losses: an urgent issue for the European Court of Justice, EC Tax Review 2003, 149 ff, 151; *Dörr*, A Step Forward in the Field of European Corporate Taxation and Cross-border Loss Relief: Some Comments on the Marks & Spencer Case, Intertax 2004, 180 ff, 182.

987 *Herzig/Wagner*, EuGH-Urteil „Marks & Spencer" – Begrenzter Zwang zur Öffnung nationaler Gruppenbesteuerungssysteme für grenzüberschreitende Sachverhalte, DStR 2006, 1 ff, 9; *Kußmaul/Tcherveniachki*, Die Rechtssache Marks & Spencer Trendwende in der europäischen Rechtsprechung – Anmerkung zum EuGH-Urteil vom 13.12.2005 Rs. C-446/03, StuB 2006, 189 ff, 191; *Müller/Müller*, Begrenzte Möglichkeiten einer grenzüberschreitenden Verlustanrechnung – eine Nachbetrachtung zur EuGH-Entscheidung in der Rechtssache Marks & Spencer, GmbHR 2006, 301 ff, 301; *Persoff*, Opinion prompts more questions – The Advocate General's opinion in Marks & Spencer, International Tax Review June 2005, 27 ff, 28; *Sedemund/Sterner*, Welche Folgen hat das Urteil „Marks & Spencer" für das deutsche internationale Steuerrecht? DStZ 2006, 29 ff, 33 f; gegen eine Übertragbarkeit von Marks & Spencer auf die deutsche Organschaftsbesteuerung *Balmes/Brück/Ribbrock*, Das EuGH-Urteil Marks & Spencer: Grenzüberschreitende Verlustnutzung kommt voran! BB 2006, 186 ff, 188; *Endres*, Verwertung von Inlands- und Auslandsverlusten, Praxis Internationale Steuerberatung 2006, 87 ff, 90.

kommt es nur darauf an, ob steuerliche Vorteile allein aufgrund eines grenzüberschreitenden Aspektes nicht gewährt werden[988], obwohl eine Vergleichbarkeit zwischen der grenzüberschreitenden und der rein innerstaatlichen Situation gegeben wäre.

Ein Argument, das gegen die Maßgeblichkeit der Grundsätze des Marks & Spencer-Urteils für die deutsche Organschaftsbesteuerung angeführt wurde, ist, dass der britische *group relief* allein die Verlustübertragung betrifft, die Organschaftsregeln allerdings neben der Verlustübernahme auch die Gewinnabführung umfassen[989]. Dieses Argument ist deshalb nicht stichhaltig, da es für eine Verletzung der Niederlassungsfreiheit ausreicht, wenn hinsichtlich eines bestimmten Aspekts eine Beschränkung besteht[990]. Im Fall Marks & Spencer war dies die Beschränkung der grenzüberschreitenden Verlustverrechnung. Soweit eine solche Beschränkung auch in Deutschland eintritt, ist die Entscheidung zu Marks & Spencer einschlägig unabhängig davon, welche sonstigen Aspekte die deutschen Organschaftsregeln sonst noch betreffen. Zielt das vorgebrachte Argument darauf ab, die Beschränkung der Verrechnung ausländischer Verluste bei deutschen Mutterkonzerngesellschaften damit zu rechtfertigen, dass schließlich nicht nur ausländische Verluste aus der deutschen Besteuerungsbasis ausgeklammert, sondern auch ausländische Gewinne nicht in Deutschland versteuert werden, so ist darauf hinzuweisen, dass ein solcher Vorteilsausgleich eine Gemeinschaftsrechtswidrigkeit nicht vermeiden kann[991].

Für die deutsche Rechtslage wurde zudem versucht, die Relevanz der EuGH-Entscheidung im Fall Marks & Spencer aufgrund eines weiteren Aspekts zu relativieren. Das Argument dabei ist, dass es auch gesellschaftsrechtliche Gründe dafür gibt, dass ausländische Gesellschaften nicht Organgesellschaften sein können: Ausländische Gesellschaften können in der Regel[992] infolge kollisionsrechtlich bedingter Anwendung des Gesellschaftsrechts vom Ansässigkeitsstaat der Toch-

---

988 So auch der Generalanwalt am Ende seiner Schlussanträge: GA Poiares Maduro, Schlussanträge vom 7. 4. 2005, C-446/03, *Marks & Spencer plc gegen David Halsey (HM Inspector of Taxes)*, www.curia.eu.int, Rn. 82.

989 *Balmes/Brück/Ribbrock*, Marks & Spencer, BB 2006, 188.

990 Siehe oben 2. Abschnitt III. 4. c) „Vergleichsgruppenbildung“.

991 Siehe oben 2. Abschnitt III. 8. „Abstrakte versus tatsächliche Vertragsverletzung“ und IV. 5. „Abgelehnte Rechtfertigungsgründe“; zur konkreten Rs Marks & Spencer vgl dazu *Saß*, Nochmals: Zur Berücksichtigung von Verlusten ausländischer Tochtergesellschaften in der EU, DB 2006, 123 ff, 124.

992 Nur nach österreichischem und portugisischem Recht können deutsche Gesellschaften einen Ergebnisabführungsvertrag abschließen *Scheunemann*, Praktische Anforderungen einer grenzüberschreitenden Verlustberücksichtigung im Konzern in Inbound- und Outboundfällen nach der Entscheidung Marks & Spencer, IStR 2006, 145 ff, 146.

tergesellschaft nach hM keinen Ergebnisabführungsvertrag abschließen[993]; damit kann die Grundvoraussetzung zur Begründung einer Organschaft nicht erfüllt werden[994]. Dem ist allerdings entgegenzuhalten, dass nicht nur steuerrechtliche Bestimmungen eine Verletzung der Niederlassungsfreiheit mit sich bringen können, sondern auch gesellschaftsrechtliche, und vor allem beide in Kombination. Der Umstand, dass eine steuerliche Benachteiligung auf eine gesellschaftsrechtliche Unmöglichkeit zurückzuführen ist, macht aus ihr allerdings keine *zulässige* Benachteiligung; die Beschränkung einer Grundfreiheit ist nach wie vor gegeben. Entweder sollte die betreffende steuerliche Regelung nicht auf der gesellschaftsrechtlichen Bestimmung aufbauen oder aber die gesellschaftsrechtliche Bestimmung geändert werden, damit das Konzept an sich gemeinschaftsrechtskonform wird. Daher wird das steuerrechtliche Erfordernis, einen Gewinnabführungsvertrag abzuschließen, oder die grundsätzliche Unmöglichkeit, einen Gewinnabführungsvertrag mit ausländischen Gesellschaften einzugehen, als gemeinschaftsrechtswidrig angesehen[995]. Gerade die zeitgleich mit Marks & Spencer entschiedene Rs Sevic Systems zeigt, dass sich ein Mitgliedstaat nicht auf gesellschaftsrechtliche Unterschiede innerhalb der EU berufen kann, wenn eine Benachteiligung im grenzüberschreitenden Zusammenhang – im konkreten Fall von Ver-

---

993 *J. Hey*, Die EuGH-Entscheidung in der Rechtssache Marks & Spencer und die Zukunft der deutschen Organschaft – Haben die Mitgliedstaaten den EuGH domestiziert? GmbHR 2006, 113 ff, 118; *Scheunemann*, Praktische Anforderungen einer grenzüberschreitenden Verlustberücksichtigung im Konzern, IStR 2006, 146; zum deutschen Gesellschaftsrecht vgl *Hüffner*, AktG-Kommentar, 6. Auflage, München 2004, § 291 Rn. 5, mwN; *Raupach/Pohl*, Die Rechtssache Marks & Spencer – Konzernsteuerrecht auf dem Prüfstand des EuGH – Rückwirkungen auf das Konzernrecht? NZG 2005, 489 ff, 492; *Kussmaul/Tcherveniachki*, Die EuGH-Rechtssache Marks & Spencer und ihre Bedeutung für die körperschaftsteuerliche Organschaft, StuB 2005, 626 ff, 631 f; *Wassermeyer*, Vortrag am 3. 10. 2005 an der Wirtschaftsuniversität Wien bei einer Gedächtnis-Vorlesung für Wolfgang Gassner mit dem Thema „Gemeinschaftsrechtliche und abkommensrechtliche Anforderungen an eine Gruppenbesteuerung"; aA *Kleinert/Nagler/Rehm*, Gewinnbesteuerung nach „Art des Hauses" mittels grenzüberschreitender Organschaft, in DB 2005, 1869 ff, 1870.

994 § 14 Abs. 1 Satz 1 dKStG; *Cloer*, Verlustverrechnung ausländischer Tochtergesellschaften im Visier des EU-Rechts, Praxis Internationale Steuerberatung 2005, 107 ff, 108; *Wassermeyer*, Vortrag am 3. 10. 2005 an der Wirtschaftsuniversität Wien bei einer Gedächtnis-Vorlesung für Wolfgang Gassner mit dem Thema „Gemeinschaftsrechtliche und Abkommensrechtliche Anforderungen an eine Gruppenbesteuerung"; a.A. *Balmes/Brück/Ribbrock*, Der EuGH-Fall Marks & Spencer: Rückschlüsse für die deutsche Organschaftsbesteuerung, BB 2005, 966 ff, 969.

995 *J. Hey*, Marks & Spencer und die Zukunft der deutschen Organschaft, GmbHR 2006, 118; *Scheunemann*, Praktische Anforderungen einer grenzüberschreitenden Verlustberücksichtigung im Konzern, IStR 2006, 145 ff, 146; *ders*, Kein Ausschluss des Konzernabzugs für Verlust gebietsfremder Tochtergesellschaften, RIW 2006, 79 ff, 80; *Balmes/Brück/Ribbrock*, Der EuGH-Fall Marks & Spencer: Rückschlüsse für die deutsche Organschaftsbesteuerung, BB 2005, 966 ff, 969; *Raupach/Pohl*, Die Rechtssache Marks & Spencer, NZG 2005, 492; *Wernsmann/Nippert*, Gemeinschaftsrechtliche Vorgaben für die grenzüberschreitende Verlustberücksichtigung im Konzern, FR 2006, 153 ff, 160.

schmelzungen – eintritt; formale gesellschaftsrechtliche Erfordernisse sollen dann kein unüberwindbares Hindernis darstellen[996]. Ein anderer Ansatz ist die gemeinschaftsrechtskonforme Auslegung der deutschen Organschaftsbesteuerungsregeln: Die Voraussetzungen eines abgeschlossenen Gewinnabführungsvertrages werden danach dann als erfüllt angesehen, wenn das Verhältnis zwischen der ausländischen Tochtergesellschaft und der inländischen Muttergesellschaft derart ausgeprägt ist, dass es einem Konzernverhältnis unter Abschluss eines solchen Vertrages gleicht[997].

In diesem Zusammenhang ist hervorzuheben, dass sich die Entscheidung zu Marks & Spencer nur auf einen Teilbereich der Konzernbesteuerungsregelungen bezieht, nämlich auf die Verlustverrechnung. Andere Vorteile, die sich aus steuerlichen Bestimmungen zur Konzernbesteuerung ergeben, könnten bei Verwehrung im grenzüberschreitenden Kontext durchaus als Verstoß gegen die Niederlassungsfreiheit gewertet werden. Dies ist insbesondere unter dem Aspekt zu betrachten, dass für andere Vorteilsbeschränkungen die vom EuGH angeführten schutzwürdigen Gründe nicht greifen könnten. Das wurde insbesondere im Bezug auf die deutsche Organschaftsbesteuerung betont, bei der im Organschaftsverhältnis etwa die Pauschalbesteuerung von 5% für Dividenden nicht greift[998]. Für die Prüfung, ob diesbezüglich ein Gemeinschaftsrechtsverstoß vorliegt, ist nicht allein Marks & Spencer einschlägig, sondern die EuGH-Entscheidung in der Rs Bosal[999].

Während teilweise vertreten wird, dass die deutsche Organschaftsbesteuerung aufgrund der Entscheidung zu Marks & Spencer nicht geändert werden müss-

---

996 EuGH, Urteil vom 13. 12. 2005, C-411/03, *Sevic Systems*, www.curia.eu.int; *Balmes/Brück/Ribbrock*, Das EuGH-Urteil Marks & Spencer: Grenzüberschreitende Verlustnutzung kommt voran! BB 2006, 186 ff, 188; *J. Hey*, Marks & Spencer und die Zukunft der deutschen Organschaft, GmbHR 2006, 118 mwN.

997 *Kleinert/Nagler/Rehm*, Gewinnbesteuerung nach „Art des Hauses" mittels grenzüberschreitender Organschaft, in DB 2005, 1869 ff, 1872; *Linn/Reichl/Wittkowski*, Grenzüberschreitende Verlustverrechnung: Möglichkeiten und Grenzen, BB 2006, 630 ff, 632 mwN; kritisch dazu *Eicker/Röhrbein*, Marks & Spencer: Die Entscheidung des EuGH und ihre Konsequenzen, Stbg 2006, 117 ff, 121 f.

998 Vgl § 8b Abs. 5 dKStG sowie das Abzugsverbot des § 3c Abs. 2 dEStG; *Herzig/Wagner*, EuGH-Urteil „Marks & Spencer" – Begrenzter Zwang zur Öffnung nationaler Gruppenbesteuerungssysteme für grenzüberschreitende Sachverhalte, DStR 2006, 1 ff, 9; *J. Hey*, Die EuGH-Entscheidung in der Rechtssache Marks & Spencer und die Zukunft der deutschen Organschaft – Haben die Mitgliedstaaten den EuGH domestiziert? GmbHR 2006, 113 ff, 119.

999 *J. Hey*, Die EuGH-Entscheidung in der Rechtssache Marks & Spencer, GmbHR 2006, 119 mit Verweis auf EuGH, Urteil vom 18. 9. 2003, C-168/01, *Bosal Holding BV gegen Staatssecretaris van Financiën*, Slg 2003, I-9409; siehe dazu ausführlich oben 3. Abschnitt IV. 1 „Bosal".

te[1000], wurde die Ansicht geäußert, dass diese Entscheidung „das Ende für die Organschaftsbesteuerung in Deutschland in ihrer bisherigen Form [bedeutet]“[1001].

cc. Fehlender Bezug zu bisheriger Rechtsprechung

In seinen Schlussanträgen zu Marks & Spencer kam GA Poiares Maduro zu dem Ergebnis einer bedingten Gemeinschaftsrechtswidrigkeit des britischen *group reliefs*, indem er den Konzern als eine Einheit betrachtete und die Nichtgewährung des Konzernabzugs für Verluste von Auslandstöchtern grundsätzlich als Wegzugsbeschränkung ansah[1002]. Kritisiert wurde dabei zu Recht, dass er sich für die Feststellung einer generellen Einschränkung der Niederlassungsfreiheit nur auf die *allgemeine* ständige EuGH-Rechtsprechung bezieht, wonach auch Beschränkungen durch den Herkunftsstaat, nicht nur durch den Zielstaat, gemeinschaftsrechtswidrig sein können[1003]. Daran war insbesondere zu kritisieren, dass es bereits bedeutende, ganz *konkrete* EuGH-Urteile gibt, die vom Sachzusammenhang her gesehen der Thematik von Marks & Spencer ähnlich gewesen wären. Auf diese hätte sich der Generalanwalt berufen sollen[1004]. Die Grundaussage dieser Fälle war gerade die, dass eine Gewährung bestimmter Steuervorteile generell keinen Inlandsbezug aufweisen dürfte. In der Rs de Groot etwa wurde es vom EuGH als gemeinschaftsrechtswidrig eingestuft, dass Steuervorteile umso höher waren, je mehr inländische Einkünfte vorlagen[1005]. In Bosal stellte der EuGH eine Verletzung der Niederlassungsfreiheit fest, wenn Finanzierungskosten für Beteiligungen an inländischen Gesellschaften abzugsfähig waren, während dies für Beteiligungen an im EU-Ausland ansässigen Gesellschaften aufgrund gewisser Erfordernisse des niederländischen Steuerrechts im Allgemeinen nicht galt[1006]. Der Bezug auf diese Rechtsprechung zu Finanzierungskosten (Bosal) und persönlichen Steuervorteilen, die in ihrer Höhe von inländischen Einkünften abhängen (de Groot),

---

1000 *Dötsch/Pung*, Grenzüberschreitende Verlustverrechnung: Muss der deutsche Gesetzgeber wegen der europarechtlichen Entwicklungen reagieren? Der Konzern 2006, 130 ff, 135.

1001 *Wernsmann/Nippert*, Gemeinschaftsrechtliche Vorgaben für die grenzüberschreitende Verlustberücksichtigung im Konzern, FR 2006, 153 ff, 163.

1002 GA Poiares Maduro 7. 4. 2005, C-446/03, *Marks & Spencer*, Rn. 52 f.

1003 Siehe dazu oben 2. Abschnitt III. 5. „Beschränkungsverbote“.

1004 *Thömmes*, Berücksichtigung von Verlusten ausländischer Tochtergesellschaften, IWB Nr. 8 vom 27. 4. 2005, Fach 11a, 847 ff, 853; *P. Martin*, The Marks & Spencer EU group relief case – a rebuttal of the ‚taxing jurisdiction' argument, EC TAX Review 2005, 61 ff, 63.

1005 Siehe dazu oben 2. Abschnitt IV. 3. b) „Das Territorialitätsprinzip in der EuGH-Rechtsprechung“ sowie VII. 1. b) „de Groot“; EuGH, Urteil vom 12. 12. 2002, C-385/00, *de Groot*, www.curia.eu.int.

1006 Siehe dazu oben 3. Abschnitt IV. 1. „Bosal“; EuGH, Urteil vom 18. 9. 2003, C-168/01, *Bosal Holding BV gegen Staatssecretaris van Financiën*, Slg 2003, I-9409.

wäre konkreter gewesen als der bloße Bezug zu allgemeinen Grundsätzen der EuGH-Rechtsprechung[1007].

Auch der EuGH nimmt in seiner Urteilsbegründung zu Marks & Spencer für die maßgebliche Entscheidungsfindung keinen Bezug auf spezielle Rechtsprechung vor. Er zitiert selbst im Zusammenhang mit dem von ihm hervorgehobenen Liquiditätsnachteil, der sich durch Nichtgewährung des britischen Konzernabzugs ergibt und Grundlage einer möglichen Verletzung der Niederlassungsfreiheit darstellt, keine einschlägigen Entscheidungen[1008].

Der fehlende Bezug zu einschlägiger Rechtsprechung ist Zeichen für eine ergebnisorientierte Entscheidung vorbei an Grundsätzen des Europarechts, die andere Maßstäbe an die grenzüberschreitende Verlustverrechnung angesetzt und möglicherweise eine binnenmarktfreundlichere Lösung bedingt hätten.

dd. Verletzung der Niederlassungsfreiheit durch Herkunfts- oder Zielstaat

Bei der Frage, ob die Niederlassungsfreiheit durch die Beschränkung der Verlustverrechnung auf Ebene einer Konzernmuttergesellschaft verletzt ist, wird die Gemeinschaftsrechtskonformität der Konzernbesteuerung des Herkunftsstaates geprüft. Diese Frage ergibt sich aus dem Sachverhalt, der dem Fall Marks & Spencer zugrunde liegt. Im Fall Oy Esab hingegen geht es um die Frage, ob der Staat, in dem die Tochterkonzerngesellschaft ansässig ist – der Zielstaat also –, die Niederlassungsfreiheit verletzt, wenn sein Konzernsteuerrecht keine Gewinnminderung infolge der Übertragung von Gewinnen auf ausländische Verlustkonzerngesellschaften, etwa auch eine Muttergesellschaft, zulässt. Diese Thematik wird unter der Überschrift 3. „Verletzung der Niederlassungsfreiheit durch den Zielstaat" analysiert.

1007 *Thömmes*, Berücksichtigung von Verlusten ausländischer Tochtergesellschaften, IWB Nr. 8 vom 27. 4. 2005, Fach 11a, 847 ff, 853.

1008 EuGH 13. 12. 2005, C-446/03, *Marks & Spencer*, Rn. 32; mögliche Verweise in diesem Zusammenhang wären EuGH, Urteil vom 8. 3. 2001, C-397/98 und C-410/98 (verbunden), *Metallgesellschaft und andere*, Slg 2001, I-1727, Rn. 30 und 54; EuGH, Urteil vom 21. 11. 2002, C-436/00, *X und Y gegen Riksskatteverk*, www.curia.eu.int, Rn. 38 f; im Zusammenhang mit Individualbesteuerung, konkret der Wegzugsbesteuerung, EuGH, Urteil vom 11. 3. 2004, C-9/02, *Hughes de Lasteyrie du Saillant*, www.curia.eu.int, Rn. 46; siehe zum Liquiditätsnachteil oben 2. Abschnitt IV. 2. b) „Liquiditätsaspekt und Kohärenz"; vgl außerdem *M. Lang*, Marks & Spencer und die Auswirkungen auf das Steuerrecht der Mitgliedstaaten, SWI 2005, 255 ff, 256 mwN; *Alber*, Gesellschafts- und Steuerrecht in der Rechtsprechung des Europäischen Gerichtshofs, in Lüdicke (Hrsg), Deutsches Steuerrecht im europäischen Rahmen, Köln 2004, 1 ff, 47 f.

b) Vergleichspaarbildung

Im Folgenden wird auf die Verletzung der Niederlassungsfreiheit durch den Herkunftsstaat eingegangen, wenn dieser Beschränkungen für die Verrechnung ausländischer Verluste im Konzern vorsieht[1009]. Entscheidend für die Prüfung der Verletzung der Niederlassungsfreiheit ist die Bildung eines Vergleichpaares.

aa. Ansatz der Vergleichbarkeitsprüfung. Im Kontext der Vergleichspaarbildung für die grenzüberschreitende Verlustverrechnung im Konzern wurde thematisiert, ob ein Vergleich rechtlicher oder faktischer Situationen durchzuführen ist[1010]. Dabei wurde von Gutmann betont, dass ein Vergleich immer nur im Lichte rechtlicher Regeln möglich ist, was von M. Lang dahingehend weiterentwickelt wurde, dass allein rechtliche Situationen verglichen werden können[1011]. Zurückgreifend auf die gleichheitsrechtliche Prüfungsformel, nach der gleiche Lebenssituationen gleich und ungleiche Lebenssituationen ungleich zu behandeln sind[1012], ist vorerst wohl zu prüfen, woraus eine Lebenssituation besteht. Regelmäßig besteht sie aus Tatsachen, auf die bestimmte rechtliche Regelungen anzuwenden sind. Beides, der faktische Bereich sowie die rechtlichen Konsequenzen, die sich daraus ergeben, müssen für die gleichheitsrechtliche Prüfungsformel berücksichtigt werden; dazu zwei Beispiele:

- Zwei Wirtschaftsbetriebe mögen die gleichen faktischen Begebenheiten vorfinden und in vergleichbarer Art wirtschaften. Ist der eine Betrieb aber als Tochterkapitalgesellschaft organisiert und der andere als bloße Zweigniederlassung des Stammhauses, wird deren Vergleichbarkeit aufgrund der unterschiedlichen rechtlichen Rahmenbedingungen fraglich sein.

- Genauso können faktisch unterschiedliche Situationen aufgrund rechtlicher Bestimmungen in einem gewissen Bereich gleichartig sein. Kapitalgesellschaften etwa, die in unterschiedlichen Ländern ansässig sind, befinden sich faktisch in unterschiedlichen Situationen. Aufgrund rechtlicher Bestimmungen könnten sie allerdings mit ihren Tätigkeiten im jeweils an-

---

1009 Zur Frage der Verletzung von Gemeinschaftsrecht durch Verlustverrechnungsbeschränkungen im Zielstaat siehe unten 3. Abschnitt VIII. 3. „Verletzung der Niederlassungsfreiheit durch den Zielstaat".

1010 *Gutmann*, The Marks & Spencer case: proposals for an alternative way of reasoning, EC Tax Review 2003, 154 ff, 155; *M. Lang*, Marks and Spencer – more questions than answers: an analysis of the Opinion delivered by Advocate General Maduro, EC Tax Review 2005, 95 ff, 95 f.

1011 *Gutmann*, The Marks & Spencer case, EC Tax Review 2003, 155; *M. Lang*, Marks and Spencer, EC Tax Review 2005, 95 f.

1012 Siehe oben im 2. Abschnitt bei III. 4. b) „Prüfungsformel und Feststellung einer Diskriminierung"; insb. EuGH, Urteil vom 14. 2. 1995, C-279/93, *Finanzamt Köln-Altstadt gegen Roland Schumacker*, Slg 1995, I-225, Rn. 30.

deren Ansässigkeitsstaat in gleichen Situationen sein; dann z.B., wenn sie eine feste Niederlassung in diesem Staat in Form einer steuerlichen Betriebstätte betreiben.

Lebenssachverhalte sind beinahe ausschließlich in einen rechtlichen Rahmen gebettet, weshalb sowohl die faktischen als auch die rechtlichen Begebenheiten zu berücksichtigen sind, wenn zwei Sachverhalte in Bezug auf einen bestimmten rechtlichen Aspekt verglichen werden[1013].

bb. Freie Rechtsformwahl. Im Zusammenhang mit den in Frage gestellten Bestimmungen des britischen Steuerrechts wurde ausführlich diskutiert, ob die Niederlassungsfreiheit die freie Rechtsformwahl schützen würde, nach der Steuerpflichtige frei entscheiden können sollen, im Ausland entweder Tochtergesellschaften oder Betriebstätten zu begründen[1014]. Ausgelöst wurde diese Diskussion durch die Special Commissioners Jones und Gammie[1015]. Bereits Hinnekens, einer der ersten Kommentatoren der Entscheidung der Special Commissioners zu Marks & Spencer, wies darauf hin, dass es bei der Frage, ob die Niederlassungsfreiheit durch die britischen *group relief*-Bestimmungen verletzt ist, nicht um den Vergleich von ausländischen Tochtergesellschaften und Betriebstätten ging; seiner Ansicht nach ging es nur darum, ob die Begründung ausländischer und inländischer Tochtergesellschaften steuerlich unterschiedlich behandelt wurde[1016].

Gutmann relativiert diese Aussage, wenn er meint, dass Betriebstätten und Tochtergesellschaften zwar grundsätzlich nicht vergleichbar sind, Tochtergesellschaften, die in einer Konzerngruppe integriert sind, für die der *group relief* anwendbar ist, allerdings in einem bestimmten Ausmaß sehr wohl mit Betriebstätten vergleichbar sind[1017]. Diese Vergleichbarkeit setzt nach Gutmann nicht bei der *Rechtform* an, sondern bei den *rechtlichen Beziehungen*, die zwischen Stammhaus und Betriebstätte einerseits und zwischen Muttergesellschaft und Tochtergesellschaft anderseits bestehen[1018]. Nachdem eine Vergleichbarkeit bezüglich dieser

---

1013 Siehe eingehender dazu oben 2. Abschnitt III. 4. c) „Vergleichsgruppenbildung".

1014 Special Commissioners Jones/Gammie, Urteil vom 25./26. 11. und 17. 12. 2002, *Marks & Spencer*, Butterworths Direct Online Service, Rn. 13 und 29 ff; *Hinnekens*, The Marks and Spencer Case: UK Special Commissioners Find UK Group Relief Rules Compatible with Freedom of Establishment, ET 2003, 175 ff, 176 bis 178; *Gutmann*, The Marks & Spencer case: proposals for an alternative way of reasoning, EC Tax Review 2003, 154 ff; *M. Lang*, Marks and Spencer – more questions than answers: an analysis of the Opinion delivered by Advocate General Maduro, EC Tax Review 2005, 95 ff; *Herzig/Englisch/Wagner*, Steuerliche Berücksichtigung von Verlusten ausländischer Konzerntöchter – Überlegungen nach den Schlussanträgen in der Rechtssache Marks & Spencer, Der Konzern 2005, 298 ff, 304.

1015 Special Commissioners Jones/Gammie, *Marks & Spencer*, Rn. 13 und 29 ff.

1016 *Hinnekens*, The Marks and Spencer Case, ET 2003, 178.

1017 *Gutmann*, The Marks & Spencer case, EC Tax Review 2003, 155.

1018 *Gutmann*, The Marks & Spencer case, EC Tax Review 2003, 156.

Beziehungen gegeben ist, ist das Ausmaß der Vergleichbarkeit festzustellen. Nach Gutmann geht die Vergleichbarkeit soweit wie die Zuweisung von Verlusten betroffen ist, weshalb insofern eine Benachteiligung der ausländischen Tochtergesellschaften gegenüber ausländischen Betriebstätten vorliegen könnte[1019]. Durch die Bestimmungen des britischen *group relief* werden nämlich ausländische Tochtergesellschaften ausländischen Betriebstätten gleichgestellt[1020]. M. Lang folgt dieser Argumentationslinie und bedauert, dass GA Poiares Maduro die Vergleichbarkeit von Betriebstätten und Tochtergesellschaften vollkommen verneint[1021]. Auch seiner Ansicht nach müsste in einem bestimmten Ausmaß eine Vergleichbarkeit gegeben sein, was grundsätzlich mit der EuGH-Rechtsprechung zur Prüfung von Diskriminierungen übereinstimmt[1022]. Der EuGH nimmt schließlich eine fokussierte Vergleichbarkeitsprüfung vor, bei der *einzelne Aspekte* zweier Situationen miteinander verglichen werden, nicht die Gesamtsituation[1023].

Im Gegensatz zu Gutmann und M. Lang wurde von Herzig/Englisch/Wagner festgestellt, dass GA Poiares Maduro mit „aller wünschenswerten Deutlichkeit" allein dem vertikalen Vergleich von grenzüberschreitender und inländischer Niederlassung Bedeutung beigemessen hatte[1024]. Grund für diese positive Aufnahme der Aussagen des Generalanwalts zur Vergleichspaarbildung ist, dass nach Herzig/Englisch/Wagner die Benachteiligung von Betriebstätten und Tochtergesellschaften nicht auf ein grenzüberschreitendes Element zurückzuführen ist, nachdem sie schließlich auch im Inland besteht[1025]; ein Argument, das der Generalanwalt selbst so vorgebracht hat[1026]. Dabei wird übersehen, dass eine rein innerstaatliche Benachteiligung von Betriebstätten und Tochtergesellschaften aus gemein-

---

1019 *Gutmann*, The Marks & Spencer case, EC Tax Review 2003, 156.

1020 *Gutmann*, The Marks & Spencer case, EC Tax Review 2003, 156.

1021 *M. Lang*, Marks and Spencer, EC Tax Review 2005, 96; so auch *Petritz/Schilcher*, Marks & Spencer – Erste Erkenntnisse aus dem Schlussantrag von Generalanwalt M. Poires Maduro, SWI 2005, 239 ff, 237 f.

1022 Siehe dazu oben 2. Abschnitt 4. b) und c).

1023 *S. Thiel*, Removal of income tax barriers to market integration in the European Union: litigation by the Community citizen instead of harmonization by the Community legislature? EC Tax Review 2003, 4 ff, 8; siehe dazu auch oben 2. Abschnitt III. 4. c) „Vergleichsgruppenbildung".

1024 *Herzig/Englisch/Wagner*, Steuerliche Berücksichtigung von Verlusten ausländischer Konzerntöchter – Überlegungen nach den Schlussanträgen in der Rechtssache Marks & Spencer, Der Konzern 2005, 298 ff, 304; so auch *Kußmaul/Tcherveniachki*, Die Rechtssache Marks & Spencer Trendwende in der europäischen Rechtsprechung – Anmerkung zum EuGH-Urteil vom 13.12.2005 Rs. C-446/03, StuB 2006, 189 ff, 190.

1025 *Herzig/Englisch/Wagner*, Marks & Spencer, Der Konzern 2005, 304.

1026 GA Poiares Maduro 7. 4. 2005, C-446/03, *Marks & Spencer*, Rn. 48 f.

schaftsrechtlicher Perspektive nicht relevant ist, im grenzüberschreitenden Zusammenhang, also im EU-Kontext, aber relevant werden kann[1027].

cc. Maßgeblichkeit einer horizontalen Vergleichspaarbildung für Österreich und Deutschland. Abschließend sei zur horizontalen Vergleichspaarbildung von ausländischer Betriebstätte und ausländischer Tochterkapitalgesellschaft erwähnt, dass sie für Österreich von Bedeutung wäre, da hier eine Verrechnung ausländischer Betriebstättenverluste mit inländischen Stammhausgewinnen zulässig ist. Daher wäre die grenzüberschreitende Verrechnung von Betriebstättenverlusten gegenüber der grenzüberschreitende Verrechnung von Verlusten eines ausländischen Gruppenmitgliedes vergleichbar und im Falle einer Schlechterstellung letzterer, etwa aufgrund einer bloß verhältnismäßigen Verrechnungsmöglichkeit nach Beteiligungsausmaß[1028], gemeinschaftsrechtswidrig. Für Deutschland allerdings wäre die horizontale Vergleichspaarbildung weniger bedeutsam, da derzeit auch Verluste von ausländischen Betriebstätten nicht mit inländischen Gewinnen verrechnet werden können[1029]. Da diese Einschränkung der Verlustverrechnungsmöglichkeit für Betriebstättenverluste aber aufgrund der Anforderungen des Gemeinschaftsrechts in Frage zu stellen ist, sollte auch für Deutschland der horizontale Vergleich bedeutsam sein.

dd. Vergleich der Tochtergesellschaften. Unabhängig von der horizontalen Vergleichspaarbildung hob GA Poiares Maduro hervor, dass ein Vergleich ausländischer und inländischer Tochtergesellschaften für die Prüfung der Gemeinschaftsrechtskonformität der grenzüberschreitenden Verlustverrechnung im Konzern nicht vorzunehmen war[1030]. Im Hinblick darauf, dass die Besteuerung der britischen Mutterkonzerngesellschaft in Frage stand, ist dem zuzustimmen.

ee. Keine gleichheitsrechtliche Prüfung in Marks & Spencer? Hervorzuheben ist schließlich, dass in den Schlussanträgen des Generalanwalts zu Marks & Spencer nach Ansicht des Generalanwalts gar keine Vergleichspaarbildung vorgenommen wurde. GA Poiares Maduro kam lediglich zu dem Schluss, dass die fehlende grenzüberschreitende Verlustzurechnung im Konzern eine Beschränkung „beim

---

1027 Vgl zum Themenbereich der Inländerdiskriminierung: *Frenz*, Europäische Grundfreiheiten, Rn. 2144; *Randelzhofer/Forsthoff* in Grabitz/Hilf (Hrsg) EU-Kommentar, vor Art. 39-55 EGV Rn. 45; siehe außerdem 2. Abschnitt bei III. 4 c) „Vergleichsgruppenbildung“.

1028 So geregelt in § 9 Abs. 6 Nr. 6 öKStG. Siehe dazu sogleich unten sowohl bei 3. Abschnitt VIII. 2. b) ff. „Vergleichsgruppenbildung für spezielle Konstellationen innerhalb des Konzerns“ als auch bei 3. Abschnitt VIII. 2. c) „Schlussfolgerungen zur Verletzung der Niederlassungsfreiheit“; *Stefaner/Weninger*, Gruppenbesteuerung und Gemeinschaftsrecht, SWI 2004, 441 ff, 446.

1029 *Herzig/Englisch/Wagner*, Marks & Spencer, Der Konzern 2005, 305; siehe dazu oben 2. Abschnitt VI. „Grundlagen der Verlustberücksichtigung im Internationalen Steuerrecht“.

1030 GA Poiares Maduro 7. 4. 2005, C-446/03, *Marks & Spencer*, Rn. 54.

Verlassen des Landes" darstellt[1031]. Diese Wegzugsbeschränkung war eine Verletzung der Niederlassungsfreiheit. Darin ist implizit allerdings sehr wohl ein Vergleich enthalten, schließlich ergibt sich die Wegzugsbeschränkung daraus, dass ein Verbleiben im Inland attraktiv*er* erscheint *als* ein Wegzug. Dennoch ging der Generalanwalt davon aus, dass er keine Gleichheitsprüfung vornahm[1032]. Wie auch der Generalanwalt nahm auch der EuGH einen Vergleich vor, wenn er zu dem Schluss kam, dass ausländischen Mutterkonzerngesellschaften gegenüber inländischen Mutterkonzerngesellschaften ein Liquiditätsnachteil daraus erwächst, dass sie Verluste nicht verrechnen können[1033].

ff. Vergleichsgruppenbildung für spezielle Konstellationen innerhalb des Konzerns. Besteht zwar nach den innerstaatlichen Konzernbesteuerungsregelungen grundsätzlich die Möglichkeit einer Verlustverrechnung mit ausländischen Konzerngesellschaften, ist diese aber anders geregelt als die rein innerstaatliche Verlustverrechnung im Konzern, wäre auch dafür zu prüfen, ob eine Benachteiligung vorliegt. Herauszustreichen ist dabei allerdings, dass die Ergebnisse, die sich aus einer solchen Prüfung ergeben, nicht nur für den Fall gelten, in dem eine Rechtsordnung allgemein die grenzüberschreitende Verlustverrechnung im Konzern zulässt; auch für den Fall, dass keine solche grenzüberschreitende Verlustverrechnung möglich ist, wären Einschränkungen, die für ausländische Konzernstrukturen gelten, potentiell gemeinschaftsrechtswidrig.

Der erste Fall, der hier zu prüfen wäre, ist die grenzüberschreitende Verrechenbarkeit von Verlusten tiefergestaffelter Konzerntöchter im Ausland. Vergleichspaar wäre jeweils eine dreistufige Gruppe bestehend aus Mutter-, Tochter- und Enkelgesellschaft. Einmal wären alle Gesellschaften von Mutter- bis zur Enkelgesellschaft im Inland und beim Vergleichspaar die Tochter- und Enkelgesellschaft im Ausland ansässig, während die Muttergesellschaft inländisch wäre. Gegen eine Vergleichbarkeit von Verlusten der Enkelgesellschaft könnte nur eingewendet werden, dass ein höherer Verwaltungsaufwand für die Prüfung einer späteren Verlustnutzung im Ausland anfallen würde, was aber nicht die rechtliche oder wirtschaftliche Lage an sich berühren würde. Andere Gründe, die gegen eine Vergleichbarkeit sprechen könnten, wurden schon im Zuge der Vergleichbarkeitsprüfung von Verlusten direkt gehaltener Konzerntochtergesellschaften verneint. Somit wäre eine Schlechterstellung von Verlusten der ausländischen Enkelgesellschaft gegenüber Verlusten einer inländischen Enkelgesellschaft, wie dies

---

1031 GA Poiares Maduro 7. 4. 2005, C-446/03, *Marks & Spencer*, Rn. 53.

1032 Siehe dazu oben 2. Abschnitt III. 5. b) „Diskriminierungsprüfung auch bei den Beschränkungsverboten".

1033 EuGH, Urteil vom 13. 12. 2005, C-446/03, *Marks & Spencer plc gegen David Halsey (HM Inspector of Taxes)*, www.curia.eu.int, Rn. 32 f.

nach der österreichischen Gruppenbesteuerung der Fall ist, als Verletzung der Niederlassungsfreiheit anzusehen[1034].

Der zweite Fall, der an dieser Stelle zu prüfen wäre, ist die eingeschränkte Verlustverrechnungsmöglichkeit bezüglich ausländischer Töchter, die nicht zu 100% gehalten werden. Vergleichspaar sind hier inländische Konzerntöchter, die zu weniger als 100% gehalten werden und ausländische, die zu gleichen Anteilen gehalten werden. Gegen eine Vergleichbarkeit könnte hier vorgebracht werden, dass – was höchst unwahrscheinlich ist – im Ausland eine Verlustzurechnung an Minderheitsgesellschafter möglich ist. Dies könnte der Fall sein, wenn die betreffende ausländische Tochter im Ausland einer transparenten Besteuerung unterliegt, etwa deshalb weil sie dort als Personengesellschaften angesehen werden. Andere Gründe, die gegen eine Vergleichbarkeit sprechen würden, sind nicht zu erkennen, denn allgemeine Argumente, die gegen eine volle Verlustzurechnung eingewendet werden könnten, würden genauso auch im reinen innerstaatlichen Fall gelten. Daher ist davon auszugehen, dass die eingeschränkte Verlustverrechnungsmöglichkeit bei nicht 100% gehaltenen ausländischen Konzerntöchtern gemeinschaftsrechtswidrig ist[1035].

Schließlich könnte geprüft werden, ob der Verwaltungsaufwand für die Verrechnung ausländischer Verluste im Vergleich zur Verrechnung inländischer Verluste erschwert ist und sich dadurch eine gemeinschaftsrechtswidrige Benachteiligung ergibt. Dabei würde das Gemeinschaftsrecht allerdings eine bestimmte Toleranzgrenze einräumen; unter dem Eindruck der Entscheidung zu Marks & Spencer läge diese Grenze sehr hoch. Einerseits wäre zu beachten, dass die Vergleichbarkeit hinsichtlich des Verwaltungsaufwandes nicht besteht, da insoweit eben doch unterschiedliche Situationen vorliegen. Andererseits würde der EuGH zur Wahrung der Ausgewogenheit der Aufteilung der Besteuerungsbefugnisse zwischen den Mitgliedstaaten sowie unter Verhältnismäßigkeitsgesichtspunkten den zusätzlichen Verwaltungsaufwand akzeptieren.

c) Schlussfolgerungen zur Verletzung der Niederlassungsfreiheit

aa. Die maßgeblichen Vergleichspaare. Grundsätzlich ist von einer Beschränkung der Niederlassungsfreiheit auszugehen, wenn die Verlustnutzung im Kon-

---

1034 *Kofler*, Marks & Spencer: Bedingte Verpflichtung zur Hereinnahme von Verlusten ausländischer Tochtergesellschaften, ÖStZ 2006, 48 ff, 54; *Kessler/Daller*, Die österreichische Gruppenbesteuerung aus der Sicht ausländischer Gruppenmitglieder – investitionsentscheidungsbeeinflussende Faktoren, IStR 2006, 289 ff, 293 f; *Stefaner*, Implications of Marks & Spencer on Austria's Group Tax Regime, TNI vom 23. 1. 2006, 275 f, 276.

1035 *Stefaner/Weninger*, Gruppenbesteuerung und Gemeinschaftsrecht, SWI 2004, 446 Fn. 48; *Herzig/Wagner*, EuGH-Urteil „Marks & Spencer" – Begrenzter Zwang zur Öffnung nationaler Gruppenbesteuerungssysteme für grenzüberschreitende Sachverhalte, DStR 2006, 1 ff, 10.

zern zwar für den Inlandsfall möglich ist, im Auslandsfall allerdings nur eingeschränkt möglich ist oder gar nicht zugelassen wird. Zu diesem Ergebnis kommt man durch den Vergleich folgender Vergleichspaare:

- Das *erste Vergleichspaar* für das Ergebnis, dass eine Gemeinschaftsrechtswidrigkeit bei eingeschränkter grenzüberschreitender Verlustnutzung im Konzern gegeben ist, bildet sich aus (1) Muttergesellschaften, die inländische Tochtergesellschaften halten, und (2) Muttergesellschaften, die ausländische Tochterkonzerngesellschaften halten.

- Außerdem wäre es möglich als *zweites Vergleichspaar* (1) Mutterkonzerngesellschaften mit ausländischen Tochtergesellschaften und (2) Unternehmen mit ausländischen Betriebstätten heranzuziehen, wenn die jeweilige nationale Rechtsordnung eine Verlustverrechnung in der rein inländischen Konzerngruppe gestattet und eine Verrechnung von Verlusten einer ausländischen Betriebstätte mit Gewinnen eines inländischen Stammhauses zulässt. In diesem Fall würde nämlich darin, dass Verluste inländischer Konzerntöchter zwar verrechnet werden können, solche von ausländischen aber nicht, eine Benachteiligung gegenüber der Situation eines inländischen Stammhauses und seiner ausländischen Betriebstätte bestehen; diese Benachteiligung würde bestehen, obwohl bezogen auf die Verlustverrechnung in beiden Situationen – Konzern und Einheitsunternehmen – eine Vergleichbarkeit aufgrund der rechtlichen Behandlung der jeweiligen Beziehungen anzunehmen wäre.

- Als *dritte Gruppe von Vergleichspaaren* sind, wenn grundsätzlich eine grenzüberschreitende Verlustverrechnung im Konzern zulässig ist, rein inländische Konzernstrukturen mit ausländischen Konzernstrukturen als Vergleichspaar zu bilden.

bb. Fehlende grenzüberschreitende Verlustverrechnung. Aufgrund der ersten beiden Vergleichspaare ergibt sich, dass eine fehlende grenzüberschreitende Verlustverrechnung im Konzern gegen die Niederlassungsfreiheit verstößt, wenn eine Verlustverrechnungsmöglichkeit im rein innerstaatlichen Kontext möglich ist.

cc. Eingeschränkte Verlustverrechnung in speziellen Konstellationen. Ist im rein inländischen Konzern eine Verrechnung von Verlusten einer Konzernenkelgesellschaft möglich, eine solche von Verlusten einer Konzernenkelgesellschaft im Ausland aber nicht, da sie nicht direkt von einer inländischen Konzerngesellschaft gehalten wird, wäre auch darin eine Verletzung der Niederlassungsfreiheit zu sehen[1036]. Das Gleiche würde gelten, wenn für inländische Konzerntöchter immer eine volle Verlustverrechnung zugelassen wird, für ausländische aber nur eine

---

[1036] *Stefaner*, Marks & Spencer, TNI vom 23. 1. 2006, 276.

anteilsmäßige[1037]. Diese beiden Ergebnisse lassen sich allerdings nicht nur aus der angeführten dritten Gruppe von Vergleichspaaren ableiten, sondern schon aus den ersten beiden. Wird nämlich die fehlende grenzüberschreitende Verlustverrechnungsmöglichkeit im Konzern als gemeinschaftsrechtswidrig angesehen, sollte jede Konstellation, die im Inland besser behandelt wird als im Auslandskontext, die gleiche Folge haben.

3. Verletzung der Niederlassungsfreiheit durch den Zielstaat

Der Sachverhalt zur Rs Oy Esab wirft die Frage auf, ob der Zielstaat die Niederlassungsfreiheit verletzt, wenn er keine grenzüberschreitende Gewinn-Verlustverrechnung im Konzern zulässt. Obwohl es dabei um die steuerliche wirksame Verlagerung von Gewinnen über die Grenze geht, ist die Sachlage wirtschaftlich gesehen jener von Marks & Spencer sehr ähnlich. Unterschiedlich ist allein die Technik oder vielmehr die Begriffsbestimmung: Einmal werden Gewinne durch die Zurechnung von Verlusten reduziert (britischer *group relief*) und das andere Mal wird die Übertragung von Gewinnen auf Verlustgesellschaften als Betriebsausgabe behandelt. Im Ergebnis wird steuerlicher Gewinn verringert, weil im Ausland ein Verlust angefallen ist. In der Rs Oy Esab kommt allerdings noch ein weiterer Unterschied hinzu, da dort die Muttergesellschaft Verluste erlitten hat und dies zu einer Reduzierung der Gewinne der Tochtergesellschaft führen soll.

Maßgeblich für die Feststellung einer Verletzung der Niederlassungsfreiheit ist allerdings allein der Liquiditätsnachteil, der sich aus einer fehlenden Gewinn-Verlustverrechnung über die Grenze ergibt. Das betreffende Vergleichspaar dafür ist die rein inländische Gruppe, in der der Konzernbeitrag an eine übergeordnete Gesellschaft geleistet wird. Nachdem der Inlandsfall besser gestellt ist als der vergleichbare Auslandsfall, ist von einer Verletzung der Niederlassungsfreiheit auszugehen. Die Schlechterstellung ergibt sich, wie auch in der Rs Marks & Spencer[1038], aus dem Liquiditätsnachteil, den die Tochtergesellschaft durch die Besteuerung eines ungeminderten Gewinns erleidet. Der EuGH würde auf den Liquiditätsnachteil des Konzern abstellen[1039]. Für die Feststellung, dass die Niederlassungsfreiheit eingeschränkt ist, ist auch die Rs Metallgesellschaft und Hoechst einschlägig[1040]. In diesem Fall konnte die Tochtergesellschaft in ihrem Ansässig-

---

[1037] *Stefaner/Weninger*, Gruppenbesteuerung und Gemeinschaftsrecht, SWI 2004, 446 Fn. 48; *Herzig/Wagner*, EuGH-Urteil „Marks & Spencer“, DStR 2006, 10.

[1038] EuGH, Urteil vom 13. 12. 2005, C-446/03, *Marks & Spencer plc gegen David Halsey (HM Inspector of Taxes)*, www.curia.eu.int, Rn. 32.

[1039] EuGH 13. 12. 2005, C-446/03, *Marks & Spencer*, Rn. 32; so auch GA Poiares Maduro 7. 4. 2005, C-446/03, *Marks & Spencer*, Rn. 54.

[1040] EuGH, Urteil vom 8. 3. 2001, C-397/98 und C-410/98 (verbunden), *Metallgesellschaft Ltd und andere (C-397/98), Hoechst AG and Hoechst (UK) Ltd (C-410/98) gegen Commissio-*

keitsstaat nicht gegen die Vorauszahlung von Körperschaftsteuer im Zeitpunkt einer Dividendenzahlung optieren, da sie nicht von einer inländischen Muttergesellschaft gehalten wurde. Der EuGH kam auch hier zum Ergebnis, dass der Liquiditätsnachteil, der sich aus der Nichtgewährung eines Steuervorteils ergibt, ein Verstoß gegen die Niederlassungsfreiheit war[1041].

Eine Vergleichbarkeit von finnischen Tochtergesellschaften, die von ausländischen Gesellschaften gehalten werden, und Betriebstätten ausländischer Unternehmen wäre zwar denkbar, ist vor dem Hintergrund des rechtlichen Rahmens in der Rs Oy Esab aber nicht sachgerecht. Schließlich werden im Betriebstättenkontext, soweit bekannt, keine besonderen Steuervorteile eingeräumt. Es kann nur jene Konstellation maßgeblich sein – und daher als relevantes Vergleichspaar herangezogen werden –, bei der die betreffenden Steuervorteile eingeräumt werden.

Hinsichtlich einer Rechtfertigung dieser Beschränkung der Niederlassungsfreiheit in Oy Esab bestehen gute Gründe dafür, dass der EuGH einen anderen Ansatz wählen wird als in Marks & Spencer[1042]. Dies ergibt sich aus den strukturellen Unterschieden des finnischen Konzernbeitrags, der etwa nicht nur in einer Verlustsituation geleistet werden kann.

4. Rechtfertigung der Verletzung der Niederlassungsfreiheit

a) Territorialitätsprinzip

Sowohl der EuGH als auch der GA haben in der Rs Marks & Spencer festgestellt, dass das Territorialitätsprinzip als Rechtfertigung der fehlenden grenzüberschreitenden Verlustverrechnung im Konzern nicht anerkannt wird[1043]. Beim Generalanwalt lag die Begründung dafür darin, dass sich das Vereinigte Königreich nicht auf das Territorialitätsprinzip berufen könne, wenn es um die Gewährung von steuerlichen Vorteilen geht, die einem unbeschränkt Steuerpflichtigen eingeräumt werden[1044]. Diese Argumentationslinie ähnelt jener des EuGH zur Rs Bosal und spiegelt den Grundsatz wieder, dass sich nur der Quellenstaat, nicht auch der An-

---

ners of Inland Revenue and HM Attorney General, Slg 2001, I-1727; siehe oben 3. Abschnitt VII. 2. „Metallgesellschaft und Hoechst".

1041 EuGH 8. 3. 2001, C-397/98 und C-410/98, *Mettallgesellschaft und Hoechst*, Rn. 44.

1042 *Scheunemann*, Praktische Anforderungen einer grenzüberschreitenden Verlustberücksichtigung im Konzern in Inbound- und Outboundfällen nach der Entscheidung Marks & Spencer, IStR 2006, 145 ff, 154.

1043 EuGH 13. 12. 2005, C-446/03, *Marks & Spencer*, Rn. 40; GA Poiares Maduro 7. 4. 2005, C-446/03, *Marks & Spencer*, Rn. 63; vgl auch *Sedemund/Sterner*, Welche Folgen hat das Urteil „Marks & Spencer" für das deutsche internationale Steuerrecht? DStZ 2006, 29 ff, 31.

1044 GA Poiares Maduro 7. 4. 2005, C-446/03, *Marks & Spencer*, Rn. 63.

sässigkeitsstaat, auf das Territorialitätsprinzip berufen kann[1045]. Der Generalanwalt betrachtete dabei die Möglichkeit, Verluste von Konzerntochtergesellschaften auf Ebene der Mutterkonzerngesellschaft abzuziehen, als generellen Steuervorteil, der bestimmten Steuerpflichtigen eingeräumt wird und anderen nicht[1046]. Dabei klammerte er den Aspekt, dass dieser Steuervorteil mit einem Steuersubjekt in Zusammenhang steht, das in einem anderen Mitgliedstaat ansässig ist, vollkommen aus. Allein der Steuervorteil war entscheidend; er sollte Gesellschaften, die nach dem Welteinkommensprinzip besteuert werden, nicht aufgrund des Territorialitätsprinzips vorenthalten werden[1047]. Dem Generalanwalt ging es letztlich nicht darum, wo die Konzerntochtergesellschaften, deren Verluste mit Gewinnen der Mutterkonzerngesellschaft verrechnet werden sollten, ansässig waren, sondern allein darum, dass die Verlustverrechnungsmöglichkeit einen Steuervorteil darstellt, der unbeschränkt Steuerpflichtigen – um die deutsche und österreichische Terminologie zu verwenden – nicht unter Berufung auf das Territorialitätsprinzip verwehrt werden konnte; der Ansässigkeitsstaat kann sich eben auf diese Art der Rechtfertigung nicht stützen.

Den Ausführungen des Generalanwalts ist hinzuzufügen, dass das Territorialitätsprinzip als Ausformung des Kohärenzprinzips ebenfalls nur individuell anzuwenden wäre[1048]. Das bedeutet, es kann nur dann, wenn es um den Vorteilsausgleich bei ein und demselben Steuerpflichtigen geht, zur Anwendung kommen, was ebenfalls aus der Bosal-Entscheidung des EuGH hervorgeht[1049]. Der maßgebliche Unterschied zu Bosal liegt bei der konzerninternen Verrechnung von Verlusten darin, dass nicht Kosten der Muttergesellschaft betroffen sind – wie in Bosal –, sondern Verluste anderer Rechtssubjekte[1050]. Für den Generalanwalt macht dies keinen Unterschied, da er den Konzern steuerlich als eine Einheit betrachtet. Selbst dann, wenn man die Konzernmutter und die Konzerntöchter nicht als Einheit, sondern als eigenständige Rechtssubjekte ansieht, sollte aber kein unterschiedliches Ergebnis erzielt werden. Schließlich werden im rein innerstaatlichen Zusammenhang ebenfalls fremde Verluste zur Verrechnung mit eigenen Gewinnen zugelassen. Würde das Territorialitätsprinzip auf die allgemeine Nichtbesteuerung durch einen Staat abstellen, wäre dieser Unterschied maßgeblich. Nachdem

---

1045 EuGH, Urteil vom 18. 9. 2003, C-168/01, *Bosal Holding BV gegen Staatssecretaris van Financiën*, Slg 2003, I-9409, Rn. 38; so auch Generalanwalt Léger, Schlussanträge vom 1. 3. 2005, C-152/03, *Hans-Jürgen und Monique Ritter-Coulais gegen Finanzamt Germersheim*, www.curia.eu.int, Rn. 104; siehe dazu oben 2. Abschnitt IV. 3. c) „Schlussfolgerungen zum Territorialitätsprinzip".

1046 GA Poiares Maduro 7. 4. 2005, C-446/03, *Marks & Spencer*, Rn. 63.

1047 GA Poiares Maduro 7. 4. 2005, C-446/03, *Marks & Spencer*, Rn. 63.

1048 Siehe Verweis drei Fußnoten zuvor sowie allgemein 2. Abschnitt VI. 1.

1049 EuGH 18. 9. 2003, C-168/01, *Bosal*, Rn. 31 f; Siehe dazu auch oben 2. Abschnitt IV. 3. b) „Das Territorialitätsprinzip in der EuGH-Rechtsprechung".

1050 *Herzig/Englisch/Wagner*, Marks & Spencer, Der Konzern 2005, 307.

es aber wie das Kohärenzprinzip auf die Besteuerung und Nichtbesteuerung bei ein und demselben Steuerpflichtigen abstellt, wäre die Unmöglichkeit der konzerninternen Verlustverrechnung über die Grenze nicht durch die Abgrenzung von Besteuerungsrechten durch DBA zu rechtfertigen[1051].

Diese Überlegungen zum Territorialitätsprinzip fehlen in der Urteilsbegründung des EuGH zu Marks & Spencer, der lediglich feststellte, dass das Territorialitätsprinzip nicht die Versagung des Konzernabzuges rechtfertigen kann[1052]. Allerdings spielt in der Urteilsbegründung des EuGH die Abgrenzung der Besteuerungsrechte der Mitgliedstaaten unter Bezugnahme auf territoriale Aspekte in weiterer Folge eine wichtige Rolle. Der EuGH baut seine Rechtfertigungsprüfung nämlich auf das Argument auf, dass die Ausgewogenheit der Aufteilung der Besteuerungsbefugnisse der Mitgliedstaaten gewahrt werden müsse[1053].

b) Kohärenzprinzip

Der entscheidende Punkt der Schlussanträge des Generalanwalts zu Marks & Spencer ist die Erweiterung des Kohärenzprinzips auf zwei Steuerpflichtige[1054]. Dem Generalanwalt ging es in diesem Punkt darum, den Konzern als eine steuerliche Einheit zu betrachten[1055]. GA Poiares Maduro ist sich bewusst, dass sein Ansatz nicht in Übereinstimmung mit der EuGH-Rechtsprechung zum Kohärenzprinzip steht, nach der es bei dieser Art der Rechtfertigung um den Ausgleich von Vor- und Nachteilen bei ein und demselben Steuerpflichtigen geht[1056]. Nur wenn ein solcher Ausgleich vorliegt, bei dem die Bachmann-Verknüpfung erfüllt ist, kann der Nachteil als nicht gemeinschaftsrechtwidrig angesehen werden. Dennoch möchte GA Poiares Maduro in Anlehnung zu den Schlussanträgen der GA'in Kokott zu Manninen ein flexibleres Verständnis des Erfordernisses nach steuerlicher Kohärenz herbeiführen[1057]. Für den Erfolg dieses Bemühens werden dem Generalanwalt auch beachtliche Chancen eingeräumt: Das ergäbe sich insbe-

---

1051 Kritisch dazu *Herzig/Englisch/Wagner*, Marks & Spencer, Der Konzern 2005, 307.

1052 EuGH 13. 12. 2005, C-446/03, *Marks & Spencer*, Rn. 40.

1053 EuGH 13. 12. 2005, C-446/03, *Marks & Spencer*, Rn. 46; siehe eingehend dazu oben 2. Abschnitt IV. 3. b) dd. „Entwickelt der EuGH mit Marks & Spencer einen neuen Ansatz zur Rechtfertigung nach dem Territorialitätsprinzip?“; siehe außerdem sogleich unter c) „Wahrung der Ausgewogenheit der Aufteilung der Besteuerungsbefugnisse“.

1054 *Nagler*, Grenzüberschreitende Verlustverrechnung: Geht dem „Motor der Europäischen Integration“ der Sprit aus? – Zum Schlussantrag des Generalanwalts Poiares Maduro in der Rs. Marks & Spencer, GmbHR 2005, R145 f, R146 mit Zitat zu GA Poiares Maduro 7. 4. 2005, C-446/03, *Marks & Spencer*, Rn. 72.

1055 GA Poiares Maduro 7. 4. 2005, C-446/03, *Marks & Spencer*, Rn. 52 f.

1056 Siehe dazu oben 2. Abschnitt IV. 2. „Die Wahrung der Kohärenz eines Steuersystems als Rechtfertigung“.

1057 GA Poiares Maduro 7. 4. 2005, C-446/03, *Marks & Spencer*, Rn. 71.

sondere aus der Entscheidung des EuGH in der Rs Manninen, wo der EuGH festhielt, dass für die Prüfung der Kohärenz eines Steuersystems auch steuerliche Effekte im Ausland zu berücksichtigen sind[1058]. Diesem Optimismus hinsichtlich eines Durchbruchs, wie GA Poiares Maduro ihn anstrebt, ist entgegenzuhalten, dass der EuGH in seiner Entscheidung zu Manninen keinen direkten Bezug zu den Ausführungen der Generalanwältin gemacht hat und vielmehr explizit auf das Erfordernis der Bachmann-Verknüpfung verwies[1059]. Zudem deutet gerade das Abstellen auf „steuerliche Effekte im Ausland" auf einen Aspekt hin, der gegen die Rechtfertigungsmöglichkeit durch die Wahrung der steuerlichen Kohärenz im Zusammenhang mit Marks & Spencer spricht:

- In Manninen wurde entschieden, dass im Zuge der Besteuerung von Dividenden, die finnische Anteilseigner von ausländischen Kapitalgesellschaften erhalten, die Nichtgewährung der indirekten Anrechnung von Steuern der ausschüttenden Kapitalgesellschaft gemeinschaftsrechtswidrig ist, wenn die Anrechnung im Zusammenhang mit inländischen Kapitalgesellschaften möglich ist[1060]. Zweck der indirekten Anrechnung nach finnischem Steuerrecht war die Vermeidung der wirtschaftlichen Doppelbesteuerung. Dieser Zweck lag nach Ansicht des EuGH der Kohärenz des finnischen Steuerrechts auch – oder gerade auch – dann noch zugrunde, wenn die Doppelbesteuerung im Bezug auf eine im Ausland angefallene Steuer vermieden hätte werden sollen[1061].

- Auch GA Poiares Maduro stellte auf den Zweck des britischen *group reliefs* ab, wenn er prüfte, ob sich dessen Beschränkung auf Inlandssachverhalte durch das Kohärenzprinzip rechtfertigen lasse. Der Zweck lag für ihn darin, die Bildung von Konzernen steuerlich nicht zu benachteiligen; daher müssten Verluste innerhalb vom Konzern berücksichtigt werden, so als handle es sich beim Konzern steuerlich um eine Einheit[1062]. Erst hier geht der Generalanwalt einen Schritt weiter, als der EuGH in Manninen: Er möchte prüfen, ob dieser Zweck nicht auch eine Beschränkung des Steuervorteils durch grenzüberschreitende Verlustzurechnung in sich birgt, konkret, dass der Steuervorteil nur für nicht verwertbare Verluste einzuräumen ist.

1058 *Herzig/Englisch/Wagner*, Marks & Spencer, Der Konzern 2005, 308 mit Verweis auf EuGH, Urteil vom 7. 9. 2004, C-319/02, *Petri Mikael Manninen*, www.curia.eu.int, Rn. 34 und 46.

1059 EuGH 7. 9. 2004, C-319/02, *Manninen*, Rn. 42.

1060 EuGH 7. 9. 2004, C-319/02, *Manninen*, Rn. 22 f.

1061 EuGH 7. 9. 2004, C-319/02, *Manninen*, Rn. 46.

1062 GA Poiares Maduro 7. 4. 2005, C-446/03, *Marks & Spencer*, Rn. 72.

In Manninen wurde eine Beschränkung der indirekten Anrechnung im Auslandskontext, etwa durch eine Limitierung auf finnische Steuersätze, abgelehnt[1063]. Das EuGH-Urteil zu Manninen scheint daher die Argumente des Generalanwalts in Marks & Spencer nicht zu stützen.

Die Stoßrichtung von GA Poiares Maduro allerdings ist beachtlich. Seiner Ansicht nach kann die fehlende grenzüberschreitende Verlustverrechnung im Konzern dann gerechtfertigt sein, wenn der Zweck der vorgesehenen konzerninternen Verlustverrechnung trotz des Fehlens erfüllt ist[1064]. Das ist nach Ansicht des Generalanwalts dann der Fall, wenn die Verlustverrechnung solche ausländischen Verluste nicht erfasst, die im Ausland gleichbehandelt werden wie inländische Verluste, obwohl diese Gleichbehandlung nicht gegenwärtig erfolgen muss[1065].

Im Allgemeinen wurde es kritisiert, ja sogar als „unerfindlich" bezeichnet, weshalb vom Generalanwalt der vom EuGH äußerst eng eingegrenzte Rechtfertigungsgrund der Kohärenz eingesetzt wurde, um ihn in den Zusammenhang der mehrfachen Verlustberücksichtigung durch mehrere verschiedene Steuerpflichtige zu setzen[1066]. Hier wäre es – wie bereits erwähnt – sinnvoller gewesen, eine Parallele zu Grundsätzen aus anderen EuGH-Fällen zu ziehen, wie etwa zu den Rs Bosal oder de Groot[1067]. Im Speziellen wurde zudem eine Vermengung der Rechtfertigungsgründe kritisiert, da der Generalanwalt das Kohärenzprinzip dahingehend ausdehnte, dass es die missbräuchliche Ausnutzung der Niederlassungsfreiheit vermeiden soll[1068], was vielmehr unter dem Rechtfertigungsgrund Vermeidung von Missbrauchsfällen zu untersuchen gewesen wäre[1069]. Hier ist hervorzuheben, dass sich GA Poiares Maduro auf Stimmen der Literatur beruft, die meinen, der Kohärenzgedanken wolle vermeiden, aus *free movers free riders* zu machen[1070]. Bei dieser neuen Sinnfindung betreffend das Kohärenzprinzip handelt es sich al-

---

1063 EuGH 7. 9. 2004, C-319/02, *Manninen*, Rn. 49.

1064 GA Poiares Maduro 7. 4. 2005, C-446/03, *Marks & Spencer*, Rn. 72 f.

1065 Zum Themenkomplex der Verlustnutzung im Ausland siehe sogleich ausführlich unter 3. Abschnitt VIII. 5. b) „Maßgeblichkeit der Verlustverwertungsmöglichkeit im Ausland".

1066 *Thömmes*, Berücksichtigung von Verlusten ausländischer Tochtergesellschaften – Anmerkungen zu den Schlussanträgen des Generalanwalts Poiares Maduro zu Marks & Spencer plc, IWB Nr. 8 vom 27. 4. 2005, Fach 11a, 847 ff, 853.

1067 *Thömmes*, Verluste ausländischer Tochtergesellschaften, IWB Nr. 8 vom 27. 4. 2005, Fach 11a, 853.

1068 GA Poiares Maduro 7. 4. 2005, C-446/03, *Marks & Spencer*, Rn. 67 mit Verweis auf *Cordewener/Dahlberg/Pistone/Reimer/Romano*, The Tax Treatment of Foreign Losses: Ritter, M & S, and the Way Ahead, European Taxation 2004, 218 ff (Part Two), 221.

1069 *Thömmes*, Verluste ausländischer Tochtergesellschaften, IWB Nr. 8 vom 27. 4. 2005, Fach 11a, 853.

1070 *Cordewener/Dahlberg/Pistone/Reimer/Romano*, Foreign Losses, European Taxation 2004, 221.

lerdings vielmehr um Lebenserhaltungsversuche eines von Anfang an unschlüssigen Konzepts, auf das man sich besser nicht berufen sollte, wenn man die EuGH-Rechtsprechung weiterentwickeln möchte[1071]. Daher war der Schluss „gerechtfertigt“ und stellte sich mittlerweile als richtig heraus, dass der EuGH den Ausführungen des Generalanwalts zum Kohärenzprinzip nicht folgen würde[1072].

c) Wahrung der Ausgewogenheit der Aufteilung der Besteuerungsbefugnisse

Ausgangspunkt der Rechtfertigungsprüfung des EuGH ist die Ausgewogenheit der Aufteilung der Besteuerungsbefugnisse, zwischen den Mitgliedstaaten zu wahren[1073]. Er zieht dabei insbesondere die Folgen einer unbeschränkten Verlustverrechnung ins Blickfeld; diese würden seines Erachtens – gestützt auf die Ausführungen des Vereinigten Königreichs und anderer Mitgliedstaaten – darin bestehen, dass die Gefahr einer doppelten Verlustnutzung und eine Steuerflucht in Ausnutzung der Steuersatzgefälle der Mitgliedstaaten gegeben wären[1074].

Für die Beurteilung dafür, an welchen Kriterien sich die Rechtfertigung von Einschränkungen der grenzüberschreitenden Verlustverrechnung im Konzern orientieren kann, ist die Urteilsbegründung des EuGH nicht sehr hilfreich. Einerseits entwickelt der Gerichtshof ein vollkommen neuartiges Konzept und macht dennoch aber keine konkreten Aussagen, wie es zu verstehen ist, sondern nur vage Andeutungen. Folgende Anhaltspunkte sollen etwas Klarheit schaffen und zugleich die entsprechende Kritik bringen:

aa. Die negativen Folgen einer unbeschränkten Verlustverrechnung

Gestützt wird die Rechtfertigungsprüfung des EuGH darauf, negative Folgen aus einer unbeschränkten Verlustverrechnung über die Grenze zu vermeiden[1075]. Da-

---

1071 Zur Unschlüssigkeit des Kohärenzprinzips: Siehe oben 2. Abschnitt IV. 2. a) „Doppelbesteuerungsabkommen und Kohärenz“; insb. *Knobbe-Keuk*, Restrictions on the Fundamental Freedoms Enshrined in the EC Treaty by Discriminatory Provisions – Ban and Justification, EC Tax Review 1994, 74 ff; *Thömmes*, Tatbestandsmäßigkeit und Rechtfertigung steuerlicher Diskriminierungen nach EG-Recht, in Schön (Hrsg) GS Knobbe-Keuk, Köln 1997, 795 ff.

1072 *Raupach/Pohl*, Die Rechtssache Marks & Spencer – Konzernsteuerrecht auf dem Prüfstand des EuGH – Rückwirkungen auf das Konzernrecht? NZG 2005, 489 ff, 491.

1073 EuGH 13. 12. 2005, C-446/03, *Marks & Spencer*, Rn. 43 und 45.

1074 EuGH 13. 12. 2005, C-446/03, *Marks & Spencer*, Rn. 41 und 43; eingehend zur Rechtfertigungsprüfung des EuGH in diesem Zusammenhang s.o. 3. Abschnitt VII. 3. c) cc. Wahrung der Ausgewogenheit der Aufteilung der Besteuerungsbefugnisse, die Entwicklung eines neuen Rechtfertigungsgrundes?“ sowie 2. Abschnitt IV. 3. b) dd. „Entwickelt der EuGH mit Marks & Spencer einen neuen Ansatz zur Rechtfertigung nach dem Territorialitätsprinzip?“.

1075 EuGH 13. 12. 2005, C-446/03, *Marks & Spencer*, Rn. 41.

bei ist es für den Gerichtshof entscheidend, dass es sich bei „Gewinnen und Verlusten steuerrechtlich gesehen um die zwei Seiten derselben Medaille [handelt], die im Rahmen eines Steuersystems spiegelbildlich zu behandeln seien, um eine ausgewogene Aufteilung der Besteuerungsbefugnis zwischen den Mitgliedstaaten zu wahren“[1076]. Der EuGH dürfte es demnach als negative Folge einer uneingeschränkten Verlustverrechnung über die Grenze ansehen, wenn Verluste dort steuerwirksam werden könnten, wo Gewinne nicht zu berücksichtigen sind. Dabei übersieht der Gerichtshof zwei maßgebliche Aspekte:

1) Im Zeitraum der Verlustentstehung bei der ausländischen Tochtergesellschaft gibt es gar keine Gewinne, die steuerlich zu berücksichtigen wären, weder im Ansässigkeitsstaat der Tochtergesellschaft, noch im Ansässigkeitsstaat deren Mutter. Daher ist das Gegenüberstellen der Steuerwirkung von Gewinnen und Verlusten isoliert auf die betreffende Steuerperiode nicht nachvollziehbar.

2) Diese isolierte Betrachtung (unter 1) lässt freilich außer Acht, dass der EuGH dem Anschein nach eine periodenübergreifende Beurteilung vornehmen wollte. Dagegen ist allerdings einzuwenden, dass für die Frage der konzerninternen Verlustverrechnung über die Grenze die periodenübergreifende Sichtweise ein falscher Ansatz ist. Für gemeinschaftsrechtliche Zwecke sollte nämlich allein ausschlaggebend sein, ob ein Steuervorteil, der im Vergleichsfall (dh im Inlandsfall) innerhalb *einer* Periode eingeräumt werden würde, gewährleistet wird oder nicht. Ob diesem Steuervorteil auf Ebene des Steuerpflichtigen ein Nachteil entgegensteht, zum Beispiel deshalb, weil auch Gewinne späterer Perioden steuerwirksam sind, sollte außerhalb der europarechtlichen Beurteilung liegen, da ein möglicher Vorteilsausgleich in der Zukunft eine konkrete Benachteiligung in der Gegenwart nicht mindern kann[1077]. Dazu kommt noch die rechtliche Situation, dass die vom EuGH angesprochenen Gewinne bei der in der Rs Marks & Spencer betroffenen Mutterkonzerngesellschaft ohnehin nicht steuerbar gewesen wären, da es sich um Gewinne anderer Personen gehandelt hat, nämlich der Tochtergesellschaften.

Der Punkt, dass im Zusammenhang mit der Gewährung von Steuervorteilen mögliche Nachteile, die sich für den betreffenden Staat ergeben, keine Relevanz für das Vorliegen einer Vertragsverletzung hatte, zeigt sich besonders deutlich in den

---

1076 EuGH 13. 12. 2005, C-446/03, *Marks & Spencer*, Rn. 43.

1077 EuGH, Urteil vom 28. 1. 1986, C-270/83, *avoir fiscal/Kommission gegen Frankreich*, Slg 1986, 273, Rn. 21; siehe dazu auch oben 2. Abschnitt III. 8. „Abstrakte versus tatsächliche Vertragsverletzung“ und 2. Abschnitt IV. 6. „Vorteilsausgleich“.

Rs de Groot und Bosal[1078]. In beiden Fällen musste der Ansässigkeitsstaat des betroffenen Steuerpflichtigen Steuervorteile gewähren, obwohl ihm Besteuerungsrechte, die mit diesen Vorteilen in Zusammenhang gestanden wären, nicht zugekommen sind. Die Spiegelbild-einer-Medaille-Theorie basiert demnach auf unsachlichen Argumenten und ist bisheriger Rechtsprechung des EuGH entgegengesetzt.

bb. Die konkreten Rechtfertigungsgründe im Einzelnen

Bei den einzelnen Rechtfertigungsgründen fällt auf, dass der EuGH sie zusammengenommen schwerer wiegen lässt, als jeweils für sich gesehen[1079]. Zusätzlich ist zu bemerken, dass starke Worte gewählt, aber wenig Ausführungen über deren inhaltliche Bedeutung gemacht werden. Vor allem die doppelte Verlustnutzung, aber auch die Steuerfluchtgefahr durch Ausnutzung von Steuersatzgefällen zwischen den Mitgliedstaaten bringen plakative Schlagwörter in die Urteilsbegründung des EuGH. Was aber steht dahinter?

Hinsichtlich der Gefahr einer doppelten Verlustnutzung[1080] braucht es freilich nicht vieler Worte, um zu verdeutlichen, dass es darum geht, die zweimalige Nutzung der Verluste, einmal im Staat der Mutterkonzerngesellschaft und ein zweites Mal im Staat der Tochter, zu verhindern. Auch diesbezüglich werden zwei Aspekte außer Acht gelassen:

1) In jener Steuerperiode, in der der Konzernmutter ein Nachteil daraus erwächst, dass ihre ausländische Tochter Verluste erleidet (und diese nicht durch Verlustrücktrag steuerlich verwertet), kann keine doppelte Verlustnutzung eintreten. Auch hier ist es mit den bisher bekannten Grundsätzen des Gemeinschaftsrechts nicht vereinbar, die Einräumung eines Vorteils mit der möglicherweise eintretenden Übervorteilung zu versagen[1081].

2) Der zweite wesentliche Aspekt, der bei der Abwendung der Gefahr einer doppelten Verlustnutzung übersehen wird, hängt mit der periodenübergrei-

---

1078 EuGH, Urteil vom 18. 9. 2003, C-168/01, *Bosal Holding BV gegen Staatssecretaris van Financiën*, Slg 2003, I-9409, Rn. 31; EuGH, Urteil vom 12. 12. 2002, C-385/00, *F.W.L. de Groot gegen Staatssecretaris von Financiën*, www.curia.eu.int, Rn. 98 f.

1079 EuGH 13. 12. 2005, C-446/03, *Marks & Spencer*, Rn. 51; vgl dazu *Eicker/Röhrbein*, Marks & Spencer: Die Entscheidung des EuGH und ihre Konsequenzen, Stbg 2006, 117 ff, 119; *Isenbaert/Valjemark*, M&S judgment: the ECJ caught between a rock and a hard place, EC Tax Review 2006, 10 ff, 11 und 13; *Sutter*, Pauschales Verbot grenzüberschreitenden Verlustabzugs – Verstoß gegen Niederlassungsfreiheit – Anmerkung, EuZW 2006, 87 f, 88.

1080 EuGH 13. 12. 2005, C-446/03, *Marks & Spencer*, Rn. 47 f.

1081 Siehe dazu oben 2. Abschnitt III. 8. „c) Mögliche Übervorteilung kann Benachteiligung nicht vermeiden"; EuGH, Urteil vom 12. 12. 2002, C-385/00, *F.W.L. de Groot gegen Staatssecretaris von Financiën*, www.curia.eu.int, Rn. 97.

fenden Betrachtung zusammen. Diese Betrachtung hat nämlich zur Folge, einen Liquiditätsnachteil in der laufenden Periode gegenüber dem reinen Inlandsfall in Kauf zu nehmen. Dieser Nachteil steht in keiner Relation zu einer späteren Nutzung der Verluste[1082] und kann sogar das wirtschaftliche Ende eines Konzerns bedeuten, dann etwa, wenn trotz globalen Null- oder Negativergebnisses, in einem Staat Steuern zu zahlen sind.

Zum Rechtfertigungsgrund „Vermeidung der Ausnutzung von Steuersatzgefällen“[1083] sei lediglich angemerkt, dass die vom EuGH als Beispiel angeführte Verschiebung von Verlusten in Hochsteuerländer[1084] zu unterstellen scheint, dass Konzerne Steuersparmodelle sind, in denen die Erzeugung von Verlusten und deren Verschiebung über die Grenze vorrangiges Ziel sind. Während das in Einzelfällen durchaus zutreffen mag, sollten deshalb nicht der Großteil von Konzernen in Europa mit Beschränkungen belastet werden, die wettbewerbsverzerrend sind und das Leistungsfähigkeitsprinzip missachten. Der rechtlich stichhaltige Kritikpunkt an diesem Rechtfertigungsgrund ist aber, dass der EuGH die Grundsätze aus seiner Rechtsprechung zur Vermeidung von Missbrauchsfällen hätte vorbringen sollen, um vorhersehbare Ergebnisse zu bringen.

Zum letzten der drei Rechtfertigungsgründe, die der EuGH angeführt hat, der Vermeidung von Steuerausfällen, sei angemerkt, dass dieser bisher stets als Rechtfertigungsgrund einer Gemeinschaftsrechtsverletzung abgelehnt wurde[1085]. In seinem Urteil zu Marks & Spencer erwähnt das der EuGH sogar, kommt aber zu dem Schluss, dass im Lichte der Wahrung der Ausgewogenheit der Aufteilung der Besteuerungsbefugnisse sogar die Vermeidung von Steuerausfällen ein gültiger Rechtfertigungsgrund sein könne[1086].

d) Schlussfolgerungen aus der Rechtfertigungsprüfung in Marks & Spencer

Aus der Rechtfertigungsprüfung des EuGH im Fall Marks & Spencer wird deutlich, dass der Gerichtshof für die Frage, ob eine Beschränkung der grenzüber-

---

1082 Siehe oben 3. Abschnitt VI. 2. a) cc. „Prüfung der Vergleichbarkeit“; insb *E. Lechner*, Die Auswirkungen des EU-Rechts auf die Befreiung von Verlusten nach den Doppelbesteuerungsabkommen, in Gassner/Lang/Lechner (Hrsg) Doppelbesteuerung und EU-Recht, Wien 1996, 85 ff, 95.

1083 EuGH 13. 12. 2005, C-446/03, *Marks & Spencer*, Rn. 49.

1084 EuGH 13. 12. 2005, C-446/03, *Marks & Spencer*, Rn. 49.

1085 Siehe dazu oben 2. Abschnitt IV. 5. „Abgelehnte Rechtfertigungsgründe“; vgl insb *Randelzhofer/Forsthoff* in Grabitz/Hilf (Hrsg) EU-Kommentar, vor Art. 39-55 EGV Rn. 247; *Thömmes*, GS Knobbe-Keuk, 824 ff; EuGH, Urteil vom 16. 7. 1998, C-264/96, *Imperial Chemical Industries plc (ICI)*, Slg 1998, I-4695, Rn. 28; ders, Urteil vom 6. 6. 2000, C-35/98, Verkooijen, Slg 2000, I-4071, Rn. 59; ders 12. 12. 2002, C-385/00, *de Groot*, Rn. 103.

1086 EuGH 13. 12. 2005, C-446/03, *Marks & Spencer*, Rn. 45 f.

schreitenden Verlustverrechnung im Konzern möglich ist, eine perioden- und staatenübergreifende Gesamtschau vorgenommen hat[1087]. Das geht zu Lasten der Steuerpflichtigen und erfordert keine zusätzlichen Bestimmungen der nationalen Rechtsordnungen, um eine mögliche Übervorteilung zu vermeiden. Eine solche Übervorteilung könnte infolge einer doppelten Verlustnutzung über mehrere Perioden hinweg eintreten oder durch die Verrechnung von Verlusten, die in Niedrigsteuerländern angefallen sind, mit Gewinnen in Hochsteuerländer. Die Maßnahmen gegen solche Ausnützungen einer grenzüberschreitenden Verlustverwertung wären allerdings nicht übermäßig aufwendig; für den ersten Fall ist an Hinzurechnungsmodelle zu denken, für den zweiten an bloß quotale Verrechnungsmöglichkeiten[1088]. Diese Feststellung hat insbesondere für den Verhältnismäßigkeitsgrundsatz Relevanz.

Bisher musste in Fällen, in denen bestimmte Steuervorteile deshalb nicht gewährt wurden, weil der grenzüberschreitende Kontext von nationalen Bestimmungen nicht erfasst war, letztlich *ein* Mitgliedstaat dafür einstehen, dass die betreffenden Vorteile dennoch eingeräumt wurden[1089]. Im Ergebnis ist das zwar weiterhin so: Nur ein Mitgliedstaat muss dafür einstehen, dass bestimmte Vorteile im grenzüberschreitenden Kontext nicht eingeräumt werden, die im rein innerstaatlichen zustehen würden. Allerdings ist dieses Einstehen zeitlich verschoben, erst dann nämlich soll der Vorteil eingeräumt werden, wenn er aufgrund allgemeiner Regeln in späteren Steuerperioden in Form des Verlustvortrags Gewinne mindert, oder dann, wenn die Verlustverwertung im Staat der Tochterkonzerngesellschaft unmöglich wird. Der Vorteil der zeitlich versetzten Vorteilsgewährung wirkt sich beim Steuerpflichtigen als Liquiditätsnachteil aus. In der bisherigen Rechtsprechung des EuGH wurden Nachteile aus der staatenübergreifenden Gesamtschau nicht dem Steuerpflichtigen auferlegt. Vielmehr musste einer der involvierten Mitgliedstaaten die budgetäre Belastung infolge der Gewährung eines steuerlichen Vorteils übernehmen, ohne gleichzeitig die finanzielle Entlastung aufgrund eines Besteuerungsrechts zu genießen[1090]. Wie bereits erwähnt trägt dadurch letzt-

---

1087 *Herzig/Wagner*, EuGH-Urteil Marks & Spencer – Grenzüberschreitende Verlustverrechnung in der Gruppe, Der Konzern 2006, 176 ff, 181.

1088 *J. Hey*, Die EuGH-Entscheidung in der Rechtssache Marks & Spencer und die Zukunft der deutschen Organschaft – Haben die Mitgliedstaaten den EuGH domestiziert? GmbHR 2006, 113 ff, 116.

1089 Vgl insb EuGH, Urteil vom 18. 9. 2003, C-168/01, *Bosal Holding BV gegen Staatssecretaris van Financiën*, Slg 2003, I-9409; ders, EuGH, Urteil vom 12. 12. 2002, C-385/00, *F.W.L. de Groot gegen Staatssecretaris von Financiën*, www.curia.eu.int; vgl außerdem *Herzig/Wagner*, EuGH-Urteil Marks & Spencer – Grenzüberschreitende Verlustverrechnung in der Gruppe, Der Konzern 2006, 176 ff, 181 Fn. 51.

1090 Vgl insb EuGH, Urteil vom 18. 9. 2003, C-168/01, *Bosal Holding BV gegen Staatssecretaris van Financiën*, Slg 2003, I-9409; ders, EuGH, Urteil vom 12. 12. 2002, C-385/00, *F.W.L. de Groot gegen Staatssecretaris von Financiën*, www.curia.eu.int.

lich der Steuerpflichtige jedenfalls einen steuerlichen Nachteil, nämlich in Form eines Liquiditätsnachteils.

In diesem Zusammenhang ist zu erwähnen, dass in der Rs Lindex, der ein Sachverhalt sehr ähnlich jenem in der Marks & Spencer zugrunde liegt, das schwedische Verwaltungsgericht jede Art von Rechtfertigung ausgeschlossen hat[1091].

5. Der Verhältnismäßigkeitsgrundsatz als europarechtlicher Aspekt der grenzüberschreitenden Verlustverrechnung im Konzern

a) Das Konzept des EuGH zur Wahrung der Verhältnismäßigkeit

Als Maßstab der Rechtfertigungsprüfung verlangt der EuGH in Marks & Spencer, dass zwei Erfordernisse erfüllt sind, damit die Beschränkung der Niederlassungsfreiheit infolge der Benachteiligung der grenzüberschreitenden Verlustverrechnung im Konzern gegenüber der Verlustverrechnung im rein innerstaatlichen Fall als gemeinschaftsrechtskonform angesehen werden kann: Die Beschränkung muss nicht nur nach den oben dargestellten Gründen gerechtfertigt sein, die Beschränkung muss auch geeignet sein, dieses Ziel zu erreichen, ohne über das hinauszugehen, was zur Zielerreichung erforderlich ist[1092]; kurz gesagt, ist zu prüfen, ob die betreffende Maßnahme verhältnismäßig ist. Das sei dann der Fall, wenn die fragliche Einschränkung nur solche Verluste ausländischer Tochterkonzerngesellschaften betrifft, für die eine Möglichkeit der Verwertung im Ausland besteht, was – vereinfacht dargestellt – dann zutrifft, wenn

- der betreffenden Tochtergesellschaft oder einem Dritten, unter Ausschöpfung aller vorgesehenen Möglichkeiten, ein Verlustrücktrag oder eine Verwertung im Zeitraum der Verlustentstehung zusteht, oder

- eine Möglichkeit besteht, den Verlust bei der Tochtergesellschaft selbst oder, insbesondere im Fall der Übertragung der Tochterverlustgesellschaft, bei einem Dritten zukünftig zu verwerten[1093].

Falls keine solche Verlustverwertungsmöglichkeit besteht, was von der Muttergesellschaft nachzuweisen ist[1094], kann die Einschränkung der Niederlassungsfreiheit nicht als gerechtfertigt angesehen werden, da sie über das hinausgeht, was zur

---

[1091] Siehe oben 3. Abschnitt VII. 4. e) „Die schwedische Entscheidung in der Rs Lindex vom 30. Mai 2005".

[1092] EuGH 13. 12. 2005, C-446/03, *Marks & Spencer*, Rn. 51 und 55.

[1093] EuGH 13. 12. 2005, C-446/03, *Marks & Spencer*, Rn. 55.

[1094] EuGH 13. 12. 2005, C-446/03, *Marks & Spencer*, Rn. 56.

Erreichung der Rechtfertigungsgründe erforderlich ist, die durch den EuGH angeführten sind[1095].

Besonders hervorzuheben ist der unterschiedliche Standard der Verlustverrechnungs*möglichkeit*: Hinsichtlich eines Verlustrücktrags oder einer Verwertung der Verluste im Zeitraum der Entstehung hat die Tochtergesellschaft die vorgesehenen Möglichkeiten zu Verlustverwertung auszuschöpfen; in Bezug auf die zukünftige Verlustverwertung reicht es aus, wenn keine Möglichkeit einer Verwertung besteht. Dieser unterschiedliche Standard ist insbesondere für die Frage, ob eine konkrete oder eine bloß potentielle Unmöglichkeit der Verlustverwertung vorliegt von maßgeblicher Bedeutung[1096].

Die Thematik der Verlustverrechnungsmöglichkeit im Ansässigkeitsstaat der Tochterkonzerngesellschaft soll in einem eigenen Abschnitt unter der nächsten Überschrift angesprochen werden.

Gerade für Österreich ist das vom EuGH unter dem Gesichtspunkt der Verhältnismäßigkeit entwickelte Konzept von Relevanz. Obwohl die österreichische Gruppenbesteuerung nämlich eine grenzüberschreitende Verlustverrechnung zulässt, widerspricht sie dem vom EuGH entwickelten Verhältnismäßigkeitsmaßstab teilweise. Der Widerspruch liegt darin begründet, dass Verluste ausländischer Tochterkonzerngesellschaften zwar mit Gewinnen der inländischen Mutterkonzerngesellschaft in der Periode, in der sie entstehen, verrechenbar sind, diese Verluste allerdings nicht nur dann dem Gewinn der Mutterkonzerngesellschaft hinzuzurechnen sind, wenn die Tochter die Verluste selbst nutzen kann, sondern auch dann, wenn die Tochter ihre Geschäftstätigkeit einstellt oder die Konzerngruppe verlässt, etwa aufgrund einer Veräußerung[1097]. Gerade im Fall einer Einstellung der Geschäftstätigkeit (etwa durch Liquidation) wäre nach dem Verhältnismäßigkeitskonzept, das der EuGH in Marks & Spencer entwickelt hat, eine Verwertung von Verlusten ausländischer Töchter bei der Mutterkonzerngesellschaft geboten, nicht eine Gewinnhinzurechnung bei der Muttergesellschaft, die letztlich zu einer Nichtberücksichtigung der Verluste führt[1098]. Für den Fall einer Hinzurechnung vormals verwerteter ausländischer Verluste im Zeitpunkt der Veräußerung der betreffenden Konzerntochter müsste die spätere Verlustverwertung gesichert sein, soweit die Verluste der veräußerten Tochter in Zukunft verfallen[1099].

1095 EuGH 13. 12. 2005, C-446/03, *Marks & Spencer*, Rn. 56.

1096 Siehe dazu sogleich unten 3. Abschnitt VIII. 6. a) „Tatsächliche versus potentielle Verlustverwertungsmöglichkeit".

1097 *Wiesner/Kirchmayr/Mayr*, Gruppenbesteuerung, Wien 2005, Rn. K289.

1098 *Stefaner*, Implications of Marks & Spencer on Austria's Group Tax Regime, TNI vom 23. 1. 2006, 275 f, 276.

1099 So sinngemäß auch *Stefaner*, Marks & Spencer, TNI vom 23. 1. 2006, 276.

b) Maßgeblichkeit der Verlustverwertungsmöglichkeit im Ausland

Die Hauptaussage der EuGH-Entscheidung zu Marks & Spencer ist, dass Verluste innerhalb eines Konzerns aus gemeinschaftsrechtlicher Sicht nur dann grenzüberschreitend verrechnet werden müssen, um die Niederlassungsfreiheit zu gewährleisten, wenn im Staat der Verlustentstehung – im konkreten Fall, dem Ansässigkeitsstaat der Tochterkonzerngesellschaft – keine Möglichkeit zur Verlustverwertung gegeben ist. Die Frage, wann dieses Kriterium erfüllt ist, kann unterschiedlich beurteilt werden. Darüber hinaus bleiben Fragen hinsichtlich der Beweislast der unmöglichen Verlustverrechnung und der Bestimmung der Höhe der betreffenden Verluste offen. Diese Punkte werden im Folgenden analysiert, gemeinsam mit der entsprechenden Kritik dazu.

Vorweg sei angemerkt, dass bereits der Ansatz des EuGH in Marks & Spencer falsch ist, eine Verlustverwertungsmöglichkeit auf Ebene der Tochtergesellschaft im Ausland für die Verhältnismäßigkeitsprüfung heranzuziehen. Es war schließlich die Niederlassungsfreiheit der Mutterkonzerngesellschaft in Frage gestellt, nicht jene der Tochtergesellschaften[1100].

aa. Tatsächliche versus potentielle Verlustverwertungsmöglichkeit

Bezüglich der Verrechnungsmöglichkeit von Verlusten im Ansässigkeitsstaat der Tochtergesellschaft, stellt sich – wie auch schon im Zusammenhang mit den Schlussanträgen des GA Poiares Maduro – die Frage, ob nach EuGH die abstrakte Möglichkeit einer Verlustverrechnung oder die tatsächliche Verrechnung von Verlusten vorliegen muss. Nach den Schlussanträgen des Generalanwalts zu Marks & Spencer wurde teilweise angenommen, dass wörtlich genommen eine bloß gesetzliche Verlustverrechnungsmöglichkeit, also die *abstrakte Verlustnutzung*, im Staat der Tochtergesellschaft ausreicht, um den Kriterien der vom GA aufgestellten Gleichbehandlung der ausländischen Verluste zu Verlusten im Inland zu entsprechen[1101]. Da der Generalanwalt allerdings darauf einging, wie schwierig es sein könnte, die Verlustverwertungsmöglichkeit im Ausland zu eruieren[1102], wurde angenommen, dass eine konkrete Verlustverwertung gegeben

---

1100 *M. Lang*, The Marks & Spencer Case – The Open Issues Following the ECJ's, ET 2006, 54 ff, 64 f; so auch schon zu den Schlussanträgen von GA Poiares Maduro *Persoff*, Marks & Spencer: striking a balance, British Tax Review 2005 (Nr. 3), 251 ff, 259.

1101 *Raupach/Pohl*, Die Rechtssache Marks & Spencer – Konzernsteuerrecht auf dem Prüfstand des EuGH – Rückwirkungen auf das Konzernrecht? NZG 2005, 489 ff, 491; *Eicker*, Grenzüberschreitende Verlustberücksichtigung: Die Schlussanträge des Generalanwalts Maduro in der Rechtssache Marks & Spencer, Stbg 2005, 197 ff, 199; ebenfalls in diese Richtung der Notwendigkeit einer bloß abstrakten Verlustnutzung für die Vergleichbarkeit deutend, obgleich mit Kritik daran: *Airs*, EU: Marks & Spencer – Questions Unanswered, International Tax Report vom Mai 2005, 1 ff, 4.

1102 GA Poiares Maduro 7. 4. 2005, C-446/03, *Marks & Spencer*, Rn. 82.

sein muss[1103]. Nachdem der EuGH in seiner Urteilsbegründung zu Marks & Spencer den Nachweis der Verrechnungsmöglichkeit durch den Steuerpflichtigen fordert, wird von der hM die Ansicht vertreten, dass eine *tatsächliche* Verlustverrechnung gegeben sein muss, um von einer Verwertungsmöglichkeit im Ansässigkeitsstaat der betroffenen Tochtergesellschaft auszugehen[1104]. Schließlich könnte die potentielle Verlustverrechnung in den einzelnen Mitgliedstaaten von den Abgabebehörden ohne großen Aufwand selbst eruiert werden.

In diesem Zusammenhang gibt es eine überraschende Einzelmeinung, die davon ausgeht, dass in dem Zeitpunkt, in dem sich herausstellt, dass der Verlust einer ausländischen Tochtergesellschaft nicht mehr genutzt werden wird können, ein vergleichbarer Inlandsfall nicht länger bestünde, da die ausländischen Abzugsverbote nicht notwendigerweise den inländischen entsprechen würden[1105]. Daher sei in diesem Zeitpunkt gemeinschaftsrechtlich keine Berücksichtigung des Verlustes im Staat der Mutterkonzerngsellschaft gefordert. Abgesehen davon, dass dieses Ergebnis der Entscheidung vom EuGH entgegensteht, sind dazu zwei Punkte zu bedenken:

- Die Vergleichbarkeit wird nicht in dem Zeitpunkt geprüft, in dem die Verlustverwertung im Ausland endgültig wegfällt, sondern in der Periode der Verlustentstehung. Gerade dann könnte der Verlust einer inländischen Tochter bei der Mutterkonzerngesellschaft verwertet werden, während das für den Verlust einer ausländischen nicht gilt.

- Darüber hinaus ist für die Vergleichbarkeitsprüfung nicht das Übereinstimmen einzelner Rechtsbestimmungen – etwa die genaue Ausgestaltung der Abzugsverbote im In- und Ausland – erforderlich; vielmehr ist es ausreichend, wenn einzelne Aspekte zweier Situationen vergleichbar sind[1106].

1103 *M. Lang*, Marks & Spencer, SWI 2005, 256; aA *Dötsch/Pung*, Grenzüberschreitende Verlustverrechnung: Muss der deutsche Gesetzgeber wegen der europarechtlichen Entwicklungen reagieren? Der Konzern 2006, 130 ff, 133.

1104 *J. Hey*, Die EuGH-Entscheidung in der Rechtssache Marks & Spencer und die Zukunft der deutschen Organschaft – Haben die Mitgliedstaaten den EuGH domestiziert? GmbHR 2006, 113 ff; 115; *M. Lang*, Marks & Spencer – Eine erste Analyse des EuGH-Urteils, SWI 2006, 3 ff, 9; *Scheunemann*, Praktische Anforderungen einer grenzüberschreitenden Verlustberücksichtigung im Konzern in Inbound- und Outboundfällen nach der Entscheidung Marks & Spencer, IStR 2006, 145 ff, 147.

1105 *Dötsch/Pung*, Grenzüberschreitende Verlustverrechnung, Der Konzern 2006, 133.

1106 Siehe dazu oben 2. Abschnitt III. 4. c) „Vergleichsgruppenbildung"; *Gutmann*, The Marks & Spencer case: proposals for an alternative way of reasoning, EC Tax Review 2003, 154 ff, 155; *M. Lang*, Marks and Spencer – more questions than answers: an analysis of the Opinion delivered by Advocate General Maduro, EC Tax Review 2005, 95 ff, 95 f.

Zusätzlich zu den beiden Theorien zur Klärung der Frage, ob eine gesetzliche (dh abstrakte) Möglichkeit zur Verlustnutzung oder die tatsächliche Verlustverwertung im Ausland maßgeblich ist, um davon auszugehen, dass eine Verwehrung der grenzüberschreitenden Verlustverwertung unverhältnismäßig ist, hat sich eine dritte Theorie entwickelt: Danach wird die Urteilsbegründung des EuGH in Marks & Spencer so verstanden, dass eine Verwertung ausländischer Verluste in der Konzerngruppe schon dann geboten ist, wenn aufgrund von Ergebnisprojektionen der verlusterleidenden Tochtergesellschaft von einer Verlustverwertung im Ausland nicht ausgegangen werden kann[1107]. Außerdem soll nach dieser Ansicht auch bereits das bloße Einstellen der Geschäftstätigkeit der ausländischen Verlusttochter zu einer Verlustverwertung im Ansässigkeitsstaat der Muttergesellschaft führen, nicht erst die Liquidation. Ausgangspunkt dieser Ansicht ist ein Verständnis des EuGH dahingehend, dass die theoretische Unmöglichkeit der Verlustverwertung im Ausland ausreiche, um die Nichtgewährung der grenzüberschreitenden Verlustverrechnung als unverhältnismäßig anzusehen[1108]. Diese Meinung bringt eine zusätzliche Abstraktion in die Diskussion ein, diesmal aber nicht jene der abstrakten Möglichkeit, Verluste zu nutzen (die gesetzlich grundsätzlich mögliche Nutzung also), sondern die eingeschätzte Unmöglichkeit, Verluste hinkünftig wirtschaftlich nutzen zu können.

Beim wörtlichen Verständnis der EuGH-Urteilsbegründung könnte man nun noch eine vierte konsolidierende Lösung anbieten. Dem Wortlaut nach legt der EuGH nämlich zwei unterschiedliche Standards dafür fest, wie sich die Möglichkeit der Verlustverwertung darstellt[1109]:

- Im ersten Spiegelstrich der Randnummer 55 seines Urteils führt er aus, dass die Tochtergesellschaft für die Verwertung der Verluste durch Verlustrücktrag oder durch Nutzung im Zeitraum, in dem der Konzernabzug beantragt wurde, alle vorgesehenen Möglichkeiten ausgeschöpft hat.

- Im zweiten Spiegelstrich wird nur davon gesprochen, dass keine Möglichkeit besteht, in zukünftigen Zeiträumen die Verluste zu verwerten.

Wenn es gesetzliche Mittel für einen Verlustrücktrag oder eine Verwertung im Zeitraum der Antragstellung des Konzernabzuges gegeben hätte, ist davon auszugehen, dass nicht alle Mittel der Tochtergesellschaft ausgeschöpft wurden, falls keine solche Verwertung stattgefunden hat. In diesem Fall wäre gemäß erstem Spiegelstrich der Rn 55 eine fehlende Berücksichtigung im Staat der Mutterkonzerngesellschaft nicht unverhältnismäßig. Im zweiten Spiegelstrich wird nicht von

---

[1107] *Herzig/Wagner*, EuGH-Urteil „Marks & Spencer" – Begrenzter Zwang zur Öffnung nationaler Gruppenbesteuerungssysteme für grenzüberschreitende Sachverhalte, DStR 2006, 1 ff, 8.

[1108] *Herzig/Wagner*, EuGH-Urteil „Marks & Spencer", DStR 2006, 8.

[1109] EuGH 13. 12. 2005, C-446/03, *Marks & Spencer*, Rn. 55.

„vorgesehenen" – sprich gesetzlichen – Möglichkeiten gesprochen, und genauso wenig davon, ob alle Möglichkeiten „ausgeschöpft" wurden, die Verluste im Staat der Tochtergesellschaft zu nutzen. Daher könnte die Ansicht vertreten werden, dass es sich bei der zukünftigen Verlustnutzungsmöglichkeit des zweiten Spiegelstrichs der Rn 55 allein um eine wirtschaftliche Möglichkeit handelt, so wie sie in der Literatur allgemein für die Möglichkeit der Verlustnutzung im Ausland vorgeschlagen wurde[1110]. Gegen dieses Verständnis spricht, dass der EuGH im konkreten Zusammenhang der zukünftigen Verlustnutzung auch die Verlustverwertung bei einem Dritten, insbesondere im Fall der Übertragung der Tochtergesellschaft auf diesen Dritten, anspricht. Da der EuGH mit einer solchen „Übertragung auf einen Dritten" vermutlich einen gesetzlich vorgesehenen Transfer angesprochen hat, ist es nahe liegend, dass er auch im zweiten Spiegelstrich nicht die bloß wirtschaftliche, sondern allgemein von gesetzlichen Möglichkeit als Kriterium ausgegangen ist. Dieser Abschwächung der Sichtweise, dass eine bloß wirtschaftliche Unmöglichkeit der Verlustnutzung bei der Tochtergesellschaft oder einem Dritten ausreicht, um eine Verlustverrechnung über die Grenze zuzulassen, sind zwei wichtige Argumente entgegenzusetzen:

1) Weshalb hat der EuGH zwei unterschiedliche Standards – einerseits die Ausschöpfung vorgesehener Möglichkeiten und andererseits die bloße Möglichkeit – eingeführt, wenn beide letztlich zum gleichen Ergebnis führen? Will man der Unterscheidung einen Sinn beimessen, so könnte man davon ausgehen, dass in einem Fall die gesetzlichen Möglichkeiten angesprochen sind und im anderen Fall die bloß wirtschaftlichen. Dabei wäre dann bei den wirtschaftlichen in Betracht zu ziehen, dass die Tochtergesellschaft auf einen Dritten übertragen wird und dort gegebenenfalls eine wirtschaftliche Verwertungsmöglichkeit besteht.

2) Außerdem ist im ersten von der Kommission und Marks & Spencer vorgeschlagenen Modell für weniger einschränkende Verlustverrechnungsregelungen im Mutterkonzernstaat die zukünftige Möglichkeit der Verlustverrechnung nicht explizit angesprochen. Es wird nur von der Ausnutzung sämtlicher im Sitzstaat der Tochtergesellschaft bestehender Verlustverwertungsmöglichkeiten gesprochen[1111]. Ob „sämtliche" Möglichkeiten auch zukünftige umfasst, ist zu hinterfragen, weshalb die Schlussfolgerung zulässig ist, dass die Kommission und Marks & Spencer allein sämtliche Möglichkeiten für den Verlustentstehungszeitraum ansprechen wollten.

Die hM nimmt die soeben aufgezeigte Differenzierung nicht vor, sondern geht davon aus, dass der EuGH mit dem Konzept, das er anhand des Verhältnismäßig-

---

[1110] *Herzig/Wagner*, EuGH-Urteil „Marks & Spencer", DStR 2006, 8.

[1111] EuGH 13. 12. 2005, C-446/03, *Marks & Spencer*, Rn. 54.

keitsgrundsatzes entwickelt hat, die Unmöglichkeit einer *tatsächlichen* Verlustnutzung als Voraussetzung dafür ansieht, eine Verlustverrechnung über die Grenze einzuräumen[1112].

bb. Maßgeblicher Zeitpunkt, in dem die Unmöglichkeit der Verlustverwertung im Ansässigkeitsstaat der Tochter zu bestimmen ist

In Bezug auf die hM stellt sich in weiterer Folge die Frage, in welchem Zeitpunkt die Möglichkeit der tatsächlichen Verlustverrechnung zu prüfen ist[1113]. Bei sofortiger Liquidation der Tochtergesellschaft stellt sich das Problem, welcher Zeitpunkt maßgeblich sein soll, nicht; was aber, wenn die Tochtergesellschaft fortgeführt wird und erst Jahre später eine endgültige Unmöglichkeit der Verlustverwertung im Ansässigkeitsstaat der Tochtergesellschaft eintritt? Im Ansässigkeitsstaat der Muttergesellschaft ergeben sich dann vordringlich Fragen verfahrensrechtlicher Art[1114]. Wie bereits unter aa. diskutiert, wurde teilweise gefordert, dass ein wie auch immer gearteter Nachweis der wirtschaftlichen Unmöglichkeit der Verlustnutzung in Zukunft ausreichen müsse, um eine sofortige Verlustnutzung bei der Mutterkonzerngesellschaft zu bewirken[1115]. Nach diesem Konzept sollte die bloße Einstellung des Geschäftsbetriebs der Tochtergesellschaft, nicht erst die Liquidation, zu einer Verlustnutzungsmöglichkeit bei der Muttergesellschaft führen[1116]. Hinsichtlich der zukünftigen Verlustberücksichtigungsmöglichkeiten scheinen gute Argumente für diese Ansicht zu sprechen[1117].

Falls die verlusterleidende Tochtergesellschaft deshalb die Verluste nicht berücksichtigen kann, weil sie steuerbefreit ist, sollte die Verlustverrechnung über die

---

1112 *J. Hey*, Die EuGH-Entscheidung in der Rechtssache Marks & Spencer und die Zukunft der deutschen Organschaft – Haben die Mitgliedstaaten den EuGH domestiziert? GmbHR 2006, 113 ff; 115; *M. Lang*, Marks & Spencer – Eine erste Analyse des EuGH-Urteils, SWI 2006, 3 ff, 9; *Scheunemann*, Praktische Anforderungen einer grenzüberschreitenden Verlustberücksichtigung im Konzern in Inbound- und Outboundfällen nach der Entscheidung Marks & Spencer, IStR 2006, 145 ff, 147.

1113 *M. Lang*, Marks & Spencer – Eine erste Analyse des EuGH-Urteils, SWI 2006, 3 ff, 9.

1114 Vgl dazu eingehend *Eicker/Röhrbein*, Marks & Spencer: Die Entscheidung des EuGH und ihre Konsequenzen, Stbg 2006, 117 ff, 133 ff; *M. Lang*, Marks & Spencer, SWI 2006, 9; *Scheunemann*, Praktische Anforderungen einer grenzüberschreitenden Verlustberücksichtigung im Konzern in Inbound- und Outboundfällen nach der Entscheidung Marks & Spencer, IStR 2006, 145 ff, 151 ff; *Sutter*, Pauschales Verbot grenzüberschreitenden Verlustabzugs – Verstoß gegen Niederlassungsfreiheit – Anmerkung, EuZW 2006, 87 f.

1115 *Herzig/Wagner*, EuGH-Urteil „Marks & Spencer" – Begrenzter Zwang zur Öffnung nationaler Gruppenbesteuerungssysteme für grenzüberschreitende Sachverhalte, DStR 2006, 1 ff, 8.

1116 *Scheunemann*, Praktische Anforderungen einer grenzüberschreitenden Verlustberücksichtigung im Konzern in Inbound- und Outboundfällen nach der Entscheidung Marks & Spencer, IStR 2006, 145 ff, 148.

1117 Siehe oben unter 3. Abschnitt VIII. 5. b) aa. „Tatsächliche versus potentielle Verlustverwertungsmöglichkeit".

Grenze nach dem Konzept des EuGH ebenfalls zulässig sein[1118]. Das Gleiche sollte dann gelten, wenn sich nach dem Recht des Staates der Mutterkonzerngesellschaft bei einer ausländischen Tochtergesellschaft ein Verlust ergäbe, nach dem Recht des Staates dieser Tochter aber nicht; diesfalls besteht schließlich keine Verlustberücksichtigungsmöglichkeit im Ausland[1119].

cc. Liquidation und Formwechsel

Um den Kriterien des EuGH zur Verlustverwertungsmöglichkeit im Ansässigkeitsstaat der Tochtergesellschaft hinsichtlich der zeitlichen Dimension und der Beweislast über mehrere Perioden hinweg auszuweichen, wird von der Literatur vorgeschlagen, den Geschäftsbetrieb der betreffenden Tochtergesellschaft durch Liquidation einzustellen[1120]. Darüber hinausgehend wird sogar die Ansicht vertreten, dass bereits das bloße Einstellen der Geschäftstätigkeit der ausländischen Verlusttochter ohne Liquidation nach der Urteilsbegründung des EuGH zu einer Verlustverwertung im Ansässigkeitsstaat der Muttergesellschaft führen sollte[1121].

Der von der hM vertretenen Ansicht, wonach im Zeitpunkt der Liquidation eine Verlustverwertung auf Ebene der Mutterkonzerngesellschaft zu erfolgen hat – wie das in der Rs Marks & Spencer der Fall war –, wird von Vertretern der deutschen Finanzverwaltung entgegengehalten, dass nach deutschem Steuerrecht Liquidationsverluste einer Tochterkonzerngesellschaft (Organgesellschaft) nicht bei der Mutterkonzerngesellschaft (Organträger) steuerwirksam werden; aufgrund dieser Rechtslage für den reinen Inlandsfall, sollte Gleiches auch in Bezug auf Auslandstöchter gelten, da die entsprechenden Vergleichspaare zu bilden wären[1122]. Dabei wird übersehen, dass nach der Konstellation, die der EuGH zu beurteilen hatte, grundsätzlich nicht Liquidationsverluste, sondern Verluste aus Vorperioden betroffen sind. Aber selbst für den Fall, in dem Liquidationsverluste betroffen wären, ist denkbar, dass das Vergleichspaar nicht der Liquidationsfall im Inland gegenüber dem Liquidationsfall im Ausland sein würde, sondern die Verlustverwer-

---

1118 *M. Lang*, The Marks & Spencer Case – The Open Issues Following the ECJ's, ET 2006, 54 ff, 62.

1119 Siehe dazu unten 2. Abschnitt 6. d) „Bestimmung der Höhe des maßgeblichen Verlustes"; *M. Lang*, Marks & Spencer, ET 2006, 62.

1120 *Linn/Reichl/Wittkowski*, Grenzüberschreitende Verlustverrechnung: Möglichkeiten und Grenzen, BB 2006, 630 ff, 634; *Thömmes*, Berücksichtigung von Verlusten ausländischer Tochtergesellschaften, IWB Nr. 24 vom 28. 12. 2005, Fach 11a, 933 ff, 940.

1121 Siehe oben 6. a) „Tatsächliche versus potentielle Verlustverwertungsmöglichkeit"; *Herzig/Wagner*, EuGH-Urteil „Marks & Spencer" – Begrenzter Zwang zur Öffnung nationaler Gruppenbesteuerungssysteme für grenzüberschreitende Sachverhalte, DStR 2006, 1 ff, 8.

1122 *Dötsch/Pung*, Grenzüberschreitende Verlustverrechnung: Muss der deutsche Gesetzgeber wegen der europarechtlichen Entwicklungen reagieren? Der Konzern 2006, 130 ff, 133.

tungsmöglichkeit im Inland ohne Liquidation gegenüber einer Liquidation im Ausland, die erforderlich ist, um die Verlustverwertungsmöglichkeit zu erreichen.

Auch die Überlegung einer Umwandlung oder eines Formwechsels der ausländischen Tochtergesellschaft in eine Personengesellschaft oder Betriebstätte wird in Betracht gezogen, um eine sofortige Verlustverwertung im Ansässigkeitsstaat der Muttergesellschaft zu ermöglichen[1123]. Beispielsweise wäre eine Verschmelzung der Tochtergesellschaft auf die Mutterkonzerngesellschaft denkbar, nach der der Betrieb der Tochter im Ausland als Betriebstätte fortgeführt wird. Gegen diese Option wurde vorgebracht, dass eine Umwandlung oder ein Formwechsel aufgrund der Prinzipien der EG-Fusionsrichtlinie[1124] nicht notwendigerweise zu einem Untergang der Verluste im betreffenden Staat führen, womit den Anforderungen des EuGH nicht genüge getan wäre[1125]. Diesem Vorbringen ist entgegenzuhalten, dass die Verluste uU zwar nicht untergehen, allerdings nicht länger auf Ebene der Tochtergesellschaft oder eines Dritten genutzt werden können. Formal betrachtet können die Verluste nach einer Verschmelzung lediglich von der Muttergesellschaft berücksichtigt werden. Diese Konstellation wurde vom EuGH nicht angesprochen, weshalb im Ansässigkeitsstaat der Muttergesellschaft selbst dann eine sofortige Verlustberücksichtigung gewährt werden sollte, wenn die Verlustberücksichtigungsmöglichkeit im Ansässigkeitsstaat der Tochter (dem nunmehrigen Betriebstättenstaat) noch besteht[1126]. Gerade vor dem Hintergrund, dass Verluste regelmäßig im Stammhausstaat und im Betriebstättenstaat steuerwirksam sind, sollte dies nicht als ungewöhnlich bewertet werden[1127].

Zuletzt sei angemerkt, dass beides, sowohl Formwechsel und Umwandlung als auch Liquidation, von entsprechenden Missbrauchsbestimmungen in den Mitgliedstaaten erfasst werden könnte, deren Schaffung der EuGH in seinem Urteil zu Marks & Spencer ausdrücklich anspricht[1128]. Auch darin ist eine Schwachstelle der Marks & Spencer-Entscheidung zu sehen, dass nämlich ein System geschaffen wird, das absehbar zum Missbrauch motivieren könnte.

[1123] *M. Lang*, Eine erste Analyse, SWI 2006, 10 f; *Thömmes*, Berücksichtigung von Verlusten ausländischer Tochtergesellschaften, IWB Nr. 24 vom 28. 12. 2005, Fach 11a, 940.

[1124] Richtlinie 90/434/EWG des Rates vom 23. 7. 1990 über das gemeinsame Steuersystem für Fusionen, Spaltungen, die Einbringung von Unternehmensteilen und den Austausch von Aktien, die Gesellschaften verschiedener Mitgliedstaaten betreffen zuletzt geändert durch Richtlinie 2003/123/EG des Rates vom 22. 12. 2003.

[1125] *Linn/Reichl/Wittkowski*, Grenzüberschreitende Verlustverrechnung: Möglichkeiten und Grenzen, BB 2006, 630 ff, 635.

[1126] *M. Lang*, Eine erste Analyse, SWI 2006, 10.

[1127] *M. Lang*, Eine erste Analyse, SWI 2006, 10 f.

[1128] EuGH 13. 12. 2005, C-446/03, *Marks & Spencer*, Rn. 57; *Thömmes*, Berücksichtigung von Verlusten ausländischer Tochtergesellschaften, IWB Nr. 24 vom 28. 12. 2005, Fach 11a, 940.

dd. Bestimmung der Höhe des maßgeblichen Verlustes

Eine andere offene Frage, die sich aus der Entscheidung zu Marks & Spencer ergibt, ist, nach welchem Recht das Vorliegen und die Höhe von Verlusten zu prüfen ist. Vor allem betreffend das Vorliegen von Verlusten an sich ergeben sich dabei interessante Fragestellungen, etwa welche zeitlichen Beschränkungen für den Vortrag von Verlusten gelten sollen[1129].

Aus den Überlegungen des EuGH dahingehend, dass die rechtliche Situation britischer Muttergesellschaften, die entweder in- oder ausländische Tochtergesellschaften halten, vergleichbar sein muss, wird abgeleitet, dass bei einer Verwertbarkeit ausländischer Verluste im Ansässigkeitsstaat der Mutterkonzerngesellschaft, deren Höhe nach dem Recht dieses Staates zu erfolgen hat[1130]. Dies geht auch daraus hervor, dass der EuGH zustimmend erwähnt, wie sich die Parteien darauf geeinigt hätten, die Verluste nach britischem Steuerrecht zu berechnen[1131]. Nach diesem Konzept ist auch die österreichische Konzernbesteuerung hinsichtlich der Verwertung ausländischer Verluste ausgelegt[1132]. Interessant ist aber, ob dies auch dann der Fall sein soll, wenn nach dem Recht des Staates, in dem die Tochtergesellschaft ansässig ist, gar kein Verlust anfallen würde, nach dem Recht des Mutterkonzernstaates aber schon[1133]. Nach dem wörtlichen Verständnis des EuGH läge dann ein Verlust vor, der im Staat der Tochterkonzerngesellschaft nicht berücksichtigt werden kann und damit bei der Muttergesellschaft zu verrechnen wäre. Das Gleiche müsste gelten, wenn der Verlust im Sitzstaat der Tochtergesellschaft deshalb nicht berücksichtigt werden kann, weil er nach nationalem Recht dort nicht mit steuerpflichtigem Einkommen in Verbindung steht, etwa aufgrund einer Steuerbefreiung der Tochtergesellschaft[1134].

1129 *J. Hey*, Marks & Spencer und die Zukunft der deutschen Organschaft, GmbHR 2006, 116.

1130 *Dötsch/Pung*, Grenzüberschreitende Verlustverrechnung: Muss der deutsche Gesetzgeber wegen der europarechtlichen Entwicklungen reagieren? Der Konzern 2006, 130 ff, 134; *Herzig/Wagner*, EuGH-Urteil „Marks & Spencer“ – Begrenzter Zwang zur Öffnung nationaler Gruppenbesteuerungssysteme für grenzüberschreitende Sachverhalte, DStR 2006, 1 ff, 8; *J. Hey*, Die EuGH-Entscheidung in der Rechtssache Marks & Spencer und die Zukunft der deutschen Organschaft, GmbHR 2006, 113 ff, 115; *M. Lang*, Marks & Spencer – Eine erste Analyse des EuGH-Urteils, SWI 2006, 3 ff, 9; *Scheunemann*, Praktische Anforderungen einer grenzüberschreitenden Verlustberücksichtigung im Konzern in Inbound- und Outboundfällen nach der Entscheidung Marks & Spencer, IStR 2006, 145 ff, 150.

1131 *Kofler*, Marks & Spencer: Bedingte Verpflichtung zur Hereinnahme von Verlusten ausländischer Tochtergesellschaften, ÖStZ 2006, 48 ff, 53 mit Verweis auf EuGH 13. 12. 2005, C-446/03, *Marks & Spencer*, Rn. 22.

1132 § 9 Abs. 6 Nr. 6 Satz 1 öKStG iVm § 5 Abs. 1 öEStG.

1133 *M. Lang*, The Marks & Spencer Case – The Open Issues Following the ECJ's, ET 2006, 54 ff, 62.

1134 *M. Lang*, Marks & Spencer, ET 2006, 62.

Im Gegensatz zur alleinigen Maßgeblichkeit des Sitzstaatsrechts der Muttergesellschaft für die Bestimmung von Verlusten, die bei ausländischen Tochtergesellschaften anfallen, wurde für das deutsche Steuerrecht die Theorie entwickelt, den Verlust ausgehend von der ausländischen Handelsbilanz, modifiziert um deutsche Steuerrechtsvorschriften, zu bestimmen[1135]. Ob diese Modifizierung nicht ohnehin zum gleichen Ergebnis führt, wie eine Bestimmung allein nach dem jeweils nationalen Recht, ist fraglich und die Theorie, für die keine Begründung angeführt wurde, kaum empfehlenswert.

ee. Die Beweislast für die Unmöglichkeit der Verlustberücksichtigung

Der EuGH hat die Beweislast für die Unmöglichkeit der Verlustverrechnung im Staat der Tochtergesellschaft grundsätzlich der Muttergesellschaft auferlegt[1136]. Wie dieser Nachweis zu führen ist, hat der Gerichtshof nicht näher dargelegt. Während die Beweisführung im Fall der Liquidation der Tochtergesellschaften einfach erscheint, können sich nach einer Übertragung der Verlustgesellschaft auf einen Dritten erhebliche Probleme diesbezüglich ergeben. So wird zumindest für den Veräußerungsfall in der Literatur die Ansicht vertreten, dass die Nachweispflicht unter Verhältnismäßigkeitsgesichtspunkten subsidiär zur amtswegigen Nachforschung durch die Finanzbehörden sein sollte[1137]. Auch in sonstigen Fällen sollte sich die Beweismöglichkeit praktischen Begebenheiten anpassen oder überhaupt auf die Finanzbehörden übergehen. Das ist vor allem deshalb zu fordern, da grundsätzlich keine Bescheinigung über die Unmöglichkeit einer Verlustberücksichtigung ausgestellt werden wird[1138].

Im Lichte der offenen Fragen und Probleme, die sich im Zusammenhang mit der Verlustverwertungsmöglichkeit im Ansässigkeitsstaat der verlusterleidenden Tochtergesellschaft aufwerfen, ist es bemerkenswert, dass der EuGH die EG-Amtshilferichtlinie nicht in Betracht gezogen und den Mitgliedstaaten die Beweislast auferlegt hat[1139]. Der Generalanwalt hat dazu noch eine für die Steuer-

---

1135 *Sedemund/Sterner*, Welche Folgen hat das Urteil „Marks & Spencer“ für das deutsche internationale Steuerrecht? DStZ 2006, 29 ff, 34.

1136 EuGH 13. 12. 2005, C-446/03, *Marks & Spencer*, Rn. 56.

1137 *Englisch*, Anmerkung zu Marks & Spencer, IStR 2006, 22 f, 23; *Scheunemann*, Praktische Anforderungen einer grenzüberschreitenden Verlustberücksichtigung im Konzern in Inbound- und Outboundfällen nach der Entscheidung Marks & Spencer, IStR 2006, 145 ff, 150.

1138 *Scheunemann*, Praktische Anforderungen einer grenzüberschreitenden Verlustberücksichtigung im Konzern, IStR 2006, 150.

1139 *Eicker/Röhrbein*, Marks & Spencer: Die Entscheidung des EuGH und ihre Konsequenzen, Stbg 2006, 117 ff, 119 mit Verweis auf Richtlinie 77/799/EWG des Rates vom 19. 12. 1977 über die gegenseitige Amtshilfe zwischen den zuständigen Behörden der Mitgliedstaaten im Bereich der direkten Steuern, ABl. L 336, 15 geändert durch Richtlinie 2004/56/EG des Rapflichtigen praktischere Lösung vorgesehen, indem er genau das vorgesehen hat[1140]. Die entgegengesetzte Lösung des EuGH erscheint nicht allein aus praktischer Perspektive überraschend; sie widerspricht außerdem bisheriger Rechtsprechung, wonach auch verfahrensrechtliche Hürden die Grundfreiheiten verletzen können[1141]. Nach dieser Rechtsprechung soll dem Steuerpflichtigen eine Beweislast nur dann auferlegt werden, wenn *keine anderen Mittel zur Verfügung* stehen[1142]. Dieser strenge Maßstab wäre für Situationen wie im Fall Marks & Spencer nicht erfüllt.

Allerdings könnte aus der Formulierung des EuGH, wonach eine Verlustverrechnung über die Grenze geboten sein soll „[*sofern*] die gebietsansässige Muttergesellschaft gegenüber den Steuerbehörden nachweist"[1143] (Hervorhebungen durch den Verfasser), dass keine Verlustverrechnung im Staat der Tochtergesellschaft möglich ist, eine Auslegung abgeleitet werden, die mit der bisherigen EuGH-Rechtsprechung übereinstimmt. Neben „sofern" gibt es schließlich noch eine Restmenge, im konkreten Kontext eine zusätzliche Beweislast oder zumindest eine Beweismöglichkeit durch die Finanzbehörden, die unter Verhältnismäßigkeitsgesichtspunkten zu einem Muss wird. Der EuGH könnte durch die Art seiner Formulierung lediglich ausdrücken wollen, dass dem Steuerpflichtigen eine aktive Rolle für den Nachweis der unmöglichen Verlustverrechnung zukommen soll[1144].

ff. Verlustverwertung bei einem Dritten

Hinsichtlich der Verlustverwertung bei einem Dritten stellt sich das Problem, wie die Muttergesellschaft nachweisen soll, dass die Erfordernisse einer Berücksichtigung der Verluste beim Dritten nicht mehr erfüllt sind[1145]. In diesem Punkt zeigt sich aber – unabhängig von der Beweislastthematik – sehr deutlich, dass die Verhältnismäßigkeitsprüfung des EuGH nicht konsequent durchdacht ist. Besteht nämlich nach einer Übertragung die Verlustverwertungsmöglichkeit weiterhin, sprich führen Regelungen vergleichbar den Mantelkaufbestimmungen nicht zum Untergang der Verluste, kann der Verlust in der *Konzerngruppe des Dritten* verwertet werden (dort entweder auf Ebene der Tochter oder einer anderen Konzerngesellschaft des Dritten). Geht die Verlustverrechnungmöglichkeit allerdings un-

---

tes vom 21. 4. 2004, ABl. L 127, 70; so auch *Englisch*, Anmerkung zu Marks & Spencer, IStR 2006, 22 f, 23.

1140 Generalanwalt Poiares Maduro, Schlussanträge vom 7. 4. 2005, C-446/03, *Marks & Spencer plc gegen David Halsey (HM Inspector of Taxes)*, www.curia.eu.int, Rn. 81.

1141 *M. Lang*, Marks & Spencer, ET 2006, 64 f mwN.

1142 *M. Lang*, Marks & Spencer, ET 2006, 65 mit Verweis auf EuGH, Urteil vom 28. 1. 1992, C-204/90, *Hanns-Martin Bachmann gegen Belgischen Staat*, Slg 1992, I-249, Rn. 18 ff.

1143 EuGH 13. 12. 2005, C-446/03, *Marks & Spencer*, Rn. 56.

1144 *M. Lang*, Marks & Spencer, ET 2006, 65.

1145 *M. Lang*, Eine erste Analyse, SWI 2006, 10.

ter, weil Mantelkaufregelungen sie beschränken, können die Verluste doch in der *ursprünglichen Konzerngruppe* genutzt werden, die die Tochtergesellschaft veräußert hat. Diese Konzerngruppe hat nach der Veräußerung nichts mehr dazu beigetragen, dass die Verluste verwertbar sind oder nicht, steht aber je nach Verhalten des Erwerbers wirtschaftlich vollkommen anders da. Somit hat der EuGH ein Konzept geschaffen, das willkürlich ist und als Gesetzesakt vor dem Hintergrund des Sachlichkeitsgebotes in seiner Anwendbarkeit hinterfragt werden müsste.

Die nächste Inkonsistenz in diesem Zusammenhang ergibt sich direkt aus der Urteilsbegründung des EuGH zu Marks & Spencer: Für die Frage, ob die Niederlassungsfreiheit verletzt ist, stellt der EuGH auf den *Liquiditätsnachteil* ab, der sich in der Konzerngruppe daraus ergibt, dass Verluste ausländischer Töchter im Gegensatz zu solchen inländischer Töchter nicht verrechnet werden können[1146]. Daraus leitet der EuGH eine Beschränkung der Niederlassungsfreiheit der Mutterkonzerngesellschaft ab[1147]. Fraglich ist daher, weshalb ein Ausscheiden der Tochter aus der Konzerngruppe nicht Anlass dazu geben müsste, dass nunmehr Verluste dieser Tochter auf Ebene der Muttergesellschaft steuerlich berücksichtigt werden. Andernfalls erleidet die Mutterkonzerngesellschaft viel mehr als lediglich einen Liquiditätsnachteil; die Verluste, die in einem Zeitpunkt entstanden sind, als die Tochter zum Konzernergebnis beigetragen hat, sind möglicherweise für immer wertlos geworden. Hier zeigt sich vor allem die Diskrepanz daraus, dass der EuGH im Lichte seiner bisherigen Rechtsprechung einerseits Einschränkungen der grenzüberschreitenden Verlustverrechnung nicht gänzlich als gemeinschaftsrechtskonform anerkennen konnte, andererseits aber politischem Druck von Seiten der Mitgliedstaaten ausgesetzt war.

gg. Resümee zur Verlustnutzungsmöglichkeit im Ansässigkeitsstaat der Tochtergesellschaft

Aus den bisherigen Ausführungen ergibt sich, dass es rätselhaft bleibt, wie Jahre nach der Verlustentstehung die Unmöglichkeit der Verlustverwertung nachgewiesen werden soll, etwa dann, wenn die betreffende Tochtergesellschaft im Ausland übertragen, dort auf den Erwerber verschmolzen und erst nach langer Zeit im Zuge einer Betriebsprüfung die Verlustverwertung versagt wird[1148]. Im Lichte dieser sehr schwierig erscheinenden Handhabbarkeit des Konzepts, das der EuGH entwickelt hat, ist die Schlussfolgerung zu ziehen, dass extreme Ungleichheiten auftreten werden, die im Falle eines Gesetzesaktes als Verletzung verfassungsrechtli-

---

[1146] EuGH 13. 12. 2005, C-446/03, *Marks & Spencer*, Rn. 32.

[1147] EuGH 13. 12. 2005, C-446/03, *Marks & Spencer*, Rn. 33.

[1148] *M. Lang*, Eine erste Analyse, SWI 2006, 10; *ders.*, Marks and Spencer – more questions than answers: an analysis of the Opinion delivered by Advocate General Maduro, EC Tax Review 2005, 95 ff, 98 f; *Sutter*, Pauschales Verbot grenzüberschreitenden Verlustabzugs – Verstoß gegen Niederlassungsfreiheit – Anmerkung, EuZW 2006, 87 f, 88.

cher Grundprinzipien gewertet werden würden. Schließlich kann es sein, dass die gleiche Art der Übertragung einer Tochtergesellschaft je nach nationalen Rechtsvorschriften entweder zum sofortigen Verfall oder zum Fortbestehen der Verlustverwertungsmöglichkeit führt. Im zweiten Fall wäre über Jahre hinweg zu verfolgen, ob die Verwertungsmöglichkeit noch aufrecht ist oder nicht. Trotz wirtschaftlich gleicher Situation, ist damit eine extrem unterschiedliche rechtliche Konsequenz gegeben. Die Entscheidung des EuGH steht zwar nicht direkt unter einem Verfassungsvorbehalt, die konkrete gesetzliche Umsetzung seines Konzepts in den Mitgliedstaaten allerdings schon. Diese sollte daher bezüglich der Verwertungsmöglichkeit im Ausland andere Maßstäbe setzen als jene, die der Gerichtshof vorgibt. Eine für den Steuerzahler negative Variante wäre freilich, die Verlustverrechnungsmöglichkeit insgesamt einzuschränken, auch im innerstaatlichen Kontext. Diesfalls müsste man sich den Ausführungen des EuGH nicht näher zuwenden. Problematisch könnte eine solche Regelung aus rechtlicher Sicht aufgrund des Leistungsfähigkeitsprinzips sein, aus wirtschaftlicher Sicht aufgrund einer eingeschränkten Wirtschaftskraft nationaler Konzerne, die gut beraten wären, ihren Tätigkeitsschwerpunkt in andere Staaten zu verlagern.

Generell wurde kritisiert, dass das Konzept des EuGH in Zukunft eher dazu motivieren wird, verlusterleidende Tochterkonzerngesellschaften zu liquidieren, anstatt sie zu sanieren[1149]. Gerade im Hinblick auf Start-Ups und Tochtergesellschaften mit hohen Entwicklungsausgaben ist das bedauerlich.

c) Kritik an der Verhältnismäßigkeitsprüfung in Marks & Spencer

Im Fall Marks & Spencer hat das Konzept, das der EuGH mit Verweis auf den Verhältnismäßigkeitsgrundsatz erstellt hat, folgende Probleme mit sich:

aa. Einführung neuer Diskriminierungen durch das Konzept des EuGH

Der aus gemeinschaftsrechtlicher Sicht problematische Punkt im Konzept, das der EuGH entwickelt hat, liegt darin, dass Mutterkonzerngesellschaften Verluste von ausländischen Tochtergesellschaften erst dann nutzen können, wenn diese sie nicht selbst verwerten können, während Verluste von inländischen Tochtergesellschaften sofort genutzt werden können. Damit wird eine Schlechterstellung geschaffen, die für sich selbst der Niederlassungsfreiheit zuwiderläuft, da sie Auslandssachverhalte gegenüber Inlandssachverhalten benachteiligt[1150]. Ein Verlust,

---

1149 *Wernsmann/Nippert*, Gemeinschaftsrechtliche Vorgaben für die grenzüberschreitende Verlustberücksichtigung im Konzern, FR 2006, 153 ff, 160.

1150 *J. Hey*, Die EuGH-Entscheidung in der Rechtssache Marks & Spencer und die Zukunft der deutschen Organschaft – Haben die Mitgliedstaaten den EuGH domestiziert? GmbHR 2006, 113 ff, 116; *Kofler*, Marks & Spencer: Bedingte Verpflichtung zur Hereinnahme von Verlusten ausländischer Tochtergesellschaften, ÖStZ 2006, 48 ff, 53; *Wernsmann/Nippert*, Gemeinschaftsrechtliche Vorgaben für die grenzüberschreitende Verlustberücksichtigung im der sofort genutzt werden kann, ist wertvoller als ein Verlustvortrag, dessen Wert wiederum mit der zeitlichen Entfernung seiner Verwertungsmöglichkeit abnimmt; gerade darin besteht die „Essenz" der Verlustverrechnung im Konzern[1151]. Der Liquiditätsnachteil, der sich aus einer höheren Bemessungsgrundlage bei der Konzernmuttergesellschaft trotz Verlusten von Konzerntöchtern ergibt, kann zudem auch durch eine spätere Verlustverwertung bei den Töchtern im Ausland zumeist nicht ausgeglichen werden[1152]. Originell an der Hinnahme eines Liquiditätsnachteils im Zuge einer Verhältnismäßigkeitsprüfung durch den EuGH ist der offene Widerspruch zur Erkenntnis des Gerichtshofs in der gleichen Entscheidung, nach der die fehlende grenzüberschreitende Verlustverrechnung einen gemeinschaftsrechtswidrigen Liquiditätsnachteil verursacht[1153]. Unter dem Eindruck der Zulassung einer Diskriminierung durch den EuGH wird auch von einem „Rückschlag im Vergleich zu seiner bisherigen Rechtsprechung" gesprochen[1154].

Nicht nur der Liquiditätsnachteil an sich ist aus gemeinschaftsrechtlicher Sicht problematisch, auch der enorme Verwaltungsaufwand sowie Planungsunsicherheiten bringen eine Benachteiligung hinsichtlich ausländischer Verluste im Konzern, die mit der Niederlassungsfreiheit nicht vereinbar sein sollten[1155].

bb. Verfehlte Anwendung des Verhältnismäßigkeitsgrundsatzes

Zu Beginn seiner Verhältnismäßigkeitsprüfung führt der EuGH an, dass ihm von Seiten der Kommission und Marks & Spencer plc zwei Modelle zur Verwertung von Verlusten ausländischer Konzerntöchter im Ansässigkeitsstaat der Mutter-

---

Konzern, FR 2006, 153 ff, 159; so schon nach den Schlussanträgen des GA zu Marks & Spencer *Herzig/Englisch/Wagner*, Verluste ausländischer Konzerntöchter, Der Konzern 2005, 311; *M. Lang*, Marks and Spencer, EC Tax Review 2005, 98 f; *Nagler*, Grenzüberschreitende Verlustverrechnung: Geht dem „Motor der Europäischen Integration" der Sprit aus? – Zum Schlussantrag des Generalanwalts Poiares Maduro in der Rs. Marks & Spencer, GmbHR 2005, R145 f, R146; *Meussen*, Cross-Border Relief in the European Union following the Advocate General's Opinion in the Marks & Spencer Case, ET 2005, 282 ff, 284; *Petritz/Schilcher*, Marks & Spencer – Erste Erkenntnisse aus dem Schlussantrag von Generalanwalt M. Poires Maduro, SWI 2005, 239 ff; *Thömmes*, Verluste ausländischer Tochtergesellschaften, IWB Nr. 8 vom 27. 4. 2005, Fach 11a, 854.

1151 *Meussen*, Cross-Border Relief in the European Union following the Advocate General's Opinion in the Marks & Spencer Case, ET 2005, 282 ff, 284.

1152 Vgl zum wirtschaftlichen Hintergrund dieser Schlussfolgerung schon oben *E. Lechner*, Die Auswirkungen des EU-Rechts auf die Befreiung von Verlusten, in Gassner/Lang/Lechner (Hrsg) EU-Recht, 95; allgemein oben 3. Abschnitt VI. a) und b).

1153 EuGH 13. 12. 2005, C-446/03, *Marks & Spencer*, Rn. 32; *J. Hey*, Marks & Spencer und die Zukunft der deutschen Organschaft, GmbHR 2006, 116.

1154 *Kofler*, Marks & Spencer, ÖStZ 2006, 53.

1155 Ähnlich *Müller/Müller*, Begrenzte Möglichkeiten einer grenzüberschreitenden Verlustanrechnung – eine Nachbetrachtung zur EuGH-Entscheidung in der Rechtssache Marks & Spencer, GmbHR 2006, 301 ff, 302.

konzerngesellschaft vorgeschlagen wurden[1156]. Beide Vorschläge wurden als weniger einschneidende Alternativen zur gänzlichen Versagung der Verlustverwertung angeführt: Die erste Alternative macht den Verlustabzug davon abhängig, dass die ausländische Tochtergesellschaft sämtliche in ihrem Ansässigkeitsstaat bestehenden Möglichkeiten zur Berücksichtigung von Verlusten ausgeschöpft hat. Die zweite Alternative sieht die sofortige Verlustverwertung im Ansässigkeitsstaat der Mutterkonzerngesellschaft vor, bedingt durch eine Gewinnhinzurechnung dieser Verluste falls die Tochtergesellschaft später Gewinne erwirtschaftet.

Der EuGH hat seine Lösung auf den ersten Vorschlag gestützt, allerdings mit der entscheidenden Zusatzanforderung einer Unmöglichkeit der *zukünftigen* Verwertung der betreffenden Verluste im Staat der Tochtergesellschaft. Mit dieser Erweiterung des Modells ist es beträchtlich einschneidender als das zweite der beiden vorgeschlagenen Modelle. So wird von Herzig/Wagner zu Recht kritisiert, dass im Hinblick auf die im Urteil angeführten Interessen die Wahl für das Modell mit sofortiger Verlustverwertung gekoppelt mit einer Hinzurechnungsbesteuerung hätte ausfallen müssen[1157]. Bestimmt wäre dieses Modell mit einem höheren Verwaltungsaufwand seitens der Finanzbehörden verbunden, doch ist dies oft das Ergebnis der Durchsetzung verhältnismäßigerer Mittel. Der simple unkomplizierte Weg ist meist einer, der notwendige Differenzierungen übergeht und komplexe Verhältnisse nicht entsprechend berücksichtigt. Die oben aufgezeigte neue Diskriminierung, die der EuGH infolge des von ihm entwickelten Verlustverrechnungsmodells geschaffen hat, sind anschauliches Beispiel dafür[1158].

Schließlich fehlt bei der Verhältnismäßigkeitsprüfung des EuGH in Marks & Spencer die Angemessenheitsprüfung:, nach der die Vorteile, die sich aus der Erreichung der jeweiligen Rechtfertigungsgründe ergeben, die Beeinträchtigung der Niederlassungsfreiheit überwiegen müssten[1159]. Dabei wäre demnach zu fragen, ob etwa die Gefahr einer doppelten Verlustnutzung der Beschränkung einer Verlustverrechnung über die Grenze überwiegt. Vor dem Hintergrund, dass auf nationaler Ebene der Mitgliedstaaten an der Konsolidierung von Konzernen ein wichtiges Anliegen ist, müsste dasselbe für den Binnenmarkt zwischen den Mitgliedstaaten gelten.

Zusammenfassend ist daher mit Bezug auf die Grundprinzipien des Verhältnismäßigkeitsgrundsatzes generell anzumerken, dass die Erforderlichkeit der Mittel:, die das EuGH-Konzept festlegt, nicht gegeben ist, da es mildere Mittel gäbe, um

---

1156 EuGH 13. 12. 2005, C-446/03, *Marks & Spencer*, Rn. 54.

1157 *Herzig/Wagner*, EuGH-Urteil Marks & Spencer – Grenzüberschreitende Verlustverrechnung in der Gruppe, Der Konzern 2006, 176 ff, 179.

1158 Siehe oben 3. Abschnitt VIII. 7. a) „Liquiditätsnachteil als neu eingeführte Diskriminierung“.

1159 *Frenz*, Europäische Grundfreiheiten, Rn. 533.

die vom Gerichtshof angeführten negativen Folgen abzuwehren. Wie Herzig/Englisch/Wagner bemerken „[sind] die Ausführungen des Generalanwalts vom erkennbaren Bemühen getragen, die verbleibenden nationalen Steuerhoheiten zu respektieren und die fiskalischen Auswirkungen [...] zu minimieren“[1160]. Dasselbe kann über das Urteil des EuGH in der Rs Marks & Spencer gesagt werden. Der Weg, den der EuGH eingeschlagen hat, um diesem Bemühen nachzukommen, scheint allerdings mehr Fragen aufgeworfen zu haben, als er beantwortet hat und kann daher als „Steine statt Brot“ angesehen und als möglicher „Pyrrhussieg“ bezeichnet werden, da die gesetzlichen Maßnahmen in den Mitgliedstaaten in Reaktion auf die EuGH-Entscheidung einschneidender sein könnten als derzeitige Konzepte, vor allem für den rein innerstaatlichen Bereich[1161].

6. Schlussfolgerungen für die grenzüberschreitende Verlustverrechnung im Konzern in der EU

Für die Gesetzgebung im Vereinigten Königreich wird bereits spekuliert, dass strengere Beweislastregeln für Mutterkonzerngesellschaften eingeführt werden könnten[1162]. Dabei müssten derartige Verschärfungen bei der Beweislast dem Verhältnismäßigkeitsgrundsatz entsprechen, weshalb die Befürchtung abgeschwächt wird. Außerdem wird spekuliert, dass Niedrigsteuerländer die Verlustverwertungsmöglichkeiten stark einschränken könnten, um Investoren aus Hochsteuerländern anzulocken[1163].

Die Entscheidung zu Marks & Spencer hat bestätigt, dass die Einschränkung der grenzüberschreitenden Verlustverrechnung im Konzern eine Verletzung der Niederlassungsfreiheit darstellt. Im konkreten Fall kam der EuGH zum Ergebnis, dass eine Rechtfertigung der Einschränkung möglich ist und begründet dies in einer Art, dass die Rechtfertigung als Regelfall anzusehen ist. Als direkte Folge der Entscheidung zu Marks & Spencer wird die Liquidation und Umstrukturierung von Tochtergesellschaften von zentraler Bedeutung sein, um ausländische Verlus-

---

1160 *Herzig/Englisch/Wagner*, Marks & Spencer, Der Konzern 2005, 309.

1161 So zu den Schlussanträgen des GA Poiares Maduro: *Craig/Hurk/Lyons/Rainer/Roels/Thömmes/Tomsett*, Advocate General Backs Marks & Spencer's Claim For Loss Relief, TNI vom 18. 4. 2005, 195 ff, 197; *M. Lang*, Marks and Spencer – more questions than answers: an analysis of the Opinion delivered by Advocate General Maduro, EC Tax Review 2005, 95 ff, 99 f; *Meussen*, Cross-Border Relief in the European Union following the Advocate General's Opinion in the Marks & Spencer Case, ET 2005, 282 ff, 284; *Thömmes*, Verluste ausländischer Tochtergesellschaften, IWB Nr. 8 vom 27. 4. 2005, Fach 11a, 854.

1162 *Johnson*, Dowdy Retailer v. Revenue – Narrowing The Goal Posts, TNI, März 2006, 1053 ff, 1054.

1163 *Jahn*, Verluste ausländischer Tochtergesellschaften sind nur in engen Grenzen verrechenbar, Praxis Internationale Steuerberatung 2006, 4 ff, 6.

te in zeitlicher Nähe zu deren Entstehung nutzen zu können[1164]. Missbrauchsregelungen als Antwort auf derartige Planungsmaßnahmen dürfen dabei nicht allgemeine Fälle typisierend aufnehmen, sondern müssen gezielt auf Konstruktionen, die keine Substanz haben, abzielen[1165]. Mittelfristig wird sich zeigen, ob der Ansatz des EuGH in Marks & Spencer generell für die grenzüberschreitende Verlustverrechnung im Konzern anwendbar ist. Dazu wird vor allem die Entscheidung in Oy Esab beitragen, bei der es zwar technisch gesehen um die grenzüberschreitende Zurechnung von Gewinnen geht, wirtschaftlich aber die Verlustnutzung über die Grenze betroffen ist.

In der Literatur wird die Ansicht vertreten, dass die Entscheidung zu Marks & Spencer politisch motiviert war und darin die Ursache für die neuartige Urteilsbegründung durch ein Abweichen von gefestigter Rechtsprechung liegt[1166]. Lässt dieser Druck wieder nach, könnte eine Rückkehr zu „alten" Grundsätzen möglich sein. In diesem Zusammenhang überrascht es, dass Teile der Literatur die Entscheidung des EuGH, die einerseits Unklarheit und Planungsunsicherheit für die Praxis bringt und andererseits in Widerspruch zur bisherigen Rechtsprechung des Gerichtshofs steht, als ausgewogen und klug bezeichnen[1167]. Abschließend sei darauf verwiesen, dass sogar Vertreter der Finanzverwaltung es als bedauerlich ansehen, dass der EuGH seine binnenmarktfördernde Rechtsprechung zum Steuerrecht zurückgenommen hat, da gerade dadurch die Harmonisierung der Ertragsbesteuerung vorangetrieben wurde[1168].

1164 *J. Hey*, Die EuGH-Entscheidung in der Rechtssache Marks & Spencer und die Zukunft der deutschen Organschaft – Haben die Mitgliedstaaten den EuGH domestiziert? GmbHR 2006, 113 ff, 117.

1165 EuGH, Urteil vom 16. 7. 1998, C-264/96, *Imperial Chemical Industries plc (ICI) gegen Kenneth Hall Colmer (Her Majesty's Inspector of Taxes)*, Slg 1998, I-4695, Rn. 26; *J. Hey*, Marks & Spencer und die Zukunft der deutschen Organschaft, GmbHR 2006, 117; siehe ausführlich dazu oben 2. Abschnitt IV. 4. „Steuerumgehung".

1166 *Herzig/Wagner*, EuGH-Urteil Marks & Spencer – Grenzüberschreitende Verlustverrechnung in der Gruppe, Der Konzern 2006, 176 ff; *M. Lang*, Marks & Spencer – Eine erste Analyse des EuGH-Urteils, SWI 2006, 3 ff, 8.

1167 *Balmes/Brück/Ribbrock*, Das EuGH-Urteil Marks & Spencer: Grenzüberschreitende Verlustnutzung kommt voran! BB 2006, 186 ff; *Thömmes*, Die erste Seite EWS 2006, Heft 1.

1168 *Saß*, Nochmals: Zur Berücksichtigung von Verlusten ausländischer Tochtergesellschaften in der EU, DB 2006, 123 ff, 127.

Ergebnisse

Im Folgenden werden die wichtigsten Ergebnisse dieser Arbeit zusammengefasst dargestellt. Erst werden dabei zuerst Aspekte bezüglich der allgemeinen Grundsätze aus EuGH-Rechtsprechung und Literatur zu Fragestellungen hervorgehoben, die für die grenzüberschreitende Verlustverrechnung innerhalb der EU von Bedeutung sind (siehe 1. bis 11.), bevor schließlich die wesentlichen Resultate zum Thema dieser Arbeit zusammengefasst werden. Diese beziehen sich darauf, welche Auswirkung das Gemeinschaftsrecht auf die steuerliche grenzüberschreitende Verlustverrechnung hat, einerseits bei einem Steuerpflichtigen (siehe 12. und 14.) und anderseits innerhalb des Konzerns (siehe 15. bis 20):

1. Im Zusammenhang mit der rechtlichen Wirkung von EuGH-Urteilen ist insbesondere deren **zeitlicher Wirkungsrahmen** für steuerrechtliche Fälle von großer Relevanz. Grundsätzlich gilt die Auslegung des EuGH zeitlich gesehen auch für Sachverhalte, die sich vor dem betreffenden Urteil ereignet haben. Nationale Vorschriften, die gegen Gemeinschaftsrecht verstoßen, sind schließlich seit ihrem Inkrafttreten gemeinschaftsrechtswidrig, weshalb sämtliche davon betroffene Sachverhalte neu zu beurteilen wären. Der EuGH hat diese Rückwirkung allerdings entscheidend eingeschränkt: Sie soll dann nicht gelten, wenn die Rechtslage vor Erlass des Urteils zumindest unklar war, und wenn schwerwiegende – vor allem finanzielle – Folgen für gutgläubig begründete Rechtsverhältnisse in der Vergangenheit zu befürchten sind. Die Einschränkung einer möglichen Rückwirkung muss im jeweiligen EuGH-Urteil explizit vorgenommen werden. GA Léger und GA Maduro haben in ihren jeweiligen Schlussanträgen zu Ritter-Coulais und Marks & Spencer keine zeitliche Einschränkung der Urteilswirkungen nahe gelegt, genauso wenig wie der EuGH in seiner Entscheidung zu Marks & Spencer.

2. Für die Anwendung von Gemeinschaftsrecht ist das Vorhandensein eines **grenzüberschreitenden Elements** von zentraler Bedeutung. Während der EuGH in einer früheren Rechtsache (Werner, C-112/91) dieses Element restriktiv prüfte, wird im Anschluss an Generalanwalt Geelhoed in der Rs Schempp ein weiteres Verständnis zugelassen. GA Geelhoed hat ein grenzüberschreitendes Element schon dann als gegeben angenommen, wenn *Zweifel bestehen*, ob es sich um einen rein innerstaatlichen Sachverhalt handelt. Nach Ansicht des Generalanwalts sollte der Begriff des internen Sachverhaltes nämlich „nur in völlig offensichtlichen Fällen verwendet werden“. Diesem Verständnis, das mit der hM übereinstimmt, ist GA Léger in seinen Schlussanträgen zur Rs Ritter-Coulais bedauerlicherweise nicht gefolgt.

3. Für Zwecke der Prüfung, ob eine Diskriminierung oder eine Beschränkung (siehe sogleich unter 4.) vorliegt, die eine der Grundfreiheiten verletzt, sind **Vergleichspaare** zu bilden. Dabei ist entscheidend, dass die jeweiligen Paa-

re nicht generell, sondern nur bezogen auf bestimmte Aspekte vergleichbar sein müssen; der EuGH nimmt eine fokussierte Diskriminierungsprüfung vor, bei der bereits die Behandlung generell unterschiedlicher Vergleichspaare in einem gewissen Punkt diskriminierend sein kann, wenn bezogen auf diesen Punkt eine Vergleichbarkeit besteht. Die Vergleichbarkeit hat dabei sowohl tatsächliche als auch rechtliche Rahmenbedingungen in Betracht zu ziehen.

4. Nach der Art, wie eine unzulässige Beschränkung festzustellen ist, ergibt sich auch für die **Beschränkungsverbote** eine **Diskriminierungsprüfung**. Der EuGH bildet nämlich auch hier, genau wie bei der Feststellung, ob ein Diskriminierungsverbot verletzt ist, ein Vergleichspaar; er prüft daher auch in diesem Kontext eine Ungleichbehandlung. Schon aus der Gebhard-Formel lässt sich ableiten, dass sich auch Beschränkungsverbote gegen Ungleichbehandlungen richten, da auch dort Vorschriften als gemeinschaftsrechtswidrig angesehen werden, die die Ausübung der Grundfreiheiten behindern oder *weniger* attraktiv machen. Bezeichnend kommt diese Diskriminierungsprüfung bei Beschränkungen in den Schlussanträgen des GA Alber zu Bosal heraus: der Generalanwalt beurteilte eine Ungleichbehandlung, die auf die Staatbürgerschaft abstellt, als Diskriminierung, jede andere Ungleichbehandlung als Beschränkung, und prüft schließlich, ob die Niederlassungsfreiheit durch eine *Beschränkung* verletzt war, indem er ein *Vergleichspaar* bildet.

5. Steht fest, dass eine gegen die Grundfreiheiten verstoßende Diskriminierung oder Beschränkung vorliegt, könnte diese gerechtfertigt sein, entweder durch so genannte **geschriebene oder ungeschriebene Rechtfertigungsgründe**. Die Geschriebenen sind jene, die ausdrücklich bei den jeweiligen Grundfreiheiten im Vertrag angeführt sind, die Ungeschriebenen ergeben sich aus dem vom EuGH entwickelten *rule of reason*-Test. Während teilweise noch vertreten wird, dass die geschriebenen Rechtfertigungsgründe für unzulässige Diskriminierungen anzuwenden sind, die ungeschriebenen hingegen für unzulässige Beschränkungen, macht der EuGH für den Bereich der direkten Steuern keine klare Unterscheidung zwischen der Anwendung ungeschriebener und geschriebener Rechtfertigungsgründe; er prüft beide Arten von Rechtfertigungen sowohl beim Vorliegen einer Diskriminierung als auch beim Vorliegen einer Beschränkung. In der Literatur wird sogar vertreten, dass die geschriebenen Rechtfertigungsgründe bei steuerlichen Diskriminierungen gänzlich an Bedeutung verloren haben und anderseits behauptet, dass die ungeschriebenen Rechtfertigungsgründe möglicherweise auch auf die Diskriminierungsverbote anzuwenden sind. Daraus und aus der EuGH Rechtsprechung zu Rechtfertigungen im Bereich direkter Steuern er-

gibt sich, dass vor allem die ungeschriebenen Rechtfertigungsgründe für diesen Bereich von Bedeutung sind.

6. Maßstab der Rechtfertigungsprüfung ist der Verhältnismäßigkeitsgrundsatz. Danach muss eine einschränkende Maßnahme dem Rechtfertigungsgrund dienen und zu dessen Erreichung geeignet, erforderlich sowie angemessen sein. Hervorzuheben ist dabei die Erforderlichkeit:. Sie schreibt vor, dass **kein milderes Mittel** zur Verfügung steht, das den angestrebten Erfolg **mit weniger starken** Beeinträchtigungen **genauso effektiv** erreichen könnte. Diese Voraussetzung des Verhältnismäßigkeitsgrundsatzes ist von entscheidender Bedeutung für die Prüfung, ob Einschränkungen der grenzüberschreitenden Verlustverrechnung verhältnismäßig sind.

7. Schon bald nach dem Bachmann-Urteil wurde der **Rechtfertigungsgrund der Kohärenz**, der in diesem Urteil entwickelt wurde, als eine **Leerformel** angesehen. Dies wurde, insbesondere von Knobbe-Keuk, damit begründet, dass der als kohärent angesehene Ausgleich von steuerlichen Vor- und Nachteilen nicht aufgrund der vom EuGH erstellten Annahmen eingetreten war: Der Gerichtshof ging davon aus, dass sich der *entscheidende Ausgleich* steuerlicher Vor- und Nachteile *daran orientiert*, ob an eine *inländische* oder eine *ausländische Versicherungsgesellschaft geleistet wird*, obwohl es der Wohnsitz des Versicherten war, der als ausschlaggebend angesehen hätte werden müssen; schließlich war es der Wohnsitz des Versicherungsnehmers, der infolge der Anwendung von DBA-Regelungen maßgeblich dafür war, ob eine Besteuerung oder Nichtbesteuerung eingetreten wäre. Dennoch entwickelte der EuGH in weiterer Folge den strengen Maßstab, der heranzuziehen ist, um eine Rechtfertigung nach dem Kohärenzprinzip zuzulassen, die so genannte Bachmann-Verknüpfung. Danach kann eine Beeinträchtigung der Grundfreiheiten gerechtfertigt sein, wenn sie eine Benachteiligung bewirkt, die bei ein und demselben Steuerpflichtigen, in der gleichen Steuerart und in einem zusammenhängenden Sachverhalt mit einem Vorteil ausgeglichen wird. Die GA Kokott und Maduro versuchen durch ein flexibleres Verständnis dieser Bachmann-Verknüpfung, das Kohärenzprinzip weiter auszulegen und als Rechtfertigung zuzulassen; konkret soll der vom EuGH geforderte Zusammenhang nur Indiz sein, nicht Erfordernis, um eine Rechtfertigung nach dem Kohärenzprinzip zu ermöglichen. Es ist auf das Ziel der betreffenden Regelungen abzustellen und der strenge Zusammenhang vor dem Hintergrund der betroffenen Steuerrechtsordnungen flexibler anzuwenden. Bisher ist der EuGH den Generalanwälten darin nicht gefolgt.

8. Im Zuge der Vergleichspaarbildung, also **auf Tatbestandsebene**, hat der EuGH in jüngster Rechtsprechung einen Weg gefunden, den **Gedanken des Kohärenzprinzips gelten zu lassen**, um eine gemeinschaftsrechtswidrige Diskriminierung abzulehnen. Mit Argumenten, die eine Wahrung der steuer-

lichen Kohärenz begründen, schloss der EuGH in einer jüngeren Entscheidung (Schempp, C-403/03) die Vergleichbarkeit der grenzüberschreitenden Situation mit dem reinen Inlandsfall aus. Diese Entwicklung wurde in der Literatur kritisiert. Ob es bei einer Einzelentscheidung bleibt, wird sich erst zeigen.

9. Das **Territorialitätsprinzip** ist vom EuGH in seinem Urteil zu Futura Participations herangezogen worden, um eine Beeinträchtigung der Niederlassungsfreiheit auszuschließen. Obwohl es dort nicht als Rechtfertigungsgrund, sondern als Tatbestandselement angewendet wurde, ist es seither als ein Rechtfertigungsgrund vom EuGH akzeptiert worden. Aus der Rechtsprechung des EuGH, insbesondere aus seinem Urteil zur Rechtssache Bosal (C-168/01), ist allerdings abzuleiten, dass sich grundsätzlich **nur der Quellenstaat** auf diesen Rechtfertigungsgrund berufen kann.

10. **Ausländische negative Einkünfte** eines unbeschränkt Steuerpflichtigen sind grundsätzlich mit anderen positiven Einkünften **ausgleichsfähig**. In der Literatur ist es für das **internationale Steuerrecht** (unter Ausklammerung des EG-Rechts) umstritten, ob sich etwas anderes ergeben kann, wenn die Befreiungsmethode eines DBA zur Vermeidung der Doppelbesteuerung vorgesehen ist. Auch die Rechtsprechung ist nicht einheitlich: Während der BFH für Deutschland in Anknüpfung an den RFH ein Verlustausgleichsverbot aus der Befreiungsmethode ableitet, gehen die Verwaltungsgerichtshöfe in Luxemburg und Österreich davon aus, dass trotz Befreiungsmethode die Möglichkeit der Verrechnung ausländischer negativer Einkünfte mit positiven Einkünften bestehen muss; beide leiten das aus dem innerstaatlichen Recht ab, der Luxemburger Cour administrative zusätzlich aus dem Gemeinschaftsrecht.

11. Die Entscheidung des EuGH in der Rechtssache AMID (C-141/99) wurde von der hM als Bestätigung dafür angesehen, dass eine **grenzüberschreitende Verlustverrechnung gemeinschaftsrechtlich bedingt** ist. Dem wurde allerdings entgegengehalten, dass in AMID inländische Verluste betroffen waren und nicht die Verrechnung ausländischer Verluste in Frage gestellt wurde. Diese Position übersieht allerdings, dass der EuGH in seiner Urteilsbegründung zu AMID gerade die steuerliche Situation der Verlustverrechnung eines Steuerpflichtigen mit einer inländischen Betriebstätte und die Situation eines Steuerpflichtigen mit einer ausländischen Betriebstätte verglichen hat. Dabei ist es dem Gerichtshof nicht darauf angekommen, von wo nach wohin Verluste verrechnet werden; vielmehr ging es dem EuGH darum, ob eine solche Verrechnung im grenzüberschreitenden Kontext verhindert wurde oder nicht. Nach dieser Betrachtung ist AMID für die Frage der Gemeinschaftsrechtswidrigkeit eines grenzüberschreitenden Verlustver-

rechnungsverbotes der entscheidende Ausgangsfall des EuGH, was auch das FG München in einem Beschluss zur grenzüberschreitenden Verlustverrechnung so gesehen hat. In diesem Beschluss fasst das Finanzgericht die jüngere Rechtsprechung des EuGH, zu der das Finanzgericht auch das Urteil in AMID zählt, treffend zusammen: „Für den EuGH ist in seiner jüngeren Rechtsprechung alleine von Bedeutung, ob ein Sachverhalt dann, wenn er im Inland verwirklicht wäre, steuerlich günstiger behandelt würde, als wenn er in einem anderen Mitgliedstaat verwirklicht wäre."

12. Das **Verbot** eines **Ansässigkeitsstaates, ausländische negative Einkünfte** mit inländischen positiven Einkünften **zu verrechnen, verstößt gegen Gemeinschaftsrecht**, wenn – unter sonst gleichen Begebenheiten – im rein innerstaatlichen Kontext kein solches Verbot besteht. Für den Bereich unternehmerischer Tätigkeiten ist hier grundsätzlich die Niederlassungsfreiheit verletzt. Aber auch in anderen Bereichen kann sich eine Gemeinschaftsrechtswidrigkeit bei Einschränkungen hinsichtlich der Verwertung ausländischer negativer Einkünfte ergeben, wie GA Léger in seinen Schlussanträgen zur Rechtssache Ritter-Coulais dargelegt hat; der Generalanwalt hat sich auf die Arbeitnehmerfreizügigkeit berufen. Die Gemeinschaftsrechtswidrigkeit einer eingeschränkten Verlustverrechnungsmöglichkeit ergibt sich daraus, dass ein Sachverhalt dann, wenn er im Inland verwirklicht wäre, steuerlich günstiger behandelt werden würde, als wenn er sich in einem anderen Mitgliedstaat verwirklicht. Diese generelle Aussage, die vom FG München als Zusammenfassung der EuGH-Rechtsprechung betreffend die Einräumung von Steuervorteilen im grenzüberschreitenden Kontext ausformuliert wurde, ist aus mehreren EuGH-Urteilen abgeleitet, insbesondere aus den Urteilen zu den Rechtssachen Gebhard, ICI, X AB und Y AB, AMID, Metallgesellschaft und Hoechst, Bosal und de Groot.

13. Die **Gemeinschaftsrechtswidrigkeit einer eingeschränkten grenzüberschreitenden Verlustverrechnungsmöglichkeit** lässt sich gestützt auf gefestigte Rechtsprechung des EuGH **grundsätzlich nicht rechtfertigen**, insbesondere das Territorialitätsprinzip und das Kohärenzprinzip liefern keine Grundlage für eine Rechtfertigung. Das gilt nicht allein aufgrund der engen Anwendungsvoraussetzungen, wie sie der EuGH abgesteckt hat, sondern auch deshalb, weil im Kontext der grenzüberschreitenden Verlustverrechnung verhältnismäßigere Mittel möglich wären, um beiden Prinzipien, dem Territorialitäts- und dem Kohärenzprinzip, zur Geltung zu verhelfen. Inwiefern die Urteilsbegründung des EuGH in der Rs Marks & Spencer (C-446/03) eine Änderung der Möglichkeit, Einschränkungen der grenzüberschreitenden Verlustverrechnung zu rechtfertigen, bringen wird, bleibt abzuwarten. Gegen eine Übertragung der Rechtfertigungsprüfung der Entscheidung zu Marks & Spencer spricht, dass diese für den Bereich, in dem

ein und derselbe Steuerpflichtige betroffen ist, im Lichte des Verhältnismäßigkeitsgrundsatzes als nicht zulässig angesehen werden sollte.

14. Das **Verbot** eines **Quellenstaates, ausländische negative Einkünfte** mit inländischen positiven Einkünften **zu verrechnen, verstößt ebenfalls gegen Gemeinschaftsrecht**, wenn im Quellenstaat der wesentliche Teil der steuerpflichtigen Einkünfte erwirtschaftet wird und dort grundsätzlich eine Verrechnungsmöglichkeit für rein innerstaatliche Zwecke vorgesehen ist. Werden allein im Quellenstaat positive Einkünfte erwirtschaftet, gilt der wesentliche Teil der steuerpflichtigen Einkünfte als dort erwirtschaftet. Negative Einkünfte des Ansässigkeitsstaates wären daher im Quellenstaat zu berücksichtigen. Dieses Ergebnis ist im Speziellen aus den EuGH-Urteilen zu Schumacker und Wallentin abzuleiten, in denen der Quellenstaat zum virtuellen Ansässigkeitsstaat wird, wenn der wesentliche Teil der *steuerpflichtigen* Einkünfte dort (im Quellenstaat) erzielt wird. Der virtuelle Ansässigkeitsstaat hat sämtliche steuerliche Vorteile zu gewähren, die ansässigen Steuerpflichtigen zustehen. Das Territorialitätsprinzip kann hier nicht als Rechtfertigung herangezogen werden, da der Quellenstaat für EG-rechtliche Zwecke nicht länger Quellenstaat ist, sondern virtueller Ansässigkeitsstaat geworden ist.

15. Ein **Verbot, Verluste ausländischer Tochterkonzerngesellschaften** im Ansässigkeitsstaat der Mutterkonzerngesellschaft mit Gewinnen dieser Gesellschaft **zu verrechnen, verstößt gegen die Niederlassungsfreiheit**, wenn Verluste inländischer Tochterkonzerngesellschaften verrechnet werden können. Die Gemeinschaftsrechtswidrigkeit ergibt sich aus der Benachteiligung ausländischer Beteiligungen gegenüber inländischen. Vergleichspaar sind Mutterkonzerngesellschaften mit inländischen und Mutterkonzerngesellschaften mit ausländischen Konzerntochtergesellschaften. Allerdings wäre auch ein Vergleich eines inländischen Unternehmens, das Betriebstätten im Ausland betreibt, und einer inländischen Mutterkonzerngesellschaft, die ausländische Konzerntöchter hält, in Betracht zu ziehen. In beiden Fällen stellt die Ungleichbehandlung infolge einer grundsätzlichen Vergleichbarkeit, soweit Verluste betroffen sind, eine Beschränkung der Niederlassungsfreiheit dar.

16. Eine **Rechtfertigung** nach dem **Territorialitätsprinzip** scheidet aus, da es sich um die Einräumung von Steuervorteilen auf Ebene einer unbeschränkt steuerpflichtigen Gesellschaft handelt. Auch eine Rechtfertigung nach dem **Kohärenzprinzip** ist abzulehnen, weil die strenge Bachmann-Verknüpfung nicht erfüllt ist. In der Rs Marks & Spencer lässt der EuGH allerdings eine Rechtfertigung der Beschränkung, die sich aus einer fehlenden grenzüberschreitenden Verlustverrechnung im Konzern ergibt, zu. Er begründet dies

mit der Wahrung der **Ausgewogenheit der Aufteilung der Besteuerungsbefugnisse** zwischen den Mitgliedstaaten und leitet daraus drei konkrete Rechtfertigungsgründe ab (die Vermeidung einer doppelten Verlustnutzung sowie verringerter Steuereinnahmen und die Bekämpfung der Steuerflucht durch Ausnützung des Steuersatzgefälles zwischen den Mitgliedstaaten).

17. Für die Prüfung der Gemeinschaftsrechtskonformität des britischen Gruppenbesteuerungsrechts setzt der EuGH einen **Schwerpunkt auf den Verhältnismäßigkeitsgrundsatz.** Der Gerichtshof prüft dabei, wie die eingeschränkte grenzüberschreitende Verlustverrechnung im Konzern ausgestaltet sein müsste, um verhältnismäßig zu sein. Dafür entwickelt er ein Konzept, nach dem die Einschränkung erst dann nicht verhältnismäßig ist – und daher eine grenzüberschreitende Verrechnung von Verlusten möglich sein muss –, wenn die betreffenden Verluste, vereinfacht ausgedrückt, im Ausland nicht verwertbar sind. In Bezug darauf wann ein Verlust im Ausland als nicht verwertbar gilt, treten viele Fragen auf, die Planungsunsicherheit und erhöhten Verwaltungsaufwand für die Praxis bringen.

18. Die Umsetzung des Verhältnismäßigkeitsgrundsatzes durch den EuGH in Marks & Spencer ist vor allem deshalb problematisch, da der Gerichtshof durch sein Konzept eine Benachteiligung für den grenzüberschreitenden Konzern schafft, der für sich genommen eine Diskriminierung darstellt. Aufgrund der verzögerten Nutzung ausländischer Verluste tritt ein Liquiditätsnachteil ein, der im rein innerstaatlichen Fall ausbleibt. Die Literatur schlägt diesbezüglich eine Lösung vor, die mit der EuGH-Entscheidung übereinstimmen sollte, und das Problem des Liquiditätsnachteils abschwächt: Die Verwertung von Verlusten ausländischer Tochtergesellschaften soll bereits dann möglich sein, wenn sich **aus Ergebnisprojektionen die Unmöglichkeit** der Verwertung im Ausland **ergibt.**

    Eine weitere Auslegung der EuGH-Entscheidung durch die Literatur schlägt außerdem vor, dass die **Beweislast** dafür, ob eine Verlustverwertung im Ausland möglich ist, nicht allein beim Steuerpflichtigen liegen soll, sondern **subsidiär** auch bei den Finanzbehörden.

19. Hauptkritikpunkt an der Entscheidung des EuGH zu Marks & Spencer ist, dass es **mildere Mittel** als die vom Gerichtshof vorgeschlagenen gäbe, um die Ziele der angeführten Rechtfertigungsgründe zu erreichen. Somit ist der Schluss zutreffend, dass der EuGH den Verhältnismäßigkeitsgrundsatz nicht konsequent umgesetzt hat.

20. Die skandinavischen Fälle **Oy Esab** sowie **Lindex** werden zeigen, wie sich die grenzüberschreitende Verlustverrechnung im Konzern gestalten muss, um gemeinschaftsrechtskonform zu sein. Aus der Literatur zu diesem The-

menbereich ist ersichtlich, dass eine sofortige Verlustverrechnung mit späterer Hinzurechnungsbesteuerung eine gute Lösung bringen würde, die sowohl die Interessen der Mitgliedstaaten als auch der Steuerpflichtigen berücksichtigt. Diese Abwägung von der Interessenslage sowie eine Abwägung der Beschränkung der Niederlassungsfreiheit und der damit verfolgten Ziele fehlt in der Entscheidung des EuGH zu Marks & Spencer völlig, obgleich die Angemessenheitsprüfung einer der drei Bestandteile des Verhältnismäßigkeitsgrundsatz ist.

Rechtsprechungs- und Literaturverzeichnis

I. Rechtsprechungsverzeichnis

1. EuGH

EuGH, Urteil vom 16. 8. 1962, 26/62, *Van Gend en Loos gegen niederländische Finanzverwaltung*, Slg 1962, 3

EuGH, Urteil vom 15. 7. 1964, 6/64, *Costa/ENEL*, Slg 1964, 1251

EuGH, Urteil vom 12. 2. 1974, 152/73, *Giovanni Maria Sotgiu gegen Deutsche Post*, Slg 1974, 153

EuGH, Urteil vom 4. 12. 1974, 41/74, *Van Duyn gegen Home Office*, Slg 1974, 1337

EuGH, Urteil vom 24. 5. 1977, 107/76, *Hoffmann-La Roche*, Slg 1977, 957

EuGH, Urteil vom 20. 2. 1979, 120/78, *Rewe-Zentral – Cassis de Dijon*, Slg 1979, 649

EuGH, Urteil vom 9. 12. 1981, 193/80, *Kommission gegen Italien*, Slg 1981, 3019

EuGH, Urteil vom 28. 1. 1986, C-270/83, *avoir fiscal/Kommission gegen Frankreich*, Slg 1986, 273

EuGH, Urteil vom 12. 2. 1987, C-221/85, *Kommission/Belgien*, Slg 1987, 719

EuGH, Urteil vom 27. 9. 1988, C-81/87, *Daily Mail und General Trust*, Slg 1988, 5483

EuGH, Urteil vom 28. 1. 1992, C-204/90, *Hanns-Martin Bachmann gegen Belgischen Staat*, Slg 1992, I-249

EuGH, Urteil vom 28. 1. 1992, C-300/90, *Kommission der Europäischen Gemeinschaften gegen Belgien*, Slg 1992, I-305

EuGH, Urteil vom 26. 1. 1993, C-112/91, *Hans Werner gegen Finanzamt Aachen-Innenstadt*, Slg 1993, I-429

EuGH, Urteil vom 31. 3. 1993, C-19/92, *Dieter Kraus gegen Land Baden-Württemberg*, Slg 1993, I-1663

EuGH, Urteil vom 13. 7. 1993, C-330/91, *The Queen / Inland Revenue Commissioners, ex parte Commerzbank*, Slg 1993, I-4017

EuGH, Urteil vom 14. 2. 1995, C-279/93, *Finanzamt Köln-Altstadt gegen Roland Schumacker*, Slg 1995, I-225

EuGH, Urteil vom 10. 5. 1995, C-384/93, *Alpine Investments gegen Minister van Financiën*, Slg 1995, I-1141

EuGH, Urteil vom 11. 8. 1995, C-80/94, *G. H. E. J. Wielockx gegen Inspecteur der Directe Belastingen*, Slg 1995, I-2493

EuGH, Urteil vom 14. 11. 1995, C-484/93, *Peter Svensson und Lena Gustavsson gegen Luxemburg*, www.curia.eu.int

EuGH, Urteil vom 30. 11. 1995, C-55/94, *Reinhard Gebhard gegen Consiglio dell'ordine degli avvocati e procuratori di Milano*, Slg 1995, I-4165

EuGH, Urteil vom 15. 12. 1995, C-415/93, *Union royale belge des sociétés de football association and others gegen Bosman and others*, Slg 1995, I-4921

EuGH, Urteil vom 23. 5. 1996, C-237/94, *John O'Flynn gegen Adjudication Officer*, Slg 1996, I-2617

EuGH, Urteil vom 27. 6. 1996, C-107/94, *P. H. Asscher gegen Staatssecretaris van Financiën*, Slg 1996, I-3089

EuGH, Urteil vom 12. 9. 1996, C-278/94, *Kommission/Belgien*, Slg 1996, I-4307

EuGH, Urteil vom 15. 5. 1997, C-250/95, *Futura Participations SA und Singer gegen administration des contributions*, Slg 1997, I-2471

EuGH, Urteil vom 12. 5. 1998, C-336/96, *Eheleute Robert Gilly gegen Directeur des services fiscaux du Bas-Rhin*, Slg 1998, I-2793

EuGH, Urteil vom 16. 7. 1998, C-264/96, *Imperial Chemical Industries plc (ICI) gegen Kenneth Hall Colmer (Her Majesty's Inspector of Taxes)*, Slg 1998, I-4695

EuGH, Urteil vom 29. 4. 1999, C-311/97, *Royal Bank of Scotland plc gegen Elliniko Dimosio (Griechischer Staat)*, Slg 1999, I-2651

EuGH, Urteil vom 14. 9. 1999, C-391/97, *Frans Gschwind gegen Finanzamt Aachen-Außenstadt*, Slg 1999, I-5451

EuGH, Urteil vom 21. 9. 1999, *Compagnie de Saint-Gobain, Zweigniederlassung Deutschland gegen Finanzamt Aachen-Innenstadt*, Slg 1999, I-6161

EuGH, Urteil vom 26. 10. 1999, C-55/98, *Eurowings*, EuGHE 1999, 7449

EuGH, Urteil vom 28. 10. 1999, C-55/98, *Skatteministeriet v Bent Vestergaard*, Slg 1999, I-7641

EuGH, Urteil vom 18. 11. 1999, C-200/98, *X AB und Y AB gegen Riksskatteverket*, Slg 1999, I-8261

EuGH, Urteil vom 9. 3. 2000, C-437/97, *Evangelischer Krankenhausverein Wien gegen Abgabenberufungskommission Wien und Wein & Co. HandelsgesmbH gegen Oberösterreichische Landesregierung*, Slg 2000, I-1157

EuGH, Urteil vom 13. 4. 2000, C-251/98, *C. Baars v Inspecteur der Belastingen Particulieren/Ondernemingen Gorinchem*, Slg 2000, I-2787

EuGH, Urteil vom 16. 5. 2000, C-87/99, *Patrick Zurstrassen gegen Administration des contributions directes*, Slg 2000, I-3337

EuGH, Urteil vom 6. 6. 2000, C-281/98, *Roman Angonese gegen Cassa di Risparmio di Bolzano SpA*, Slg 2000, I-4139

EuGH, Urteil vom 6. 6. 2000, C-35/98, *Staatssecretaris van Financiën v B.G.M. Verkooijen*, Slg 2000, I-4071

EuGH, Urteil vom 14. 12. 2000, C-141/99, *Algemene Maatschappij voor Investering en Dienstverlening NV (AMID) gegen Belgischer Staat*, Slg 2000, I-11619

EuGH, Urteil vom 8. 3. 2001, C-397/98 und C-410/98 (verbunden), *Metallgesellschaft Ltd und andere (C-397/98), Hoechst AG and Hoechst (UK) Ltd (C-410/98) gegen Commissioners of Inland Revenue and HM Attorney General*, Slg 2001, I-1727

EuGH, Urteil vom 4. 10. 2001, C-294/99, *Athinaïki Zythopoiia AE gegen Elleniko Dimosio*, Slg 2001, I-6797

EuGH, Beschluss vom 12. 9. 2002, C-431/01, *Philippe Mertens und Belgischer Staat*, Slg 2002, I-7073

EuGH, Urteil vom 21. 11. 2002, C-436/00, *X und Y gegen Riksskatteverk*, www.curia.eu.int

EuGH, Urteil vom 12. 12. 2002, C-385/00, *F.W.L. de Groot gegen Staatssecretaris von Financiën*, www.curia.eu.int

EuGH, Urteil vom 12. 6. 2003, C-234/01, *Arnoud Gerritse gegen Finanzamt Neukölln-Nord*, Slg 2003, I-5933

EuGH, Urteil vom 18. 9. 2003, C-168/01, *Bosal Holding BV gegen Staatssecretaris van Financiën*, Slg 2003, I-9409

EuGH, Urteil vom 30. 9. 2003, C-167/01, *Kamer van Koophandel en Fabrieken voor Amsterdam gegen Inspire Art Ltd*, www.curia.eu.int

EuGH, Urteil vom 11. 3. 2004, C-9/02, *Hughes de Lasteyrie du Saillant gegen Ministère de l'Économie, des Finances et de l'Industrie*, www.curia.eu.int

EuGH, Urteil vom 1. 7. 2004, C-169/03, *Florian W. Wallentin gegen Riksskatteverket*, www.curia.eu.int

EuGH, Urteil vom 15. 7. 2004, C-315/02, *Anneliese Lenz gegen Finanzlandesdirektion für Tirol*, www.curia.eu.int

EuGH, Urteil vom 7. 9. 2004, C-319/02, *Petri Mikael Manninen*, www.curia.eu.int

EuGH, Urteil vom 5. 7. 2005, C-376/03, *D. gegen Inspecteur van de Belastingdienst/Particulieren/Ondernemingen buitendland te Heeren*, www.curia.eu.int

EuGH, Urteil vom 12. 7. 2005, C-403/03, *Schempp gegen Finanzamt München V*, www.curia.eu.int

EuGH, Urteil vom 8. 9. 2005, C-512/03, *J. E. J. Blanckaert gegen Inspecteur van de Belastingdienst/Particulieren/Ondernemingen buitenland te Heerlen*, www.curia.eu.int

EuGH, Urteil vom 13. 12. 2005, C-446/03, *Marks & Spencer plc gegen David Halsey (HM Inspector of Taxes)*, www.curia.eu.int

EuGH, Urteil vom 13. 12. 2005, C-411/03, *Sevic Systems*, www.curia.eu.int

EuGH, Urteil vom 21. 2. 2006, C-152/03, *Hans-Jürgen und Monique Ritter-Coulais gegen Finanzamt Germersheim*, www.curia.eu.int

EuGH, Urteil vom 23. 2. 2006, C-513/03, *Erben von M. E. A. van Hilten-van der Heijden gegen Inspecteur van de Belastingdienst/Particulieren/Ondernemingen buitenland te Heerlen*, www.curia.eu.int

2. Schlussanträge der Generalanwälte des EuGH

Generalanwalt Mancini, Schlussanträge vom 16. 10. 1986, 270/83, *avoir fiscal/Kommission gegen Frankreich*, Slg 1986, 273

Generalanwalt Lenz, Schlussanträge vom 2. 12. 1986, C-221/85, *Kommission/Belgien*, Slg 1987, 719

Generalanwalt Mischo, Schlussanträge vom 2. 3. 1999, C-307/97, *Saint-Gobain*, Slg 1999, I-6161

Generalanwalt Fennelly, Schlussanträge vom 12. 9. 2000, C-397/98 und C-410/98, *Metallgesellschaft Ltd und andere (C-397/98), Hoechst AG and Hoechst (UK) Ltd (C-410/98) gegen Commissioners of Inland Revenue and HM Attorney General*, www.curia.eu.int

Generalanwalt Alber, Schlussanträge vom 24. 9. 2002, C-168/01, *Bosal Holding B.V. gegen Staatssecretaris van Financiën*, www.curia.eu.int

Generalanwältin Kokott, Schlussanträge vom 18. 3. 2004, C-319/02, *Petri Mikael Manninen*, www.curia.eu.int

Generalanwalt Colomer, Schlussanträge vom 26. 10. 2004, *D. gegen Inspecteur van de Belastingdienst/Particulieren/Ondernemingen buitenland te Heerlen*, www.curia.eu.int

Generalanwalt Colomer, Schlussanträge vom 7. 12. 2004, C-140/03, *Kommission gegen Griechenland*, www.curia.eu.int

Generalanwalt Léger, Schlussanträge vom 1. 3. 2005, C-152/03, *Hans-Jürgen und Monique Ritter-Coulais gegen Finanzamt Germersheim*, www.curia.eu.int

Generalanwalt Poiares Maduro, Schlussanträge vom 7. 4. 2005, C-446/03, *Marks & Spencer plc gegen David Halsey (HM Inspector of Taxes)*, www.curia.eu.int

Generalanwalt Léger, Schlussanträge vom 14. 4. 2005, C-253/03, *CLT-UFA SA gegen Finanzamt Köln-West*, www.curia.eu.int

Generalanwalt Geelhoed, Schlussanträge vom 27. 1. 2005, C-403/03, *Schempp gegen Finanzamt München V*, www.curia.eu.int

Generalanwältin Stix-Hackl, Schlussanträge vom 12. 5. 2005, C-512/03, *J. E. J. Blanckaert gegen Inspecteur van de Belastingdienst/Particulieren/Ondernemingen buitenland te Heerlen*, www.curia.eu.int

Generalanwalt Léger, Schlussanträge vom 30. 6. 2005, C-513/03, *Erben von M. E. A. van Hilten-van der Heijden gegen Inspecteur van de Belastingdienst/Particulieren/Ondernemingen buitenland te Heerlen*, www.curia.eu.int

Generalanwalt Léger, Schlussanträge vom 2. 5. 2006, C-196/04, *Cadbury Schwepps plc, Cadbury Schwepps Overseas Ltd gegen Commissioners of Inland Revenue*, www.curia.eu.int

3. **Nationale Gerichte** (alphabethisch, dann nach Aktualität)

BFH, Beschluss vom 11. 3. 1970, I B 50/68, I B 3/69, BStBl II 1970, 569 ff

BFH, Urteil vom 26. 11. 1979, GrS 1/78, BStBl II 1980, 99 ff

BFH, Vorlagebeschluss vom 13. 11. 2002 I R 13/02, BStBl. II 2003, 795 ff (EuGH, C-152/03, *Ritter-Coulais*)

Cour administrative (Luxemburger Verwaltungsgerichtshof), Urteil vom 10. 8. 2005, No. 17.820, www.etat.lu/jurad

FG Baden-Württemberg, Gerichtsbescheid vom 30. 6. 2004, 1 K 312/03, Rev. I R 84/04, DStRE 2004, 958 ff

FG Köln, Vorlagebeschluss vom 15. 7. 2004, 13 K 1908/00, EFG 2005, 1609 ff (beim EuGH, C-347/04, *Rewe Zentralfinanz e.G. gegen Finanzamt Köln-Mitte*)

FG München, Beschluss vom 14. 2. 2005, 1 V 305/04

High Court of Justice Chancery Division (Vereinigtes Königreich), Vorlagebeschluss vom 2. 5. 2003, *Marks & Spencer*, 2003 WL 21729353 (Ch D), 2003 EWHC 1945

Korkein Hallinto-oikeus (Oberster Verwaltungsgerichtshof Finnlands), Vorabentscheidungs-Beschluss vom 23. 5. 2005, C-231/05, *Rechtssache Oy Esab*, www.curia.eu.int

Ländsrätten i Vänersborg (lokaler Verwaltungsgerichtshof in Schweden), Entscheidung vom 30. 5. 2005 (Rev. eingelegt), 8 ITLR 2005, 81 ff

RFH (Deutschland) vom 25. 1. 1933, VI A 199/32, RStBl 1933, 478

RFH vom 26. 6. 1935, VI A 414/35, RStBl 1935, 1358

Special Commissioners Jones/Gammie (Vereinigtes Königreich), Urteil vom 25./26. 11. und 17. 12. 2002, *Marks & Spencer*, Butterworths Direct Online Service

VwGH (Oberster österreichischer Verwaltungsgerichtshof), Erkenntnis vom 25. 9. 2001, 99/14/0217 E

II. Literaturverzeichnis

1. Kommentarliteratur und Monographien

Bruckner/Bartos/Rabel/Seidl/Widinski, Gruppenbesteuerung, Wien 2005

Calliess/Ruffert (Hrsg) Kommentar zu EU-Vertrag und EG-Vertrag, 2. Auflage Neuwied 2002

Cordewener, Europäische Grundfreiheiten und nationales Steuerrecht, Köln 2002

Craig/de Búrca, EU Law, 3. Auflage Oxford 2003

Dahlberg, Direct Taxation in Relation to the Freedom of Establishment and the Free Movement of Capital, Den Haag 2005

Debatin/Wassermeyer (Hrsg) Kommentar zu Doppelbesteuerungsabkommen, Loseblattsammlung

Doralt (Hrsg) EStG-Kommentar, Loseblattsammlung in 3 Bänden

Doralt/Ruppe, Grundriss des Steuerrechts, 8. Auflage Wien 2003

Fischer/Köck/Karollus, Europa Recht, 4. Auflage Wien 2002

Frenz, Handbuch Europarecht – Europäische Grundfreiheiten, Band 1, Berlin-Heidelberg 2004

Grabitz/Hilf (Hrsg) Das Recht der Europäischen Union (Loseblattsammlung)

Groeben/Schwarze (Hrsg) Kommentar zum EU- und EG-Vertrag, 6. Auflage Baden-Baden 2003

Groeben/Thiesing/Ehlermann (Hrsg) Kommentar zum EU-/EG-Vertrag, 5. Auflage Baden-Baden 1997

Herrmann, Richtlinienumsetzung durch die Rechtsprechung, Berlin 2003

Hofbauer, Das Prinzip der Meistbegünstigung im grenzüberschreitenden Ertragsteuerrecht: eine Betrachtung anhand des Internationalen Wirtschaftsrechts und des Rechts der Doppelbesteuerungsabkommen, Wien 2005

Hummer/Vedder, Europarecht in Fällen, 4. Auflage Baden-Baden 2005

Jacobs (Hrsg) Internationale Unternehmensbesteuerung, 5. Auflage München 2002

Keiler/Grumböck (Hrsg) EuGH-Judikatur aktuell, Wien 2006

Kessler/Kröner/Köhler (Hrsg) Konzernsteuerrecht, München 2004

Kreibohm, Der Begriff der Steuer im Europäischen Gemeinschaftsrecht, Köln/Berlin/München 2004

J. Lang/Tipke, Steuerrecht, 18. Auflage Köln 2005

Lenz (Hrsg) EG-Vertrag Kommentar, 2. Auflage Köln/München/Wien 1999

Pistone, The Impact of Community Law on Tax Treaties: Issues and Solutions, Den Haag/London/New York 2002

Quantschnigg/Achatz/Haidenthaler/Trenkwalder/Tumpel (Hrsg) Gruppenbesteuerung – Kommentar und systematische Darstellung, Wien 2005

Schaumburg, Internationales Steuerrecht, 2. Auflage Köln 1998

Scheunemann, Grenzüberschreitende konsolidierte Konzernbesteuerung, Köln 2005

Schuch, Verluste im Recht der Doppelbesteuerungsabkommen, Wien 1998

Streinz, Europarecht, 7. Auflage, Heidelberg 2005

Terra/Wattel, European Tax Law, 3. Auflage Den Haag 2001

Traub, Einkommensteuerhoheit für die Europäische Union? Konstanz 2004

Tumpel, Harmonisierung der direkten Unternehmensbesteuerung in der EU, Wien 1994

Vogel/Lehner (Hrsg) DBA-Kommentar, 4. Auflage München 2003

Weber-Grellet, Europäisches Steuerrecht, München 2005

Wiesner/Kirchmayr/Mayr, Gruppenbesteuerung, Wien 2005

2. Beiträge aus Sammelbänden und Zeitschriften

Aarnio, Treatment of permanent establishments and subsidiaries under EC law: towards a uniform concept of secondary establishments in European tax law? EC Tax Review 2006, 18 ff

Ahmann, Das Ertragssteuerrecht unter dem Diktat des Europäischen Gerichtshofs? Können wir uns wehren? DStZ 2005, 75 ff

D. Aigner, ECJ – The Bosal Holding BV Case: Parent-Subsidiary Directive and Freedom of Establishment, Intertax 2004, 148 ff

Airs, EU: Marks & Spencer – Questions Unanswered, International Tax Report vom Mai 2005, 1 ff

Alber, Gesellschafts- und Steuerrecht in der Rechtsprechung des Europäischen Gerichtshofs, in Lüdicke (Hrsg), Deutsches Steuerrecht im europäischen Rahmen, Köln 2004, 1 ff

Balster/Petereit, Anrechnung ausländischer Steuern nach dem EuGH-Urteil in der Rechtssache „Manninen“ trotz Bestandskraft! DStR 2004, 1985 ff

Balmes/Brück/Ribbrock, Der EuGH-Fall Marks & Spencer: Rückschlüsse für die deutsche Organschaftsbesteuerung, BB 2005, 966 ff

Balmes/Brück/Ribbrock, Das EuGH-Urteil Marks & Spencer: Grenzüberschreitende Verlustnutzung kommt voran! BB 2006, 186 ff

BDI/PricewaterhouseCoopers, Verlustberücksichtigung über Grenzen hinweg, Jänner 2006

Beiser, Das Leistungsfähigkeitsprinzip – Irrweg oder Richtschnur? ÖStZ 2000, 413 ff

Beiser, Das Territorialitätsprinzip im Lichte des Leistungsfähigkeitsprinzip, SWI 2000, 392 ff

Benecke/Schnitger, Gemeinschaftsrechtlich bedingte Anrechnung von Körperschaftsteuer bei fiktiv unbeschränkter oder beschränkter Steuerpflicht? – Zugleich Anmerkung des BFH-Urteils vom 13. 11. 2002 – I R 67/01, IStR 2003, 649 ff

Bernhard, Einkünfte aus ausländischen Betriebsstätten im Lichte des Europarechts, Anmerkung zu dem Urteil des EuGH vom 14. 12. 2000, C-141/99 (AMID), IStR 2001, 366 ff

Birk, Das sog. „Europäische" Steuerrecht, FR 2005, 121 ff

Brandis, Anmerkung zu FG Köln, EFG 2004, 1614 ff

Broe, Cases Filed by Belgian Courts: the AMID Case, in Lang (Hrsg) Direct Taxation: Recent ECJ Developments, Wien 2003, 9 ff

Brokelind, Group Taxation and CFC Rules in Swedish Tax Cases, TNI vom 18. 7. 2005, 237 ff

Burgstaller/W. Loukota, Der Steuerabzug beschränkt Steuerpflichtiger – Welche Konsequenz hat der EuGH-Fall Gerritse? SWI 2003, 244 ff

Cloer, Verlustverrechnung ausländischer Tochtergesellschaften im Visier des EU-Rechts, Praxis Internationale Steuerberatung 2005, 107 ff

Cloer, Immobile Verluste? – Der EuGH entscheidet in Kürze in der Rs. Ritter-Coulais, SWI 2005, 331 ff

Cloer, Niederlassungsfreiheit: Grundsätzliche Versagung des Verlustabzugs von Tochtergesellschaften mit Sitz im Ausland? – Schlussanträge Rs. Marks & Spencer, EWS 2005, 212 ff

Cloer, Verlustverrechnung ausländischer Tochtergesellschaften im Visier des EU-Rechts, PIStB 2005, 107 ff.

Cordewener, Auslandsverluste und EG-Grundfreiheiten: Kurskorrektur am falschen Fall? Kritische Anmerkungen zum Vorlagebeschluss des BFH vom 13. 11. 2002, IStR 2003, 413 ff

Cordewener, Pending Cases Filed by German Courts: the Lankhorst-Hohorst Case, the Schilling Case, the Arnoud Case and the Ulf Thomsen Case, in Lang (Hrsg) Direct Taxation: Recent ECJ Developments, Wien 2003, 35 ff

Cordewener, Company Taxation, Cross-Border Financing and Thin Capitalization in the EU Internal Market: Some Comments on Lankhorst-Hohorst GmbH, ET 2003, 102 ff

Cordewener, Das EuGH-Urteil „Gerritse" und seine Umsetzung durch das BMF-Schreiben vom 3. 11. 2003 – Steine statt Brot für die Besteuerungspraxis! IStR 2004, 109 ff

Cordewener/Dahlberg/Pistone/Reimer/Romano, The Tax Treatment of Foreign Losses: Ritter, M & S, and the Way Ahead, European Taxation 2004, 135 ff (Part One) and 218 ff (Part Two)

Cordewener, DBA-Freistellung von Auslandsverlusten und EG-Grundfreiheiten: Klärung aufgeschoben, aber hoffentlich nicht aufgehoben! Anmerkung zu FG Baden-Württemberg, Gerichtsbescheid vom 30. 6. 2004, DStR 2004, 1634 ff

Cordewener, Körperschaftsteueranrechnung für Gebietsfremde versus Kapitalverkehrsfreiheit – Zum Gutachten des EFTA-Gerichtshofs in Sachen Fokus Bank ASA, FR 2005, 345 ff

Cordewener/Reimer, The Future of the Most-Favorite-Nation Treatment in EC Tax Law (Part 1), European Taxation, 2006, 239 ff

Craig/Hurk/Lyons/Rainer/Roels/Thömmes/Tomsett, Advocate General Backs Marks & Spencer's Claim For Loss Relief, TNI vom 18. 4. 2005, 195 ff

Cunningham/Briault, M&S opinion keeps Europe guessing, International Tax Review May 2005, 10 ff

Dautzenberg, Vereinbarkeit von Doppelbesteuerungsabkommen und EG-Vertrag am Beispiel der Besteuerung der Arbeitnehmereinkünfte – Bemerkungen aus Anlaß der EuGH-Vorlage Gilly, DB 1997, 1354 ff

Dautzenberg, Anmerkungen zu den Schlussanträgen GA Saggios vom 3. 6. 1999, C-200/98, X AB, Y AB gegen Riksskatteverket, IStR 1999, 534 f

Dautzenberg, Das EG-rechtliche Gleichbehandlungsgebot für Betriebsstätten und Tochterkapitalgesellschaften, EWS 2001, 270 ff

Dautzenberg, EG-rechtswidrige Behandlung von negativen ausländischen Einkünften nach den EuGH-Entscheidungen Vestergaard und AMID, FR 2001, 809 ff

Dörr, A Step Forward in the Field of European Corporate Taxation and Cross-border Loss Relief: Some Comments on the Marks & Spencer Case, Intertax 2004, 180 ff

Dörr, Abschaffung oder Erweiterung der Organschaft?! Zu den möglichen Konsequenzen der Rechtssache „Marks & Spencer plc", IStR 2004, 265 ff

Dörr, Die Rechtssache CLT-UFA: Ein Medienkonzern im Rampenlicht des EuGH – Oder: Wieviel Rechtsformneutralität fordert der steuerliche Binnenmarkt? Der Konzern 2005, 576 ff

Dörr, Nierlassungsfreiheit: Kein Ausschluss des Konzernabzugs einer Muttergesellschaft für Verluste gebietsfremder Tochergesellschafen, wenn diese im Staat des Sitzes der Tochtergesellschaften nachweislich nicht berücksichtigt werden – Marks & Spencer, EWS 2006, 34 ff

Dossi, Das Vertragsverletzungsverfahren und seine Bedeutung im Abgabenrecht, in Holoubek/Lang (Hrsg) Das EuGH-Verfahren in Steuersachen, Wien 2000, 223 ff

Dötsch/Pung, Grenzüberschreitende Verlustverrechnung: Muss der deutsche Gesetzgeber wegen der europarechtlichen Entwicklungen reagieren? Der Konzern 2006, 130 ff

Ehrlermann/Kowallik, What Does Cadbury Schwepps Mean for German CFC Rules? TNI vom 22. 5. 2006, 671 ff

Eicker, Anmerkungen zu den Schlussanträgen GA Légers zu Ritter-Coulais, IStR 2005, 238 f

Eicker, Verlustberücksichtigung über die Grenze – Erste Analyse der Schlussanträge des Generalanwalts Maduro zu der Rs. Marks & Spencer, IWB Aktuell 2005, 322 f

Eicker, Grenzüberschreitende Verlustberücksichtigung: Die Schlussanträge des Generalanwalts Maduro in der Rechtssache Marks & Spencer, Stbg 2005, 197 ff

Eicker/Röhrbein, Marks & Spencer: Die Entscheidung des EuGH und ihre Konsequenzen, Stbg 2006, 117 ff

Elicker, Die „steuerliche Kohährenz" in der Rechtsprechung des Europäischen Gerichtshofs – Zugleich eine Einordnung der Entscheidung vom 11. 3. 2004 „de Lasteyrie", IStR 2005, 89 ff

Endres, Konzernbesteuerung in den wichtigen Industriestaaten, in Herzig (Hrsg) Organschaft, Stuttgart 2003, 461 ff

Endres, Verwertung von Inlands- und Auslandsverlusten, Praxis Internationale Steuerberatung 2006, 87 ff

Englisch, Fiscal Cohesion in the Taxation of Cross-Border Dividends, ET 2004, 355 ff

Englisch, Zur Dogmatik der Grundfreiheiten des EGV und ihren ertragsteuerlichen Implikationen, StuW 2003, 88 ff

Englisch, Europarechtskonforme Dividendenbesteuerung – „Aims and effects"? RIW 2005, 187 ff

Englisch, Shareholder Relief and EC Treaty Law – Supranational ‚Aims and Effects'? Intertax 2005, 200 ff

Englisch, Anmerkung zu Marks & Spencer, IStR 2006, 22 f

Englisch, Meistbegünstigung im EG-Steuerrecht: Der Weg ins Chaos, in in Cordewener/Enchelmaier/Schindler (Hrsg) Meistbegünstigung im Steuerrecht der EU-Staaten, München 2006, 163 ff

Ernst & Young, Grenzüberschreitende Verlustberücksichtigung im deutschen Steuerrecht, BB 2005, 754 ff

U. Everling, Das Niederlassungsrecht in der EG als Beschränkungsverbot – Tragweite und Grenzen, in Schön (Hrsg) GS Knobbe-Keuk, Köln 1997, 607 ff

Fraberger, Wirkung von EuGH-Urteilen und Rechtskraftdurchbrechung im Abgabenverfahren, in Holoubek/Lang (Hrsg) Das EuGH-Verfahren in Steuersachen, Wien 2000, 151 ff

Frotscher, Die grenzüberschreitende Organschaft, Der Konzern 2003, 98 ff

Fuest/Hemmelgarn, The Tax Revenue Implications of Marks & Spencer for Germany, TNI vom 30. 5. 2005, 763 ff

Gammie, Pending Cases Filed by UK Courts II: The ACT, FII, and Thin Cap Groups Litigations and the Marks & Spencer Case, in Lang/Schuch/Staringer (Hrsg) ECJ-Recent Developments in Direct Taxation, Wien 2006, 323 ff

Gassner/Lang, Die mangelnde Leistungsfähigkeit des Leistungsfähigkeitsprinzips, ÖStZ 2000, 643 f

Gassner/Lang, Das Leistungsfähigkeitsprinzip im Einkommen- und Körperschaftsteuerrecht, 14. ÖJT 2000 III/1

Gassner/Haidenthaler, Group Taxation in Austria, SWI 2004, 434 ff

Gassner, Europarechtwidrigkeit der Organschaftsbesteuerung – Österreich ersetzt Organschaft durch eine neue Gruppenbesteuerung, DB 2004, 841 ff

Ghosh, The Marks & Spencer Case: A Prediction of The ECJ's Holding, TNI vom 4. 4. 2005, 33 ff

Gnaedinger, ECJ Hears Marks & Spencer Challenge to U.K. Loss Rules, TNI vom 7. 2. 2005, 458

Göth/Jann/Rief/Tumpel/Staringer, Österreich und das EG-Steuerrecht (Veranstaltungsbericht), ÖStZ 1992, 253 ff

Gutmann, The Marks & Spencer case: proposals for an alternative way of reasoning, EC Tax Review 2003, 154 ff

Gosch, Anrechnung ausländischer Steuern nach dem EuGH-Urteil in der Rechtssache Manninen trotz Bestandskraft? DStR 2004, 1988 ff

Grams/Molenaar, Zu den Schlussanträgen im Fall Gerritse, IStR 2003, 267 ff

Haarmann, Konsequenzen aus der EU-Rechtswidrigkeit der abgeltenden Abzugsbesteuerung auf Bruttobasis für beschränkt Steuerpflichtige innerhalb der Europäischen Union, IStR 2003, 558 ff

Haarmann, Grenzüberschreitende Gruppenbesteuerung und Verlustnutzung in der EU, in Lüdicke (Hrsg), Deutsches Steuerrecht im europäischen Rahmen, Köln 2004, 169 ff

Hahn, Das AMID-Urteil – belgisches Internum oder Aufbruch zu neuen Ufern? – Besprechung des EuGH-Urteils vom 14. 12. 2000, IStR 2001, 465 ff

Hahn, Grenzüberschreitende Berücksichtigung von Betriebsstättenverlusten? IStR 2002, 681 ff

Hahn, Nochmals: Betriebsstättenverluste, Verfassungs- und Europarecht, Erwiderung auf Kessler/Schmitt/Janson (IStR 2003, 307), IStR 2003, 734 ff

Hahn, Verrechnung ausländischer Verluste – Anmerkung zu FG-München vom 14. 2. 2005, 1 V 305/04, juris PR-Steuerrecht 30. 5. 2005

Hahn, Gemeinschaftsrecht und Recht der direkten Steuern, DStZ 2005, 507 ff

Häußler, Eigenheimzulage auch für im EU-Ausland belegene Häuser und Wohnungen? FR 2005, 872 ff

Hensel, Der Fall „Gerritse“: EuGH äußert sich zur Diskriminierung ausländischer Künstler, Praxis Internationale Steuerberatung 2003, 200 ff

Henson, Taxation of cross border corporate profits: The OECD versus The EU approach, International Tax Report 2005, 8 ff

Herzig, Körperschaftsteuersystem und Europäischer Binnenmarkt, in Schön (Hrsg) GS Knobbe-Keuk, Köln 1997, 627 ff

Herzig/Wagner, Einschränkung der Verlustberücksichtigung bei Kapitalgesellschaften, DStR 2003, 225 ff

Herzig/Englisch/Wagner, Steuerliche Berücksichtigung von Verlusten ausländischer Konzerntöchter – Überlegungen nach den Schlussanträgen in der Rechtssache Marks & Spencer, Der Konzern 2005, 298 ff

Herzig/Wagner, Zur Zukunft der Organschaft im EG-Binnenmarkt, DB 2005, 1 ff

Herzig/Wagner, Finnische Gruppenbesteuerung vor dem EuGH – Mögliche Folgen für die Organschaft, DB 2005, 2374 ff

Herzig/Wagner, EuGH-Urteil „Marks & Spencer" – Begrenzter Zwang zur Öffnung nationaler Gruppenbesteuerungssysteme für grenzüberschreitende Sachverhalte, DStR 2006, 1 ff

Herzig/Wagner, EuGH-Urteil Marks & Spencer – Grenzüberschreitende Verlustverrechnung in der Gruppe, Der Konzern 2006, 176 ff

F. Hey, Kommentar zum Vorlagebeschluss des BFH in der Rs. Ritter-Coulais, RIW 2003, 557 f

J. Hey, Personalstatut und Steuerrecht, Auswirkungen der Rechtsprechung des Europäischen Gerichtshofs zur Sitztheorie auf die Besteuerung doppelansässiger Kapitalgesellschaften, Der Konzern 2004, 577 ff

J. Hey, Die beschränkte Steuerpflicht im Licht von Territorialitätsprinzip, Isolationstheorie und Objektsteuercharakter, in Gassner/Lang/Lechner/Schuch/Staringer (Hrsg) Die beschränkte Steuerpflicht im Einkommen- und Körperschaftsteuerrecht, Wien 2005, 15 ff

J. Hey, Die EuGH-Entscheidung in der Rechtssache Marks & Spencer und die Zukunft der deutschen Organschaft – Haben die Mitgliedstaaten den EuGH domestiziert? GmbHR 2006, 113 ff

Hinnekens, The Marks and Spencer Case: UK Special Commissioners Find UK Group Relief Rules Compatible with Freedom of Establishment, ET 2003, 175 ff

Hirsch, Wichtige Einflüsse der EuGH-Rechtsprechung auf das deutsche Steuerrecht, DStZ 1998, 489 ff

Hirschler/Schindler, Die österreichische Gruppenbesteuerung als Vorbild für Europa? IStR 2004, 505 ff

Hofmeister, Sind die Rechtsfolgen des § 12 Abs. 1 KStG mit Art. 43, 48 EG-Vertrag vereinbar? in Gocke/Gosch/M. Lang (Hrsg) FS Wassermeyer, München 2005, 437 ff

IMN, Kommentar zu EuGH vom 18. 11. 1999, C-200/98, X AB, Y AB gegen Riksskatteverket, FR 2000, 64 ff

Isenbaert/Valjemark, M&S judgment: the ECJ caught between a rock and a hard place, EC Tax Review 2006, 10 ff

Jahn, Generalanwalt für größeren Verlustabzug bei europaweiten Konzernen, AG 2005, R195

Jahn, Verluste ausländischer Tochtergesellschaften sind nur in engen Grenzen verrechenbar, Praxis Internationale Steuerberatung 2006, 4 ff

Jahn, Berücksichtigung von Vermietungsverlusten bei Auslandsimmobilien, Praxis Internationale Steuerberatung 2006, 82 ff

Jann, Das Vorabentscheidungsverfahren: Grundfragen, Verfahrensablauf und aktuelle Entwicklungen, in Holoubek/Lang (Hrsg) Das EuGH-Verfahren in Steuersachen, Wien 2000, 13 ff

Janssen, Soll sich der EuGH ein Beispiel am Bundesverfassungsgericht nehmen? – „Marks & Spencer“ und die Rückwirkung, EuZW 2005, 257

Johnson, Dowdy Retailer v. Revenue – Narrowing The Goal Posts, TNI vom 27. 3. 2006, 1053 ff

Kadelbach, Die Wirkung von im Vorabentscheidungsverfahren ergangenen Urteilen, in Holoubek/Lang (Hrsg) Das EuGH-Verfahren in Steuersachen, Wien 2000, 119 ff

Kessler/Schmitt/Janson, Berücksichtigungsverbot abkommensrechtlich „befreiter“ Betriebsstättenverluste? Analyse der BFH-Rechtsprechung unter Berücksichtigung von Verfassungs- und Europarecht nach AMID, IStR 2001, 729 ff

Kessler/Schmitt/Janson, Nochmals: Berücksichtigungsverbot abkommensrechtlich befreiter Betriebsstättenverluste? IStR 2003, 307 ff

Kessler, Vergleich der Organschaft mit ‚Ersatzlösungen', in Herzig (Hrsg) Organschaft, Stuttgart 2003, 570 ff

Kessler, Ausländische Betriebstättenverluste, in Lehner (Hrsg) Verluste im nationalen und internationalen Steuerrecht, München 2004, 83 ff

Kessler/Daller, Die österreichische Gruppenbesteuerung aus der Sicht ausländischer Gruppenmitglieder – investitionsentscheidungsbeeinflussende Faktoren, IStR 2006, 289 ff

Kleinert/Nagler/Rehm, Gewinnbesteuerung nach „Art des Hauses“ mittels grenzüberschreitender Organschaft, in DB 2005, 1869 ff

Kleinert/Nagler, Grenzüberschreitende Verlustverrechnung: Geht dem „Motor der Europäischen Integration“ der Sprit aus, GmbHR, R 145

Kleinert, Freie Bahn für den Binnemarkt mit den EuGH-Urteilen Marks & Spencer und Svic vom 13.12.2005, GmbHR-Report 2006, R 45 f

Klinger/Woywode, German Update – Loss Carryforward Use Limitation Held Unconstitutional, International Taxtation June 2005, 53 ff

Knobbe-Keuk, Niederlassungsfreiheit: Diskriminierungs- oder Beschränkungsverbot? DB 1990, 2573 ff

Knobbe-Keuk, Die Einwirkung der Freizügigkeit und der Niederlassungsfreiheit auf die beschränkte Steuerpflicht, EuZW 1991, 649 ff

Knobbe-Keuk, Das Urteil des EuGH im Falle Werner zur Besteuerung der Grenzgänger – ärgerlich, aber nicht das letzte Wort, DStR 1993, 425 ff

Knobbe-Keuk, Restrictions on the Fundamental Freedoms Enshrined in the EC Treaty by Discriminatory Provisions – Ban and Justification, EC Tax Review 1994, 74 ff

Kofler, Einige Überlegungen zur steuerlichen Kohärenz nach dem Urteil des EuGH in der Rs Manninen, ÖStZ 2005, 26 ff

Kofler, Die Rechtsprechung des EuGH zum direkten Steuerrecht und ihre Bedeutung für Österreich, in Keiler/Grumböck (Hrsg) EuGH-Judikatur aktuell, Wien 2006, 633 ff

Kofler, Marks & Spencer: Bedingte Verpflichtung zur Hereinnahme von Verlusten ausländischer Tochtergesellschaften, ÖStZ 2006, 48 ff

Kofler, Wer hat das Sagen im Steuerrecht, ÖStZ 2006, 106 ff (Teil 1) 154 ff (Teil 2)

Kopf, Entscheidungen der FLD Vorarlberg zum DBA-Recht, SWI 1999, 540 ff

Korn/Strahl, Rechtsbehelfsempfehlungen auf Grund der jüngeren EuGH- und BFH-Rechtsprechung sowie höchstrichterlich anhängiger Verfahren, KÖSDI 2005, 14557 ff

Körner, Reference to the ECJ by the German Federal Fiscal Court for a Preliminary Ruling: Does European Law Require Cross-Border Loss Relief? Intertax 2003, 489 ff

Kußmaul/Tcherveniachki, Die EuGH-Rechtssache Marks & Spencer und ihre Bedeutung für die körperschaftsteuerliche Organschaft, StuB 2005, 626 ff

Kußmaul/Tcherveniachki, Die Rechtssache Marks & Spencer Trendwende in der europäischen Rechtsprechung – Anmerkung zum EuGH-Urteil vom 13.12.2005 Rs. C-446/03, StuB 2006, 189 ff

M. Lang, Die Einwirkungen der Doppelbesteuerungsabkommen auf das innerstaatliche Recht, FJ 1988, 72 ff

M. Lang, Die Bindung der Doppelbesteuerungsabkommen an die Grundfreiheiten des EU-Rechts, in Gassner/Lang/Lechner (Hrsg) Doppelbesteuerung und EU-Recht, Wien 1996, 85 ff

M. Lang, Kapitalverkehrsfreiheit und Doppelbesteuerungsabkommen, in Lechner/Staringer/Tumpel (Hrsg) Kapitalverkehrsfreiheit und Steuerrecht, Wien 2000, 181 ff

M. Lang, Ausländische Betriebsstättenverluste und DBA-Auslegung, SWI 2002, 86 ff

M. Lang, Abkommens- und gemeinschaftsrechtliche Anforderungen an die Organschaft, ÖStZ 2003, 254 ff

M. Lang, Marks & Spencer und die Auswirkungen auf das Steuerrecht der Mitgliedstaaten, SWI 2005, 255 ff

M. Lang, Ist die Schumacker-Rechtsprechung am Ende? RIW 2005, 336 ff

M. Lang, Marks and Spencer – more questions than answers: an analysis of the Opinion delivered by Advocate General Maduro, EC Tax Review 2005, 95 ff

M. Lang, Wohin geht das Internationale Steuerrecht? IStR 2005, 289 ff

M. Lang, Marks & Spencer und die Auswirkungen auf das Steuerrecht der Mitgliedstaaten, SWI 2005, 255 ff

M. Lang, Das EuGH-Urteil in der Rechtssache D. – Gerät der Motor der Steuerharmonisierung ins Stottern? SWI 2005, 365 ff

M. Lang, Das EuGH-Urteil in der Rechtssache Schempp – Wächst der steuerpolitische Spielraum der Mitgliedstaaten? SWI 2005, 411 ff

M. Lang, Marks & Spencer – Eine erste Analyse des EuGH-Urteils, SWI 2006, 3 ff

M. Lang, The Marks & Spencer Case – The Open Issues Following the ECJ's, ET 2006, 54 ff

M. Lang, Gemeinschaftsrechtliche Verpflichtung zur Rechtsformneutralität im Steuerrecht? IStR 2006, 397 ff

Lausterer, Die Beschränkung des Verlustausgleichs über die Grenze und das Gemeinschaftsrecht, FR 2004, 1109 ff

E. Lechner, Befreiungsmethode und Einkommensermittlung, in Gassner/Lang/Lechner (Hrsg) Die Methoden zur Vermeidung der Doppelbesteuerung, Wien 1995, 137 ff

E. Lechner, Die Auswirkungen des EU-Rechts auf die Befreiung von Verlusten nach den Doppelbesteuerungsabkommen, in Gassner/Lang/Lechner (Hrsg) Doppelbesteuerung und EU-Recht, Wien 1996, 85 ff

Lehner, EU-Recht und die Kompetenz zur Beseitigung der Doppelbesteuerung, in Gassner/Lang/Lechner (Hrsg) Doppelbesteuerung und EU-Recht, Wien 1996, 11 ff

Lehner, Der Einfluss des Europarechts auf die Doppelbesteuerungsabkommen, IStR 2001, 329 ff

Lehner, Das Territorialitätsprinzip im Lichte des Europarechts, in Gocke/Gosch/M. Lang (Hrsg) FS Wassermeyer, München 2005, 241 ff

Lehner/Reimer, Quelle versus Ansässigkeit – Wie sind die grundlegenden Verteilungsprinzipien des Internationalen Steuerrechts austariert? IStR 2005, 542 ff

Lieber, Nationale Regelungen, die Berücksichtigung von Verlusten aus VuV von in einem anderen Mitgliedstaat belegenem unbeweglichem Vermögen beschränkt („Ritter-Coulais"), jurisPR-SteuerR 18/2006

Lindmann/Hackemann, Die Rückwirkung von EuGH-Urteilen unter besonderer Betrachtung des „Marks & Spencer"-Falls, IStR 2005, 786 ff

Linn/Reichl/Wittkowski, Grenzüberschreitende Verlustverrechnung: Möglichkeiten und Grenzen, BB 2006, 630 ff

H. Loukota, Sensationelle Neuerung bei DBA-Auslandsverlusten, SWI 2001, 466 ff

W. Loukota, Die Zukunft der Unternehmensbesteuerung in der EU, SWI 2004, 297 ff

Lüdicke, Organschaft und Verlustberücksichtigung im Ausland (double dip), in Herzig (Hrsg) Organschaft, Stuttgart 2003, 436 ff

Lüdicke, Die Besteuerung Nichtansässiger im Spannungsverhältnis zwischen Gemeinschaftsrecht und Doppelbesteuerungsabkommen, in Schön (Hrsg) GS Knobbe-Keuk, Köln 1997, 647 ff

Lüdicke/Rödel, IFA-Kongress Generalthema II: Gruppenbesteuerung, IStR 2004, 549 ff

Lüdicke, Pending Cases Filed by German Courts I: The Meilicke, CLT-UFA, Keller Holding, Lasertec, Rewe Zentralfinanz, Ritter-Coulais, Kolumbus Container Services, and Stauffer Case, in Lang/Schuch/Staringer (Hrsg) ECJ-Recent Developments in Direct Taxation, Wien 2006, 113 ff

Ludwig, Verluste bei DBA mit Befreiungsmethode, RdW 2001, 701 ff

Lütticke, Anmerkungen zu EuGH vom 13. 4. 2000, Baars, C-251/98, IStR 2000, 341 f

Lyal, Non-discrimination and direct tax in Community law, EC Tax Review 2003, 68 ff

Lyons, Tax in a Single Market – Bosal and Marks and Spencer plc, British Tax Review 2003, 443 ff

Ph. Martin, Pending Cases Filed by French Courts: the Hughes des Lasteyrie du Saillant Case, in Lang (Hrsg) Direct Taxation: Recent ECJ Developments, Wien 2003, 119 ff

P. Martin, The Marks & Spencer EU group relief case – a rebuttal of the ‚taxing jurisdiction' argument, EC TAX Review 2005, 61 ff

Mbwa-Mboma, The Push Toward Pan-European Tax Consolidation: A French Pespective on Marks & Spencer Case, TNI vom 5. 5. 2003, 457 ff

McDonagle, Ireland – What Marks & Spencer means for Irish taxpapers, International Tax Review June 2005, 85

McLure, Corporate Tax Harmonization in the European Union: The Commission's Proposals, TNI vom 4. 10. 2004, 45 ff

Meilicke, Anmerkung zum EuGH-Urteil vom 18. 9. 2003, C-168/01 Bosal, DB 2003, 2100

Meister, Der lange Weg zu einme Konzernsteuerrecht für den Binnenmarkt, NZG 2006, 212 ff

Menhorn, Die Rechtssache AMID und ihre Auswirkungen auf den grenzüberschreitenden Verlustausgleich, SWI 2001, 62 ff

Meussen, Cross-Border Relief in the European Union following the Advocate General's Opinion in the Marks & Spencer Case, ET 2005, 282 ff

Micker, Europarechtswidrigkeit der Organschaftsbesteuerung im Körperschafts- und Gewerbesteuerrecht? DB 2003, 2734 ff

Mooij/Stevens, Exploring the future of ability to pay in Europe, EC Tax Review 2005, 9 ff

Müller/Müller, Begrenzte Möglichkeiten einer grenzüberschreitenden Verlustanrechnung – eine Nachbetrachtung zur EuGH-Entscheidung in der Rechtssache Marks & Spencer, GmbHR 2006, 301 ff

Nagler, Grenzüberschreitende Verlustverrechnung: Geht dem „Motor der Europäischen Integration“ der Sprit aus? – Zum Schlussantrag des Generalanwalts Poiares Maduro in der Rs. Marks & Spencer, GmbHR 2005, R145 f

Nagler/Kleinert, Der EuGH-Verfahren Marks & Spencer – Konsequenzen des Schlussantrags des Generalanwalts, DB 2005, 855 ff

O'Shea, Marks and Spencer v Halsey: restriction, justification and proportionality, EC Tax Review 2006, 66 ff

Orth, Verlustnutzung bei Organschaft, in Herzig (Hrsg) Organschaft, Stuttgart 2003, 167 ff

Persoff, Marks & Spencer: striking a balance, British Tax Review 2005 (Nr. 3), 251 ff

Persoff, Opinion prompts more questions – The Advocate General's opinion in Marks & Spencer, International Tax Review June 2005, 27 ff

Petritz/Schilcher, Marks & Spencer – Erste Erkenntnisse aus dem Schlussantrag von Generalanwalt M. Poires Maduro, SWI 2005, 239 ff

Pistone, Tax treatment of foreign losses: an urgent issue for the European Court of Justice, EC Tax Review 2003, 149 ff

Portner, German Tax Case Covers Manninen Ground, TNI vom 26. 9. 2005, 1139 ff

Portner, Zwei bemerkenswerte Entscheidungen zur Verrechnung von Auslandsverlusten im Wohnsitzstaat bei DBA-Freistellung des der Auslandsbetriebsstätte zuzurechnenden positiven Ergebnisses, IStR 2005, 376 ff

Rainer, ECJ Advocate General Favors Cross-Border Loss Relief in German Tax Case, TNI vom 7. 3. 2005, 875 f

Rainer, Are foreign losses deductible? Can EC law be relied upon indirectly? Intertax 2005, 252 f

Rainer/Renier, ECJ hears case concerning CFC legislation, Intertax 2006, 171 f

Raupach, Gemeinschaftsweite Unternehmensbesteuerung, die den Anforderungen des Binnenmarktes gerecht wird – Flucht aus dem Chaos in eine Utopie? in Schön (Hrsg) GS Knobbe-Keuk, Köln 1997, 675 ff

Raupach/Pohl, Die Rechtssache Marks & Spencer – Konzernsteuerrecht auf dem Prüfstand des EuGH – Rückwirkungen auf das Konzernrecht? NZG 2005, 489 ff

Reuter, Erschüttert Gerritses Trommeln die deutsche Dividendenbesteuerung? IStR 2003, 634 ff

Ribbrock/Sedemund, Kommentar zur EuGH Entscheidung in der Rs Ritter-Coulais, BB 2006, 528 ff

Rickman, Jonathan Advocate General Backs Marks & Spencer's Claim for Loss Relief, TNI 2005, 205

Rödder, Deutsche Unternehmensbesteuerung im Visier des EuGH, DStR 2004, 1629 ff

Rödder, Deutsche Unternehmensbesteuerung im Visier des EuGH, in Gocke/Gosch/M. Lang (Hrsg) FS Wassermeyer, München 2005, 163 ff

Rödder/Schönfeld, Mündliche Verhandlung vor dem EuGH in der Rechtssache „Cadbury Schwepps“: Wird sich der Missbrauchsbegriff des EuGH verändern? IStR 2006, 49 ff

Roth, Die Niederlassungsfreiheit zwischen Beschränkungs- und Diskriminierungsverbot, in Schön (Hrsg) GS Knobbe-Keuk, Köln 1997, 729 ff

Ruding, The past and the future of EU corporate tax, EC Tax Review 2005, 2 ff

Rust, Ermöglichen Diskriminierungsverbote eine Organschaft über die Grenze? – Anmerkung zum Urteil des BFH vom 29. 1. 2003, IStR 2003, 658 ff

Rust, Diskriminierungsverbote verbieten Diskriminierungen! Anmerkung zum Urteil des FG Hamburg vom 2. 9. 2003, IStR 2004, 391 ff

Saß, Zur Rechtsprechung des EuGH und einigen Folgerungen für das deutsche Steuerrecht, FR 1998, 1 ff

Saß, Anmerkung zu EuGH vom 28. 4. 1998, Safir, C-118/96, DB 1998, 1066 ff

Saß, Zu den Auswirkungen des EU-Vertrages auf die bilateralen Doppelbesteuerungsabkommen – Anmerkungen zum „Gilly“-Urteil des EuGH vom 12. 5. 1998, C-311/97, DB 1998, 1482 ff

Saß, Anmerkung zu EuGH vom 29. 4. 1999, Royal Bank of Scotland, C-311/97, DB 1999, 1199 f

Saß, Zur Verlustberücksichtigung bei grenzüberschreitender Unternehmenstätigkeit in der EU, DB 2001, 508 ff

Saß, Auswirkungen des EuGH-Urteils „Metallgesellschaft“/ „Höchst“ z.B. auf Auslandsverluste und Gesellschafterfremdfinanzierung, FR 2001, 1040 ff

Saß, Nochmals: Zur Berücksichtigung von Verlusten ausländischer Tochtergesellschaften in der EU, DB 2006, 123 ff

Schaumburg, Internationale Organschaft, in Herzig (Hrsg) Organschaft, Stuttgart 2003, 419 ff

Scheunemann, Europaweite Verlustberücksichtigung im Konzern: Steine statt Brot durch die Schlussanträge des Generalanwalts Maduro vom 7. 4. 2005 im Fall Marks & Spencer? IStR 2005, 303 ff

Scheunemann, Kein Ausschluss des Konzernabzugs für Verlust gebietsfremder Tochtergesellschaften, wenn diese im Staat des Sitzes der Tochtergesellschaften nachweislich nicht berücksichtige werden, RIW 2006, 79 ff

Scheunemann, Decision in the Marks & Spencer Case: a step forward, but nno victory for cross-border group taxation in Europe, Intertax 2006, 54 ff

Scheunemann, Praktische Anforderungen einer grenzüberschreitenden Verlustberücksichtigung im Konzern in Inbound- und Outboundfällen nach der Entscheidung Marks & Spencer, IStR 2006, 145 ff

Schindler, What Cadbury Schwepps Reveals About Legal Presumptions and Economic Substance, TNI vom 19. 6. 2006, 1014 f

Schmidt/Heinz, Gruppenbesteuerung im internationalen Vergleich – Darstellung verschiedener Gruppenbesteuerungsmodelle in Europa (Teil I und II), Stbg 2006, 60 ff

Schnitger, Das Ende der Bruttobesteuerung beschränkt Steuerpflichtiger – Die Lehren aus der Rs. Gerritse, FR 2003, 745 ff

Schnitger, Teilweise Aufgabe des Territorialitätsprinzips als europarechtlicher Rechtfertigungsgrund? IStR 2003, 1149 ff

Schnitger, Anmerkungen zu den Schlussanträgen der GA Kokott vom 18. 3. 2004, Manninen, C-319/02, IStR 2004, 320 f

Schnitger/Papantonopoulos, Deutsche Vorabentscheidungsersuchen zu direkten Steuern des Jahres 2004, BB 2005, 407 ff

Schön, Die beschränkte Steuerpflicht zwischen europäischem Gemeinschaftsrecht und deutschem Verfassungsrecht, IStR 1995, 119 ff

Schön, Europäische Kapitalverkehrsfreiheit und nationales Steuerrecht, in Schön (Hrsg) GS Knobbe-Keuk, Köln 1997, 743 ff

Schön, Freie Wahl zwischen Zweigniederlassung und Tochtergesellschaft – ein Grundsatz des Europäischen Unternehmensrechts, EWS 2000, 281 ff

Schön, Der „Wettbewerb" der europäischen Steuerordnungen als Rechtsproblem, DStG 2000, 189 ff

Schön, Die Zukunft der Organschaft in der Europäischen Gemeinschaft, in Herzig (Hrsg) Organschaft, Stuttgart 2003, 612 ff

Schön, Unternehmensbesteuerung und Europäisches Gemeinschaftsrecht, StbJb 2003/2004, 27 ff

Schön, Besteuerung im Binnenmarkt – die Rechtsprechung des EuGH zu den direkten Steuern, IStR 2004, 289 ff

Schön/Schindler, Seminar D: Zur Besteuerung der grenzüberschreitenden Sitzverlegung einer Europäischen Aktiengesellschaft, IStR 2004, 571 ff

Schön, Der Kapitalverkehr mit Drittstaaten und das internationale Steuerrecht, in Gocke/Gosch/M. Lang (Hrsg) FS Wassermeyer, München 2005, 489 ff

Schuch, Europarechtliche und abkommensrechtliche Vorgaben für die Verlustbehandlung, in Lehner (Hrsg) Verluste im nationalen und internationalen Steuerrecht, München 2004, 63 ff

Schuch, Marktintegration durch Meistbegünstigung im EG-Steuerrecht, in Cordewener/Enchelmaier/Schindler (Hrsg) Meistbegünstigung im Steuerrecht der EU-Staaten, München 2006, 151 ff

Schuch, Critical notes on the European Court of Justice's D case decision on most-favoured-nation treatment under tax treaties, EC Tax Review 2006, 6 ff

Sedemund, Ein Nachtrag zur Entscheidung Gerritse: Gut gemeint, aber ungesehene Folgen! DStZ 2004, 372 ff

Sedemund, DBA- und EG-rechtliche Diskriminierungsverbote – zwei Paar Schuhe? BB 2005, 1144 ff

Sedemund/Sterner, Welche Folgen hat das Urteil „Marks & Spencer“ für das deutsche internationale Steuerrecht? DStZ 2006, 29 ff

Seer, Beschränkte Steuerpflicht und Gemeinschaftsrecht, in Gassner/Lang/Lechner/Schuch/Staringer (Hrsg) Die beschränkte Steuerpflicht im Einkommen- und Körperschaftsteuerrecht, Wien 2005, 37 ff

Sheppard, Responding to Marks & Spencer, or Not, TNI vom 4. 10. 2004, 18 ff

Sheppard, Dowdy Retailer Set to Destroy European Corporate Tax (Part 2), TNI vom 23. 5. 2005, 627 ff

Sheppard, The ECJ's Common Sence In the D Case, TNI vom 18. 7. 2005, 203 ff

Stefaner/Weninger, Gruppenbesteuerung und Gemeinschaftsrecht, SWI 2004, 441 ff

Stefaner, Implications of Marks & Spencer on Austria's Group Tax Regime, TNI vom 23. 1. 2006, 275 f

Sutter, Anmerkungen zu VwGH vom 25. 9. 2001, 99/14/0217, AnwBl 2002, 287 f

Sutter, Pauschales Verbot grenzüberschreitenden Verlustabzugs – Verstoß gegen Niederlassungsfreiheit – Anmerkung, EuZW 2006, 87 f

S. Thiel, Removal of income tax barriers to market integration in the European Union: litigation by the Community citizen instead of harmonization by the Community legislature? EC Tax Review 2003, 4 ff

Tanzer, Die Rückforderung gemeinschaftsrechtswidrig erhobener Abgaben, in Holoubek/Lang (Hrsg) Das EuGH-Verfahren in Steuersachen, Wien 2000, 207 ff

Thömmes, Tatbestandsmäßigkeit und Rechtfertigung steuerlicher Diskriminierungen nach EG-Recht, in Schön (Hrsg) GS Knobbe-Keuk, Köln 1997, 795 ff

Thömmes, Konzernfinanzierung und Europäisches Recht – Zugleich eine Besprechung der Schlussanträge des GA Alber im Verfahren Bosal und des GA Mischo im Verfahren Lankhorst-Hohorst, DB 2002, 2397 ff

Thömmes, Vereinbarkeit der Organschaft mit dem EG-Recht, in Herzig (Hrsg) Organschaft, Stuttgart 2003, 525 ff

Thömmes, Berücksichtigung von Verlusten ausländischer Tochtergesellschaften, IWB Nr. 8 vom 27. 4. 2005, Fach 11a, 847 ff

Thömmes, Missbrauch und Missbrauchsverhütung aus EG-rechtlicher Sicht, in Gocke/Gosch/M. Lang (Hrsg) FS Wassermeyer, München 2005, 207 ff

Thömmes, Berücksichtigung von Verlusten ausländischer Tochtergesellschaften, IWB Nr. 24 vom 28. 12. 2005, Fach 11a, 933 ff

Thömmes, Anmerkungen zum EuGH-Urteil in der Rs Ritter-Coulais, IWB Nr. 5 vom 8. 3. 2006, 220 ff

Toifl, Die EU-Grundfreiheiten und die Diskriminierungsverbote der Doppelbesteuerungsabkommen, in Gassner/Lang/Lechner (Hrsg) Doppelbesteuerung und EU-Recht, Wien 1996, 139 ff

Tumpel, Europarechtliche Besteuerungsmaßstäbe für die grenzüberschreitende Organisation und Finanzierung von Unternehmen, DStJG 2000, 321 ff

Tumpel, Betriebsstättenverluste in der Europäischen Union, SWI 2001, 55 ff

Tumpel, Steuerumgehung im DBA-Recht und EG-Grundfreiheiten, in Lang/Jirousek (Hrsg) FS Helmut Loukota, Wien 2005, 585 ff

K. Vogel, Das oberste österreichische Steuergericht erklärt Verluste bei DBA-Freistellung für abzugsfähig, IStR 2002, 91 ff

K. Vogel/Gutmann/Dourado, Tax treaties between Member States and Third States: 'reciprocity' in bilateral tax treaties and non-discrimination in EC law, EC Tax Review 2006, 83 ff

Vanistendael, The compatibility of the basic economic freedoms with the sovereign national tax systems of the Member States, EC Tax Review 2003, 136 ff

Vanistendael, A comparative and economic approach to equality in European Taxation, in Gocke/Gosch/M. Lang (Hrsg) FS Wassermeyer, München 2005, 523 ff

Watrin/Sievert/Strohm, Reform der Konzernbesteuerung in Deutschland und Europa, FR 2004, 1 ff

Wattel, Corporate tax jurisdiction in the EU with respect to branches and subsidiaries; dislocation distinguished from discrimination and disparity; a plea for territoriality, EC Tax Review 2003, 194 ff

Wattel, Pending Cases Filed by Dutch Courts: the Bosal Holding Case and the Heirs of H. Barbier Case, in Lang (Hrsg) Direct Taxation: Recent ECJ Developments, Wien 2003, 153 ff

Weber, Pending Cases Filed by Dutch Courts: the F.W.L. de Groot Case and Related EC Cases before Dutch Courts, in Lang (Hrsg) Direct Taxation: Recent ECJ Developments, Wien 2003, 171 ff

Weber, The Bosal Holding Case: Analysis and Critique, EC Tax Review 2003, 220 ff

Weiner, Consolidated Taxation in the European Union, WTD vom 10. 10. 2003

Wernsmann/Nippert, Gemeinschaftsrechtliche Vorgaben für die grenzüberschreitende Verlustberücksichtigung im Konzern – zugleich zur deutschen Organschaftsbesteuerung nach dem Urteil des EuGH in der Rs. Marks & Spencer, FR 2006, 153 ff

Wiesner/Mayr, Zweifelsfragen zur Gruppenbesteuerung, RdW 2004, 491 ff

Wiesner/Mayr, Neues zur Gruppenbesteuerung, RdW 2004, 629 ff

Winandy, Deutsche Betriebsstättenverluste müssen in Luxemburg zum Abzug zugelassen werden, IStR 2005, 594 ff

Wiman, Pending Cases Filed by Swedish Courts: the X and Y Case and the Skandia and Ola Ramstedt Case, in Lang (Hrsg) Direct Taxation: Recent ECJ Developments, Wien 2003, 191 ff

Wimpissinger, Does Denying Tax Benefits to Foreign-Source Income Violate EC-Law? TNI vom 28. 11. 2002, 809 ff

Wimpissinger, Swedish Tax Provision Violates Freedom of Movement, ECJ Rules, TNI vom 27. 9. 2004, 1162 ff

Wimpissinger, Beyond Marks & Spencer: Cross-Border Losses and EC Law, TNI vom 6. 6. 2005, 923 ff

Zorn, Verwertung von Auslandsverlusten bei DBA mit Befreiungsmethode, SWI 2001, 456 ff

Stichwortverzeichnis

Völkerrecht, Europarecht und Internationales Wirtschaftsrecht

Herausgegeben von Peter Hilpold und August Reinisch

Band 1 Florian Razesberger: The International Criminal Court. The Principle of Complementarity. 2006.

Band 2 Christian Wimpissinger: Steuerliche Verlustverrechnung nach EG-Recht. 2006.

www.peterlang.de

Sven Eduard Arnolds

Rechtsformwechselnde Verschmelzungen von Kapital- und Personengesellschaften

Eine steuerliche Vorteilhaftigkeitsanalyse – zugleich steuersystematische Analyse ausgewählter Entscheidungsverzerrungen

Frankfurt am Main, Berlin, Bern, Bruxelles, New York, Oxford, Wien, 2005.
LXXXIX, 241 S., 33 Abb., 6 Tab.
Europäische Hochschulschriften:
Reihe 5, Volks- und Betriebswirtschaft. Bd. 3127
ISBN 3-631-53813-8 · br. € 56.50*

Mit Hilfe von Steuerdifferenzenbarwerten beantwortet der Autor die Frage, wann die Auflösung stiller Reserven im Zuge rechtsformwechselnder Verschmelzungen von Kapital- und Personengesellschaften vorteilhaft sein kann. Im Falle der Verschmelzung einer Kapital- auf eine Personengesellschaft kommt der Höhe unterschiedlicher körperschaft- und gewerbesteuerlicher Verlustvorträge auf Ebene des übertragenden Rechtsträgers entscheidende Bedeutung zu. Der Verfasser berücksichtigt hierbei auch die beschränkte Verlustverrechnung gemäß §§ 10d Abs. 2 EStG, 10a Satz 2 GewStG. Vor dem Hintergrund des körperschaftsteuerlichen Systemwechsels unterzieht die Arbeit die aktuellen Regelungen einer steuersystematischen Analyse und unterbreitet Reformvorschläge. Der hierfür entwickelte Referenzrahmen beinhaltet als zentrales betriebswirtschaftliches Kriterium die Entscheidungsneutralität der Besteuerung.

Aus dem Inhalt: Steuerliche Vorteilhaftigkeitsanalyse einer Verschmelzung einer Kapital- auf eine Personengesellschaft · Steuersystematische Untersuchung der Behandlung der Verschmelzung einer Kapital- auf eine Personengesellschaft im Lichte der Entscheidungsneutralität des Umwandlungsvorgangs · uvm.

FSC
www.fsc.org
MIX
Papier | Fördert
gute Waldnutzung
FSC® C083411

Kolibri 360 GmbH
Ferdinand-Jühlke-Straße 7
99095 Erfurt, Deutschland
produktsicherheit@kolibri360.de

Druck:
CPI Druckdienstleistungen GmbH
im Auftrag der
Kolibri 360 GmbH
Ferdinand-Jühlke-Str. 7
99095 Erfurt